教育现代化的
理论和实践探索

江海燕 ◎ 著

中国社会科学出版社

图书在版编目（CIP）数据

教育现代化的理论和实践探索/江海燕著.—北京：中国社会科学出版社，2019.8（2021.6 重印）

ISBN 978-7-5203-4724-2

Ⅰ.①教… Ⅱ.①江… Ⅲ.①教育现代化—研究—中国 Ⅳ.①G52

中国版本图书馆 CIP 数据核字（2019）第 146963 号

出 版 人	赵剑英
责任编辑	王 茵 马 明
责任校对	胡新芳
责任印制	王 超

出　　版	中国社会科学出版社
社　　址	北京鼓楼西大街甲 158 号
邮　　编	100720
网　　址	http://www.csspw.cn
发 行 部	010-84083685
门 市 部	010-84029450
经　　销	新华书店及其他书店

印　　刷	北京明恒达印务有限公司
装　　订	廊坊市广阳区广增装订厂
版　　次	2019 年 8 月第 1 版
印　　次	2021 年 6 月第 2 次印刷

开　　本	710×1000 1/16
印　　张	24.5
插　　页	2
字　　数	381 千字
定　　价	99.00 元

凡购买中国社会科学出版社图书，如有质量问题请与本社营销中心联系调换
电话：010-84083683
版权所有 侵权必究

前　言

　　教育现代化从宏观上来说是一个缓慢的历史进程，在这个进程中可以划分出不同的水平或阶段。它是社会现代化历史进程中不可分割的一个组成部分，一旦起步便随着经济社会的发展变化而发展变化，其趋势总是向前，甚至具有超前引领作用。从世界或人类教育现代化的角度看，到今为止它经历了适应世界大工业化时代和适应知识经济或者说是全球化时代教育现代化。伴随着18世纪至19世纪初英国以蒸气机的运用为时代特征的工业化运动，英国最先举办各种工厂学校，而后法国专科学校遍地开花，英法成为经济强国；19世纪中叶到20世纪30年代，以电动机应用为时代经济特征的教育现代化运动，促进了现代教育体系初步形成和发展，高等教育、科技教育迅速发展，德国一跃而成为世界强国，美国南北战争后，大力发展高等科技教育，成为世界首富国家；二战以后新兴国家和第三世界发展中国家适应工业化发展，大力普及和发展教育，中国在改革开放时期普及了义务教育，迅速扩大了高等教育的规模，办起了世界上最大规模的教育。进入21世纪以来，以电子信息技术、网络、智能技术在全世界的发展和普及为标志，世界进入了知识经济和全球化时代。由于互联网的发展和手机、电脑的普及，全球成为了一个"地球村"，知识和教育、科学和技术在全球范围内迅速流动，发达国家和发展中国家处在同一发展平台上。21世纪，教育的国际性必将成为发展趋势，教育的合作交流不断增强，教育的国际竞争也在不断增强，同时全球化也必将对国家教育和民族文化带来冲击。我们必须兴利除弊，立足本国实际，进一步推进教育的开放交流，深化教育的改革，推进教育国际化，创新教育模式，努力培养具有国际视野的复合型、综合型、创新型人才。适应新世纪新时代，创建一种更能适应新世纪要求的、完善且充满生机的中国教育现代化体系，我们才能大大地推进教育现代化进程。

基于上述的论述，本书分三篇，第一篇是"工业化运动与教育现代化"；第二篇是"全球化运动与教育现代化"；第三篇是"广东教育现代化的实践探索与现代进步"。第一、第二篇主要是结合实际的理论方面的研究。20世纪80—90年代，是广东改革开放和经济起飞阶段，广东教育现代化的目标主要是适应工业化的要求，普及九年义务教育，发展高中阶段教育，发展职业技术教育。90年代末和21世纪初，世界逐步进入知识经济和全球化时代，适应新世纪经济社会发展要求，立足本国本地实际，巩固提高基础教育质量，扩大高等教育（包括高等职业技术教育），实现了大众化的高等教育。在教育发展过程中，贯穿着教育体制、教育结构、教育方式方法和推进教育国际化方面的改革。第一、第二篇主要是对工业化和全球化背景下教育现代化理论的探讨。第三篇主要收录了我在所任职岗位上发表的有关讲话和文章，这些只是从某个阶段、某个侧面、某个点上反映广东教育现代化的发展和进步的现实。

教育现代化既是理论问题，更是实践问题。教育现代化随着经济社会的发展变化而发展变化，即便是在当今全球化下的教育现代化的发展也不是完全平坦的，它还有坎坷、挫折。教育现代化的最终目的是培养"人的自由而全面的发展"，给人类带来美好的、幸福的生活。"无边落木萧萧下，不尽长江滚滚来"，历史需要我们一代又一代人肩负时代的责任和使命，脚踏实地，坚持不懈奋斗，为进一步推进中国社会主义特色的教育现代化而努力！

2019年5月9日于广州梅花村

目 录

第一篇 工业化运动与教育现代化

教育现代化发源于大工业革命运动 ………………………… (3)
人力资本理论与教育现代化 …………………………………… (9)
亚洲"四小龙"办教兴邦的启示 ……………………………… (17)
广东经济发展进程中教育现代化问题研究 …………………… (26)
广东经济发展中教育现代化的战略选择 ……………………… (34)

第二篇 全球化与教育现代化

知识经济与全球化时代 ………………………………………… (47)
全球化与教育现代化理论界说 ………………………………… (51)
全球化背景下国际教育现代化经验 …………………………… (84)
广东教育现代化发展及面临的主要问题 ……………………… (122)
全球化下广东教育现代化发展战略 …………………………… (151)
全球化下广东教育现代化发展措施 …………………………… (181)

第三篇 广东教育现代化的实践探索与现代进步

将高水准的基础教育带入21世纪 …………………………… (201)
现代化建设呼唤素质教育 ……………………………………… (203)
全球化视野下广东义务教育现代化的思考 …………………… (206)
关于促进义务教育均衡协调发展的调研报告 ………………… (216)

改造薄弱学校　建设规范化学校 …………………………………（225）
抓好试点镇工作，推进珠江三角洲教育现代化 …………………（235）
深化教育改革　推进素质教育 ……………………………………（246）
实施八项工程　全面提高基础教育质量和水平 …………………（260）
依靠教育科研求质量、上水平、促发展 …………………………（266）
积极实施"百千万工程"　加速培养跨世纪高素质人才 ………（271）
加快推进全省教育信息化工程　提高教育现代化水平 …………（277）
依法促进职业教育的改革和发展 …………………………………（284）
发展职业技术教育，建设富裕文明侨乡 …………………………（289）
广东省农村教育综合改革的基本经验 ……………………………（295）
幼儿教育　人生智慧之光 …………………………………………（299）
加快教育发展，建设教育强市 ……………………………………（306）
加强基础教育，夯实教育强市基础 ………………………………（316）
迎接知识经济和经济全球化时代，培养高素质人才 ……………（326）
农村公共产品供给与政府职能转变 ………………………………（342）
弘扬民族文化　增强国家软实力 …………………………………（354）

参考文献 ……………………………………………………………（358）

后　记 ………………………………………………………………（387）

第一篇

工业化运动与教育现代化

教育现代化发源于大工业革命运动

一 现代化的概说

现代化是一个内涵丰富、涉及面极广且具有多类型、多层次、多结构的概念。有人把目前国家流行的关于现代化的观点归纳为四类[①]，一是指在特定历史中后进国家赶超先进国家的行为；二是指一种后进国家实现工业化的进程；三是指一种自科学革命以来人类急剧变动过程的统称；四是指社会变革所促使人的心理态度、价值观的改变。这些观点从不同方面揭示了现代化的实质，对我们研究现代化是有重要意义的。

本书认为，现代化就其本质来说，是一种从传统农业社会向现代工业社会的转变。这种转变涉及政治、经济、文化、教育、科技、环境、生活方式、道德伦理价值以及意识形态等社会的所有领域和各个方面。

我们考察现代化的启动和发展可见，任何国家现代化都必须以经济发展或经济的现代化为核心，即以工业化为基础。这是由于，第一，历史上，现代化起源于工业革命，工业化不仅是现代化的起点，同时也是现代化发展转折的根本动力，没有工业化就没有现代化。第二，经济增长和发展是现代化启动和发展的基础，没有相应的经济增长就不会产生人的心理、态度方面的变化，也不会有真正的政治变革和社会的转变，因此也不

---

① 参见罗荣渠《现代化新论》，北京大学出版社1993年版。

可能有真正的现代化。第三，工业化作为现代化的基础是因为它并非表征为单一的经济指标，而是必然要涉及社会的各个方面，"工业化一旦开始进行之后，必然会破坏传统的前工业社会"，形成两种社会的尖锐对立和巨大差异①。所以，工业化是一个能较好地概括现代社会变迁的动力、特征和进程的重要概念，今日所有国家尤其是经济上欠发达的国家在推进现代化中都集中致力于工业化目标，把它作为改变国家面貌和国际地位的关键性战略措施。第四，人类第一次有意识地研究并主动发动现代化运动，也主要是以工业化作为目标，并使之与人力资本理论结合，才真正引发了这场波澜壮阔的伟大运动。可见，现代化是一个涉及多方面、多层次、多阶段的历史发展过程。在广义上，它是指人类社会自产业革命以来以工业化为原动力推进传统农业社会转向现代工业社会的一场全球性的历史重大变革进程；狭义上，它是工业化革命以来落后国家通过变革努力赶上先进国家的历史进程。

考察现代化的历史进程，我们发现，正是对教育的变革与发展促使现代化的启动和兴起，从而形成了波澜壮阔的现代化运动，推动了人类社会的发展。

二 教育现代化的历史演变、定义及类型

(一) 教育现代化的历史演变

世界教育现代化源于18世纪的大工业革命运动，其间经历过三个较大的发展阶段，每一阶段都解决其特有的问题并形成相应的发展特征，如第一阶段为18世纪到19世纪初以蒸汽机应用为时代经济特征的教育现代化运动，集中解决要不要推行教育现代化、举办新学校的问题；英国最先举办各种工厂学校及专门技术学院，而后法国专科学校遍地开花，从而使英国、法国先后成为经济强国。第二阶段为19世纪中叶到20世纪30年

---

① 凯尔等：《工业主义与工业人》，(Clark Kerr et al., *Industrialism and Industrial Man*, 1973)，第42页。

代以电动机应用为时代经济特征的现代科技教育迅速兴起,其中在德国建立了以柏林大学及工科大学和工业学校网组成的科技工业教育体系,使德国一跃成为强国;美国南北战争后实施"赠地学院法",大力发展高等科技教育,首创工农学院,使美国工业产值 30 年间增长 4 倍,成为世界首富,其教育现代化之光仍泽及当代。第三阶段为"第二次世界大战"后以电脑等信息工业为时代经济特征的教育现代化运动,集中解决如何实现国家教育现代化、创立现代教育体系的问题。这一时期新科技革命改变了人类的生存方式,要求人人重新学会生存,教育现代化已成为社会发展的主旋律,掀起一波又一波的改革浪潮,从发达国家到发展中国家都卷入其中,创造了许多惊人的世界奇迹。这三个阶段的教育现代化运动有力地配合了世界经济的发展,形成了三大世界经济发展的高潮,同时这三大运动又如三次浪潮,一次比一次迅猛,卷入的国家一次比一次多。按现代化理论,第一批浪潮卷入的国家为"先行国",称为早发内生型国家,如英国、法国以及意大利、俄国、西班牙等;第二批为"后来国",第三批为"迟来国",都属后发外生型国家。但是由于"二战"后尤其是 20 世纪 70 年代后新的经济发展特点以及现代教育问题的形成,使早发内生型教育现代化国家逐步丧失了原先的发展特征。

(二)教育现代化的定义及类型

同现代化的定义一样,目前对教育现代化的研究很多,其定义也同样各呈其彩,大致有以下几种:一是把教育现代化作为一种历史进程,这是一种从宏观上、整体上把握人类教育的现代演变的角度;二是把教育现代化作为一种发展目标,这是从具体的阶段上把握不同国家和地区教育发展的角度;三是把教育现代化作为消除后进国家与先进国家教育发展差异的一种发展模式,强调了先进与落后之间的互动关系;四是把教育现代化作为现代化的一个重要部分,强调教育发展必须与社会发展相一致,教育发展应服务社会经济现代化,不能滞后和相悖。

本书认为,以上研究从不同方面对教育现代化的定义和特征做了相应的揭示,对理解教育现代化具有一定帮助。

根据目前的研究和现代化理论所提供的线索，笔者认为，教育现代化是大工业革命运动促使封建的传统教育向民主科学的现代教育转变的历史进程。为了更好地理解这一历史进程的演进，我们可以从教育现代化的发生发展以及运行方式把它划分为四种类型：

（1）世界或人类教育现代化，它主要是从人类教育历史发展的角度，指自大工业以来，由适应小农经济的传统教育向适应工业社会的现代教育演进的历史进程。在这里，教育现代化代表了自现代化开始以来所有教育变革和发展的进程，强调人类在历史发展中不断对传统及不合时宜东西的抛弃革新从而创造新的教育的进程，这种进程是不会结束的，而将随人类社会的发展而更新发展。

（2）区域或国家教育现代化，它主要从特定区域或国家的教育发展的角度，指局部地区如何革新旧的落后教育使之达到先进水平的历史进程，如东亚、亚太地区或亚洲"四小龙"等，但主要是以国家为推行单位；战后，主要指新独立的国家如何办教兴邦，赶上发达国家的教育变革运动。这种国家教育现代化的目标就是赶上发达国家，把发达国家的教育作为现代化的实施目标。可见，这是一种在世界教育现代化进程中的特定方式。

（3）早发内生型教育现代化，这主要是从发生时间及形式对教育现代化所做的特定划分，顾名思义，它是指在18世纪前后开始推行的教育现代化运动，其特征是，在时间上发生较早，且以内在因素为推动力，具有自发性，在本国经济发展需要的压力下并通过自身教育上的必要创新来启动的教育现代化。具有渐进性，要经过漫长的自然演化的发展过程来实现教育与经济发展上的磨合，才能实现历史性的创新；具有自下而上的发展特征，教育改革和创新往往由低层的实验学校或某些教育家最先提倡，经过许多回合的反复尝试，最后逐渐形成共识，变成政府行为。

（4）后发外生型教育现代化，这是一种与早发内生型相对应，主要是指在时间上发生较迟且注重采取先进模式，以努力实现赶超先进国家的教育现代化运动。在启动方式上，具有由于在外界巨大发展压力下，通过政府行为强行启动的革命性特征，在推动方式上，注重示范作用，通过大量借鉴移植国外先进教育理念和办学经验，实现跳跃性的发展，在运作机制上，主要依靠政府主导，走由上及下的发展道路等。

（三）教育现代化的基本内容

若对教育现代化这一宽泛的概念赋予丰富的内容，这些内容涉及教育的各个层面。我们对教育现代化内容的确定和取舍，主要是由特定历史时期社会经济水平对教育的具体要求决定的，而内容的确定又反过来关系到对教育现代化的把握和行动，体现了特定的导向和审视基点。在相应的意义上，教育现代化的内容是由其本性及任务决定的，并且与特定时期的具体任务和目标相一致，是宏观与微观的统一体。这里仅做必要归纳。

1. 教育物体现代化

主要表现在：教育设施现代化，如学校校舍、设备，实验室、电化教学设备；教育机构设置完备，如设置系统的大、中、小学、幼儿园教育机构，教学、教研机构以及实验、实习基地，成人教育机构和社会教育机构等；教育内容现代化，如教学计划、教学大纲、德育、体育、劳动教育等方面的安排，教材的编制及水平；教学方法及技术的现代化，如采用电化教学，课程讲授及演示方法，方法的科学化及功效和水平等。

2. 教育体制现代化

主要表现在：教育制度现代化，要设计全面完善的国民教育制度，使教育制度与社会经济发展形成互动的统一体，又使教育的各层次、各类型、各部分之间相互衔接、相辅相成。教育结构现代化，一是教育机构设置要合理，尤其中等教育和高等教育的专业设置及课程分配要合理；二是教育机构之间的系统化、网络化程度要高；三是教育机构设计要符合经济发展及人才发展的需要。教育管理体制现代化，一是管理手段科技化，提高量化管理水平；二是管理制度法治化，形成完善的法治系统；三是管理机构精简完善，实现高效率。教育运行制度现代化，一是具有高效顺畅的传达机制；二是具有合作与竞争相匹配的人事机制；三是具有教育与经济发展的互动机制，以及投资与效益一致的平衡机制，等等。

3. 教育观念现代化

主要表现在：高水平的现代教育意识，包括认识现代教育的本质、教育在国家发展中的作用以及如何发挥这种作用；教育思想现代化，即具备符合现代社会和经济发展要求的教育意识体系，德、智、体、美、劳等全面发展的教育思想，教育与经济社会互动的思想，等等；现代学校教育观念体系的形成，指具有正确的办学方针、办学模式、教学观、德育观、师生观、人才观以及教学方法等方面的观念。这是在教育现代化方面最深层次的部分。

人力资本理论与教育现代化

研究现代化的发生发展，可以看到，教育对现代化具有重大作用，其中促进未来劳动力的发展是一个极其重要的方面，而正是研究劳动力这种发展的人力资本理论的形成引发了20世纪60年代的教育现代化研究，并据此掀起了一场影响西方乃至全世界的教育改革运动。而只有深入探讨人力资本理论，才能更好地认识和把握今日广东经济的改革和发展。

一 人力资本理论的产生与发展

人力资本理论起源于18世纪，但真正形成则为20世纪60年代。

（一）人力资本的早期研究

18世纪中叶欧洲产业革命后，人类进入了大工业时代，生产力由此发生了三大根本变革：一是自然力代替人力，机械生产代替手工生产；二是科学技术代替经验工艺套路，科技与生产互动作用日益加强；三是专业技术培训代替作坊师徒传教，人的知识、技术因素在生产中的作用越来越大。当时兴起的古典经济学开始从劳动者在生产过程中的不同作用来关注教育对促进生产发展，增加财富的意义。著名古典学派代表亚当·斯密在其1766年出版的《国富论》（即《论国民财富的性质及其原因之研究》）中，首次提出"人的才能与其它任何种类的资本，同样是重要的生产手段"①的观点。他还详细地分析了人的经验、知识、能力作为财富和生产财富的重要作用,据此指出,"学习一种才能,须受教育,须进学校……学习的时候,固然要花费一笔费用,但这种费用,可以得到偿还,赚取利润"。由于要受教育才能学会特殊技巧,所以他既承认人的经验、知识、能力是财富和产生财富的观点,并提出为获得才能资本而受教育是一种投资的观点。② 19 世纪 40 年代,德国经济学家李斯特也研究了才能在生产中的作用,他提出物质资本与精神资本的概念,认为"精神资本"是由智力方面的成果汇聚而成,一个国家生产力的高低,取决于精神资本的运用,为此他主张把教师列入生产者之中,因为教师"能使下一代成为生产者"。并主张"一个国家的最大部分消耗,是应该用于后一代的教育,应该用于国家未来生产力的促进和培养的"③。

人力资本思想的这种发展,受到 19 世纪末 20 世纪初英国著名经济学家马歇尔的反对而受挫。马歇尔一方面认真研究教育的经济价值,主张把"教育作为国家投资"。教育投资可带来巨额利润,但他另一方面又认为人是不可以买卖的,因而拒绝"人力资本"这一概念④。

(二) 人力资本理论的形成

人力资本作为一种理论则形成于 20 世纪上半叶,首先是苏联经济学家特鲁米林写于 1920 年《国民教育的经济意义》,这是首篇用数量统计方法研究教育与经济的论文;美国哈佛大学教授沃尔什(S. R. Walsh)于1935 年发表了《人力的资本观》,最先提出了人力资本的概念,并用数量化方式研究了大学阶段教育经济收入的问题。但是理论体系的真正形成却是在五六十年代,首先是战后经济的狂飙般的发展促使经济学家关注这种迅速发展的动因,其次是运用传统经济学理论无法解答从 1929 年到 1957年美国经济增长问题,引发了对人力资本的研究。美国经济学家舒尔茨的

---

① [英]亚当·斯密:《国富论》上卷,商务印书馆 1964 年版。
② 同上书,第 231—234 页。
③ [德]李斯特:《政治经济学的国民体系》,商务印书馆 1961 年版,第 118—124 页。
④ [英]马歇尔:《经济学原理》,商务印书馆 1964 年版,第 234 页。

研究对人力资本理论的形成起了重大的作用,他于20世纪50年代开始人力资本理论研究,1959年发表《人力投资》,1960年他以美国经济学会会长的身份在年会上发表《人力资本投资》的主题演讲,其观点之新颖,论证之系统,并且以解答美国经济增长难题而震惊经济学界,从而引发世界性对人力资本的研究。之后他又相继发表了大量论著,并于1979年以对人力资本理论研究的贡献获得诺贝尔经济学奖。此外,当代美国经济学家贝克尔(G. S. Becker)以及丹尼森(E. Denison)也对人力资本理论的形成和发展起了很大的作用。

二 人力资本理论的核心观点

(一)人力资本的定义及构成

舒尔茨认为,人力资本(Humam Capital)主要指凝集在劳动者本身的知识、技能及其所表现出来的劳动能力。这是现代经济增长的主要因素,因而是一种有经济效率的资本。而作为资本就应有投资,他把人力资本投资分为五部分:影响人的预期寿命、体力和耐力、精力和活力的全部开支;在职培训,包括商社组织的旧式学徒制;正规的初等、中等和高等教育;非商社组织的成人教育计划,特别是农业方面的校外学习计划;个人和家庭进行迁移以适应不断变化的就业机会。[1] 在这里舒尔茨非常强调教育对人力资本形成的重大作用,把教育作为一种具有重大意义的人力资本投资。因为在他所列出来的五个部分中,第一和第五也主要是由教育水平决定或制约的。所以,他指出,"教育远不是一种消费活动,相反,政府和私人有意识地作投资,为的是获得一种具有生产能力的潜力,它蕴藏于人体内,会在将来做出贡献"。"作为一种投资,教育显然增加了那种无形储蓄。""我主张将教育看作一项投资,将其结果看作资本的一种形式。"[2] 现代经济不仅决定了人力资本的积累是经济增长的重要源泉,也

---

[1] [美]舒尔茨:《教育的经济价值》,吉林人民出版社1982年版,第130页。
[2] [美]舒尔茨:《人力资本投资》,商务印书馆1990年版,第62页。

决定了这种人力投资收益率大于物力投资收益率，而且这种投资既可增加其他经济要素的生产力，还能增加投资自身的积累，因为对教育人力投资的反复使用，具有报酬递增的特点。因此，投资增量不大却能使经济长期持续增长，使传统的资本增加边际效率递减的规律发生逆转。①

（二）人力资本理论的核心观点

人力资本理论的核心观点主要表现为：（1）现代经济已大不同于传统经济，除了相应的资本和自然资源外，劳动者的知识、技术及能力已成为现代经济增长的决定因素。现代经济的本性是知识经济，即知识是经济增长的动力。知识不仅能提高投资收益率，也是说明收益率持续增长的根据，因此知识就是资本，掌握知识就是掌握资本，投资知识就是创造财富。1983年美国保罗·罗默尔教授提出生产要素有四种：资本、非技术性劳动、人力资本（可按教育水平衡量）、新思想（按专利权数衡量）。这一研究进一步强化了人力资本和知识的作用。专家曾预计美国每年由计算机完成的工作量可代替4000亿人的劳动，相当于美国全部人口一年工作量的2000倍。②（2）突出教育的生产性功能，认为教育有提高劳动生产率、提高人们处理经济条件变化从而驾驭经济发展的能力，没有教育的作用，就不可能产生20世纪经济的繁荣，不可能产生现代经济并实现持续性增长。现代教育是形成人力资本，创造现代经济的关键要素，具有培养现代经济发展需要的各种人才的功能。（3）阐明教育与现代化经济增长的内在互动关系和一般规律，指出教育促进经济增长的效益原则，并大力倡导增加教育投资，建立起现代教育发展与现代经济增长的理论和操作原则。舒尔茨指出，教育与国民收入的正关系是以教育与劳动生产率的正关系和劳动生产率与工资的正关系为基础的。对个人来说，提高了个人劳动水平，增加了收入，对国家来说，教育投资提高了国民的人力资本，增加了国民经济总产值。因此，教育具有提高生产力素质的经济作用，还具

---

① 冯宣：《科学知识与知识经济》，《科技日报》1997年2月3日。
② 卢传继：《知识是经济增长的动力》，《科技日报》1997年2月3日。

有提高人们处理条件变化的能力，教育投资所引发的教育扩张，可以促进经济发展，提高国民收入。所以学校教育的投资不仅是消费，更重要的是它影响了将来的收入。人力资本理论通过对西方尤其是美国20世纪前期经济增长的研究指出，教育投资的收益率是很大的。舒尔茨研究了美国1929年到1957年的经济增长，得出教育在国民收入增长中的贡献率为33%，人力资本投资的收益率在初等、中等和高等教育中分别为35%、10%和11%，平均收益率为17%。丹尼森在《美国经济增长因素和我们面临的选择》一书中得出教育在这一时期国民收入增长中的贡献率为35%。可见教育投资的收益率是相当高的。

人力资本理论进一步指出，教育不仅能促进经济增长，这点在现代经济中是毋庸置疑的，但这种作用也依赖于经济增长；同时，也并非所有的教育都能带来经济增长；教育与经济的互动是在动态发展过程中实现的。这是由于：一是教育与经济发展必须保持互相促进的态势，例如经济结构变化时教育结构也应随之变化；二是教育作为一种资本储存只有在增加其存量的情况下，才能成为经济增长的源泉，这种增加或是教育质量提高，或是教育年限增加，或是受过教育的劳动力人数增加等；三是必须有利于发挥教育作用的经济增长条件，如经济得不到增长则教育效益必下降；四是人力资本投资必须注重提高教育的"分配效益"才能获得最佳投资效果，因为这样是通过提高人们适应现代经济变化的能力来提高投资效益而不是单纯增加投资量。这些观点为后来的实践所证明，只不过当时在新发现的狂热中并不为人们所注意。

三 人力资本理论与教育现代化运动

（一）人力资本理论的意义与教育现代化运动的兴起

人力资本理论虽然还带有把教育作为资本交换的庸俗经济学观点，计算方式仍不尽合理，但是它突破了传统的经济理论，在以人力资本的理论方式反映高科技深刻作用现代经济发展使之形成知识经济的客观规律的同时，也深刻地揭示了教育的经济价值和生产功能，把由教育而形成和提高的人的知识能力作为经济增长的巨大源泉加以论证并理论化，它不仅开拓了当代经济研究新领域，而且也确立了教育在当代经济和社会发展中占有极其重要的特殊地位，使教育的作用获得了巨大的发挥。这也将有力地改造教育的人文传统，变革教育观念。人力资本理论的贡献不仅在于计算出教育中的经济价值，更重要的是提出了一种崭新的发展观，并从中启动了震撼世界的当代教育现代化运动。这是有史以来人类第一次有目的有计划地实施的教育现代化运动，表明人类在掌握自身发展方面跨出了极其重大的一步。

根据人力资本理论，教育是促进现代经济增长，从而消除贫困、提高收入并能使收入分配不平等趋于减少，从而达到更大社会公平的重要手段。人力资本理论这一研究结果非常吻合西德引用美国发展模式在10年间把废墟变为繁荣都市的奇迹，也为战后日本经济的迅速起飞所验证。比较教育学家诺亚和埃克斯坦的实证研究更直接地得出："教育发展水平相对高于经济发展水平，相应地这个国家经济增长就快；教育发展水平相对低于经济水平的国家，相应地这个国家经济增长就慢。"[1] 正是这些研究使人们把经济增长与发展教育紧密地结合在一起，作为推进现代化和教育现代化的基本定律，并据此把美国等发达国家看成现代化样板，认为只要把这些样板搬到新独立的落后国家，就能使这些国家迅速现代化。森斯塔特说得更干脆："从历史上看，现代化是一个朝着欧美型的社会、经济和政治系统演变的过程。"[2] 1960年，世界第一次现代化研讨会在日本的箱根市召开，从而促使以办教兴邦为核心的全面引进美国等发达国家模式的现代化运动迅速在全世界掀起。一方面，战后丧失殖民地的美国等发达国家乐于利用各种方式，向发展中国家输出自己的模式来"援助"穷国，以加强对其控制；另一方面"教育发展＝经济增长"的现代化定律又与后进国家中以往读书能获得高官厚禄、光宗耀祖、唯有读书高的传统心态以及与正陷入经济困境而迫切需要图强兴国的愿望是那样的一致，以致到

---

[1] 冯增俊：《比较教育学》，江苏教育出版社1996年版，第179页。
[2] 孙立平：《传统与变迁》，黑龙江人民出版社1993年版，第23页。

了一拍即合的地步。他们虔诚地相信,只要大力发展教育,经济就会迅速繁荣,因而纷纷仿效发达国家,千方百计地挤出仅有的一点钱来发展教育,孤注一掷,希望由此实现经济的突飞猛进,从而产生了20世纪60年代著名的世界教育现代化运动。

20世纪70年代世界经济危机爆发,经济严重衰退,通货膨胀,失业率剧增,百业萧条,这与教育的急剧膨胀形成了尖锐的矛盾,从而导致了高文凭高失业率的严重局面。许多发展中国家发现,不惜代价办教育不仅不能取得预期的经济发展,而且还由此导致了严重的社会问题,各种暴力事件增加,经济状况日益恶化,甚至还引起政权更迭。人力资本理论不能适当地回答这些问题,暴露了传统人力资本理论和教育现代化运动自身的缺陷和问题。由此许多新的理论,例如筛选理论、劳动力市场划分理论、对应理论、新马克思主义以及依附理论等纷纷登场。新的人力资本理论,以批评第一代人力资本理论为特征,发展了人力资本理论,特别是丰富和加深了人们对教育与经济之间复杂关系的认识。

(二) 新人力资本理论的兴起与教育现代化运动的复兴

经过20世纪70年代世界经济危机的打击和调整,现代化运动随着80年代世界经济的复苏而再次为人们所关注,新人力资本理论以崭新的发展观再次唤起人们的热情,教育再一次被确认为现代经济增长的基础而掀起新的教育现代化运动。首先,世界经济在危机的打击下促使高科技产业迅速发展和第三产业异军突起,从中再次展示人力资本是现代经济发展的关键,知识经济的到来为人力资本理论提供了最有力的佐证和运用的广阔前景。其次,新人力资本理论放弃了经济增长是一时一地一类产值或纯产值数量增长的观点,而看成经济结构升级所引发的整体持续性的增长过程,并且充分考虑到社会发展和经济与教育互动等观点,而人力资本的效益也不单是指个人工资的增加而是个人生活质量的整体提高。再次,70年代世界经济在不同地区发展也显示,即使是在经济危机时期,东亚等发展中国家不仅教育扩张在继续,而且还呈现出较快的经济持续增长的趋向,充分显示出教育提供充分的人才储备是实现后进国家赶超的重要条件，教育仍然是一种引导现代经济增长的不可替代的投资，社会没有它就不能发展。复次，新的教育现代化模式已修改了原先"教育发展＝经济增长"的模式，教育发展不再以学校和学生数量扩张来衡量，而是以能否适应经济发展并获得最大的经济效果为最重要的发展指标。最后，人们发现，对于教育上各种林林总总的变革，唯有教育现代化之概念方可涵盖，并能产生指导推进的作用。

因此，自20世纪80年代以来再次兴起的教育现代化运动，不仅抛弃了初期简单套用发达国家模式的弊端，尤其是引用政治制度并包含政治图谋的错误，而且坚持从教育与经济社会的整体发展特别是本国的实际来引导教育的变革。这是一次崭新的教育现代化运动，一是这一运动以新人力资本理论为指导，以策应知识经济发展要求为目的；二是坚持整体性原则和可持续发展，突出变革传统教育以适应现代经济发展的要求；三是注重建立有本国特色的现代教育体系，寻求教育与经济社会发展的最大适切性和发展的最佳效益；四是世界各国都卷入这场运动之中，都在开展目标不同的教育现代化，都需要在相互学习中相互促进，在相互借鉴中建立自己的现代教育体系。目前，这场教育现代化运动方兴未艾，积累了许多经验，正在构建新的理论体系。广东要在较短时间内赶上先进国家，应该研究世界教育现代化的走向，研究后发外生型教育现代化在亚洲的具体实践，并结合我国以及广东改革开放以来的实际，走出一条有特色的教育现代化发展道路。

亚洲"四小龙"办教兴邦的启示

考察第二次世界大战后经济发展情况可见，东亚是世界经济发展持续时间最长的区域之一。在这里，我们着重剖析素称亚洲"四小龙"的韩国、新加坡、中国台湾和中国香港的经济发展与教育模式的互动关系，以图从中寻找对广东经济发展及推行教育现代化的有益经验。

一 研究"四小龙"经济发展与教育现代化运动意义

(一)"四小龙"是后发外生型现代化中的典型

亚洲"四小龙"属后发外生型国家和地区，第二次世界大战结束后都相当落后，资源匮乏，工业基础差，但是它们始终积极推行现代化，努力营造现代经济增长的最佳氛围和必要条件。它们一方面学习引进西方现代化模式，另一方面大胆根据本地实际发展创新，探索适应于本地需要的经济增长模式，可谓是卧薪尝胆，即使受挫也不放弃，终于取得了骄人的经济成就。因此，研究"四小龙"典型，对探索东亚型的现代化模式有重大帮助。

(二)"四小龙"是后发外生型教育现代化的窗口

第二次世界大战后，"四小龙"始终紧紧地把办教兴邦作为现代化的核心，即使办教失败，未能达到预期效果也坚持不弃，走出了一条新的教育现代化道路，实现教育根本转型，有力地配合了经济发展，以特有的东亚后发型教育现代化形式对人力资本理论做出新的阐释，实现了时代性的理论转变，为这四个小区域成"龙"立下汗马功劳。研究"四小龙"教育现代化进程，可以从中窥视到它在亚太文化背景下的时代嬗变，有助于探讨现代教育改革的一系列重大问题。

（三）"四小龙"与广东政治制度虽不同，但共同点很多

教育上都遵行儒家文化传统，台湾、香港是中国的一部分，新加坡华人占76%以上，韩国与中国联系密切，经济发展环境非常相近，战后都处于相同的发展水平。改革开放后，广东与"四小龙"在经济上有密切往来，粤港澳已逐步走向一体化，因此，"四小龙"的教育现代化经验对广东有直接的示范意义，广东从中可以加深认识后发外生型教育现代化的东亚模式，把握广东教育改革的突破口，更好地配合广东经济赶超"四小龙"战略性决策。

二 "四小龙"经济起飞中的教育模式考察

"四小龙"经济起飞缘起于20世纪60年代大致相似的历史背景，并且都采用了相似的经济发展策略和人力资本理论，经过了大致相同的发展阶段，在推进现代化进程中形成了独特的经济增长现象与教育模式的互动关系。考察这一关系，对认识"四小龙"办教兴邦是很有意义的。

（一）应用互动模式

亚洲"四小龙"是典型的东方文化传统下推行后发外生型现代化的，因此在实施人力资本理论上呈现出许多特点，战前这些国家和地区主要实行精英型的人才培养模式，文凭与官职对等，因此读书做官观点浓厚。韩国、中国台湾20世纪50年代前推行人力资本理论，主张大力发展教育，但办的是传统教育，结果是有钱办教育，而无钱投资经济，从而带来严重问题。这种现象也同样发生在印度和菲律宾等国。韩国日益严重的经济危机还导致政府倒台。

在严峻的形势下,"四小龙"先后调整教育政策,推行教育改革,其核心是推行适应并服务经济的应用互动型教育。这种模式有几个特征:一是强调教育必须为经济发展服务,改革封闭式的教育体制;二是按经济发展水平要求办教育,从经济发展实际出发,建学校、设专业、选课程;三是强化市场运作机制,根据市场需要关停并转有关专业学科,根据本地经济需求市场决定对外国教育经验的选择。因此,普遍采用下列教改措施:一是注重实用学科,重视职业技术教育;二是注重科技教育,建立了从科普到高级学位的系统科技教育体系;三是普遍降低文史哲科目和招生人数,提高理工科学生比例,如韩国大学文科学生从 20 世纪 60 年代的 60% 以上到 1979 年与理工科学生的比例为 4∶6,并规定本科以上学历的理工学生比例必须在 50% 以上,新加坡人文 4∶理工 6,中国台湾自 60 年代后期起就大幅度降低纯文史哲类专业招生;四是普遍建立灵活多样的成人教育培训体系,全面提高在职员工素质。新加坡人民行动党的教育主张就是推行注重实用有效的教育体制,一切唯新加坡发展需要而定。如突出以英语为主的多语教育政策、重点发展工艺、实用学科院校的教育政策以及教育培训与引进项目和劳动力技术要求硬性对应的法令等,均体现这种精神。60 年代末新加坡花重资引进家政学专业,由于脱离国家实际,李光耀对此评论道,如果还要外国人教新加坡国人煮饭吃,新加坡人早就饿死了。1980 年新加坡工科生占高教学生总数的 48%,1989 年时达 62%。中国香港 60 年代后的教育改革核心就是努力摆脱英国古典的精英教育模式,使其与经济发展相结合,为经济服务,为全体港人服务。韩国 60 年代后痛定思痛,改革教育的首要举措是推行与经济同步发展的教育实用化,关停并转过多的综合大学,大兴实用科目。韩国的人力资源开发采用了三大策略:一是改革发展高教,培养高层次科技和管理人才,现韩国高校 260 多所,150 多万人,研究生逾 10 万人,每万人中有在校大学生 300 多人。二是大力发展职业技术教育,培养中等技术人才和熟练技工,为此他们反复强化职业教育制度,发布多种职教法;同时大力创办工业高中,强化技能技术训练;并且加速出国技能工的培养,以优良的人才优势辅助大企业占领国际市场；与此相应地制定了一系列技术技能资格考核制度等。三是倡导产学研合作，鼓励企业办学。

总之，亚洲"四小龙"推行教育现代化的关键性基础措施，就是实施了教育与经济的应用互动模式，有力地配合了经济的转型和发展。

（二）对应性梯级推进模式

"四小龙"在推行现代化中结合实际积极应用人力资本理论，推行了对应性梯级推进模式，亦称为"人力计划理论"。这种模式是针对教育过度或"知识失业"问题提出来的。20 世纪 50 年代韩国、中国台湾均不同程度地出现了每次教育扩张都会加重失业的问题，而每次就业状况恶化又都进一步引起对各级正规教育的更大规模扩张的恶性循环现象。60 年代后，"四小龙"在推行应用互动模式的同时，积极倡导人力计划理论，根据本国本地需要的人力资源结构比例来计划该国该地各级教育发展比例。这种模式认为，每一行业都必须由等级教育水平的劳动力来承担，则这一行业的劳动生产率就会得到保持。根据这一设定，就可预测在经济增长指挥下，需要什么样教育水平的劳动力的数量需求，以此来设计教育的发展。所以，这一模式一是对产业发展的人力需求进行预测，二是依据产业发展转型而逐步推进教育水平的提升，严格按照教育投资效益原则来推行教育扩张和人员技术水平的提升。60 年代后，"四小龙"非常注重人力资源预测，十分强调教育规模的作用。依据国民生产总值的目标增长率和经济发展规律来确定产业结构变动，计算不同行业的就业量，经过教育收益率的计算选择，制定出相应的教育发展结构体系和战略方案。韩国自 60 年代起每制订一个 5 年经济发展规划就必然制订一个教育发展规划与之配合，从而使教育培养相应人才。60 年代后期又成立长期教育规划机构，制订 1969—1984 的 15 年长期教育发展计划，1978 年又根据新形势重新制订 1978—1991 年长期教育发展计划，预计年经济增长率在达 10% 以上时的产业结构及人才需求，从而提出这一时期教育发展的总体规划为：小学毕业生达 100%，初中毕业生从 79.3% 达到 91.5%，高中达到 54.8%，每万人中大学生人数达 253 人。其间应培养技能工 417 万人，为此应新设 175 所职中，使普高与职高学生比例从6∶4变为4∶6。1991年应有科技人才500万人，其中5万人为硕士和博士；在校大学生为114.5万人，其中短期大学在校生达345772人，研究生每年增长30%，1991年达11万人。同时创办科技高中，每所学生不超过640人。[①] 中国香港根据经济发展要求，自20世纪60年代起多次根据人才预测制定教育发展规划，1985年后从香港地区发展前景出发推行高教扩充计划，使香港适龄教育达30%左右。可以说，香港60年代主要普及小学和推行初中和中级职业培训，高教发展缓慢；70年代普及初中，并大力培训中等及大专水平的技术人才；80年代普及高中并培养大专以上的科技人才和技术骨干，高教才开始大发展；90年代注重培养大专和研究生水平的技术型及研究型人才。这都是依据经济发展要求对人才预测的结果。

所以，"四小龙"在推进经济增长目标中，很注重教育与经济增长的对应性计划，呈现了梯级推进态势：一是呈现出初中级人才最大量级为基部，其次为专科水平到本科乃至研究生水平的逐级而上的金字塔形推进态势；二是呈现出根据经济增长需求，把教育发展重点逐步从初等向中等再向高等推进；三是根据行业发展需要确定专业教育重点，使有关院校或专业能随产业水平的提高而逐级提升，呈现出对应性梯级推进态势。

（三）教育适度超前经济发展的模式

"四小龙"在经济起飞中重视人力资源开发和教育作用，推行应用互动、对应性梯级推进等策略模式，但在发展规模上并不保守，而是表现为整体上比早发型国家较为超前的发展模式，以适应赶超型的经济增长要求。从韩国、中国台湾、中国香港20世纪50年代的教育发展模式乃至新加坡自治后的教育目标，都体现出实施人力资本理论，推行对超前发展教育策略的强烈选择。这种超前发展经历了从盲目性向针对性转变的过程。朝鲜战争结束时，韩国小学普及率为64%，自1954年起到1959年普及率就达96.4%，就学人数从267.9万增长到356万，经过不懈努力，到1975年，

---

① 田以麟编著：《今日韩国教育》，广东教育出版社1996年版，第15页。

韩国实现高质量的全面免费小学义务教育，在校学生达562万人。1977年推行普及初中，1979年初中普及率已达93.4%，1980年为95.8%，并实施农村初中免费教育计划。高中就学率1955年为17.2%，1966年为26.6%，1975年为40.8%，1993年达90%。[①] 中国香港1971年普及小学教育，1978年普及初中教育，1990年高中入学率达85%以上。大学生入学率从1980年的约4%上升到1990年的9%，1995年达18%，加上升读其他成人学校及海外学校学生，实际上适龄青年升大学比率已达25%—30%。这些都表明，"四小龙"无论在经济发展水平还是教育推进的速度上均超前于发达国家，并在整体上超前于经济发展。但这种超前不是盲目的，尤其在对需费巨资且效益低的高教发展上持谨慎的态度。表3—1为"四小龙"经济增长和教育投入以及高等教育毕业人数之间的关系。

表3—1 "四小龙"经济增长、教育投入、高等教育毕业人数之间的关系

	年份	韩国	中国台湾	中国香港	新加坡
GNP经济增长率	1960—1969	12.5	11.1	12.2	13.3[①]
	1970—1979	9.5	10.1	12.8	10.4
	1980—1989	9.1	10.8	9.0	8.9
	平均	10.4	10.7	11.3	10.9
教育投资增长率	1960—1969	28[②]	20.04	16.56	13.2
	1970—1979	31.82[③]	19.82	22.23	8.6
	1980—1989		16.7	18.37	29[④]
	平均	−25[⑤]	18.5	19.05	16.93
大学生增长率	1960—1969	8.2	19.4		5.5
	1970—1979	12.1	4.9		5.1
	1980—1989	6.5	4.3		6.7
	平均	8.9	9.5	9	5.9

资料来源：中国国家经济计划委员会：《台湾统计资料》《韩国经济主要统计资料》；国际货币基金组织：《国际金融统计资料》《香港经济年鉴》《新加坡经济与教育统计》；广东教育出版社：《今日香港教育》《今日韩国教育》《今日新加坡教育》《今日台湾教育》等。

---

① 池青山等编著：《韩国教育研究》，东方出版社1995年版。

以上分析可见,"四小龙"教育经费增长比经济增长快,表明对人力资本投资加大,扩大了人才储备规模,这种规模的扩张,一方面使教育成本加大,收益率增幅不高;另一方面却有力地促进了经济的快速增长,保持了较快的增长势头。分析表明:(1)"四小龙"教育发展呈现一定的超前性,基础教育发展比高等教育快,基本在20世纪70年代末80年代初实现普及九年义务教育,高中教育也基本普及;(2)高教发展在早期相对较为缓慢,主要是70年代后期才开始迅猛增长,韩国50年代后高教的规模扩张很快,但60年代的改革有较大成效,虽然仍有增长,但没有超出经济增长幅度;(3)韩国、中国台湾高教增长较快部分主要是私立高校,如韩国1986年私立高校学生占大学生总数的77%。

研究可见,"四小龙"经济呈较快持续增长与教育投入增长有较大关系。但是与其他新兴国家扩张教育不同:(1)"四小龙"教育中非常注重对实用科目,尤其是实用理工科目的投资。(2)"四小龙"教育发展中把重点放在基础教育部分,对基础教育进行重大投入,而不像印度、菲律宾等国主要发展高等教育。(3)"四小龙"教育发展呈稳定增长态势,韩国、中国台湾高等教育发展较快,但主要由私立高校分担经费投入。中国香港教育投入在私立中小学和学前教育上承担了巨额投资,目前也致力于提高个人对高教投资的比例,并将达到25%。因此,在整体上,基础教育的投入仍占重要部分。(4)私立教育在"四小龙"教育中占有重要位置。

从世界经济增长特点看,"四小龙"经济与教育能达到较好的互动性,关键是"四小龙"的教育发展符合发展中国家教育投资规律,即一是发展中国家投资收益率不仅高于发达国家而且也高于本国本地物质资本收益率,"四小龙"坚持办教兴邦,坚持对教育进行有效的高投资,符合后发型国家和地区经济增长规律。二是发展中国家教育投资收益率与教育水平成反比,较低级水平的教育投资的收益率越高,"四小龙"优先发展基础教育,最先改革调整结构,在大力普及初等和中等教育、普及成人教育的基础上稳步推进高等教育的发展,从而保证了教育投资的最大收益率,使有限的资本获得最充分的回报。三是"四小龙"都是坚持应用型教育模式，在经济相当发达迫切需要高等教育的时候才大力发展，从而避免像其他一些国家那样在一开始就大量投资高教，既花了钱又没有获得回报的严重后果。四是发展中国家私人教育收益率大于公共教育收益率，幅度大于发达国家。"四小龙"都从不同方面倡导发展私立教育，私立教育占有相当重要的比重。私立教育的发展不仅有效地分担了政府的教育负担，满足了广大民众求学需求的同时，又较好地配合了经济的发展。尤其重要的是，私立教育受市场支配，一方面要注重社会需要，开设民众最需要的专业学科，提高教育质量；另一方面有办学自主权，可进行最有效改革，并能充分运作，提高办学效益。因此私立学校对"四小龙"办教兴邦的成功具有重要作用。

三 "四小龙"办教兴邦对广东教育经济发展的启示

如前所述，"四小龙"与广东尤其是广东经济发展有切实的联系，特别是广东作为经济开放改革先行区，开放早，毗邻港澳，与港澳台经济已逐步走向一体化，"四小龙"经济起飞的经验对广东有直接的启示。

1. 推动教育转型，实践人力资本理论，教育为经济发展服务

一是要坚持办教兴邦的教育战略观，二是要坚持教育必须为经济发展服务。现代化的核心是现代经济增长这一特性，决定了教育现代化为这一"增长"服务，"四小龙"正是以促进"现代经济增长"为中心实施教育改革，推动教育的根本转型，因而配合和带动了现代经济的增长。这是一条为早发内生型现代化及发达国家经验反复证明的一个朴素但不易为人们认可的真理。这也是为什么早期有西班牙、葡萄牙等强国，最后只剩下英国、德国、法国少数国家走向发达之路，战后众多新独立国家办教兴邦而只产生"四小龙"的根本重要原因。

2. 推行教育规划，按需求发展教育

"四小龙"遵循后发外生型教育现代化规律，实施"人力计划理论"注重人力需求预测，有计划地发展教育。应研究和吸收"四小龙"推行

实用型教育发展模式的经验，运用对应性梯级推进原理，按经济水平，突出基础教育投资的同时，适度发展结构合理的高教体系，把教育效益与长期持续的经济发展政策结合起来。在教育投资导向上，坚持扩大中小学教育及实科教育投资，控制研究型高等教育投资，形成合理投资体系，避免受教育水平越高效益越低的投资死角。

3. 倡导和支持私立教育发展

"四小龙"能用较短时间和较少资源较快地实现教育的较高发展水平，除了政府的重视外，其中一个重要经验是鼓励并积极扶持私立教育的发展。中国台湾、韩国私立教育占很大比重，中国香港教育中私立中小学校仍占有相当比重，而且个人承担高教经费达25%。由于倡导私立教育的分摊教育成本策略，使"四小龙"仅用政府公共教育支出9.5%份额的经费支撑了高达37.7%的高等教育入学率。这种成本分摊方式有利于提高教育的办学效率和教育公平。

4. 注重发展农村教育，把农村教育列为教育现代化的重点

广东经济发展中农村问题仍很突出，解决的主要方式仍然是因地制宜地推行农村工业化，并相应地发展农村教育，尤其是职业技术教育和成人教育，开设与农村发展相应的各种专业及课程，引导农村发展从而消化剩余劳动力，避免因扩大就业而要求教育扩张的巨大压力，使经济与教育都能健康发展。

5. 转变教育观念，建构新型的知识分子关系及高校学术评价观

其一是要为知识分子创造更多更好的工作环境和生活条件，让他们安居乐业，施展才能；其二是要改革人事制度和收入分配制度，改善按文凭而不按实际能力录用人才的弊病；其三是端正学术评审标准，鼓励研究人员努力探讨国内迫切需要解决的重大的理论与实际问题，实施产学研相结合政策，按对我国科学和社会发展的贡献大小多少来评奖定级。

广东经济发展进程中教育现代化问题研究

教育现代化是现代经济发展的重要条件，教育投资是经济投资中收益率最高、最有耐久力的投资，也是推行现代文明，从而创造可持续性现代经济增长的最重要因素之一。广东经济现代化离不开教育的作用，广东推行教育现代化是实现广东经济发展宏伟目标的重要保证之一。我们必须在认真分析广东经济现状及其发展目标的基础上，借鉴亚洲"四小龙"经济起飞与教育现代化的基本经验，认识广东教育对经济发展的适应程度，意识到实现教育现代化的迫切性。

一 广东经济现状及其发展目标

改革开放以来，广东经济持续快速增长。一是充分发挥中央给予的优惠政策；二是充分发挥广东历来注重商品经济的传统优势，大胆开拓，带动经济发展，率先推行市场经济；三是充分利用毗邻港澳，面向东南亚，以及华侨港澳同胞众多的优势。经过多年的发展，广东经济取得了重大成绩，广东国民生产总值已从1980年的245.71亿元增至1995年的5440亿元（当年价），15年连增22倍，第一、第二、第三产业结构已从1980年的34∶41∶25转变为1995年的16∶51∶33。出口贸易额从1980年的22亿美元增至1995年的566

亿美元，对比增长25倍。①人民生活水平有很大提高，如农民人均收入从1980年的274.37元增至1995年的2699.24元。广东经过15年来的建设，基础设施包括交通、能源、通信等有了质的飞跃，具备了进一步发展的条件。更重要的是，一是广东在改革开放中已形成了深入人心的开放观念优势，二是基本实现从依赖外商的被动型外向型经济向具备自主经营的主动型外向型经济转变，逐步实现经济结构的转型，并开始从分散化、粗放型经营向集约化、规模效益型经营转变。经过15年努力，总体来说，广东已基本完成前期工业化阶段，并正向中期工业化阶段演进。这与亚洲"四小龙"经济起飞时的水平基本相当。

但是，广东属于后发外生型经济发展类型，在初期实行改革开放政策下，通过大量引进外资，加上充裕廉价的人力和土地资源，使经济出现了飞速增长的势头。然而这种增长由于资金不足，被迫选择低层次劳动力密集型，靠高消耗不可再生资源的方式发展生产，投入量大但效益极低；同时，旧的生产方式以及政体中原有的官僚习气等不仅保留下来而且造成发展的失误和错位，甚至借助放开搞活滋生出严重的腐败等，这些对日益增长的经济产生越来越大的制约。20世纪90年代后，广东经济发展受到多重因素影响，一方面是80年代形成的低层次产业和粗放性管理的经济体系受到经济发展转型的严重挑战；另一方面在国内外全面开放，国内是浦东等迅速崛起，国外是东南亚大开放以及苏联解体后东欧市场扩张，广东独自开放的原有优势包括中央给予的优惠政策，先行一步的开放制度以及特区效应等已极大丧失，包括家电等一大批早期产品的广大市场已逐步退缩。广东经济不仅面临自身产业结构的转型升级，意味着80年代以出租土地、增加劳动力资源的掠夺性消耗来取得积累的经济体系已走到了尽头，而且也面临国内宏观调控和国际经济中科技更新换代的猛烈冲击。广东经济要保持领先势头，保证于2010年赶上"四小龙"，必须进行新的改革和创新。因此，自90年代以来，

---

① 根据《广东统计报告》，1996年。

广东经济在巨大的发展压力下,进行了频繁的改革,重新确定发展目标,积极推进体制改革,珠江三角洲各县市纷纷提出要实施"第二次创业",革除 20 世纪 80 年代形成的经济体系中不合时宜的东西,在更高发展阶段上实现经济起飞并创建以持续增长为特征的新经济模式。广东省委、省政府 1994 年提出建立珠江三角洲经济区的设想,提出"中部地区领先,东西两翼齐飞,广大山区崛起"和"分类指导,层次推进、梯度发展、共同富裕"的发展方针,组织专家制定发展规划。从现代经济发展的趋势和国内外经济发展的经验看,广东要走出高耗低效的传统劳动力型经济模式,就必须制定面对 21 世纪的经济发展战略,逐步形成以全面提高经济效益为中心,以国际市场为导向,以国内市场为依托,依靠深化改革和科技进步以及教育的现代化,建立起以高密集人才储备为基础的配套协调、优质、高效、轻型、外向的经济;充分发挥广州中心城市、经济特区的辐射和窗口作用,积极依托中部地区,加快发展东西两翼,大力扶持山区和老、少、边、穷地区,实现全省社会经济持续、稳定、协调发展。

广东要实现这一目标,在新水平上保持经济持续增长和在新的经济格局中保持领先地位,根据亚洲"四小龙"的经验,最重要的法则是迅速推进广东产业结构的转型升级,而实现这一转型升级的根本点就是使经济增长的主导动力由粗放型投资扩张转变为科技进步或技术创新。唯有依靠科技,实现技术创新,才能获得效益,在出口产品更新换代以及打破国际贸易壁垒中发挥关键作用。

技术创新不同于技术发明或发现,而是第一次把这种新发明的技术应用到生产过程之中,并使之发生质的变化的工作。因此,技术创新不属于技术范畴,而是企业家把一种新的生产函数或生产要素的新组合引入经济体中的过程,是一个经济概念,是一种使先进的科学技术物化、商品化为生产力的过程。弗里曼在《工业创新经济学》中将技术创新定义为"第一次引入一种产品(或工艺)所包括的技术、设计、生产、财政、管理的过程"。熊彼特将创新活动归纳为五种状况:(1)生产新产品;(2)采用新工艺;(3)开辟新市场;(4)发现和控制原材料的新供应来源;

(5) 实行新的企业组织方式和管理方法。① 可见，经济学家关心的是技术创新对经济增长过程产生的相关影响，技术创新只有在对经济过程确实地、持续地作用后才被纳入考察的视域。在现代化或现代经济增长中，技术创新的作用随着经济发展水平越来越大，两者呈正相关，且表现为滚雪球式的指数关系。

广东经济要实现高一阶段的飞跃，无论是产业结构转型，使分散的开放转变为集团式的开放，被动型经济转变为主动型经济，还是从速度型向效益型转变，组建跨国跨地区集团，发展大规模经济等，都必须依靠技术创新，都取决于科学进步能否成为广东经济增长的"主发动力"。从国际经济发展特点和广东经济实际看，广东经济增长优势中的科技优势是通过引进国际资本和利用已积累的资金及原有基础，将国内的科研成果迅速转化为面向国际国内市场的高新科技产品。这是一种不同于国内现行经济体制的新生产模式，广东人尤其是广东的教育必须首先对此做出明智的选择和积极反应。参照韩国和中国台湾等"四小龙"国家和地区的发展经验，广东只有迅速转变办学观念，建构新的教育模式，才可能使教育获得蕴含着巨大的科技创新潜能的能力，并转向为经济发展服务，培养出大量训练有素适应新生产过程的生产者。

二 教育现代化是广东经济现代化的迫切要求

我们谈到，广东经济要走出第一次产业革命模式，在 2010 年实现现代化目标，就必须依靠技术创新。而广东教育现代化尽管对广东改革开放和经济的发展起了重大作用，但是仍存在自身发展上的问题，因而极大地影响着广东经济上的技术创新，制约着经济现代化的实现。因此，进一步推进教育现代化是广东实现经济增长的迫切要求。

---

① 陶骅等：《发展经济学的理论与实践启示录》，上海人民出版社 1993 年版。

（一）广东经济增长模式逐步向技术创新转移，要求教育现代化，以建立新型经济发展的启动机制

20世纪90年代后广东经济在国内外形势压力及经济增长内在规律作用下，终将放弃依靠劳动力密集、土地资源密集等广种薄收的不可再生资源取得低层次积累，以及利用紧缺日用品开辟市场的增长模式，转向依靠技术创新和行业或区域的科技进步来降低生产成本，实现产品更新换代，占领和扩展市场。人力资本理论家丹尼森进一步把技术创新称为"知识进展"。他认为"知识进展"强调知识对生产过程全面深入的作用，因为任何生产方面的知识都是综合性的，只有知识进展才能使有关新技术在生产过程中实现综合作用而产生经济增长，而知识进展则是教育的结果。他用"知识进展"深刻地阐明了教育对技术创新和科技进步的关键作用。实现技术创新，决定了广东经济增长不再是依靠资源量的增加，也不是仅仅依靠一二名人才，而是整体劳动力知识水平的提高，是整个企业甚至是区域文化素质的提升。因此，推进教育现代化，按经济发展要求建立新型的教育体系和全省"知识进展"的作用机制，就成了广东经济现代化的关键一环。

（二）广东经济增长以赶超先进为目标，要求教育现代化，以建立相应的人才保障体系

广东省经济现代化目标是要在2010年实现赶超亚洲"四小龙"中的韩国经济发展，推进实现现代化。为此，1990—1995年人均GDP年增长率为11%，1995—2000年增长率为12.7%，2001—2010年增长率为12.4%，1994年广东GDP为3067.18亿元（1990年价），那么到2000年时为6284.67亿元，2010年为20227.66亿元（1990年价）。其中在生产值结构中一、二、三产业结构将分别从1994年的16.4%、50.5%、33.1%，到2000年变为11.8%、46.54%、42.28%，到2010年时则变为5.41%、34.48%、60.11%[①]。可见，第一、第二产业劳动力人数将不断

---

① 参考广东省计划委员会有关文件。

减少，而第三产业劳动力人数将增加并基本实现向知识经济转变，且会呈现出高科技产业与低层次饮食服务业并存。因此，必然要求全员教育水平提高，强化企业技术水准。但是广东人口素质不高，高层次人才比率偏少。据1995年1%人口抽样调查，全省粗文盲率为7.81%，小学文化程度占比为48%，初中文化程度为31.1%，高中、中专文化程度为11.27%，大专及以上文化程度仅占2.41%。全民所有制企业职工文化程度也不高，据1986年统计，职工中初中文化程度以下的占2/3以上，其中文盲及半文盲的比重高达20%，直至目前小学文化程度职工仍占多数。1995年调查显示，广东第二、第三产业实际从业人员总数为2321.03万人（含部分外省民工），被聘为技术工人的仅有336万人，占14.37%，而其中高级技工以上占21.8%，中级技工占40.5%，初级技工占37.3%。这就表明，二、三产业中初级工及以下的劳动力占92%左右。这是一个令人毛骨悚然的数据。这种人口素质和产业劳动力素质，将直接制约着广东经济现代化目标的实现，因此，教育现代化是广东经济现代化的迫切要求。

（三）广东经济增长以科技进步为基础，要求教育现代化，以建立科技教育体系和科技大军

如前所述，技术创新和科技进步是广东新一轮经济增长的灵魂，但目前广东的科技对经济的贡献率比重很低。一方面是产业层次尚低，另一方面则主要是科技的力量薄弱或发展科技目标不明，尚未形成对生产力作用的主动机制。一是在第二、第三产业的从业人员中中等程度以上技工所占比例不足10%。二是专门人才所占比例过低，1994年每万社会劳动力中虽有专门人才311人，但每万人口中仅162人，而韩国每万人口中有1048人，中国台湾为1245人。韩国在1960—1970年的经济起飞最初阶段大中专毕业生在社会从业人员中的比例从15.8%上升到32.7%。广东农村劳动力中没受过劳动培训者占总劳动力人数的86.8%。三是科技人才比例过低，目前全省国有研究机构研究开发人员达不到4万人，1989年全省大中型工业企业技术队伍人数19044人，其中科学家和工程师仅7465人，占全省职工人数的 5.9%，低于全国平均水平，与发达国家相比（传统工业为 20%，高新工业为 40%—50%）差距更远。1995 年全省仍有 48.5% 的工业企业没有技术开发人员。1991 年东莞市有逾万家工厂企业，但有专业职称的科技人员不足万人。而韩国在经济起飞的 1960—1970 年中科技人员提高了一倍以上，1976 年在制造行业的熟练工人与非熟练工人的比例为 1∶5；1977 年技能工以上水平的科技人员达 156.3 万人，占总从业人员的 12.3%，其中重化工业部门的技术人员占全体技能工以上水平科技人员总数的 85.9%。① 四是技术进步在工业生产中贡献率过低，据测算，1978—1989 年，广东工业生产中技术进步的贡献率仅为 19.4%，其中国有企业总产值增长中也仅有 35% 是技术作用的结果，这与亚洲"四小龙"同期技术进步贡献率达到 50%—61%、发达国家为 60%—80% 有巨大差距。1993 年全省推行高新技术 88 项，达到国家级的仅占 30%，当年高新技术产值 200 亿元，仅占全省国内生产总值 6%，且项目的 59% 来自省外。广东建立的高新技术开发区效果都不理想，如广州天河高新技术开发区实质在进行技术交易而很少开发。诸如种种，都清楚地表明，广东经济正处于走向新发展的转型时期，前一阶段的改革开放只是动员了全省的物力资源，但这种粗放型的靠剥夺性使用物力资源的增长方式已走到了尽头，必须转向依靠科技进步创新的新经济增长模式。因此，推行从普及科技知识到建立科技中学、科技学院、科技大学以及相关专业，到开设从专科到本科到研究生教育的系统科技教育体系，培养层次多样专业结构合理的科技队伍，并建立有益于科技转化为生产力的教育机制和形成"知识进展"的综合效能，就成了广东经济转型的关键要素。很自然，这也是当前广东教育现代化的首要任务。

（四）广东经济增长以新型人才为条件，要求教育现代化，以建立培养新型的劳动大军和专家队伍的教育体系

广东经济增长向知识经济转型，依赖技术创新和科技进步，实现产业

---

① 参考广东省计划委员会有关文件。

结构升级并从粗放型向集约型转变,都必须以大批新型人才为条件,因此必须要求广东大力推进教育现代化,改革传统教育,建立培养新型的劳动大军和专家队伍体系。一是技术创新要求教育从应试模式转向素质模式,即从教育为学生应付考试服务转向为发展学生全面素质服务,既要改革文凭与官职对等的读书升官发财的传统教育体制,又要革除分数挂帅,唯考试是从的旧教育教学观念,培养学生良好的主体意识,具有自主、自强、开放、进取、求实、创新的现代人精神和人格取向,形成区域性的人才文明模式。二是科技进步要求教育改变选拔少数读书型精英的作坊式办学,不仅要建立面向全体学生、使人人成才的教育体制营造相对,而且要建立起以科技进步为导向的人才成长氛围和教育观念。历史证明,一种影响整个区域或世界的科技进步的发生,只有凭借这个区域教育体制的改革才可能真正实现。三是产业结构转型以及技术升级,都要求教育要提高质量,培养高素质的专家队伍和劳动力大军。当产业结构比重越向高科技产业倾斜时,第一、第二产业从业人数就会下降,人员的技术要求就会提高;第三产业中高新科技尤其是信息技术产业的兴起,也要求大量科技人才,因而都对教育质量提出前所未有的挑战。这种教育高质量已不仅是学生的高分数,而是包括开设反映最新科技成果的课程,使专业设置与产业结构相适应及学生成为这一行业的行家里手。当经济从粗放型向集约型转变时,经济的扩张和生产能力的提高,同样需要高质量的人才支撑,并需要教育不断加速改造某些"过剩"劳动力,使之成为新兴行业的生产者。由此可见,推进教育现代化,提高教育质量,已成为广东经济增长的必要条件。

广东经济发展中教育现代化的战略选择

综上研究可见,广东经济要实现新一轮的起飞,必须推行教育现代化。根据发达国家和亚洲"四小龙"的发展经验以及广东在新中国成立以来尤其是改革开放以来的实践,本书拟以推进广东经济现代化为基本目标,对广东教育现代化战略的选择提出以下一些看法。

一 广东经济发展中推行教育现代化的战略指导思想

广东教育现代化发展战略必须坚持以下指导思想。

(一)坚持以广东经济发展为中心,为广东经济现代化服务

这是广东教育现代化发展战略的核心和灵魂。根据我们上面的分析研究,一方面,现代化与教育在本质上具有互动联系,规定了广东经济发展必须依靠教育现代化,实施科技兴省战略方针;另一方面,现代化的核心是现代经济增长,这就决定了广东教育现代化必须以促进这个"增长"为前提,并作为发展教育的最高目标和评价指标,这是所有发达国家以及"四小龙"走向发达之路和实现经济起飞的要诀,也是推行教育现代化的一个关键性的工作法则。为此,广东教育现代化的首要工作是实现教育的根本转型,使之从传统的应试教育模式转变为为广东经济发展服务,把促

进经济现代化作为中心任务,带动教育体制、运行机制,教学工作以及道德教育等方面的改革。其次是要积极研究"四小龙"办教兴邦的经验,学习实用型教育模式,借鉴应用互动、对应性梯级推动和不平衡性适度超前的发展原理,创建符合广东经济发展要求的新型教育体系。

(二) 坚持从广东实际出发,充分考虑后发外生型的发展特点

如教育发展必须服从广东现有的经济发展水平,不可滞后,也不可盲目超前,考虑经济的总体规划和在中部、东西两翼及山区的具体布局及发展差异,在国家教育方针指导下对具体发展目标和体系进行有效设计;在推行教育现代化中要充分发挥政府的主导作用,示范先进经验,考虑经济需要而不盲目照搬或追求高指标等。

(三) 坚持遵循现代教育发展规律,使之与经济发展的具体实际相结合

教育现代化并非随心所欲的时髦术语,而是服从世界教育发展规律与本国本地实际相结合的产物。实践证明,世界教育现代化在本质上就是促使教育从传统的学术堡垒中走出,走向与生产实践相结合,现代教育的每次成功改革,实际上是促进教育更紧密地与生产相结合,更好地为本地生产服务。这是一条朴素但又极不易被人们认识的真理。广东教育现代化也只有在坚持遵循这一规律的前提下,才能对广东的经济发展做出最大的贡献。这也是"四小龙"办教兴邦成功的重要经验。

二 广东教育现代化的战略目标

(一) 总目标

根据广东 20 年基本实现现代化的战略目标和教育发展的实际情况,省委、省政府规定的全省教育发展总目标是:2000 年以前,在扫除青壮年文盲、普及九年义务教育的基础上,大中城市和经济发达地区普及高中阶段教育,全省各类大学生占总人口的比例为 1.26%;2010 年,全省基本普及高中阶段教育,在校的各类大学生占总人口的比例为 3.2%。要逐

步形成与经济和社会发展相适应的教育规模、教育层次和教育结构,建立起以政府办学为主体的多层次、多形式、多渠道的社会共同办学体制,以及适应社会主义市场经济发展、结构合理、机制灵活、开放多元、具有广东特色的教育体系,普遍提高教育质量和水平,全面提高劳动者的素质,推进教育现代化,使广东成为教育强省。

(二) 具体目标

要实现以上教育发展总目标,必须努力实现以下发展目标要求。

1. 教育发展水平现代化

广东省在 1996 年已基本实现了普及九年义务教育,必须巩固提高九年义务教育,逐步普及高中阶段教育,争取在 2000 年前,在珠江三角洲和大中城市普及高中阶段教育,2010 年在全省基本普及高中阶段教育。努力扩大高等院校办学规模,积极发展高等教育。到 2000 年,全省各种形式高等教育在校学生达到 91 万,年均递增 10.6%,达到每万人口拥有各种形式高等教育在校学生 126 人,其中普通高等教育在校生 26 人。到 2010 年,在校学生增加到 260 万,年平均递增 11.1%,达到每万人口拥有在校学生 320 人,其中普通高等教育在校学生 45 人,研究生约占其中 5%。根据广东省产业结构调整和经济发展要求,大力发展职业技术教育,建立起初、中、高相衔接的、具有广东特色的职业教育体系。到 2000 年,各类中等职业学校年招生数和在校生数要占高中阶段学生数的 60% 左右,普及高中阶段教育的城市可达 70%。通过改造现有专科学校、职业大学、成人高校,兴办高等职业技术教育,到 2000 年,高等职业教育在校生达到当年全省高等学历教育在校生的 20%。同时,大力兴办各级各类成人教育,逐步形成终身教育制度。

2. 教育体系现代化

教育体系的现代化包括教育思想、教学内容、教学方法和教学手段的现代化。改革传统教育观念,树立现代教育观念,这是实现教育现代化的关键和前提。教学内容的现代化至关重要,必须重视用先进的科学技术来充实中小学的教育内容,使之反映现代科学技术文化的先进水平,当前应当根据中小学年龄特点和教育的需要适当引进信息科学、生命科学、材料科学等方面的最新成果，以及在这几个前沿科学基础上发展起来的新技术知识。必须继续加强外语教育、计算机教育和信息技术教育，逐步形成广东省教育特色。同时还要加强环境教育、人口教育、卫生知识等教育，使基础教育能跟上时代发展步伐。要加强教材教法的研究，克服满堂灌的教学弊端，而采用启发式、讨论式等教学方法，切实减轻学生负担，促进学生主动地、生动活泼地学习，使素质得以全面提高。要根本改变教师主要运用粉笔、黑板教学的传统手段，而同时推广运用包括幻灯片、电影、投影仪、收录机、语音实验室、广播、电视、计算机网络在内的电化教育和多媒体教育，极大地丰富教学活动，实现教学手段现代化。

3. 教育制度现代化

要适应社会主义市场经济和现代教育发展，改革在苏联模式影响下建立的僵化的过度集中统一的教育制度。要改革教育管理体制，更多地发挥地方的积极性，给学校以自主权，逐步加强民主化管理，同时建立各种评估咨询、审议机构，以加强对政府决策和机构制约作用。要改变政府单一办学，建立政府办学和社会多渠道办学相结合的体制，政府主要承担基础教育，加强其在广大民众中的推广和普及，其他教育要放开，要更多地支持私人办学和企业办学，促进教育的发展。要适应社会日益增长的精神文化需求，为人们提供可选择的多种形式教育，改变单一普通学校教育形式，实现教育形式多样化，如远距离教育、学分制教育、自学考试教育、培训教育，等等。

三　广东教育现代化的主要策略

根据广东经济发展要求，广东教育现代化应采取下列重大对策和措施。

（一）建立推进教育转型的五大教育机制

1. 学校优胜劣汰机制

即进一步深化教育改革，建立校际间的竞争机制，质优学校扩充发展,质差学校实施补救扶持甚至对其关停并转。为此要建立一系列允许私立学校与公立学校平等竞争的法规,逐步推行基础教育的非重点化,目前要做到义务教育阶段非重点化,争取更高层次达标;实施创办教育集团和校际合作制度,让竞争中的质优学校兼并或领导质差学校,发挥教育规模效益,一方面对差校实施教育支援措施,改造薄弱学校;另一方面关停并转部分村设校所办的那些无法形成规模的小校和差校。

2. 建立供需互动的运作机制

即按照经济发展需要办学,在教育规模、发展速度、教育质量、教育机构等方面建立起与经济社会发展相协调的互动关系。为此,应成立专门教育评估机构及评估咨询委员会。进行常规的质量评估工作,例如对办学机构与经济社会发展进行常规性的总体评估,对学校、专业设置和运作效益进行评价,作为发展或取舍的依据;建立厂企直接参与办学制度,使供与需、投资与产出之间建立起直接对应关系;建立人才测试制度和规划模式,根据经济发展与人才需求来规划教育发展,等等,改变仅凭教师能力办学的倾向。

3. 建立择优录用、竞争上岗的人事机制

即学校内部要彻底推行聘任制、岗位责任制,使责、权、利挂钩,择优录用,竞争上岗。建立系统教师业务水平考试制度,既要鼓励教师献身教育事业,又要鼓励教师不断进取,在业务上精益求精。

4. 建立全员参与、社会共办的办学机制

即建立一种调动社会各方面力量参与教育决策,共同投资办学的机制。一是要推行校董会制度,聘请社会名流、企业家、专家参与大、中、小学办学;二是建立各种咨询和协调委员会,广聘社会名流参与,如香港的教育统筹委员会;三是建立教育科学决策制度,使上下级、教育主管机构、群众社团、社会舆论都能广泛参与决策过程;四是坚持谁办教育谁受益的原则,调动社会力量办学,积极投资教育,变一元投资为多元投资。

5. 建立全员教育、能力分流的学习机制

即建立一种为所有符合条件的学生都能取得接受教育机会的制度,从根本上消除升学压力,使学生按发展能力进行多种分流,选择适合的学习方式完成学业。一是要建立更加多样的学校类型和教育形式，提供更加灵活的教育条件；二是建立更灵活科学的学生学习评价体系，对学生进行综合评价，按能力倾向和学业水平等级向专业教育和学术教育或文理科等方面分流；三是建立以奖励为主的学生管理制度和按教育水平择业的就业制度。

建立和推行这五大机制，将有效地推进广东教育模式的转型，推进广东教育现代化进程，促进教育为广东经济发展服务。

（二）强化教育发展战略重点，实施四大教育工程

根据广东经济发展的特点和广东教育实际，广东必须强化教育发展战略重点，实施教育重点建设工程。

1. 强化教育发展战略重点

（1）突出提高教育质量的战略重点。这是广东"普九"后面临的一个大难题也是高等教育发展中迫切需要解决的问题。为此应当专门成立教育质量委员会来统筹推行。

（2）突出发展职业技术教育的战略重点。这是任何国家和地区实现经济起飞的最重要条件之一。根据广东省产业结构调整和经济发展的实际情况，必须重点发展好机械制造、交通、电力、通信、电子信息产业、纺织化工、商业贸易、金融保险、房地产、旅游服务等专业教育。培养大批实用性专业人才，实现高科技的产业转化，既是教育现代化转型的基本条件，也是满足广东经济转型对人才需求的一个重要举措。

（3）突出发展高等教育的战略重点。这是广东建设高级人才培养基地，解决大批人才需求，提高人才储蓄水平，优化地方投资环境和人文氛围的关键举措。建立和完善多元化、多功能和开放型的高等教育，在专业结构上注重理工科教育，人文社会学科与理工科比重约为 4∶6，基础学科与理工科比重约 3∶7 或 2.5∶7.5。发展高教重在发展关系广东省发展的重点学科及院系，重在发展私立高校，重在发展地方高校和专业院校。

（4）突出发展科技教育的重点。这是保持广东经济持续增长和实现转型的重要举措。应建立从推广科普知识，到开设中小学科技创新课程和课外活动到成立科技中学、科技学院到科技大学的系统科技教育体系。制定专门鼓励科技教育条例，规定科技教育的发展目标，建立有关基金，造就一批科技英才。

2. 实施四大教育重点工程

（1）实施素质教育工程。教育要面向21世纪，着眼于学生全面素质提高。要改革教育结构，在初中后实施分流，因材施教，各尽其才。深入教学改革，提高教育质量，着眼于学生独立思维、创造性能力和个性培养，促进学生主动地、生动活泼地发展。

（2）实施强化师资工程。加强中小学师资队伍建设，全面提高师资队伍素质。为实现2010年教育发展目标，必须实施中小学教师提高一个学历层次要求，小学教师任职实现大专化，初中教师要达到本科水平，高中教师要全部达到本科并有部分达到硕士研究生水平；要加强教师继续教育，实施教师的全员培训工作，加强校长联合会和学科带头人、骨干教师的培养，基础教育实施"百千万工程"（到2010年，全省培养100名教育专家，1000名知名校长，10000名知名教师），高等教育实施"十百千工程"（到2010年，全省培养10名国家级，100名省级，1000名校级学术带头人），通过这两个工程重点培养一批重点教师、校长，重点发展一批起示范作用的名校。动用一批经费，完善重点学校的办学条件。给重点教师提供津贴、住房等。这是彻底改造广东学校教育面貌的重要措施。为此应强化现代教育理论学习、强化教育科学研究、强化现代教育实验创新。

（3）实施重点教材工程。贯彻"一纲多本"或"多纲多本"的原则，鼓励地方和学校根据实际选择和运用教材，根据广东经济、社会发展要求编写地方教材，完善、修改沿海版教材，积极组织高中文理科综合课程教改实验。鼓励教师参与教材编写，有效地提高教师教学水平和教育质量。

（4）实施教育特色工程。即鼓励各市县或各校根据自己的实际，办出特色。如深圳南山区的六大教育特色、东莞市农村教育特色、新会荷塘中学"教产互动、校企合一"特色、珠海恩溢小学的爱的教育特色等。

（三）实行梯级推进型教育发展策略

鉴于广东经济发展处于新的转型阶段，且很不平衡，应借鉴亚洲"四小龙"的经验，采取分阶段按层次推进的梯级发展战略。

1. 区域层次的梯级推进策略

宏观上根据广东经济发展形势，以珠江三角洲为重点，向东西两翼推进，并作用于山区。重点构建中部地区密集型教育体系，形成以研究型大学为主导的学科齐全、辐射力强的教育重镇；东西两翼突出创办专业性大学，并构建完整的应用性教育体系；山区突出抓好巩固提高九年义务教育，在抓好教育质量的同时，重点发展职业技术教育、成人教育，以中心城市创办应用性大学为依托建构起与中、专科及本科相配套的职业技术教育体系。根据经济发展需要，采取适度超前的波浪式推进的教育发展态势，各层次都同时推行改革，但完成各自不同层次的发展任务。

2. 教育层次的梯级推进策略

在学前、小学、初中、中专、高中、大学教育发展上坚持梯级推进。一是注重规模发展，抓好包括学前教育一年的十年普及义务教育，再推进至高中教育，职业教育以及高等教育从精英型向大众型、普及型发展；二是注重质量，抓好基础教育，从重点学校推及全体学校，再推向更高层次学校。

3. 高等教育层次的梯级推进策略

对两年制社区学院、三年制专科大学、四年制本科大学以及研究型大学的发展实施逐步提高层次的工作。随着新高校的诞生，老的高校将根据发展需要逐步从低层次的学院向更高层次的大学提升。

4. 行业培训层次的梯级推进策略

从经济发展和教育能力及资源看，不可能一步到位把所有人都培养成高级人才，再行就业。应根据产业要求，实行轮训制，逐步向高级推进，这样可节省资源并密切配合经济发展。

（四）强化政府行为，推行五大方向性发展

广东教育现代化属后发外生型，因此必须强化政府主导作用，一是按照现代化的意图推行教育改革，二是统筹教育资源，三是更有计划有目的地配合经济发展，把握教育发展的方向。从配合广东经济发展看，广东教育现代化中的政府行为应重在推行五大方向性发展。

（1）生产性。即政府必须积极推行教育与生产的结合，促进教育为生产发展服务。这里的生产性主要指社会生产实践，强调教育要走出关门办学的道路。教育具有生产性，因此教育是人力资本的投资方式，是关系社会进步、经济增长的一种全局性产业。

（2）效益性。即政府应调控教育发展、教育投资的效益。教育是产业，就要投资，而且应善于投资。有投入应有产出，因此必须强化教育效益，建立起全方位的教育效益观，谋求获取最大的教育效益。

（3）综合性。即政府应主动从宏观综合的高度审视教育发展。一是强调整体大于部分之和的综合原理，注重教育各部协调发展；二是注重教育与社会及经济发展的互动关系，在规划经济发展的同时要规划好教育的发展，主动以教育来支持经济发展。

（4）国际化。即政府应积极推进教育国际化。一是强化粤港澳台教育合作与交流；二是促进"四小龙"与广东的"新四小龙"教育研究和发展的合作，并建立起互动关系；三是开展与各国合作办学和学位对等及交流等方面的工作。

（5）一体化。即政府要把大力推进广东教育一体化作为重要工作：一是把不平衡的区域教育变成有内在联系，可相互作用的层次合理并与经济配合的统一体，使之此彼之间的长短处产生互补；二是把幼、小、中、大学教育看成有相互联系的整体，大力推进一体化进程，使各阶段达到最有效的衔接和沟通；三是使德育、智育、体育的作用都能统一地影响学生，促进学生身心的健康成长；四是使职业教育与学术教育、基础教育与应用教育、正规教育与非正规教育贯通成为一体；并使学校、家长、社会、产业等产生一体化的密切联系。因此一体化是建构大教育的重要方

式,是每一级政府主导教育都必须关注的重点[①]。

广东经济发展进程中教育现代化是一项重大工程,需要从多方面探讨,集思广益,共同推进。

---

① 参见冯增俊《试论中国教育现代化的主要特色及其基本任务》,《中国教育学刊》1995年第4期。

第二篇

全球化与教育现代化

知识经济与全球化时代

世界历史发展进程说明，全球化的发展已经是一个不争的事实。马克思曾精辟地指出：伴随着15世纪资产阶级对世界市场的开拓就已开始的全球化①，到了19世纪，由于跨国公司不断增加的国际贸易、交通和通信技术的发展，全球经济逐渐呈现一体化趋势，特别是20世纪八九十年代以来，由持续增加和普及的计算机、光纤、网络化、人工智能等全球电传系统促进的商业、文化产品相互国际化等，而迅速地整合为一个经济空间。这个过程影响到现代社会生活，形成各个层面相互依存、彼此关联的现象。此种依存、关联的现象就产生了一种全球同一步调及空间的"邻近感"，各国、各地区变得越来越相互联系和相互影响，我们进入了一个新的世纪——全球化，"全球变成了一个平坦的世界"②。由此我们可以得出一些基本共识：全球化是现代科技革命和市场经济的世界化主要推动的一个多维度的复杂过程，它影响到世界各国、各区域的社会生活的所有领域，使全球成为一个紧密联系的复合网络。全球化由于打破了国家和区域壁垒，使得先进的科学技术、资本和人才在全球迅速流动，它给世界经济尤其是发展中国家的持续增长和发展提供了前所未有的机会。它不仅大大影响了经济，而且它是一种更宽、更深、更复杂的现象，它为全球的人才流动、工作分工、知识传播和各国的文化娱乐交流提供了崭新的舞台。但

---

① 《马克思恩格斯选集》第1卷，人民出版社1995年版，第114页。
② ［德］托马斯·弗里德曼：《世界是平的——21世纪简史》，何帆、肖莹莹、郝正非译，湖南科技出版社2006年版，第112页。

是，全球化也是一把"双刃剑"，它在推动世界繁荣进步的同时，也为人类带来许多问题，如全球化下经济结构的调整使一些发展中国家和地区贫富差距拉大，失业人数增加；金融全球流动既是全球经济增长的力量源泉，又是不稳定的潜在因素，使金融危机发生的概率增加；全球的紧密联系也使资源制约、环境威胁、恐怖活动加速蔓延。全球化使我们生活的每一个范畴——经济、科技、社会、文化、教育等——都在加速改变，我们的思维方式不能仅停留在过去，必须树立世界眼光和全球视野，客观地分析利弊，以勇敢地迎接挑战。

跨国公司和科技革命尤其是21世纪网络技术发展是推动全球化趋势的关键，现代化的发展是动态的，从发达国家看，它经历了农业社会—工业社会—知识经济社会这一发展历程。从狭义上看，它是后进国家或者说发展中国家赶超发达国家的进程。这种发展变化涉及政治、经济、文化、教育、科技、环境、生活方式、道德伦理价值观及其意识形态等社会的所有领域和各个方面。教育现代化作为社会现代化的一个构成部分，具有依附性，"不能离开社会主要构成要素的现代化去谈教育现代化问题，因为教育的许多根本问题如教育目的、管理体制、学校结构、课程内容、教育条件（经费、师资）等皆非教育本身所能决定，也非教育本身所能解决"[1]。顾明远教授认为，工业社会教育现代化具有三大特征，即受教育者的广泛性和平等性，学校教育制度化、体系化，学校教育的生产性和社会性；而随着工业社会向信息化社会迈进，教育还具有如下几个特征：教育民主化、教育个性化、教育终身化、教育国际化。[2]朱晓东认为，从世界教育现代化普遍性角度看，主要有以下几个特征：第一，教育的法制化和民主化；第二，教育的国家化；第三，教育结构的完善化；第四，教育方法的技术化；第五，教育的终身化；第六，教育的国际化和全球化。[3]

---

[1] 褚宏启：《教育现代化的性质与分析框架》，《高等师范教育研究》1998年第3期；褚宏启：《教育现代化的路径》，北京师范大学出版社2000年版，第9—10页。
[2] 顾明远：《现代教育的时代特征》，《北京师范大学学报》（社会科学版）1996年第5期。
[3] 朱晓东：《教育现代化的几个理论问题初探》，《比较教育研究》1998年第2期。

进入21世纪以来，由于计算机知识、光纤、网络技术的普遍运用，世界环境污染、气候变暖、新的疾病和恐怖影响等因素，全球化已经是当今世界一个实实在在的客观历史进程，已经成为我们这个时代的主要特征。中国改革开放以来，通过大规模承接国际产业转移，和加强创新驱动发展战略，中国与世界的联系空前紧密，中国经济已经成为世界经济的重要组成部分。中国已经提出了"坚持和平发展道路，推动构建人类命运共同体的战略"。全球化给人类社会带来的深远影响，就像工业革命所带来的经济社会重大转型的影响一样，有学者称之为第三次社会转型。[1] 随着全球化进程的深入推进，社会生活的几乎所有领域都无法摆脱全球化进程的影响，全球化已经越来越成为学者们描述和认识人类社会变迁的重要概念，成为一个合法的知识对象，成为各个学科认识和分析当代问题的重要坐标。"全球化不仅是一种经济和政治现象，也是一种文化和学术现象，正在重塑我们的民族文化和学术研究，改变我们的思维所赖以参照的坐标系，要求我们同时具有民族性和全球性的双向思维。"[2] 教育领域也不例外，"全球化在社会财富不平等、工作方式的变化、知识经济对工作的意义和用户至上主义与在消费中的学习等方面深刻地影响着教育实施和实践的方式，且在未来的几十年中也将会塑造我们思考教育的方式"。[3] 国内也有学者明确提出，对教育发展的研究除了教育现代化范式研究外，还应向全球化范式转变。[4] 因此，在全球化背景下，对教育现代化的研究迫切需要我们进行思维范式转换和创新。一方面，立足本国实际，弘扬中华民族优秀传统文化，突出本国教育在世界教育中的优势特点；另一方面，即以全球化作为认识和分析广东教育现代化的理论框架和参照坐标，

---

[1] 文军：《社会学理论的核心主题及其古典传统的创新——兼论社会学理论中"全球化研究范式"的建立》，《浙江学刊》2005年第4期。

[2] 俞可平：《"全球化译丛"总序》，载《全球化理论——研究路径与理论争论》，社会科学文献出版社2009年版，第2—4页。

[3] [美]迪恩·纽鲍尔：《全球化和教育：特征、动力与意义》，《教育研究》2009年第7期。

[4] 邬志辉：《从教育现代化到教育全球化——全球化背景下中国教育发展面临的挑战研究》，华东师范大学博士后流动站研究报告，2001年。

以全球化时空和视野去把握教育现代化的趋势和动向，了解全球各地教育发展的理念、政策和措施，并以此作为广东教育发展的参考，在此基础上实施对传统教育模式的改革和对现代化教育的深入探索，开创出有中国特色的教育现代化之路。

全球化与教育现代化理论界说

全球化与教育现代化是一个什么样的关系？这是从全球化视角研究教育现代化必须回答的一个基本理论问题。也就是说，要从理论上讲清楚全球化与教育现代化内在机理关系。正如有学者所言，目前西方学者大多只是将全球化与教育作为相互联系的两个方面来探讨，要么探讨全球化背景下教育问题，要么探讨教育对全球化的作用。[①] 本书认为，这二者恰好是当前分析全球化与教育现代化的两种切入视角，也是本书展开相关分析的理论基石。在前一种视角下，全球化是教育变革的一种新的外在力量，是分析教育现代化的一种重要视角；在后一种视角下，教育在全球化的推动下自身全球化了。[②]

一　全球化理论与教育全球化思想

按照米歇尔·福柯的观点，社会科学本质上是一种"话语体系"[③]，从这种意义上讲，全球化理论就是有关全球化的一种话语系统。正因如此，有学者提出，全球化不仅是一个客观的历史进程，还是一种话语体系

---

① 项贤明：《教育全球化全景透视：维度、影响与张力》，《北京师范大学学报》（社会科学版）2008 年第 1 期。
② 朱旭东：《"教育全球化"的意识形态批判》，《教育发展研究》2005 年第 9B 期。
③ 邓正来：《全球化与中国社会科学的"知识转型"——在常熟理工学院"东吴讲堂"上的讲演》，《东吴学术》2011 年第 1 期。

和知识谱系。① 作为一种话语体系和知识谱系的全球化理论，为我们提供了认识教育现代化的思维分析工具。借用冯向东教授关于研究范式与研究视角的观点②，笔者认为，全球化作为方法论视角，具有跨学科的包容性特征，全球化理论具备了观察、分析、解释教育现代化问题的话语系统功能。

（一）全球化基本理论

正如戴维·赫尔德等人所言，"全球化理论不是一种理论，而是一个理论群，其中包含多种理论"③。从目前国内外研究来看，全球化理论主要有如下几种。

1. 世界体系理论

伊曼纽尔·沃勒斯坦（Immanuel Wallerstein）于1974年出版了全球化理论的里程碑式著作，它采用一体化学科的研究方法，以现代世界体系代替民族国家作为分析单位，开创了从全球角度对世界性现象进行整体性分析的先河，具有方法论创新意义。④ 沃勒斯坦认为，世界体系是一个社会体系，这个体系有不同界限、结构体、群体、法律条例以及相互依存性，并具有生物体的特征，即有其生命周期，对一个体系必须从整体或总体上进行观察，因为总体决定了局部。当代世界体系是一个包含了经济、政治和社会文化三个层面的整体。⑤ 沃勒斯坦的世界体系理论核心概念是：核心（core）、边缘（periphery）、半边缘（semiperiphery），并据此而提出了自己的世界体系结构模型。他认为，世界资本主义的发展是作为一

---

① 杨雪冬：《全球化：已知的与未知的》，《史学理论研究》2005年第1期。
② 冯向东：《高等教育研究中的"范式"与"视角"辨析》，《北京大学教育评论》2006年第3期。
③ ［英］戴维·赫尔德等：《全球大变革——全球化时代的政治、经济与文化》，杨雪冬等译，社会科学文献出版社2001年版，第3页。
④ 江华：《超越社会科学的传统范式——解读沃勒斯坦的世界体系理论》，《文史哲》2008年第2期。
⑤ 杨宜树、陈琰：《关于世界体系的政治经济学——伊曼纽·华勒斯坦的世界体系理论综述》，《世界经济文汇》1992年第3期。

个世界性的体系出现的，是由核心、边缘和半边缘这三个组成部分联结而成的一个整体结构。世界体系的发展存在着历史周期性，即核心、边缘和半边缘这三者都会随时间发展而发生上升或下降的结构性变动。[1]

2. 依附理论

依附理论是在批判现代化理论的基础上发展起来的。现代化理论在研究发展中国家的发展问题时认为，发展中国家自身的经济、政治和文化状况是决定其能否实现发展的主要因素。而依附理论认为，国际经济体系固有的不平等和歧视性质，使北方发达国家位于体系的核心，南方不发达国家处于边缘。[2] 可以说，依附理论是从全球体系、全球视野角度分析和解释欠发达国家落后原因的一种理论。依附理论有众多的理论流派：一是早期依附理论，主要包括中心—外围理论和二元结构主义理论，这两派理论研究的是跨国公司扩张与拉美国家大规模工业化开始之前的依附现象；二是马克思主义依附理论，主要包括新依附理论、超级剥削理论、边缘化理论、依附性发展理论、依附性资本主义理论，这些流派的理论主要是在批判吸收早期依附理论研究成果的基础上，运用马克思主义方法研究依附现象；三是结构主义依附理论，主要包括结构异化理论、收入分配理论、对外依附理论、支配—从属关系理论、拉美经委会的不发达理论，这些理论流派主要是在马克思主义依附理论的批评及内部结构主义者自我批评的推动下发展起来的；四是新近发展依附理论，主要包括跨国资本主义理论、后民族资本主义理论、外围资本主义危机理论等。[3]

3. 全球体系理论

全球体系理论是由英国学者莱斯利·斯克莱尔提出的，他于1991年出版了《全球体系社会学》一书，提出要用全球体系代替民族国家。正

---

[1] 顾云深：《沃勒斯坦与"世界体系理论"》，《复旦学报》（社会科学版）1989年第6期。
[2] 赵怀普：《关于现代化理论和依附理论的比较分析》，《燕山大学学报》（哲学社会科学版）2002年第1期。
[3] 袁兴昌：《对依附理论的再认识——依附理论的主要组成部分及基本思想》（上），《拉丁美洲研究》1990年第5期；袁兴昌：《对依附理论的再认识——依附理论的主要组成部分及基本思想》（中），《拉丁美洲研究》1990年第6期；袁兴昌：《对依附理论的再认识——依附理论的主要组成部分及基本思想》（下），《拉丁美洲研究》1991年第2期。

如他在中国一次演讲中所言:"全球化观念的中心特征在于:当代的许多问题都无法在民族国家的层次上,即从国际(国家间)关系的角度给予恰当的说明,而必须超越民族国家界限,从全球(跨国)过程的角度去加以研究。"① 斯克莱尔的全球体系理论主要建立在跨国实践(Transnational Practices)这个核心概念之上。所谓跨国实践,是指"在特定的制度背景下人们的行动所产生的影响,是由非国家行为主体所从事的并跨越国家疆界的实践"②,"这是那种跨越国家边界的实践,而且并不一定发端于作为行为者的国家。从分析的层次上看,跨国实践在三个领域内发生:经济的、政治的和文化意识形态领域。"③ 斯克莱尔用全球体系来表示跨国实践的总体,而跨国公司(经济跨国实践)、跨国资产阶级(政治跨国实践)、消费主义文化—意识形态(文化意识形态领域跨国实践)构成了其基本概念架构,三者相互作用,共同形成了全球体系。在全球跨国实践中,"跨国公司参与东道国政治,宣传消费主义;跨国资本家阶级直接服务于跨国公司,其生活方式是消费主义扩展的主要典型","消费主义是推动资本主义发动机运转的燃料,驾驶员是跨国资本家阶级,车辆本身是强大的跨国公司"。④

4. 文化全球化理论

文化全球化理论是从文化视角探讨全球化的一种理论,其与世界体系理论、全球化体系理论一道,被斯克莱尔称为三种竞相媲美的全球化理论与研究模式。⑤ 罗兰·罗伯逊是文化全球化理论的主要代表之一,其1992年出版的《全球化》一书是他全球化思想的集中阐述。他认为,全球化不仅仅是经济问题、政治问题、社会问题,更是文化问题,因此,对全球化的研究需要从文化系统的视角进行研究和探讨,即将全球领域作为一个整体,当作一个由多元社会构成的全球文化系统进行观察和分析。⑥ 罗伯

---

① [英]莱斯利·斯克莱尔:《全球化社会学的基础》,《社会学研究》1994年第2期。
② Sklair, L. Sociology of Global System, Harvester/Whentsheaf, 1991, p. 52.
③ [英]莱斯利·斯克莱尔:《全球化社会学的基础》,《社会学研究》1994年第2期。
④ 杨雪冬:《重新校正人类的位置:西方全球化理论的简要评介》,《马克思主义与现实》1997年第2期。
⑤ [英]莱斯利·斯克莱尔:《全球化社会学的基础》,《社会学研究》1994年第2期。
⑥ 文军:《90年代西方社会学视域中的全球化理论评析》,《开放时代》1999年第5期。

逊的全球化分析框架主要由四个"参照点"(reference points)组成：民族国家、民族社会、个人和人类。他认为，应该抛弃"国家中心论"，把"民族社会"(nation-society)作为分析全球人类情景的一个总的参照点。①

5. 全球化变革论

全球化变革论以英国学者戴维·赫尔德为代表，其《全球大变革——全球化时代的政治、经济与文化》一书可以说是他全球化思想的集中反映。赫尔德认为，围绕着什么是全球化、当代全球化代表了一种什么状况、全球化与国家权力关系、全球化对政治的影响等诸种问题的争论存在着三大派别：极端全球主义者、怀疑论者以及变革论者。极端全球主义者认为：全球化标志着一个新时代的到来，经济权力和政治权力正在被非国家化并且被分散，民族国家正日益成为一种管理经济事务的临时组织形式，全球化体现了人类行为框架的根本性重构。怀疑论者则认为：全球化是一个神话，经济活动正在经历着一场意义深远的"区域化"，世界经济正在向着三个主要金融和贸易集团——欧洲、亚洲太平洋地区以及北美洲——的方向发展。变革论者认为：全球化是推动社会政治以及经济快速变革的中心力量，这些变革正在重新塑造着现代世界和世界秩序。全球范围的政府和社会必须调整自己来适应这样一个世界，全球化没有带来国家的终结，反而推动了各种调整战略的出现，而且在某些方面推动了更加积极的国家的出现。赫尔德认为，这三大派别争论的根源在于它们对全球化的定义、原因、分期、影响以及发展轨迹五个方面的问题存在分歧。基于对三大派别的分析，赫尔德提出了自己的全球化分析框架，即必须从全球相互联系的广度、强度、速度和影响四个角度进行分析。② 赫尔德根据这些分析角度，建构了全球化分析的八个关键维度：全球网络的广度、全球相互联系的强度、全球流动的速度、全球相互联系的影响、全球化的基础设施、全球网络和权力实施的制度化、全球分层化的模式、全球互

---

① 杨雪冬：《罗伯逊绘制的全球化演进轨迹》，《马克思主义与现实》1997年第1期。
② ［英］戴维·赫尔德：《全球大变革——三种全球化理论的分析与比较》，《马克思主义与现实》2000年第1期。

动的主导模式。在此基础上，他建立了一种全球化分类学，把全球化分为四种类型：密集的全球化、分散的全球化、扩张的全球化、稀疏的全球化。①

（二）教育全球化思想

国内学者邬志辉将教育全球化思想称为教育全球化范式，认为教育全球化范式与教育现代化范式是关于教育发展的两种主要思潮。他认为，"教育全球化理论是运用全球共时或空间框架分析教育现代性和教育现代化的理论，教育现代化理论是运用国家（尤其是发展中国家）历史或时间框架分析教育现代性和教育现代化的理论。前者的范畴是'中心与边缘'，后者的范畴是'传统与现代'"。②本书认为，教育全球化思想是全球化理论在教育领域的运用和发展，就是如何按照全球化的时空观重新审视一些教育基本问题。具体来讲，教育全球化思想主要是围绕以下这些核心问题展开的：一是全球化进程对国民教育制度的自主权产生了什么影响，它在何种程度上改变了相关的教育政策和教育实践？二是全球化是怎样通过教育改革措施和教育活动来改变教育制度的？三是全球化对世界各国、各地区和不同人群的教育公平产生了什么影响？③

综合来看，目前教育全球化思想主要有如下几种：

1. 新自由主义和新保守主义教育全球化思想

经济全球化是教育全球化的重要推动力之一，而新自由主义是经济全球化的主导思想。新自由主义在全球化进程中极力倡导市场化、私有化、放松政府管制，全球化进程中这种新自由主义思想也影响到教育全球化，即主张把市场这只看不见的手引入教育领域，认为市场竞争能够提高学校教学水平、提高教育效率和减少学校成

---

① 李刚：《论戴维·赫尔德的全球化理论分析框架》，《南阳师范学院学报》（社会科学版）2009年第2期。

② 邬志辉：《从教育现代化到教育全球化——全球化背景下中国教育发展面临的挑战研究》，华东师范大学博士后流动站研究报告，2001年。

③ 蒋衡、朱旭东：《当代西方教育与全球化理论研究评析》，《比较教育研究》2010年第6期。

本，将市场化、私有化、放权、解制、选择、竞争、质量等观念导入教育政策改革。① 新自由主义思想认为，学生是教育消费者，这是学校教育的服务对象和培育目标，因此，主张以市场机制运营学校，将教育等同于商品由学生自主选择，即强调"消费者选择"。新自由主义思想还将教育与经济密切联系起来，主张全球教育发展要以满足全球化对技能劳动者日益增长的需要为目标，要通过提高教育标准、严格考试要求、培养学生就业以应对全球化条件下的经济竞争。而新保守主义则强调，在全球化进程中，国家要加强对教育的控制，其政策主张包括：国家课程、国家考试、高学术标准、传统教育和爱国主义教育等。总之，新自由主义和新保守主义教育全球化思想认为，经济全球化、政府职能的变化将影响到全球的教育体制和教育政策，西方的教育体制将是现代的、最佳的模式，全球教育最终将日益向这一模式靠近并趋同。②

2. 后现代主义教育思想

后现代主义是全球化时代一种重要的理论思潮，是在对现代化及现代性批判反思基础上发展出的各种理论学说的统称。后现代主义者的基本理论立场是：强调反思与批判现代性；主张多视角、多元化的思维，反对单一思维；反对理性主义，强调非理性思维；反对普遍性，强调不确定性和差异性；反对人类中心主义和主客二分，倡导人与自然交融，推崇对话。③ 后现代主义理论思想在教育研究领域的运用导致了教育思想的"后现代主义转向"④。受后现代主义理论思潮的影响，"后现代主义教育思想强调多元、崇尚差异、主张开放、重视平等、推崇创造、否定中心和等级，去掉本质和必然，否定绝对真理的合法性"⑤。在教育目的观、课程观、师生观、教育观等方面，后现代主义教育思想提出了一系列与现

---

① 朱旭东：《"教育全球化"的意识形态批判》，《教育发展研究》2005年第9B期。
② 蒋衡、朱旭东：《当代西方教育与全球化理论研究评析》，《比较教育研究》2010年第6期。
③ 孙小军：《略论后现代主义教育》，《焦作师范高等专科学校学报》2006年第4期。
④ 孙茂华、董晓波：《西方教育思想"后现代主义转向"的解读》，《黑龙江高教研究》2009年第7期。
⑤ 韩立福：《浅论后现代主义教育观》，《大家参考·教育管理》2007年第2期。

代化教育思想不同的看法,例如,在课程观方面,主张对旧的课程观进行重建,要求以不断创新的话语消解权威话语的影响,主张改善课堂关系,营造一种关爱、分享、赋权、和谐的课堂气氛,反对传授具有普遍意义的"真理"。① 总的来讲,后现代主义教育思想具有如下几个方面的特征:第一,反对权威和去中心化;第二,主张教育多元化和差异性;第三,强调合作与交流;第四,鼓励自我意识和创造性;第五,强调平等关系。②

3. 多元文化主义教育思想

多元文化主义作为一种教育思想和方法,经历了一个由民族国家多元文化教育向全球多元文化教育的转变。③ 20世纪60年代以来,伴随全球化进程的发展,不同民族的移民纷纷涌入美国、欧洲、加拿大、澳大利亚等发达国家和地区,为适应多元社会发展,多元文化教育作为一种理念、一场教育改革运动、一个过程,试图建构一个满足各族群文化并存的"异文化教育"模式④。多元文化教育作为全球化背景下教育变革的重要内容,其试图达到如下目标:一是提升不同文化的价值功能;二是关注人权并尊重那些与自己不同的人;三是尊重人类对生活方式的选择权;四是促进社会正义和所有人的机会平等;五是促进团体间权利的平等分配。⑤ 正如美国学者贝内特所言:"在全球化的时代背景下,多元文化教育应当致力于在一个彼此依存的世界体系中培植起一种体现着多元文化主义的思想观念与实践活动。"⑥ 文化多元主义教育思想注重培养学生对全球多元文化的认同及相关知识和技能的培养。"多元文化教育致力于发展学生的

---

① 董海霞:《简论后现代主义教育观》,《长春大学学报》2006年第6期。
② 孙小军:《略论后现代主义教育》,《焦作师范高等专科学校学报》2006年第4期。
③ 姚冬琳、李国:《民族多元至全球多元:美国多元文化教育的转向》,《教育学术月刊》2011年第11期。
④ 杨渊:《西方多元文化教育理论发展之历时研究》,《国外理论动态》2010年第9期。
⑤ 万明钢:《论多元文化教育的发展与面临的困境》,《西北师范大学学报》(社会科学版) 2007年第1期。
⑥ Christine I. Bennett, *Comprehensive Multicultural Education: Theory and Practice*, Allyn and Bacon, 1999, p. 11.

全球性认同、知识、态度与技能是非常重要的。这有助于他们在处理和解决全球性事务中成为灵活高效的人。"[1]

4. 全球教育思想

全球教育（Global Education）思想，也称为国际理解教育（Education for International Understanding）思想[2]、世界公民教育（Education for World Citizenship）思想[3]。从宏观角度上讲，全球教育是应对全球化发展而提出的一种教育理念，它要求对教育观念、目标、内容、方法等教育系统进行全面整体的变革；从微观角度上讲，全球教育是通过学校课程的变革，在课程中全面贯彻和渗透全球意识的教育。具体来讲，全球教育包括三个层次：第一个层次是全球知识的教育，第二个层次是全球思维方式的培养，第三个层次是全球意识和全球化素质的培养。[4] 全球教育的本质要素包括：全球视野意识教育、全球问题教育、全球依存教育和跨文化交流教育。[5] 目前，全球教育的主要途径和方法是：课程改革、教师培训及学校领导重视。[6] 例如，在开展国际理解教育方面，一些国家采取的主要措施包括：针对国际职业生涯进行学术训练，发展形式多样的语言教学，实施国际教育服务计划，重视在教育工作者之间发展国际理解教育，促进出国留学、加强国际和地区教育研究，应对国际服务行业的多义性等。[7]

除了上述教育全球化思想外，一些学者还提出了辩证认识全球化的批

---

[1] James A. Banks, *Cultural Diversity and Education: Foundations, Curriculum, and Teaching*, Allyn and Bacon, 2001, p. 57.

[2] 国际理解教育是一种以全球化背景为视角，以促进国际理解与和平为目的，以教育资源和信息、人员跨国交流为主要途径，以国际学校和全球教育组织为依托，以全球问题和人们普遍关注的教育问题为主题，以跨文化为主要特征的现代比较教育理论。参见楚琳《全球化背景下美国国际理解教育改革策略的新发展》，《外国教育研究》2009 年第 10 期。

[3] 世界公民教育是由联合国教科文组织提出的，其目的是开展全球社会的教育，缔造一个与联合国宪章精神相一致的全球公民社会，努力塑造具有世界视野、知识和能力，同时愿意承担在全球社会的公民责任的个人。参见姜元涛《全球化背景下的世界公民教育探析》，《思想理论教育》2010 年第 14 期。

[4] 翟艳芳：《全球教育的理念与实践》，博士学位论文，华中科技大学，2010 年。

[5] 彭江、廖礼彬：《论全球教育的本质要素》，《外国语文》（双月刊）2011 年第 2 期。

[6] 肖川：《美国全球教育若干问题简述》，《比较教育研究》2000 年增刊。

[7] 楚琳：《全球化背景下美国国际理解教育改革策略的新发展》，《外国教育研究》2009 年第 10 期。

判教育理论,该理论认为,全球范围内教育变革存在一定程度的趋同,但也须批判分析全球化。他们认为,全球化是工业资本主义的产物,教育成为将统治阶级的意识形态合法化、维持不公平现象的工具,因此,主张教给学生真正的知识,特别是对社会弱势群体以更多知识,以改变现有的社会不公平现象。① 此外,还有国外学者根据依附理论以及世界体系理论,将其运用到教育研究领域,提出了教育依附理论和教育世界体系理论②。例如,美国学者阿特巴赫高等教育依附理论就是基于依附理论分析框架,以"中心"与"边缘"、"发达"与"不发达"、"工业化国家"与"第三世界国家"等核心概念来探讨全球化背景下世界高等教育发展的关系。

二 人力资本理论发展与教育全球化

一方面,如果说全球化理论在影响着人们看待教育各种问题的话;那么,另一方面,教育也成为推动全球化的重要力量,成为人们应对全球化挑战的重要手段和工具。正如美国学者斯卓姆奎斯特所言,"教育已成为推动全球化的重镇","教育作为在一个全球化了的世界中获得成功的手段如今也被赋予了很大的重要性"。③ 教育之所以在全球化进程处于重要地位,这与教育的经济功能密切相关。而教育的经济功能在全球化时代之所以如此突出,这与人力资本理论革命的贡献是分不开的。人力资本理论揭示了教育对经济发展的重要作用,认为教育能够提高劳动者的素质,从而促进劳动生产率的提高;教育能够优化人力资源配置,从而适应经济结构的调整;教育能够提高管理者的决策水平和管理水平,从而提高经济效益;教育能够促进高科技的发展,从而促进经济的增长。④

---

① 蒋衡、朱旭东:《当代西方教育与全球化理论研究评析》,《比较教育研究》2010年第6期。
② 邬志辉:《从教育现代化到教育全球化——全球化背景下中国教育发展面临的挑战研究》,华东师范大学博士后流动站研究报告,2001年。
③ Stromquist N. P., *Education in a Globalized World: The Connectivity of Economic Power, Technology, and Knowledge*, Oxford: Rowman & Littlefield Publishers, Inc., 2002.
④ 严建国:《人力资本理论下的教育与经济发展的关系浅析》,《科教导刊》2011年第6期。

乔尔·斯普林认为：在教育全球化进程中，人力资本理论是主导全球的教育理念，一些政府间组织，如联合国、世界银行、经济与合作发展组织（OECD）等在推动教育全球化时，都把开发人力资本、促进经济发展作为共同的话语体系。①"目前世界上主流趋势是发展一种培养适应全球化年轻人的教育体系。这种教育体系的重点是发展年轻人应对和适应经济全球化要求的能力，核心是构建人力资本理念。"② 因此，人力资本理论对教育全球化的影响不容忽视。

人力资本理论作为一种理论形成于 20 世纪上半叶。美国哈佛大学教授沃尔什于 1935 年发表了《人力的资本》，最先提出了人力资本的概念。但是该理论体系的真正形成是在五六十年代。二战后，德国和日本在战争的废墟上迅速恢复发展，美国从 20 年代到 50 年代经济持续增长，许多经济学家从传统的经济学理论上无法解答这种现象，美国著名经济学家，芝加哥大学教授舒尔茨据此进行的研究对人力资本理论的形成起了重大作用。1960 年，他以美国经济学会会长的身份在年会上发表《人力资本投资》的主题演讲，他以崭新的观点、严密的论证解答了美国经济增长难题而震惊经济学界，从而引发世界性的对人力资本的研究。舒尔茨因此获得诺贝尔经济学奖。此外，当代美国经济学家贝克尔和丹尼森也对人力资本理论的形成和发展起了很大作用。

舒尔茨认为，人力资本主要指凝聚在劳动者本身的知识、技术及其所表现出来的劳动能力。而作为资本就应有投资，他把人力资本投资分为：(1) 医疗和保健；(2) 在职培训，包括商社组织的旧式学徒制；(3) 正规的学校教育；(4) 非商社的成人教育；(5) 个人和家庭的迁移。在这里，舒尔茨非常强调教育对人力资本形成的重大作用，他所列的五个部分中，有三个部分就与教育直接关联。他强调指出，教育远不是一种消费活动，相反，政府和私人有意识地作投资，为的是获得一种具有生产能力的

---

① ［美］乔尔·斯普林：《论教育全球化》，《清华大学教育研究》2010 年第 6 期。
② ［美］克莱因·索迪安：《全球化背景下教育的特征及其发展前景》，《比较教育研究》2009 年第 5 期。

潜力，它蕴藏于人体内，会在将来做出贡献。"我主张把教育看作一项投资，将其结果看作资本的一种形式。"舒尔茨的人力资本理论阐明，只从物质条件如土地、资金等已不能解释生产力提高的全部原因，人力资本是社会进步决定性因素，一国人力资本存量越大，人力资源质量越高，其国内的人均产出或劳动的生产率就越高，舒尔茨的分析有力地证明了人力资本在经济增长中的决定性作用。美国著名经济学家丹尼森，他通过对1929年至1957年经济增长源泉精细的计算，得出教育在这一时期国民收入中的贡献率为35%，用实证分析为舒尔茨提出的人力资本理论提供了最为有力的证据和补充。他的研究成果使世界各国都认识到教育投资的重要性。

20世纪80年代，继舒尔茨、贝克尔、丹尼森等经济学家之后，罗默尔、卢卡斯等经济学家把数学函数引入经济增长理论之中研究战后特别是六七十年代世界经济增长现状，在创立的"新增长"理论中，把人力资本纳入了经济增长模型中，从而使人力资本的研究更加具体化和数量化，丰富和发展了人力资本理论。在罗默尔提出的新经济增长理论中，充分重视知识的作用，将技术进步完全内生化，他提出生产要素有四种：资本、非技术性劳动、人力资本（可按教育水平衡量）、新思想（按专利权数衡量）。这一研究进一步强化了人力资本和知识的作用。在罗默尔的经济增长模型中，知识不仅自身具有递增的效应——外溢的作用，而且能够渗透于资本和劳动力等生产要素，使资本和劳动力等生产要素也产生递增效益，从而使整个经济规模收益递增。卢卡斯则把舒尔茨的人力资本概念引入他的经济增长模型，强调了劳动者脱离生产，从正规的或非正规的学校教育中所积累的人力资本对经济增长的作用。

21世纪以来，人类进入知识经济和全球化时代，由于高科技技术特别是信息技术广泛运用，世界各国和地区更加重视科技和教育推动经济社会发展，为此人力资本理论在理论研究和实践中又得到新的发展。在理论上，一方面由于对"知识外溢"的认识，有关人力资本理论研究，加强了对专业化的人力资本的研究，由此也兴起了对加快教育投资、卫生投资、社会保障投资等方面研究；另一方面在人力资本理论研究基础上，兴起了对知识资本、智力资本、创新资本、创意资本等理论的研究,这些研究主要从分析知识、智力、创新资本结构的角度来解释人力资本,它们主要贡献在于说明在知识经济和全球化条件下,如何认识和发挥知识和科技进步的伟大作用。这标志着人力资本理论的研究进入了一个新阶段。在实践上,从美国开始,世界各国及各地区兴起对人力资源开发的研究和实施。所谓人力资源开发,就是通过对人力资源的投资、配置、管理等环节,使人力资源增值,成为经济社会可持续发展的根本动力。人力资源开发理论广泛应用于国家及地区、社会、企业,尤其是企业广泛的应用,大大促进了经济社会的发展。

综上所述我们深刻地认识到,人力资本理论虽然还带有庸俗经济学观点,计算方式不尽合理,但是它突破了传统的经济理论只从自然资源、物质、资金等方面解释经济发展根源,而以人力资本的理论方式反映知识、科技进步深刻作用现代经济发展的客观规律,开拓了当代经济研究新领域。同时,它深刻地揭示了教育的经济价值和生产功能,确立了教育在当代经济和社会发展中占有极其重要的地位,使教育的作用获得巨大发挥。教育在全球化进程中的重要作用,正如 OECD 秘书长所言:"在高度竞争的全球化经济中,知识、技能和懂得如何做,是提高生产力、发展经济和提升生活水平的关键因素……我们的测评显示,在平均教育年限的基础上每增加一年的教育时间,单位 GDP 就会提高 4 到 6 个百分点。可以从两方面解释这一结果:首先,教育增加了人力资本,使得劳动者更具生产效能。其次,教育提升了国家创新能力,而国家创新能力是发展经济、提升国际竞争力不可或缺的先决条件。"[1]

人力资本理论的贡献不仅在于计算出教育中的经济价值,更重要的是给人们提供了一种崭新的、科学的发展观,由此发动了震撼全世界的当代教育现代化运动,大大地推动了人类经济社会的发展和文明的进步。1960

---

[1] OECD Directorate for Education, "UNESCO Ministerial Round Table on Education and Economic Development: Keynote Speech by Angel Gurria, OECD Secretary-General Paris, 19 October 2007", http://www.oecd.org/document/19/0, 3343, en_2649_33723_1_1_1_1, 00. html, 2007 – 11 – 13.

年，由美国亚洲研究会主持在日本的箱根市召开了世界第一次现代化研讨会，该会讨论了现代化问题，提出了关于现代化社会"八大标准"的理论，现代化社会"八大标准"之一是"全面推广文化知识以及随之而来的个人对其周围环境传播的世俗的和越来越科学化的倾向"。日本箱根会议引起了全球对现代化广泛的关注和研究。随着世界经济结构的调整，一场以欧美模式为标准的现代化运动在全世界掀起。包括20世纪60年代著名的世界教育现代化运动。最典型的是亚洲的"四小龙"，韩国、新加坡、中国台湾和香港地区，它们在引进欧美资金、技术加快工业化和现代经济发展的同时，大力推动教育现代化，包括普及义务教育，大力发展职业教育、高等教育，促进"四小龙"在70年代的经济起飞。70年代世界经济危机爆发，世界经济进一步调整，现代化运动随着80年代世界经济的复苏而再次为人们所关注，新人力资本理论以崭新的发展观再次唤起人们的热情。德国、日本战后迅速恢复并进入发达国家行列，亚洲"四小龙"经济起飞的事实，印证了人力资本理论的正确，教育再一次被确认为现代经济增长的基础。尤其是亚洲"四小龙"赶超先进西方国家的事实，充分显示出教育提供充分的人才储备是实现后进国家赶超的重要条件，教育是引导现代经济增长的不可替代的投资。80年代再次兴起教育现代化运动。这次教育现代化运动范围波及亚洲、非洲、拉丁美洲，在全球范围内出现后进国家赶超西方发达国家的浪潮。"金砖四国"即俄罗斯、中国、印度、巴西的崛起，成为走向现代化的代表性国家。尤其是中国自1978年实行改革开放政策以来，实施科教兴国，人才强国战略，大力实施人力资本投资，大力发展教育，用30年时间就走完了资本主义国家100年才走完的路程，在全国普及了义务教育，初步实现了大众化的高等教育，办起了全球规模最大的教育，从世界的边缘走到了世界的中心。21世纪，知识经济和高科技促进世界经济迅速发展给教育的发展提供良好条件，同时，电子信息技术和网络资讯的发达，使各国尤其是发达国家教育的经验与教训在全球发生深刻影响，全球化大大加快推进教育现代化进程。但同时全球化背景下经济社会迅速发展也给人类带来诸如地球变暖、人口膨胀、相对贫困增加、不同文明之间冲突等，这些也都不可避免地对教育发生影响。在知识经济和全球化背景下，正在酝酿和兴起新一轮教育现代化浪潮，推动世界走向更加开放、文明和进步。

三 教育全球化趋势与特征

在全球化进程中，教育在全球化的推动下自身全球化了[1]，"当全球化的一些方面成为教育变革的强大动力时，教育的其他方面也成为修正全球相互依存含义和方向的试金石"[2]。教育全球化可以看作教育现代化在全球化新的历史发展阶段所表现出的新趋势和新特征。正是基于这种认识，对教育全球化趋势与特征进行分析，首先有必要从历史角度对世界教育现代化发展历程进行分析。

（一）世界教育现代化的发展

考察世界教育现代化的发展，它经历了四个较大的发展阶段。

第一阶段为教育现代化的起源阶段。世界教育现代化起源于18世纪的大工业革命运动。伴随着18—19世纪初以蒸汽机的应用为时代特征的大工业化运动，英国最先推行举办新学校，最先举办各种工厂学校及专门技术学院，而后法国专科学校遍地开花，从而使英法成为经济强国。

第二阶段为19世纪中叶到20世纪30年代，以电动机应用为时代经济特征的教育现代化运动，集中表现为现代教育体系发展和初步形成阶段，此时中、高级科技教育迅速兴起，其中在德国建立了以柏林大学及工科大学和工业学校网组成的科技工业教育体系，使德国一跃成为强国。美国南北战争后实施"赠地学院法"，大力发展高等科技教育，首创工农学院，使美国工业产值30年后增长4倍，成为世界首富。

第三阶段为第二次世界大战以后新兴国家和第三世界发展中国普及和

---

[1] 朱旭东：《"教育全球化"的意识形态批判》，《教育发展研究》2005年第9B期。
[2] ［美］彼德·D.赫肖克、马克·梅森、约翰·N.霍金斯主编：《变革中的教育：全球化进程中亚太地区的领导力、创新和发展》，华东师范大学出版社2009年版，第3页。

发展教育，其标志是联合国教科文组织提出全球普及义务教育及消除青壮年文盲，教育现代化运动从欧洲转向拉美特别是美国，再向世界范围推进。中国在这段时期普及了义务教育，迅速扩大了高等教育的规模，办起了世界上最大规模的教育，在全球中崛起。

第四阶段为21世纪以来，适应电子信息技术等高科技发展，以创新教育体系为特质的教育现代化运动。20世纪末到21世纪以来，电子信息科学技术、生物科学技术等高科技的发展，深刻地改变了人类的生产方式、交往方式、思维方式，要求人人重新学会生存，改革教育方式，培养创新型人才，成为教育现代化运动的主旋律，掀起一波又一波的改革浪潮。教育现代化运动源于世界经济发展的需要，同时又有力地配合了世界经济的发展，促进世界经济的发展。按现代化理论，第一批卷入浪潮的国家为"先行国"，称为早发内生型国家，如英国、法国以及意大利、俄国、西班牙等。第二批为"后来国"，第三批为"迟来国"，都属后发外生型。但是，由于电子信息和网络化发展，全球化时代的到来以及第四阶段教育现代化运动的特征要求，使早发内生型教育现代化国家逐步丧失了原先的发展特征。随着全球化运动的日益深入发展，可以预言，世界各个地区的科学、社会、经济和文化的发展将日益走向同步和协调，教育也应不是例外。

教育现代化从宏观上是一个缓慢的历史进程，在这个进程中可能划分为不同水平或阶段。它是现代化历史进程不可分割的一个组成部分，一旦起步其变化趋势总是向前。在知识经济时代，由于信息化的普及，横在世界各国的墙被推倒，全球逐步地平坦化。知识的爆炸及迅速地传播，改变了过去一项新的科学技术要在全球传播尤其从先进国家传播到落后国家需要几年甚至几十年时间弊端，现在大大缩短了这个时间。由于全球化这个特性，使得早发内生型教育现代化和后发外生型教育现代化两种模式发生很大变化。世界各国尤其是发达国家和一些主要新兴发展中国家争相实施"建设创新型国家"战略，全球范围内的以高科技为核心的综合竞争更为激烈。在这种趋势下，后发外生型教育现代化国家不一定要按部就班或重走早发内生型国家的路子，而可以既吸收先进国家和地区的经验，又发挥本国本地区的优势、特点实施跨越式发展,甚至引领世界教育发展潮流。进入21世纪,中国及"金砖四国"的崛起,其现代化的迅猛发展,令世人瞩目,欧美一些国家领导人、有关专家和媒体发出了中国、印度威胁论,就是一个明显的例子。

关于教育现代化的基本要素,随着知识经济时代的发展,结合各种不同观点,笔者认为主要包括如下几方面[①]:

第一,教育观念现代化。教育观念是指人们对教育的心态、价值、思想的观念体系,"教育观念现代化"是指随着社会的发展进步,促使人们的教育心态、价值、思想由传统形态向现代化形态的变化,主动适应教育现代化及社会现代化发展的过程。教育观念现代化具有重要意义作用,近些年来理论界从不同角度阐明这个问题。20世纪下半叶,联合国教科文组织等国际性组织通过《世界全民教育宣言》《学会生存——教育的今天和明天》《教育——财富蕴藏其中》《里约环境与发展宣言》等重要文献,推动了世界各国教育改革和发展浪潮风起云涌,一浪高过一浪。我国改革开放40多年来,教育的改革发展取得举世瞩目的成绩,这其中无不伴随着教育观念的变革。李勤学认为教育观念现代化包括内容主要有:树立终身教育思想和创新教育思想。[②] 张耀武、罗辉钧认为:在全球化背景下,中国教育观念现代化的基本价值取向既要与世界同步,又应不失自身特色,主要体现为:国际性与民族性相协调;平等与高质量的统一;科学世界向生活世界的回归;人与自然的和谐;个人与社会的融合;科学性与人文性的整合等。[③]

在全球化背景下,通信与交通方式发展,加速了各国教育的交流和碰撞,从而加快了对传统教育进行扬弃和创新的速度。教育观念现代化是教育现代化的逻辑起点,转变教育观念是教育改革的先导。在教育观念转变的过程中,要有教育制度和运行机制以及社会制度和社会运行机制的支持

[①] 谈松华:《教育现代化的区域发展模式及其机制》,《教育发展研究》2006年第7期。
[②] 李勤学:《浅析教育现代化的四个要素》,《教育发展研究》2006年第7期。
[③] 张耀武、罗辉钧:《全球化视野下中国教育观念现代化的价值取向》,《教育情报参考》2007年第7期。

等保障。值得注意的是,教育观念的转变和现代化是在人民群众的丰富的教育改革和发展中逐渐形成的,不同的发展阶段,教育观念现代化的内容和重点不同,在同一阶段,不同区域教育观念现代化的内容和重点不同。全球化背景下的中国教育观念现代化,要充分继承中国传统文化中活的灵魂和吸收世界最优秀的文化成果,才能真正实现时代性与民族性的完美统一。

第二,教育内容现代化。教育内容现代化是指适应知识经济和全球化改革传统教育模式,创新教育课程、方法和手段,它体现了革命性、创新性、灵活性和个性化。课程设置现代化,即由学科内容本位向能本和人本转型,以构建适应于全球化时代的新课程体系。2000年5月墨尔本国际课程会议,提出了"全球化课程"(global curriculum)的新概念,其内涵是在全球化背景下构建本国课程体系,着眼于为本国培养具有国际竞争力的创新人才。[①] 在课程教学模式或方式上,从以教师为中心转到以学生为本,从注重灌输知识转到注重学生的能力和全面素质的培养,不仅教给学生知识,更要教给学生学习的方法以及善于筛选知识和创新思维的能力。在教学手段上,广泛运用多媒体和信息技术,创新教学方法,极大扩充了知识视野,提高教学效率。

第三,师资队伍现代化。师资队伍现代化是教育现代化的根本,要把塑造和培养高素质教师队伍放在重中之重的地位上,教师要有先进的教育理念和良好敬业精神,有适应现代化教育所需的专业知识和教育创新能力,要有崇高理念和广阔胸襟,要积极探索培养高素质师资队伍的途径和办法,改革师范教育,在全社会营造尊师重教的优良传统和风气。

第四,教育管理的现代化。教育管理现代化是一个国家教育管理发展的较高水平的状态,是对传统教育管理的超越,是传统教育管理在现代社会的现实转化,是一种教育管理整体转换运动。教育管理现代化,必须坚持在现代教育理论、管理理论指导下,遵循现代教育规律和管理规律,实施对教育的科学管理,它主要包括:(1)教育管理的民主化,包括教育

---

① 潘涌:《论全球化与中国教育现代化》,《北京大学教育评论》2003年第10期。

管理者民主意识的增强、教育决策的民主性和民主管理机制的建立。（2）教育管理的法制化，它实质就是用国家立法来规范各项教育管理活动，依法办教育，同时建立各种监督、督导、检查、仲裁机制，保证教育法制的贯彻落实。（3）教育管理装备和教学的现代化，建立以现代信息技术为基础的新的教育管理体系，包括教育管理组织的网络化、教育管理内容的信息化以及教育管理手段的信息化等。（4）教育管理队伍的现代化，加强对教育管理队伍的教育培训，使之具备现代管理者应有的素质。

第五，教育装备现代化。实现以教育信息化技术为主的与之相适应的教育装备水平。包括教育的基本设施，科学实验的条件，教育教学的手段、方法都达到现代教育要求等。

（二）全球化对教育现代化提出挑战

21世纪，人类文明已进入了全球化时代。全球化已成为整个人类文明现代化的逻辑演绎和必然表现，它凭借当代日趋先进的科技所提供的通信设施与交往手段而加速着世界现代化的进一步发展。

21世纪以来，在世界范围内迎来了知识经济时代。知识经济时代与工业化时代有许多不同特点，工业社会的主要特点是：第一，工业化。即资本的集中和大企业的形成。第二，城镇化。农村人口向城市聚集，城市聚集了占60%以上的人口。第三，文明化。工业化的结果不仅带来了社会财富的增加，而且带来了社会制度的变革，愚昧和落后被科学和文明所替代。20世纪末到21世纪初，以电子信息技术和网络在全世界发展和普及为标志，全世界进入了知识经济时代。美国、英国、德国是最早进入知识经济社会的国家，知识经济社会的主要特点是：第一，信息化。信息成为重要资源，成为经济社会的驱动力。第二，知识化。知识成为最重要的资源，在知识基础上形成的高科技成为最重要的竞争力。第三，全球化。以计算机、微电子和通信技术为主的信息技术促进了全球"平坦化"，全球经济一体化并逐步影响到文化、教育、社会各个领域方面。第四，创新化。人们的时间和生活观念总是倾向未来，创新成为力量源泉和经济社会发展不竭的动力。知识经济与工业化时代对教育发展的要求完全不同，具体如表 7-1 所示。

表 7-1　　工业化时代与知识经济时代教育发展比较①

传统经济时代	知识经济时代
量的扩充	质的提升
追求平等	追求卓越
结果导向	过程导向
智育挂帅	全人发展
单一面向	多元面向
工具理性	沟通理性
线性思维	直观思维
学科分立	学科整合
技术兴趣	解放兴趣

全球化对人类历史进程的影响是十分深刻的。全球化一方面加速世界各国、各区域之间的相互联系和竞争，另一方面相互的依赖性也正在加强。因此，它对现代教育模式和教育现代化进程的影响是巨大的，且推进作用正日益强化。正如迪恩·纽鲍尔所言："受全球化社会境脉的快速改变的挑战，教育变成了一个具有争论性的领域"，"复杂的全球化动态所产生的作用强烈地影响着教育实施的方式，直到教育改革成为全球化市场中交换的商品为止。"②

在全球化背景下，由于互联网的发展和个人电脑、手机等的普及，特别是乔布斯创造的 iPad、iPhone 的简约方式，使全球变成一个"世界城"，在某种意义上世界变得"平"了，知识和教育、科学和技术在全球范围内迅速流动，发达国家和发展中国家在同一个发展平台上。21 世纪，教育的国际性必将成为趋势，教育的合作交流不断增强，教育的国际竞争也在不断加强。例如，当今美国、英国、德国的任何一所名牌大学都拥有

---

① 廖春文：《资讯时代全球化教育发展的吊诡与超越》，《比较教育研究》2002 年第 S1 期。
② ［美］迪恩·纽鲍尔：《全球化和教育：特征、动力与意义》，《教育研究》2009 年第 7 期。

来自世界各国的教师和学生。因特网上信息资源的全球共享也早已成为事实。因此，我们必须具有全球眼光和世界视野，加强教育的改革、开放和交流，勇于和善于吸收、借鉴世界先进的教育思想、教育文化、教育经验和教育技术方法。日本和韩国这两个东方国家在20世纪六七十年代就实现了经济的起飞和社会的转型，它们是学习和借鉴国际先进教育思想和文化的典范，它们不仅学习和引进国际先进的教育技术和设备，而且也在"兰学"和"韩学"的基础上，学习和引进国际先进的教育思想、文化和方法。今天我们到这两个国家考察，深感这两个国家教育发展之先进和本国文化或者说是东方文化保持之好。中国香港是个弹丸之地，但是它所建立的香港大学、香港中文大学和香港科技大学在世界大学中排名，通常都在前50名内，而内地的北京大学和清华大学都排在它们之后。香港的经验也就在于它善于立足于香港这个世界之窗，十分重视教育的国际交流与合作，重视引进国际优秀教育人才，学习和借鉴国际先进的教育制度、思想、方法和经验。在全球化的今天，不管哪个国家或地区闭关锁国，闭关锁教育，哪个国家或地区就必然落后。教育强则国家强，教育兴则国家兴，我们必须顺应和充分利用全球化所带来的机遇和挑战，进一步推进教育的开放交流，进一步推进教育的国际化，进一步推进教育的现代化，为我国21世纪中叶进入世界先进民族之林打下坚实的基础。

在全球化背景下，由于处在信息技术迅猛发展和知识爆炸的时代，对人的科技素质和综合素质提出了更高的要求，人们生活在这个时代，不仅要懂得所从事的职业知识、技能，而且还要懂得信息科技等技术手段，善于辨析良莠不齐和不断变化的信息，全球化呼唤培养具有技术素质、综合素质和创新能力的人才。由于信息技术的发展，现代教育方式或者教育模式也发生了很大的变化。过去传统的教育方式主要就是教师授课，教学内容主要就是教科书，教育手段主要就是黑板和粉笔等。今天的教育，除了传统方式之外，还有建立在"数字化"信息转换技术之上的多媒体和远程化教育方式。人们可以通过新型的教育手段获取更广泛、更有效、更崭新的教育资源、知识资源。例如，人们可以通过网络学习到北京大学甚至是哈佛大学的教学课程。同时，由于互联网的作用和移动信息科技的发展,人们可以突破时间和空间的限制进行学习,教师和教材以外信息的教育功能日益扩大。全球化趋势下教育教学的这种变化,对改革传统教育模式提出了新要求。迪恩·纽鲍尔认为:在全球化背景下,教育要从知识传送的被动模式——从知道者到学习者,转向主动的知识参与模式——从学习者到学习者。①中国教育由于过去长期受封建教育制度特别是科举考试制度的影响,以及目前教育制度弊端,应试教育倾向严重,学生在学校只有考取高分数甚至 100 分,才是好学生。社会和家长、学生鄙视职业技术,鄙视动手能力,这种状况与全球化下对高素质劳动者和人才的要求是相悖的。在全球化下,我们必须树立新的人才观、教育观,改革"应试教育"模式,创立生动活泼的"创新"教育模式。教师必须更新教育教学观念,学习和掌握现代信息科技教育手段和多媒体教育手段,勇于创新现代教育模式,摒弃传统的教师传播知识,学生被动接受的模式,教师在教学当中更应该充当引导者和调解人的角色。教师不仅要教给学生知识,更重要的是要培养学生具有自主学习的能力,分析问题和解决问题的能力,沟通的能力,具有创新的精神和创新的能力,总的来说,就是将来走向社会以后的生存和发展能力。

在全球化下,人类进入一个新的发展时代。这个时代的重要特征之一,就是各国各民族之间的经济和文化合作交流加强,人类携手共同面对和解决全球出现的经济、政治等各种问题,例如,世界各国联手解决环境污染和气候变暖问题;2008 年以来,世界各发达国家和发展中国家联手应对由美国次贷危机引发的世界金融危机。同时,由于各国文化贸易迅速发展和文化交流加强,世界文化同质性加强,共同推动人类文明的发展。面对着这样一个时代的变化,国家教育目的指向更加清晰,我们需要培养出既能根植于本国本土文化,又具有国际视野的创新型、国际化人才。美国早在 1966 年就制定了《国际教育法》,之后《美国 2000 年教育目标法》又强调教育国际化,明确提出采用"面貌新,与众不同的方法使每

---

① [美]彼德·D. 赫肖克、马克·梅森、约翰·N. 霍金斯主编:《变革中的教育:全球化进程中亚太地区的领导力、创新和发展》,华东师范大学出版社 2009 年版,第 43 页。

个学生都能达到知识的世界级标准"。日本在1987年提出了要把日本青少年一代培养成为国际人的目标，主要就是立足面向现代化社会、面向21世纪培养具有强健体魄，具有国际视野和具有跨越国界交流能力，具有创造意识和创造能力的人才。实际上，早在1959年，日本就开始进行青少年的国际交流。日本政府设立基金，派出青少年学生到国外留学或采取多种形式进行国际交流，不仅到欧美，还到亚洲、非洲、拉丁美洲等国家。同时，还通过减免学费等多种方式吸引各国青少年到日本留学、研修、访问，以增进青少年一代的国际交流。这是日本在20世纪八九十年代能领跑世界的重要原因之一。韩国在21世纪初崛起，这与韩国在20世纪90年代提出培养国际化人才密切相关。我国改革开放以后，尤其是加入WTO之后，中国融入世界经济的合作与竞争之中，中国成为世界经济投资的热土。经济社会和现代化的发展迫切需要大批国际化的人才。改革开放使中国兴起出国留学和国际交流的热潮，如2010年，我国就有90多万学生在海外留学进修和进行学术访问，有来自194个国家的26万学生在华学习，中外经济、教育、社会等领域的合作项目不计其数。如果不是改革开放，不是这种持续不断的国际交流与合作，中国不会有今天如此的发展局面。2010年，我国发布的《国家中长期教育改革和发展规划纲要（2010—2020年）》（以下简称《规划纲要》）明确指出：中国"坚持以开放促改革、促发展。开展多层次、宽领域的教育交流与合作，提高我国教育国际化水平"。必须"适应国家经济社会对外开放的要求，培养大批具有国际视野、通晓国际规则、能够参与国际事务与国际竞争的国际化人才"。根据《规划纲要》的精神和我国的实践，以及借鉴日本、韩国等国家成功案例，本书认为，现代教育培养国际化人才必须具备以下基本素质：具有宽阔的胸怀和国际化的视野；熟悉和掌握本专业领域的知识，熟悉和掌握外语以及具有较强的运用和处理信息的能力；熟悉和掌握国际惯例；尊重和了解不同文化的差别并具有与之沟通的能力；具有创新的意识和创新的能力。

在全球化和知识经济时代，知识呈爆炸式发展，新知识、新技术、新思想、新理论层出不穷，学校教育只是打基础阶段，人们在这个时代和环境下生存、发展，必须不断学习、终身学习。同时计算机和互联网的迅速发展也为终身学习创造了条件，人们可以不受时间和空间的限制进行学习。终身学习的理念于1994年在联合国教科文组织的支持下，在意大利罗马举行的"首届世界终身学习会议"上提出，可以说是世界教育发展史上的里程碑。在全球化下的今天推进教育现代化，必须不遗余力地推进终身学习型社会和终身学习理念的发展。

全球化还使得以民族国家为基础的国家教育体系面临挑战，教育无国界的特征越来越明显。跨国教育要求国家交出部分教育决策权，国家主权和职能在被动和主动两种情况下向外部转移[1]，国家对教育控制弱化主要表现在两个方面：一是国家把教育权力交给了市场，二是国家把部分教育权力让渡给了国际性组织。[2] 联合国教科文组织2004年发表的一份报告指出，在全球化背景下"国家不再是提供高等教育的唯一方面，学术界也不再垄断教育的决策权。这些挑战不仅关系到取得高等教育的机会、公平、资金筹措和质量问题，而且还涉及国家主权、文化多样性、贫困和可持续发展问题"。"跨国兴办高等教育和教育服务贸易的出现使教育进入市场范畴，这可能会严重影响到国家政府利用公共政策管理高等教育的能力。"[3] 正因如此，有学者才发出了这样的疑问：在全球化背景下，教育到底是一项国家事业还是全球的事业？[4]

综上所述，在全球化下教育现代化遇到前所未有的挑战和机遇。全球化极大地推动了中国传统教育向现代化教育转变和发展，教育在经济社会和现代化发展的地位和作用彰显，它服务并引领经济社会潮流的发展。但是，我们也必须看到，正如国内外许多学者指出的那样，全球化对国家教育和民族文化带来冲击，有可能"传统教育所担负的传递共同价值的作用成为过去，全球化社会正处在多样化和碎片化的状态之中"，危机和陷阱也

---

[1] 刘文婕、杨明：《论教育全球化冲击的性质与特点》，《教育科学》2002年第6期。

[2] 邬志辉：《教育全球化现象的多维审视》，《华东师范大学学报》（教育科学版）2003年第3期。

[3] 《全球化社会中的高等教育》，联合国教科文组织2004年版，第5页。

[4] 项贤明：《教育全球化全景透视：维度、影响与张力》，《北京师范大学学报》（社会科学版）2008年第1期。

是存在的。这就要求我们正确认识和把握全球化的利与弊。只有正确理解和认识全球化，勇于融入全球化，兴利除弊，迅速适应新世界技术，参加各种革新、创造、教育合作，创新教育，创建一种更能适应21世纪要求的、完善且充满生机的中国教育现代化体系，我们就能大大地推进教育现代化进程。

（三）教育全球化趋势与特征

1. 教育全球化概念

关于教育全球化概念内涵，目前是众说纷纭，有学者称之为"困难的定义与真实的体验"①。美国学者乔尔·斯普林认为："教育全球化是指世界范围内的理念、发展进程和机构影响当地教育的政策与实践。"② 国外也有学者认为：教育全球化是一系列全球化进程对教育的影响，如人力资本理论、多元文化主义、政府间组织、非政府组织、跨国公司、信息技术交流等。③ 国内一些学者也纷纷提出自己看法，邬志辉认为："教育全球化（Globalisation of education）是在经济全球化背景下衍生的概念，是针对经济全球化趋势而采取的教育应对行动。"④ 杨明认为："教育全球化是一种社会存在，是人类社会的教育不断跨越空间障碍和制度、文化等社会障碍，在全球范围内实现充分沟通（物质和信息的）和达成更多共识和共同行动，同时不断获致和深化现代化的过程。"⑤ 李丽华认为："教育全球化是全球所有区域间，为了实现教育行为的一体化，克服了地界限制与差别的，相互联系、相互依存的教育活动的发展过程和现象系统。"⑥ 顾佳峰认为：教育全球化是指"各国的教育交流与合作日益加强；相互

---

① 项贤明：《教育全球化全景透视：维度、影响与张力》，《北京师范大学学报》（社会科学版）2008年第1期。
② ［美］乔尔·斯普林：《论教育全球化》，《清华大学教育研究》2010年第6期。
③ Roger Dale & Susan Robertson, "Editorial: Introduction", in *Globalisation, Societies and Education 11*, 2003, pp. 3–11.
④ 邬志辉：《教育全球化：悖论与挑战》，《东北师范大学学报》（哲学社会科学版）2002年第2期。
⑤ 杨明：《教育全球化对中国意味着什么》，《教育发展研究》2003年第2期。
⑥ 李丽华：《21世纪教育发展的一个基本态势——教育全球化》，《河北理工学院学报》（社会科学版）2002年第2期。

借鉴其教育发展和改革经验的自觉性日益提高;各国相互承认学历和学位证书的趋势日益加强,并由此带来各国之间学历、学位教育水平大致衔接;各国都日益注意培养能使本国经济、科技与世界接轨的人才等"[1]。吴华认为:教育全球化是人类教育活动中的全球化现象,主要表现为教育资源的全球流动、全球性的教育现象和在全球范围内开展的教育活动。[2] 刘康宁认为,教育全球化是"世界各国教育高度渗透、高度融合,逐步形成世界教育整体的进程和趋势"[3]。

综合上述各家观点,本书认为,教育全球化是伴随全球化进程而出现的一种客观发展趋势,是教育现代化在新的发展阶段的一种表现形态,主要表现为全球教育联系日益紧密、相互依赖性的加强,教育资源的全球性流动以及在全球范围内开展的教育活动。

2. 教育全球化发展趋势

教育全球化发展趋势主要表现在如下几个方面。

一是全球教育联系普遍增强,教育活动日益跨越了民族国家的界限。长期以来,现代教育体系均是以民族国家为界限和单位来组织和实施的,但是随着全球化进程的发展,各国教育人员的交流、跨国留学生人数不断增加,跨越国界的教育合作项目,例如互派留学生、联合培养、国际学术交流、毕业文凭的国际互认等越来越多。以欧共体为例,自1987年《欧共体大学生流动行动计划》实施以来,有近140万名大学生在欧共体其他成员学校完成学业,5万名教师为其他成员国大学讲课。[4] 欧盟的伊拉斯谟计划在1987—1988年启动时只有3244名学生参与交流,而到2003—2004年参加交流学生超过13.5万,15年间增长了40多倍,总共有100多万学生参与了交换活动。[5] 在发达国家和地区,有许多高校都是在全球

---

[1] 顾佳峰:《教育全球化:对抗还是对策》,《外国教育研究》2006年第9期。
[2] 吴华:《"教育全球化"与中国教育发展的全球战略》,《教育发展研究》2005年第9B期。
[3] 刘康宁:《教育全球化——世界教育发展的新思考》,《昆明理工大学学报》(社会科学版) 2001年第3期。
[4] 罗媛松、唐仕军:《教育全球化的影响及对策》,《经济与社会发展》2003年第10期。
[5] 施晓光、郑砚秋:《欧盟"伊拉斯谟计划"及意义》,《大学(研究与评价)》2007年第7、8期。

范围内招聘教师的。有许多教育项目都是跨越国界实施的，著名的如国际文凭项目，该项目由国际学校协会组织实施，其目标是鼓励国际文凭学校之间的合作，倡导国际理解和对不同文化的尊重，内容包括了从小学到大学预科的一系列教育，截至 2010 年，全球共有国际文凭学校 3012 所，授予开设国际文凭项目的总数为 3661 个。而中国有国际文凭学校 93 所（其中大陆 54 所，港澳台 39 所）。① 另外，在全球化背景下，推进学科衔接以及职业技术教育的国际衔接也成为一种趋势，联合国教科文组织（UNESCO）与经济合作与发展组织提出跨国教育的国际守则，已经制定出了跨国高等教育的指南。②

二是全球教育服务贸易蓬勃发展。在全球化进程中，教育服务日益成为世界服务贸易的组成部分。根据 WTO《服务贸易总协定》（GATS）的规定，除了由各国政府彻底资助的教育活动外，凡收取学费、带有商业性的教育活动，均属于教育服务贸易范围。教育服务贸易主要有四种方式：一是跨境交付，如通过网络教育、函授教育等形式提供教育服务；二是境外消费，如出国留学和培训；三是商业存在，如在他国境内设立办学机构或合作办学；四是自然人流动，如一国教师到另一国教育机构任教。当前，全球教育服务贸易呈现出五个方面的特点：一是高等教育服务贸易成为全球教育服务贸易的主要内容；二是境外消费，即出国留学和培训是全球教育服务贸易的主要方式；三是跨境交付，即远程教育的服务方式发展潜力巨大；四是各国政府均采取优惠政策大力鼓励本国教育服务的出口；五是各国对教育服务市场的开放程度不一。③ 相关研究表明，自 20 世纪 90 年代以来，全球教育服务贸易总量呈现增长趋势，美国、英国、德国、法国、澳大利亚是全球教育服务贸易五大输出国。④

三是教育资源的全球流动和竞争。教育资源全球流动主要是指学生、

---

① 金京泽、张蕾：《教育全球化：国际文凭项目的回顾与展望》，《全球教育展望》2010 年第 11 期。
② 黄慧心：《全球化教育对中国教育发展的影响与启示》，《复旦教育论坛》2005 年第 2 期。
③ 刘志国：《全球教育服务贸易的发展及特点》，《世界贸易组织动态与研究》2004 年第 1 期。
④ 顾佳峰：《教育全球化：对抗还是对策》，《外国教育研究》2006 年第 9 期。

教师、课程、教材、资金、项目，甚至是观念和制度等教育要素在全球范围内跨国流动。留学生是教育资源全球性流动与竞争最突出的表现。在全球化进程中，去国外留学呈现出全球性的增长态势。联合国教科文组织的统计数据显示，2007年全球在外国接受高等教育的留学生总数接近300万，是1975年的3.75倍；澳大利亚IPD提出的报告认为，到2025年全球接受高等教育的外国留学生将达到720万；不列颠理事会发表的《2020年愿景》预计国际高等教育需求将从2003年的210万增长到2020年的580万。[1] 与全球性学生资源跨国流动趋势不断扩大相应的是全球各国竞相争夺留学生资源。例如，美国自1946年的《富布赖特法案》开始，到1966年《国际教育法》，一直到奥巴马政府，都非常重视对国际教育市场的争夺，奥巴马政府在应对金融危机的刺激经济法案中将1150亿美元直接补助教育系统，还出台了一系列政策，如加大宣传力度、放宽留学签证、完善海外咨询中心等来吸引海外留学生。2008年，日本政府提出了"30万留学生接受计划"留学新政，计划到2020年吸收30万优秀外国人才到日本留学。[2] 英国则在1999年、2006年分别提出了"首相行动第一期""首相行动第二期"，以此努力争夺国外留学生资源。澳大利亚则通过简化签证程序、放宽工作许可条件、允许毕业后申请永久居留、组建IPD教育集团等措施来吸引外国留学生。法国则组建了由教育、外交、文化、外贸部门组成的法国教育国际协作局，负责法国海外留学生的拓展工作。2004年，新加坡提出了打造"全球校园"计划，力争在2015年吸引20万名海外学生和企业员工到新加坡接受教育或培训。[3] 新兴的教育技术手段成为全球教育资源争夺的重要武器，一些著名的远程教育系统已经实行全球教学，如美国的开放大学、法国的国家远程教育中心在世界各地有大量的外国学生注册学习。[4]

四是国际性、地区性教育组织成为推动教育全球化的重要力量。在全

---

[1] 汪怿：《对我国参与全球留学生争夺的思考》，《教育发展研究》2011年第7期。
[2] 殷小琴：《国外教育服务贸易多元化的发展趋势》，《教育评论》2009年第4期。
[3] 汪怿：《对我国参与全球留学生争夺的思考》，《教育发展研究》2011年第7期。
[4] 邵青山：《试析"教育全球化"》，《天水师范学院学报》2007年第6期。

球化进程中，一些国际性、地区性的教育交流、合作和研究组织不断产生，例如，联合国教科文组织（UNESCO）、国际教育局（IBE）、国际教育规划研究院（IIEP）、世界银行、OECD、欧盟、非洲科学教育规划署（SEPA）、东加勒比国家组织（OECO）、东南亚教育部长组织（SEAMED）等，它们都热衷于国际性教育问题研究和国际教育发展活动，是各种国际性教育合作与发展的重要推动者，在制定国际教育活动规范中发挥着重要作用。例如，早在1968年，世界银行就将发展教育作为其工作目标，宣称世界银行要为各国发展教育提供帮助和支持，2007年，世界银行在其官方文件中宣布，"世界银行是当今世界最大的教育资助机构"。① 而由联合国教科文组织发起的世界全民教育计划更可以说明这一点，该计划是由许多国际非政府机构共同推动的，除了包括UNESCO外，还包括国际教育局，国际教育规划研究院，UNESCO下属的终身学习研究所、教育信息技术研究院、统计研究所，拉美和加勒比海高等教育国际研究院，非洲能力建设国际研究院，欧洲高等教育中心，技术与职业教育国际研究中心等，这些国际性教育组织进行了"全民教育非政府组织集体协商"，它将数百个非政府、网络和联盟连接起来。② 再比如，东加勒比国家组织从1990年开始共同制定了一项地区教育改革战略，涉及教学计划拟订和教师进修、学生评价、技术和职业教育及培训的改革、成人教育和继续教育、远距离教育、部门资源管理和改革进程管理等12个重要方面。③

五是具有趋同性的全球性教育现象日益增多。随着世界各国教育交流的增加，国与国之间的教育影响日益增强，使得具有共性的教育样式逐渐得到普及和推广，成为全球通行的标准状态或趋势。④ 标准化教育模式在全球得到传播⑤，例如，在全球出现了世界各国相似的知识分类体系和学

---

① ［美］乔尔·斯普林：《论教育全球化》，《清华大学教育研究》2010年第6期。
② 同上。
③ 邬志辉：《教育全球化：悖论与挑战》，《东北师范大学学报》（哲学社会科学版）2002年第2期。
④ 刘莉珍、杨俊俊：《浅谈教育全球化的概念及其带来的挑战》，《高教论坛》2008年第2期。
⑤ ［德］Juergen Schriewer：《教育全球化：进程与话语》，《比较教育研究》2002年第S1期。

校课程体系,以及相似的学位体系和学位授予仪式。一些教育理念也在全球产生了普遍的影响,各国教育政策越来越受全球共同认可的教育理念的影响,如终身教育理念、学习型社会理念、全民教育理念等。全球面临的共同教育问题也越来越多,如环境教育、国际理解教育、艾滋病等健康问题教育、学校道德教育困境、青少年厌学问题等。① 全球教育制度性趋同现象也比较明显,最典型的代表是义务教育制度,目前已经在全球普及,其他学校制度也有许多相似性。② 正因如此,有学者就认为:"当我们回首 20 世纪国家内的教育发展时,我们必须赞成一个事实:教育主要的是一体化世界的事件的产物,其次才是国内事件产生的结果。"③

六是教育超越了学校教育范畴。在全球化进程中,教育的概念开始超出了与正规教育相关的物质场所,其内容包括各种各样的教育形式、方法和学习类型。首先是成人教育得到了极大发展,其次是各种形式的非正规教育得到发展。④ 全球化背景下,非正规教育对教育系统的影响,迪恩·纽鲍尔的一个观点很有说服力,他认为全球化进程中市场化无所不在,市场规范体系构成了一种强大的非正规教育系统,在这个非正规教育系统中,儿童青少年这个人群时时刻刻受到它的影响。由于这个非正规教育系统受商业利益驱动,其自身能力很强,能够从最好的大学招最聪明的毕业生来发展自己的技术,从而对正规教育系统形成很大冲击和影响。⑤ 非正规教育体系中的一个很重要方面是全球消费主义盛行,全球消费主义盛行背后的推手是学校教育、广告和媒体的联合行动。⑥

3. 教育全球化基本特征

一是开放性。全球化背景下的教育是开放性教育,教育不再是局限于

---

① 项贤明:《教育全球化全景透视:维度、影响与张力》,《北京师范大学学报》(社会科学版)2008 年第 1 期。
② 邵青山:《试析"教育全球化"》,《天水师范学院学报》2007 年第 6 期。
③ [美] S. E. 佛罗斯特:《西方教育的历史和哲学基础》,吴元训等译,华夏出版社 1987 年版,第 534 页。
④ 郑确辉:《教育全球化发展的新动向概述》,《教育理论与实践》2004 年第 2 期。
⑤ [美] 迪恩·纽鲍尔:《全球化和教育:特征、动力与意义》,《教育研究》2009 年第 7 期。
⑥ [美] 乔尔·斯普林:《论教育全球化》,《清华大学教育研究》2010 年第 6 期。

某一个民族国家的孤立的、封闭的社会现象,不同国家和地区教育交往和交流越来越频繁,"制度化过程中的国际交流与合作大大增加"①,各国之间在教育信息、教育技术、人员交流、教育研究、教育规划、教育政策发展等方面的合作与交流空前增长。例如,一些教育评价模式、教师培训方式方法都会相互交流和学习借鉴,学生及教师的国际化程度不断提高。一些新兴教育技术,如全球远程教育使向全球受教育者提供教育服务成为可能,美国国家技术大学的教学卫星电视网已经扩展到北美、大洋洲、欧洲、亚洲等世界很多国家和地区。② 在全球化背景下,区域教育一体化、全球化是教育开放的一个重要表现。在欧盟,为了促进欧盟各国教育一体化,欧盟实施了一系列教育计划,例如,有 30 个欧洲国家参与了苏格拉底计划,35 个国家参与了教育品质的发展活动,45 个国家签署了《博洛尼亚宣言》,此外欧盟还启动了语言计划、伊拉斯谟计划、达·芬奇计划、欧洲学分转换体系等。③ 教育开放性还表现在教育培养目标上,即培养世界性人才。日本有人率先提出了培养"国际人"应具备的 10 个基本条件:"积极肯干,但是不蛮干;人际关系融洽,不以自我为中心;兴趣广泛,知识丰富;外语出色,乐意结交外国人;行动迅速;能很快适应异国他乡;意志刚强,富有忍耐性;深谋远虑,不优柔寡断;安排、处理好家庭生活关系;身体健康,精神焕发。"④

二是动态性。教育全球化并不是一个完成了的过程(globalized),而是一个正在进行的过程(globalizing)。⑤ 作为一个动态进程,正如有学者所言:教育全球化是一个包罗广阔、多层次、多阶段的历史过程,主要包括八个方面:教育全球化是教育的全球性变革过程;教育全球化是一个多维度过程;教育全球化是教育生活时空的巨变;教育全球化是指整个世界的

---

① [德] Juergen Schriewer:《教育全球化:进程与话语》,《比较教育研究》2002 年第 S1 期。
② 邵青山:《试析"教育全球化"》,《天水师范学院学报》2007 年第 6 期。
③ 和学新:《教育全球化进程中的教育开放战略》,《教育理论与实践》2007 年第 12 期。
④ 郑金洲:《全球化时代教育面临的挑战与变革路向》,《教师之友》2005 年第 2 期。
⑤ 顾佳峰:《教育全球化:对抗还是对策》,《外国教育研究》2006 年第 9 期。

教育联系日益紧密，各国之间、各地区之间的教育相互依存；教育全球化是指在全球教育、文化交流日益发展的情况下，世界各国之间的教育影响、合作、互动日益加强，使得具有共性的教育样式逐渐普及推广，成为全球通行标准的状态或趋势；教育全球化是当代世界各种教育要素流动、融合并构成超国家的全球体系的过程；教育全球化进程是一个不断出现冲突的进程；教育全球化的核心是教育现代性的全面张扬。[1] 关于教育全球化发展的历史进程，吴华认为可以划分为三个阶段：第一阶段是在工业革命以前，教育全球化主要表现为要素流动；第二阶段从工业革命开始到"二战"结束，教育全球化主要表现为模式复制；第三阶段从20世纪50年代至今，教育全球化主要表现为资源共享。[2] 也有学者根据推动教育全球化进程的主体不同划分为"独白"的教育全球化和"对话"的教育全球化两个阶段[3]。

三是全球地方化。"全球化思考、本土化运作"（think globally, act locally）是教育全球化的一个基本行为准则。[4] 教育全球化这种属性可以用词"教育的全球地方化"（Educational globalization）或"教育的地方全球化"（Educational localization）来表示，其中，"教育的全球地方化是指所有全球共同认可的教育思想、制度与方法都必须适应当地的教育环境，以体现地方的主体性"；"教育的地方全球化则指所有有建树的教育思想、制度和方法总是具有地缘性的，总是产生于特殊、具体的教育环境，总是由解决实际教育问题的人创造的，而后才具有一般性而被全球的'他者'广为借鉴、学习和再创"。教育全球化这种矛盾性的辩证统一主要表现在全球化背景下，教育具有普遍性与特殊性的统一、一体化与分裂化的统一、国际化与本土化的统一。[5] 也就是说，在全球化背景下，全球教育一

---

[1] 杨明：《教育全球化对中国意味着什么》，《教育发展研究》2003年第2期。
[2] 吴华：《"教育全球化"与中国教育发展的全球战略》，《教育发展研究》2005年第9B期。
[3] 李欣复、李长伟：《教育全球化：转型中的选择》，《内蒙古师范大学学报》（教育科学版）2001年第1期。
[4] 王春光、孙启林：《全球化与本土化视野下的比较教育研究范式的再思考》，《比较教育研究》2005年第3期。
[5] 邬志辉：《教育全球化：悖论与挑战》，《东北师范大学学报》（哲学社会科学版）2002年第2期。

方面呈现出一体化趋同的特征，另一方面，各国、各地区、各民族教育的独特性也得到加强，是全球性和本土化的对立统一，它是世界—民族的或民族—世界的，或者是全球—在地的或在地—全球的。[①] 教育必须立足本地区文化背景，同时借鉴吸取世界各国先进教育理念、经验和方法，创造出立足于世界先进文化之林的教育现代化。

四是霸权性和不平等性。教育全球化作为一个多边互动的过程，其一个重要特征就是体现了霸权性和不平等性。[②] 教育全球化的霸权性主要体现为西方文化霸权对非西方文化的"差异的权力"的否定，西方国家在教育全球化进程中的支配地位与第三世界国家的不利地位差异十分明显。对于第三世界国家来说，教育全球化意味着更多地引进西方发达国家的教育经验和模式，"在现实的教育全球化过程中，我们看到的仍然是第三世界国家教育的更加西化、非西方的文化传统从主流教育中的迅速消失、第三世界国家的人才流失和西方文化主导下的世界趋同等现实的后殖民过程"，"教育全球化仍然是西方中心主义的发展模式，以及这种模式对全球普适性的寻求"。[③] 教育全球化的不平等性主要体现在世界体系中"中心国"与"边缘国"存在巨大的"知识差距"，国际知识系统不平等现象非常严重；"中心国"的大学和知识中心处于全球学术系统的金字塔顶端，是知识的创造者，起领导作用，第三世界的"边缘国"大学基本上是知识的传播者，是知识的"消费者"。[④]

---

① 冯建军：《全球思考，在地行动——全球化时代的多元文化教育》，《当代教育与文化》2010年第3期。
② 邬志辉：《教育全球化：悖论与挑战》，《东北师范大学学报》（哲学社会科学版）2002年第2期。
③ 项贤明：《教育全球化的后殖民特征》，《教育理论与实践》2000年第12期。
④ 杨明：《教育全球化对中国意味着什么》，《教育发展研究》2003年第2期。

全球化背景下国际教育现代化经验

20世纪至今,许多国家和地区包括一些发达、发展中国家和地区积极应对全球化浪潮,立足本国本地积极探索和实践教育现代化的途径和办法,具有许多可资借鉴的做法和经验。广东是改革开放的先行地区,科学发展的示范区域,适应21世纪经济社会发展的要求推进教育现代化,不仅要学习借鉴国内先进地区推进教育现代化的经验,也要学习借鉴国际先进国家和地区推进教育现代化的经验,"他山之石,可以攻玉"。本章研究正是立足于日益迅猛发展的全球化趋势和广东经济社会自身发展需求,对全球范围内若干个发达的国家和地区教育现代化发展的主要模式进行比较研究与理性分析,期许为广东教育现代化的路径选择提供一些理论参照;借鉴若干发达国家和地区教育现代化发展经验,合理思考和选择广东教育现代化的路径,以避免或少走弯路。

一 美国教育现代化历程及特点

美国从独立至今,不过二百年的历史,但自20世纪以来,特别是第二次世界大战之后一跃成为世界上经济实力最强大的国家。究其重要原因之一,就是美国高度重视教育,把教育放在优先发展的位置,在继承欧洲优秀教育传统基础上,从本国实际出发,不断进行教育创新,把教育和科技、经济紧密结合,教育不仅适应经济社会,而且引领经济社会发展潮流。反过来美国雄厚的经济基础为美国的教育现代化发展提供了坚实的物质保障。

（一）美国教育现代化的历程

在美国独立前的殖民地时期，许多英国清教徒移居北美新大陆，为了使子女接受宗教和识字兴办学校，各种宗教和教派也大力兴办自己的学校。这一时期美国的教育主要是移植欧洲的教育模式，尤其是英国的教育模式。美国独立后，教育开始从移植逐渐重视与实际结合，加快了教育现代化的进程。19 世纪 20 年代开始，在美国各州掀起了一场跨越教派和贫富差距，主张所有儿童上同样学校的"公立学校运动"。1852 年，马萨诸塞州颁布了首部《义务教育法律》，同时征收地方教育税支持普及义务教育，各州纷纷效仿，到 1929 年，美国基本实现了小学教育的普及。1909 年，初级中学运动开展，1918 年美国教育协会中等教育改造委员会提交《中等教育的基本原则》报告，被称为美国中学教育史上的里程碑，中学逐渐分成初中和高中两个阶段。到 1951 年，14 岁至 17 岁人口高中入学率已达到 85.2%，基本普及了高中教育。

1862 年，联邦政府通过《莫雷尔法案》，法案要求联邦政府根据各州在国会议员的人数，每名拨给 3 万英亩的土地，由各州凭出售或经营土地的收入，设置农业和工业科目的学院。这就是美国著名的"赠地学院"。《莫雷尔法案》的颁布，极大地推动了美国州立大学发展和现代化。美国早期高等教育机构主要是东部一些州私立的文理学院，例如 1636 年成立的哈佛学院、1701 年成立的耶鲁学院等。1776 年，独立以后，南部一些州开始用税收办理高等院校，出现了州立大学。《莫雷尔法案》颁布后，美国从南到北各个州都成立了州立大学，通过高等学校培养的工农业发展所需要的各类人才迅速增长，远远超过了欧洲英、法、德等资本主义国家。《莫雷尔法案》及其后续法案的颁布实施和赠地学院的大量涌现，也促进了美国高等职业技术教育的发展，为内战后的经济腾飞提供了有力的人力和智力支持。但却缺少了培养中等和初级技术和熟练工人的职业教育结构。1917 年，美国国会通过了《史密斯休斯法案》，法案要求联邦政府提供资助，鼓励高中开设职业课程，使职业课程成为综合高中课程的基本组成部分。《史密斯休斯法案》促进了美国中等职业技术教育的大发展，为中等职业技术教育的发展提供了牢固的财政基础，同时促进了中等教育结构的改革，综合中学成为美国普通中学的基本模式。

1957年，苏联人造卫星上天，引起了美国朝野上下的震惊，各界人士纷纷呼吁美国要加强科学技术教育，而科学技术落后是教育落后所致，因此必须大力发展教育。1958年9月2日，美国总统艾森豪威尔亲自批准颁布了《国防教育法》，其重要内容是：加强普通学校的自然科学、数学和现代外语的教学；强调"天才教育"；坚持职业技术教育；对各级学校的财政给予大量的教育经费援助，充实学校的科学教育设备，提高科学教师水平；设置国防奖学金，补助天才青年接受中等和高等教育。《国防教育法》的颁布，对美国教育产生了深远影响。美国大量增加教育投入，大力加强科学技术教育，培养世界一流科技人才。[①]"二战"后的20世纪六七十年代，美国人民为争取民主与平等包括教育的民主与平等进行不懈斗争，如60年代美国黑人为争取种族平等运动声势浩大，1964年加利福尼亚大学等爆发了如火如荼的学生运动，以后波及全国大、中学生，美国政府为此也提出了各种法案和政策以解决问题和冲突。在少数民族教育上，美国联邦政府相继通过政策法案和拨出巨款废除黑白种族隔离学校，支持黑白合校，提出文化多元主义。在贫困青少年教育上，联邦政府分别颁布了《经济机会法》和《中小学教育法》，拨出巨款作为贫困大学生的贷款和补助家境贫困的中小学生。在对残疾人员的教育上，联邦政府也立法拨款，实施合适的特殊教育。美国在推进教育民主化的道路上取得突破性发展。在高等教育的发展上，美国联邦政府也通过了多个法案，如1963年的《高等教育设施法》、1965年的《高等教育法》、1968年的《高等教育法修正案》，促进了美国高等教育的迅速发展。受民主化和科学化两种因素的影响以及学生运动的冲击，高等教育必须容纳广大想入大学就读的学生。到1970年，18—22岁人口大学毛入学率已提高到了约49.4%。

---

① 杨慧敏：《美国的基础教育》，广东教育出版社2004年版，第88页。

20世纪80年代，由于高科技和全球化扩展，日本和欧洲等国经济迅速发展，国际经济竞争加剧。1989年，美国科技促进协会公布了一份关于科学、数学和技术知识目标的研究报告——《2061计划：为了全体美国人的科学》，这份报告以改革美国学生的科学、数学、知识教育为核心，以增强青少年儿童学生的解决问题能力为目标，发动全民参与教育改革。各州都相继掀起教育改革热潮，并取得了一定的成效。20世纪末21世纪初，随着信息技术、光纤网络的发展，知识经济社会和全球化社会到来，美国联邦政府更加重视加强科技和发展教育，各届政府都把提高教育，特别是教育创新作为国家发展的重要战略。1994年，克林顿总统就职宣誓后不久就签署《2002年美国教育目标法》，实施全民精英计划。克林顿在第二任期内提出了美国教育未来发展的三大目标和十大行动纲领。三大目标是：每个8岁的儿童必须能读书；每个12岁的少年必须懂计算机；每个18岁的青年能进入大学学习；每个成人能获得终身受教育的机会。为此提出了十大行动纲领：（1）制定国家教育标准；（2）一流的教师；（3）帮助儿童读书；（4）早期教育；（5）赋予家长择校的权利；（6）校园文明；（7）更新校舍；（8）普及大学；（9）继续教育；（10）校园网络[1]。其核心内容就是培养信息科技时代的一代创新性人才。2001年，小布什宣誓就任总统后就签署了美国教育改革新政策《不让一个孩子掉队》，把培养面向21世纪的具有较高创新能力及全面素质的劳动力作为美国中小学教育改革的中心任务，再次重申在信息和全球化时代的新水平上"提高教育质量，促进教育平等"，使每一个儿童都能适应新时代的要求健康成长。自21世纪以来，美国教育改革取得显著成效，学生的学业成就得到很大提高，据2007年美国国情咨文指出，近5年来9岁儿童在阅读上取得的进步，是过去28年的总和。美国高等教育继续保持世界领先地位，每年吸引世界各国的人才到美国留学，成为美国政治、经济和科学领域的重要力量。奥巴马执政恰逢遇到世界金融危机，2009年2月17日，《美国复苏再投资法》签署并正式生效，依该法将有1416亿美

---

[1] 谷贤林：《90年代的美国基础教育改革》，《教学与管理》2001年第1期。

元投向教育界,这一方面是抗击金融危机的需要,另一方面也是美国建设21世纪高素质教育的使然。美国联邦政府以空前的巨额资金投向教育。2009年3月10日,美国总统奥巴马在拉美裔全美商会公开讲话,解释美国政府的教育投资,阐述新一届政府实施教育改革的主要内容:一是加强儿童的早期教育,每年斥资100亿美元开展0—5岁儿童教育计划,为所有这些适龄儿童提供优质早期教育和护理,建立并普及面向全体儿童的非营利幼儿园,接收3—4岁儿童。二是建立面向21世纪所要求的课程和学业评估标准,提高教育效率,为学生提供最好的基础教育。三是加强教师的培训、招聘和奖励,实行教师绩效工资制度,投资10亿美元建立教师指导项目。四是提升美国学校的创新性,建立更多特许学校。五是为美国人提供高质量的高等教育,投资250亿美元重点解决因学费引起的高校公平入学问题,在2020年前,使美国成为世界上拥有最多高校毕业生的国家。

(二)美国教育现代化的特点

第一,把教育发展放在重要战略地位上,目标是建立世界一流教育。在教育现代化的进程中,美国联邦政府及各州日益重视教育的地位和作用。"二战"后,苏联卫星上天,美国总统亲自批准颁布《国防教育法》,把发展教育作为提高科技和国家安全的重要保障。20世纪末以来,随着全球化和发展中国家的崛起,美国为了保持其领先地位,各届总统上台后都把振兴教育作为重要大事或头等大事。老布什上台以"教育总统"自称,1991年签发了《美国2000年教育战略》这一具有历史意义的纲领性教育文件。克林顿上任后签署了《美国2000年教育目标法》,推进了教育改革的力度和深度。2001年,小布什总统签署教育改革方案《不让一个孩子掉队》。2009年,奥巴马签署法案向教育界投入1416亿美元,最终目的是以教育发展和质量提升促进美国在世界的领先发展,从而建立世界一流的教育制度和培养一流的学生,使得美国在21世纪能继续走在世界的前列。美国是个以个人为中心的国家,不仅政府部门重视教育,社会各界和公民都十分关注和重视教育,全民教育意识强。美国数次的教育改革、教育报告、调查研究等都得到了公民的关注和广泛参与，联邦及各州政府通过各种渠道听取社会各界和公民意见，使得教育改革不断深化，以适应经济社会和人的全面发展的需要。

第二，确保教育的公正平等，将公正平等作为教育现代化的根本。美国的第一部法律就提出了把自由、平等、公正作为立国之本。自20世纪60年代以来，美国在争取教育权利的平等、公平上，群众运动风起云涌，促进了美国公立教育及公立学校的发展，使美国在二三十年间就在普及高中教育的基础上，实现了高等教育的大众化。20世纪末21世纪初，全球化的发展和西欧、日本、中国等国的日益强大，使美国面临前所未有的挑战，强烈的危机意识使美国重视提高教育质量和高水平人才的培养。面向21世纪，美国的教育公平、平等观，不仅体现在要保证教育机会的均等上，而且体现在要保证提供最好的教育，让每个孩子处在同一起跑线上。2001年1月，时任美国总统布什发表了《不让一个孩子掉队》(*No Child Left Behind*)的教育改革计划，勾画了21世纪美国教育改革与发展的蓝图，阐述了新时期美国公立学校的地位及对其的要求，公立学校应该不分地区、家庭背景、肤色，发展学生心智，培养学生的品格、历史使命和责任感，加强初等和中等教育，提高中小学的办学质量。克林顿和小布什政府都继续了这一改革计划，并采取了多种措施和途径。到2009年奥巴马上台，不仅提出了要为美国学生提供最好的基础教育，而且要为美国人提供高质量的高等教育，并投资250亿美元重点解决因学费引起的高校公平入学问题。

第三，坚持教育适应经济和社会发展需要，深入改革创新，培养创新型人才。美国教育是在学习借鉴欧洲教育的基础上发展起来的，但是它没有停留在欧洲教育的传统上，而是根据本国的实际进行改革创新，独树一帜。最重要的法宝就是：坚持教育适应经济和社会发展需要，深入改革创新，培养创新型人才。

17世纪美洲殖民地的中学主要是移植英国的拉丁文法中学，教学内容与实际生活相脱节，18世纪中叶，美国教育家富兰克林创办了第一所文实中学，兼顾升学与就业的双重目标。由于文实中学自由主义与实用主义的倾向适应了 18 世纪新兴资产阶级的需要和实业经济的发展，各地纷纷仿效建立。文实中学的产生，标志着美国中等教育的重要改革，反映出美国教育开始向符合自己实际需要的方向发展。20 世纪初，美国著名教育家杜威把实用主义哲学和美国教育相结合，提出了"教育即生活""学校即社会"的著名论断，倡导儿童教育要"在做中学""在活动中学"，创立了与欧洲传统教育思想相异的现代教育思想流派，对美国教育和世界各国教育产生了深刻的影响。杜威教育思想的精髓就是鼓励教育的探究和创新，促进学生的发展。美国重视创新人才培养的教育思想，在第二次世界大战后表现得更加突出。20 世纪 50 年代苏联卫星上天后，美国颁布《国防教育法》，致力于培养一批为国家实现世界霸主做贡献的科技精英。1983 年，美国发表《国家处在危险之中：教育改革势在必行》的告全美人民书，而后又启动了《2061 计划：为了全体美国人的科学》，发动全民参与教育改革，其核心内涵就是要解决教育上严重制约创新人才培养的问题，造就新一代高素质国民。随着 90 年代信息化和全球化的到来，克林顿签署《2000 年美国教育目标法》，2001 年小布什签署《不让一个孩子掉队》，出台一系列教育改革的举措，其根本目标就是要培养面向 21 世纪信息科技时代，具有较高创新能力和全面素质的新一代人才。

美国培养创新人才的基本特点主要在四个方面：其一，创建适合各类人才培养的统一性和多样性相结合的教育体系。为了使每个学生都能获得他所应获得的发展，美国不断改革完善教育体系，构建四通八达的人才培养"立交桥"。美国教育体系中不仅有庞大的公立学校系统，更有大量特色各异的私立学校机构，为不同需求的人提供最好的选择。20 世纪末的十几年里，美国为了通过竞争提高学校教育质量，加强了市场化办学，联邦政府批准建立了许多特许学校，还通过颁发"教育券"，作为家长择校的一种凭证，以便为自己的孩子选择合适的学校。在这里要特别提到美国的综合高中，学生在综合高中不仅可以学到高中应有的基础知识，而且可以根据自己的实际选择学习职业技术课程，到毕业时，可以选择考取普通大学，或者选择考取社区学院、职业技术学院。美国的高等教育不仅数量多、层次多、形式多、类型多，也是互融互通的。学生高中毕业后可以上二年制大学（主要是社区学院），四年制大学或者综合大学，也可以进入职业培训机构。在社区学院等二年制大学毕业后，如果成绩允许，可以继续进入四年制大学或综合大学学习。其二，重视基础教育的改革和发展，努力造就培育创新人才的土壤。面向 21 世纪，美国联邦政府高度重视基础教育的改革和发展，每位上任总统都签署或发布基础教育改革和发展的计划或部署。总的来说，其目标就是要整体提高中小学校的教育质量和效益，以适应培养创新人才的需要。其主要的措施或途径有：（1）加强阅读和数学及信息技术的学习，提高学习成绩及水平，并定期进行阅读和数学学习评估等。（2）改革和设置中小学课程体系，重视学生学习现代经济、社会、科技相关知识，重视创新性思维能力的培养。如中学的课程一般分为学术性课程，如英语、社会科学、理科和人文等；非学术性课程，如卫生、体育、家政、音乐等。此外，还根据时政需要开设如环境教育、反药物滥用教育、守法教育等课程。美国中学从 9 年级开始采用学分制，除开设主修课外，还开设选修课。选修课程内容的设置由州教育局和学区规定，学校选定。所开设的选修课都是根据学校的特色和学生的实际且技能性很强的课程，以初步使学生具有一技之长，并培养学生的动手能力、实践能力和服务精神、职业精神。（3）缩小班级规模，推行小班教学。在 20 世纪 80 年代美国部分州开展小班教学实验的基础上，美国教育部制定了小班教学的相关法规，全面启动"缩小班级规模计划"。缩小班级规模，更有利于教师管理班级，实施"因材施教"，有利于调动学生学习的积极性，提高学生的学习成绩。其三，建构现代化大学教育制度，推动创新人才辈出。美国是世界上公认名牌大学最多，著名学者专家最集中，诺贝尔奖获得者最多的国家。美国创新人才辈出，这与美国建构现代化大学系统密切相关：（1）构建了四通八达、互融互通的人才培养立交桥，实现了高等教育的普及，目前适龄人口上大学的比率已达 80% 以上。（2）实施了知识传授、科学研究和社会服务相结合的教育制度。20 世纪初，威斯康星大学校长查尔斯范·海斯提出的"威斯康星思想"即大学不仅要进行教学和科学研究，而且要"忠实地为社会服务"，创立了大学为社会服务的第三职能。威斯康星思想及其卓越的办学成就受到世人称赞,迅速为美国各州大学效仿。威斯康星思想及其办学实践不仅发挥了大学为社会服务的职能作用,促进了美国的社会和经济发展,而且改变了象牙塔式的传统大学的封闭状态,拉近了大学与社会的距离,使教育更贴近经济和社会,有利于创新人才的培养。(3)遵循高等教育发展规律,坚持"学术自由、教授治校、科研至上"的原则,创造创新、良好的学习环境。大学普遍采用选课制和学分制,鼓励教师创造性地教学,更多的时间留给学生自学。实验、讨论、独立作业、学术活动等安排得比较充分,注重培养学生的独立思考和创造性解决各种问题的能力。高校将创新列为学生发展的核心能力,采取各种有效措施如设置各种相关的创新课程、计划及研究中心等,通过多层次、多渠道的方式培养创新型人才。(4)联邦政府高度重视科技创新,不断加大对高校尤其是著名高校创新人才培养的投入力度。美国成立了著名的国家科技促进协会,每年都拨出重金大力推动科技和科技教育的发展。这种创新立国的理念和实践,对造就像哈佛这样一批世界著名的大学及其著名教授、专家起了很大的作用。其四,面向全体,注重培养创新人才的教育教学方法。在保证人人教育机会均等信念下,美国基础教育面向全体学生,要使每个学生获得全面的发展,因此它的重点放在普及教育上,而非选拔性教育。根据这个教育目标和中小学生的特点,美国中小学重视创设适当宽松的学习环境,让学生都能在一种轻松愉快的学习氛围中获得全面发展。在美国小学低年级阶段(1—3年级),学生没有学业记录,3年级直到大学的各种考试从来不公布分数,每个学生只知道自己的成绩,不知道他人的成绩。高中实行选修制以及将一门主修课分为几个不同水平等措施,使每个学生可以根据自己的基础和学习能力来选择适合的课程来学习。对于那些有特殊天分的学生,学校也创设机会,让他们得到充分的发展。如在小学3年级开始开设"优质班"等。美国中小学通过各种途径,使每个孩子都能不同程度地得到发展,让学生在一种轻松愉快的氛围中学习,使每一个人对自己的未来都充满着希望。注重培养学生独立思维和解决实际问题的能力,从小培养孩子的自主、独立和创造性的能力。美国教育重视教学过程和学生参与性,通过启发式、问题教学法、分组讨论法等,激发学生学习的兴趣和对问题的探究。重视实践教学,经常让学生动手、动口,例如做课题、演讲、做手工、办画展、举行音乐会等。教师从不照本宣科,每个学生都要经常做报告,从选题、撰写到演讲,全部独立完成。教师教给学生不仅是知识,更要教会学生学习的方法、独立思维的能力,发现问题和运用知识解决问题的能力。美国教育也重视考试,同时重视对学生平时学业成绩以及智力、能力的考察。学校和教师给学生更多的是鼓励、勉励和鞭策。

第四,实施地方分权管理和多元化办学方向。美国是个联邦制国家,实行联邦和地方分权而治的体制。在教育上,实施地方分权管理主要表现在:(1)联邦、州和地方分权,各司其职。联邦通过立法、拨款等来控制和影响教育的发展方向;州可以制定和颁布教育的法律法规,制定本州的法案,由本州的教育部门和地方学区的教育董事会负责实施;地方学区则有更多的具体管理教育和学校的职权,如负责执行州的法规政策,制定具体的办学方针和教育目标,进行经费预算和管理,雇请人员,选派学区教育长官,等等。尽管近几年来美国教育管理权力重心上移,但是地方分权的管理体制仍然是基本管理体制。(2)在联邦和州两级,立法部门、执行部门和司法部门实行分权领导。议会通过立法和拨款来规定教育的发展方向、速度和重点,执行部门负责教育的运行和具体管理,而司法部门有权解释法律,通过判例来参与教育重大问题的决策。[1](3)在学区一级,教育权与普通行政权分开,学区不受地方政府的领导,多数学区的范围和地方行政区域并无关系,而是按照学生入学地区划分,直接对州一级教育行政机构负责。

实施多元化办学方向。美国是最早创立公立学校的国家,公立学校很发达,从幼儿园到大学都有公立学校,其中从幼儿园到高中实行免费义务教育。联邦教育经费总投入约占 GDP 的 7%,约占教育总经费的 75%。美国在办好公立学校的同时,积极鼓励社会团体、民间企业、私人办学。如美国的哈佛大学、斯坦福大学、耶鲁大学等世界著名大学,都是私立大学。美国的私立中小学,大多数都是精英学校。美国有许多著名的社会团

---

[1] 顾明远:《民族文化传统与教育现代化》,北京师范大学出版社 1998 年版,第 164 页。

体、基金会、民间教育组织，如卡内基、福特、洛克菲勒等以雄厚的资金资助学校承担特定的教学和科研任务，组织各种教育和教学实验与改革，传播先进教育理念、经验，对政府提出政策建议，推动教育事业向前发展。美国的学制也是多样的。例如，初等教育、中等教育在美国一共是12年，这是统一的；但允许六三三制、六六制、八四制、四四四制、五三四制并存，以适应各个州和不同学区的实际需求。在高等教育方面，美国不仅有四年制的综合性大学、文理学院、独立专业学院，而且有遍布各州的二年制社区学院、职业学院，以及各种各样的职业技术培训结构，多数大学对学生没有严格的年龄限制，以满足经济社会发展以及不同层次人员的需求。美国的招生考试也是多样的，既有统一的招生考试，也有学校的自主考试，形式多种多样。

第五，实施教育国际化战略，招揽世界各国优秀人才。美国是个移民国家，推行教育国际化，一方面是由于移民国家一般具有开放性、兼容性的特点，另一方面更是经济社会发展使然。一是立足本国实际，学习借鉴各国先进经验，博采众长。例如向德国学习，创立了注重科研的约翰·霍普金斯大学，使美国与欧洲在学术发展保持同步的基础上，又开创了现代研究生制度。又如自20世纪末以来，美国学习借鉴各国包括东方以及中国的经验，改革中小学课程体系和考试制度，以领先世界建立面向21世纪的现代化课程体系。二是实施教育对外开放，招揽各国年轻精英。早在"二战"前后，美国为了实现其科技强国、经济强国的目的，一方面向国际吸取大量高科技人才，包括德国数百名犹太人科学家；另一方面开始大量输出教育，吸收各国年轻精英到美国留学，并留在美国工作。这是美国高科技领先世界各国的重要因素。目前，美国是世界上最大的留学目的地国家，中国2009年到美国留学的学生就有9.8万人，占各国留学人员总数的14%。三是积极鼓励本国学生出国学习。国际教育研究所在《2008年门户开放报告》中的统计数据显示，近年来美国留学海外学生数逐年持续攀升，留学海外学生的目的地主要是欧洲和拉丁美洲，研究型大学派出学生数量较多且比例较高。美国加强海外留学，一方面是面对21世纪挑战，培养具有世界眼光和竞争能力的本土毕业生；另一方面是出于对国家安全需要的考虑。"9·11"恐怖袭击事件发生后，美国联邦机构需要培养大批具有外语语言应用能力和精通各国文化政治的人才，但这往往难以找到合适的人选，这种状况势必对美国的国家安全造成威胁。通过派遣大量学生到海外学习就能有效改变这种状况。美国的教育国际交流正逐步从"单向"向"双向"发展。

二 英国教育现代化历程及特点

英国是最早进行资产阶级革命的国家，20世纪初，英国产业革命基本完成时，英国的经济发展和军事力量占据世界首位。英国作为现代化的先行者，文化等方面的长期积累为英国教育的现代化奠定了坚实的基础，也使其教育现代化发展进程很早就表现出务实的精神。在英国的长期发展中直到19世纪末，教育一直是教会和家庭的职责，其学校教育体系也主要是由教会以及其他各类社会团体主导的。在早期教育现代化进程中，英国政府主要扮演了一个协调者和适度干预者的角色。第一次世界大战，特别是第二次世界大战后，英国经济的衰落使教育中的矛盾日渐突出，英国政府看到了德国、美国、日本等国重视教育，广泛实施国民教育所取得的显著成果，它们开始从国家的角度加强对教育的领导，对教育实施改革，完善国民教育体系，加大对教育的投入。由此，英国教育有了巨大的发展和变革，加速了教育的现代化进程。但是，由于英国精英文化、保守主义、自由主义传统的影响，英国教育在现代化的过程中传统的色彩仍然相当浓重。英国教育现代化是渐进性发展的，呈现出传统和现代相互妥协，继承和改革兼容的主要特色。继承和改革兼收并蓄地渐进推进的英国教育现代化对整个世界都有深远的影响。

（一）英国教育现代化的历程

在封建社会，英国教育有两个鲜明特征：一是教育为贵族服务。只有封建贵族、高级僧侣及其他上层社会家庭男女才有受教育的权利。二是浓厚的宗教色彩。英国教育起源于宗教。当初天主教附设在教堂的学习场所收留贫民儿童学习，主要学习《圣经》条文，传播宗教知识。英国国教建立之后，逐渐产生了一些简陋的贫民儿童教区学校。1699年和1701年国教先后成立了基督教知识促进会、国外福音宣传教会，他们为宣传教义，设立了许多教会学校、贫民学校、慈善学校。随之社会上的一些慈善团体、民间机构和个人也效仿办学。英国已具有了初等学校教育的形式，为走向现代教育建立了良好的基础。直到今天，在英国和英联邦，这种社会慈善结构、教会、社会团体和私人等多元办学的传统仍然得到重视和保留。这一阶段的中等教育（主要是公学和语法学校）和高等教育（主要是古典大学）主要由贵族垄断，教育的主要目的是培养有教养、有绅士风度的贵族。

工业革命的发展和人口的膨胀促进了国家干预和管理教育，逐步建立起公共教育制度。工业革命带来工业的大发展，对劳动者的素质提出了要求。同时经济的繁荣带来人口的迅速增长，19世纪以来英国人口增长率持续保持在每10年上升10%以上。在这种情况下，原来以教会和慈善机构来主办教育已大大不能适应经济社会发展的要求，许多有识之士提出了建立公共教育制度的要求。1870年，英国国会通过了著名的由当时下议院议员、枢密院副院长兼教育署长福斯特提出的《初等教育法案》，确定了全国划分学区，由经过选举产生的"学务委员会"来负责监督本学区的教育工作。国家继续拨款补助教育，并在缺少学校的地区设置公立学校。民办学校可以获得中央政府教育拨款的资助等。法案没有规定免费的义务教育，直到1918年才完全实现免费的义务初等教育。《初等教育法案》是英国历史上第一个教育法，它建立了公共的初等教育制度，奠定了整个英国教育制度的基础。1902年，英国议会通过了首相巴尔福提出的教育法案《1902年教育法案》。该法案废除原来的地方教育委员会和督促就学委员会，由郡议会和郡级市设立地方教育局，管理初、中等教育，形成了以地方教育局为主体，议会、教育委员会相结合的教育行政领导体制。该法案还确定了地方教育局有权兴办和资助中等学校、中等专业学校和职业学校，并提供地方税款，初步建立了收费的公共中等教育体系，大大促进了英国中等教育的发展。1944年，保守党人士巴特勒向议会提交了教育议案，获得顺利通过，这就是著名的《1944年教育法案》，又称《巴特勒法》。法案明确了中央和地方教育行政管理机构的职责和关系，完善了中央、地方合作型的教育行政管理体制，使基础教育得到有序有效的发展。特别重要的是，法案提出了人人都要受教育的先进理念，废止了相互不衔接的贵贱分明的初等、中等教育，建立了小学到初中10年免费义务教育制度，确立了从初等教育、中等教育一直到继续教育的连续的公共教育体系，奠定了英国现代教育制度的基础，这在英国历史上是一次空前的大进步，它带来了英格兰和威尔士教育的大发展。[1]

第二次世界大战后，英国经济的衰落，美国、日本、德国等国经济的崛起，使英国政府反思其教育的发展，认为科技教育，特别是职业教育的滞后是重要原因。从1945年到20世纪末，英国大力发展和改革科技教育、高等教育、职业教育，使教育逐步适应经济和社会发展要求。1961年，英国政府对"卫星冲击"发表了《扩大技术教育机会》的白皮书，对接受义务教育后青少年的技术教育提出了十项计划，以加强中等教育与继续教育的联系，充实地方专科学校培养中初级技术人员的课程。改革中学结构，早在50年代初期，1945年实行的中学阶段严格分为文法中学、现代中学和技术中学三类学校的组织形式就开始解体，1965年，当时的工党政府要求所有地方教育局按照综合中学方式组织本地区的中学，开始了综合中学运动。所谓综合中学，是使公立中学提供丰富而全面的课程，使在学术课程的基础上，技术课程、职业课程在同一学校内并存，以适应不同能力学生的需要。据1982年统计，英格兰综合中学学生已达公立中学全体学生的90.1%。到1966年，各地相继成立了30多所多科技术学院，大力发展高等教育。1961年，任命罗宾斯委员会研究高等教育问题，1963年《罗宾斯报告》建议把10所高级技术学院改为大学，并得到实施；1964年正式成立全国学位授予委员会；1965年教育和科学大臣、哲学家C. A. R. 克罗斯兰提出实行高等教育的双重制，由自治的大学和不属大学性质的公立高等学校两部分组成。至1973年，共创立30所多科技

---

[1] 祝怀新：《英国基础教育》，广东教育出版社2003年版，第20页。

学院。1948—1967 年,英格兰的大学数量几乎增长两倍,大学生人数增长 3 倍以上。1991 年,英国政府发布了《高等教育:新的框架》,将大学、多科技术学院和其他高等院校纳入了一个统一的资助机构——高等教育委员会,并把学位授予权下放到主要学院,允许规模较大的多科技术学院改称大学。基础教育在基本完善公共教育体系的基础上,不断调整改革,特别对中学结构的改革,注重在内涵和质量上提高。

20 世纪 90 年代以来,随着知识经济和全球化的到来,国际竞争力的竞争日益加剧,英国政府着眼于全英国人整体素质的提高,更加重视教育的改革和发展。1997 年英国工党执政后接二连三发表白皮书、绿皮书,强调要为所有人提供均等的教育机会并提高教育标准。1998 年,面对 21 世纪,英国教育与就业部发表了《学习的时代》,认为未来是一个学习时代,在这样一个时代,学习机会应向所有人、在其人生的任何阶段、以多种方式提供,而不仅仅意味着在学校学院或大学学习。绿皮书宣布了两项主要计划:工业大学和个人学习账号。到 20 世纪末,苏格兰和英格兰青年人接受全日制高等教育的人数已达到 45%。21 世纪初,英国政府延长义务教育时间从 9 年到 12 年,并在努力提高基础教育质量的同时,加强职业教育,鼓励青少年参加职业教育,以确保英国人能够应付日新月异的技术和工作方式的挑战。为适应知识经济和全球化时代,2010 年英国首相布朗在"学习和技术世界论坛开幕式"上宣布:教育将成为英国在 21 世纪增长幅度最大产业之一。英国政府决定投资 3 亿英镑,为英国全国 27 万低收入家庭提供免费的笔记本电脑和宽带接入服务,到 2010 年英国所有中小学生都能上网学习。英国目前的教育和教育技术的出口值约为每年 280 亿英镑,位列世界前列。

(二) 英国教育现代化的特点

第一,英国教育现代化呈现渐进式,并具有阶段性特点。英国的教育现代化如同它的社会现代化一样,是通过从教育自身不断发展出有利于现代化的因素而实现的,它是世界历史上典型的"早发内生型教育现代化"国家。从英国教育现代化的历程看,英国到 1870 年才开始统一国民教育制度，而从1870年《初等教育法案》的颁布，到《1944年教育法案》的颁布，英国国民教育制度的建立用了70余年时间。甚至直到1988年《教育法》，英国才开始实行"全国统一课程"。经历了差不多一个世纪，英国才真正形成了一个从幼儿教育、初等教育到高等教育的完整教育系统。英国教育改革发展呈现连续性、稳定性。英国的教育传统对英国历次的教育改革都产生了深远的影响。在每一次教育改革中都能够看到英国教育传统的印迹，而每一次的教育改革又都在一定程度上形成了新的传统，呈现出一种历史的延续性。在英国教育发展特别是国民教育普及上，呈现出了很强的阶段性。1870年后国家开始普及初等教育；20世纪初由于经济发展的要求，着手普及中等教育，并于1944年教育法案的颁布真正确立了三轨制的中等教育系统；而高等教育的普及则是在20世纪70年代以后的事。英国教育的这种渐进性和阶段性，使得英国教育的发展与改革具有非常大的稳健性，英国政府、议会及社会上下对教育的改革发展可以有较充分的讨论和研究，能比较好地处理教育发展过程中传统与创新、继承与发展的关系，不会因为发展过程中存在种种矛盾和冲突而导致教育现代化进程的停顿或逆转，事实上，英国教育的改革是稳健的且持续不断发展，其成效在短期内不明显，而在长期内是显著的，国民教育普及之后巩固程度更高。但是，英国教育的这种渐进性、稳定性，具有守成渐进的特点，与改革力度较大的国家相比显得迟钝、落后，使得英国教育现代化的发展具有保守性。英国是工业革命的发源地，是最早发展的资本主义国家，曾号称"日不落帝国"，但在第二次世界大战之后，英国的经济社会发展明显落后于美国、日本、德国，其中一个重要原因是英国的教育改革发展明显滞后于英国的经济社会发展，英国的教育现代化在一段很长时间内裹足不前。应该说英国的这种状况到了20世纪末，有了很大改变。

第二，重视严谨的立法和执法。英国是一个法治的国家，英国教育现代化的历史就是一部严格教育立法和教育执法的历史。在英国的教育现代化进程中，每一次教育改革的成功总是以一部法律或法规为确立的标准，继而得以推广和实施。从1870年《初等教育法案》，到1944年《教育法案》，再到1988年《教育法》，奠定了英国教育现代化发展的方向：普及初等教育，改革中等教育，完善高等教育，提高教育质量等。英国的教育立法和决策是非常严谨的，对于某项重要的教育立法或决策，政府首先组织专门委员会进行实际调查，提出并发表专题报告，广泛征求社会各界意见，有些还在一定范围内试验，然后才提交议会进行立法，并使各阶层、各团体的利益要求能得到充分的、公开的表达。例如在英国教育发展历史上具有里程碑意义的1944年《教育法案》，就是经过了1926年的哈多报告，1938年的斯宾斯报告，奠定了基础。1943年保守党人士巴特勒向议会提交了一份《教育改造》白皮书，经过人们广泛的讨论后作为教育议案向议会提出，由于有前述两个报告的基础，进步的民主观已深入人心，该议案也就是著名的1944年《教育法案》得以顺利通过。英国的教育法案一旦通过，人们必须实施，切实得到法律的保障。

第三，英国政府加大经费投入，增加学习机会，保证社会公平。英国自1870年颁布《初等教育法案》，开始建立公共教育体系以来，特别是"一战"以后，注重强调增加学习机会，坚持教育公平。一是普及免费义务教育。1870年颁布的《初等教育法案》，提出了建立初等教育制度，但并没有规定免费的或义务的初等教育，1891年政府出台了《免费初等教育法》，才开始实施免费的初等教育，直到1918年公立初等学校才实现了对5—12岁儿童免费教育，真正实现了普及全民的初等教育。在第一次世界大战前夕，工党提出了"人人受中等教育"的口号，兴起了"人人受中等教育"运动。1944年通过的教育法，将义务教育年限又延长到15岁，有条件的地区延长到16岁。20世纪80年代以后着力发展和普及高等教育。二是政府制订了一系列中长期教育改革计划，如在经费投入和政策支持上鼓励和帮助后进学校改革和摆脱困境，逐年减少薄弱学校的数量。2000年，投入8500万英镑满足有特殊教育需求的学生，2005年建立了1500所特殊学校。三是逐年增加优质学校的数量，以帮助每一个学生成功，尤其是对少数民族学生、低成就学生、问题学生提供特别帮助，实现教育公平。例如，2009年英国教育大臣埃德尔·鲍尔斯公布了《你的孩子，你的学校，我们的未来：构建21世纪学校体系》白皮书，提出了由能实施成功管理的学校或教育机构托管较差的学校，建立起学校联盟或连锁计划。① 四是政府制订青年支持服务计划，加强对青年进行素质培养和职业指导，帮助他们获得并发展未来生活和工作的技能、知识和品质。

第四，构建政府和社会并重、多元发展教育体系。英国一直以来都秉承着"以最小的政府管理最大的社会"理念，对教育实行宽松管理，让教育能够自由发展。1870年以后，特别是20世纪末以来，国家不断加强公立国民教育体系的建设，加大教育经费的投入，如2003年英国对教育经费的投入已经达到国民收入的5.6%，高于美国和欧盟各国的平均值。与此同时，仍然保持鼓励社会及各种组织积极创办各种私立大中小学校，包括精英中学，如公学的传统。1988年颁布《教育法》之后，这种趋势又进一步加强，中央政府拨款资助私立学校。直到现在，英国高等教育中第一流大学仍然是历史悠久的、私立的牛津大学和剑桥大学，基础教育中的高中部分，最为引人注目也是十分重要的组成部分是英国的公学。正是由于英国政府的这种教育政策，使得英国教育的发展呈现出一种多样化发展的趋势。

第五，提高教育标准，发展优质教育，培养高素质国民。英国是工业革命、现代科学的发祥地，但是经济及教育发展一度落后于美国、德国等发达国家。20世纪以来，英国政府总结经验教训，采取一系列改革措施发展教育，其中重要措施除了发展公共教育外，就是在科学思想的指导下，推进教育改革，发展优质教育。英国政府高度重视基础教育，认为它是培养高素质英国人的基础。1997年颁布《追求卓越的学校教育》白皮书，目标是为所有人提供均等的教育机会和提高教育标准。自1988年实施国家课程之后，英国不断修正国家课程，以达到最佳效果。在初等教育阶段，强调把读写算技能置于战略核心。在中等教育阶段，主要致力于提高教学标准，为薄弱社区提供教学帮助和扶持；推出"专门特色中学"，目的在于帮助各公立中学，通过自行选择专门特色科目来建立自己的特色，以达到加强技能，提升水准的目标。在高等教育方面，2003年发布《高等教育的未来》白皮书，提出了英国面向未来的战略目标及措施，包

---

① 参见《基础教育参考》2009年第8期。

括促进世界一流的科学研究和教学、密切大学与企业的联系、扩大高等教育规模、实现入学机会均等和财政自由六个方面，重点加大高校的科研力度。

三 德国教育现代化的历程和特点

德国是第二次世界大战的战败国，这是德国的悲剧，但是它在很短时间内恢复发展，繁荣起来，尤其在20世纪50年代至60年代，创造了被誉为"德国速度"的时代声誉，一跃而成为世界第三强国。究其发展的重要原因之一，就是德国高度重视教育，是世界最早普及义务教育的国家，并坚持从经济社会实际出发发展教育，德国的职业教育、高等教育为世人著称。德国产生出许多世界著名的思想家、教育家。为德国、为世界的教育现代化做出了重要贡献。

（一）德国教育现代化的历程

16世纪以前的德国是一个由众多小公国组成的，政治经济落后，文艺复兴从意大利输入，促进了人们的思想解放，而1517年由马丁·路德发起的宗教改革，这两者不仅是一场在德国发生的促进欧洲社会从传统社会转向现代社会的思想革命，也是一场推动教育发展的创新运动。德国人文主义代表斯图谟于1538年在斯特拉斯堡市创办第一所文科中学，并采取分级教学制度，从7岁到17岁分10年级，与大学相接，并按固定课程和教科书教学，这一教学计划被西方教育史家认为在教育实践上首创了分级教学组织形式和固定课程。以路德为首的一些宗教改革家把教育作为改造教会与改造社会的不可缺少的工具，大力宣传教育的重要性。他们针对当时的寺院学校的教育制度及状况提出尖锐的批评，并提出了普及义务教育、政教分离和建立新学校制度等教育改革的主张。马丁·路德认为，国家应当像强迫民众服兵役一样，强迫他们将自己的子女送进学校接受教育。新教在这场宗教改革运动中取胜，统治阶级采纳了宗教改革家的建议。一些公国开始重视教育，新学校发展计划应运而生。其中，维滕堡公国最早于1559年率先颁布了义务教育法,施行强制教育。并同时建立了一个完整的学校制度,它包括有:德语学校、拉丁学校、文法学校、高级修道院学校、大学等。德国各公国纷纷效法,大批学校建立起来,使德国成为当时教育最发达的国家。直至到1794年,普鲁士邦国以法令形式把教育机构收为国家机构,其他各公国纷纷效法,国家从教会中夺回了教育权,德国又成为西方国家从教会手中夺回教育权最早的国家。一些西方教育史家认为,德国的国民教育制度的建立早于法国100年,早于英国200年。①

18—19世纪是德国教育体系奠基的重要时期。17世纪的英国工业革命和18世纪的法国资产阶级革命对德国有巨大影响,促进了德国工业和经济的迅速发展,同时文艺复兴和启蒙运动也促进德国进入一个批判的时代,涌现了许多伟大的思想家、哲学家,包括教育家。最为著名的教育改革是19世纪初由普鲁士教育部长威廉·冯·洪堡等领导的教育改革引发的教育创新。第一,建立了公共学校网,强化小学四年的初等义务教育。第二,为中等教育设计了一个多向分流并允许不同学生选择的学制,使不同学生都能获得适合自己的教育机会。随着经济社会发展,以后德国的中等教育逐渐发展为三类学校:培养技术工人的主体学校、培养技术员的实科高中和主要为进入大学服务的文理高中。同时各类学校都能相互沟通交流,除获就业外,都能获得进入大学的机会途径。第三,著名教育家福禄培尔创办幼儿园,在世界是首创,推进幼儿园和幼儿教师培训发展,形成一整套幼儿教育体系,推动了德国和世界幼儿教育事业的发展。第四,建立起优良的教师教育体系。教师被列为国家公务员管理,有丰厚的待遇。建造起师范学校,建立起系统的教师教育体系,教育学、心理学学习和教学实习得以实施,大大提高教师任职资格,提高了教学质量。第五,洪堡对德国乃至世界最大的贡献是在一批学者专家支持下创办柏林大学,推动高等教育改革。洪堡坚决主张把大学发展成高级的学术教育

---

① 马骥雄:《外国教育史略》,人民教育出版社1993年版,第279页。

机构，他提出大学教育三条原则影响深远：学术自由、教授治校（校长由教授选举）；教、学与研究相统一；科学统一（哲学院带头从事科学实践活动，从而产生了许多科学分支，出了一批自然科学家、社会科学家与哲学家）。[①] 柏林大学模式开创了历史先河，使得德国大学成为各国学习的典范。柏林大学创办后，一批大学按它的模式在德国创办起来，包括布莱斯劳大学、波恩大学、慕尼黑大学等，一批具有现代风格的大学逐步取代了旧有的高等教育结构，从而极大地推动了德国高等教育的发展。

20世纪上半叶，德国经济发展超过了英法等老牌资本主义国家，由于其扩张发展要求，它发动了第一次、第二次世界大战，均以失败告终。第二次世界大战结束后，德国不仅要清除纳粹及军国主义的影响，恢复和发展各类学校，而且要适应世界现代化发展潮流，推动教育转型发展。20世纪六七十年代是联邦德国教育发展的黄金时代。在人力资本理论和公民权利运动冲击下，联邦德国的教育政策不仅关注教育质量，而且高度关注教育公平。在学校教育中，加强科学知识教育，建构以科学为主的课程体系，大大削弱教会对教育的影响，改变按宗教信仰，按传统等级划分学校的原则。通过制订颁布《教育结构计划》和《教育综合计划》，明确提出教育分为四大领域：为3周岁起的儿童设置学前教育；初等教育包括1至4学年级的教育；中等教育包括主体中学、实科中学、文理高中，中等教育第一阶段包括5至10年级教育，在这一阶段，必须向所有学生提供规定的相同的基础教育，所有建立在中等教育第一阶段之上，并且与其直接相衔接的学校形式，独自属于中等教育第二阶段，每个学生有较大选课自由；与中等教育相衔接的高等教育。就中小学教育而言，实施到16周岁的普通义务教育，制定一种大多数学生经过10年学习后可以达到的毕业标准。高等教育也进行了重大改革，除新办一批高等学校外，强调办学形式的多样化，以适应社会经济需要，满足更多青年享受高等教育的需要，把以前的工程师学校、中专学校等改

[①] 李其龙：《德国教育》，吉林教育出版社2000年版，第39—41页。

建成高等专业学院,学制3年,注重培养实用技术人才,社会反映很好。在这些高等专业学院毕业后还可升入大学,选修相应专业。①

20世纪八九十年代,德国经济社会发展迅速,德国"制造"闻名于世,成为世界第三、第四大经济体,教育是其科技和智力发展的重要支撑。80年代以来,适应知识经济和信息化时代的到来,德国加强了外语教育和计算机教育,加强了个别化教学和尖子学生培养,同时注意了普通教育与职业教育的渗透。1982年5月27日,联邦德国文化教育部长联席会议通过了《关于相互承认一体化综合中学毕业生的总纲协议》,规定了一体化综合中学的毕业资格与主体中学、实科中学和文理高中的相应学级的毕业资格相等同,规定了一体化综合中学的各科目教学的总学时和周学时。通过学校内部的多样化、灵活的分组教学,分别培养如3类中学那样不同类型人才,在综合中学毕业后,一部分学生进入大、专学院深造,另一部分则进入职业学校、职业培训后就业。1991—1992学年在原联邦各州就读一体化综合中学的学生占各类中学总数的8%。八九十年代德国职业教育在过去的基础上有了重大发展。1981年12月《联邦职业教育促进法》在联邦议院通过,并于1982年1月1日生效。《联邦职业教育促进法》对联邦和各州经费支助进行专门规定。联邦直属的联邦职业研究所对联邦和各州职业教育的发展起到了重要作用。进入90年代,以东德西德统一和促进东德作为联邦5个新州重建为重点的职业教育又有了新的发展。这5个新州的大部分年轻人获得了联邦和州的特别项目经费以及欧洲社会基金的资助,接受了良好的职业培训。2002年联邦职业教育学术大会召开,它是德国职业教育领域一次具有里程碑意义的大会。大会主题:"全球化社会的职业教育:21世纪前瞻"。2000多名世界各地职业教育界人士参加了大会,德国总统约翰内斯·劳出席了大会。这是欧洲乃至全世界规模最大的职业教育盛会。80年代,联邦德国高等教育十分重视产学研的结合,重视自然科学的研究并及时把科技成果转化为生产力,极大地促进科技进步。德国大学科研机构发达,既有同院系平行的校一级研究机

---

① 李其龙:《德国教育》,吉林教育出版社2000年版,第210—216页。

构,也有隶属于院系的研究所或讲座。德国高校师资既是教学工作者,也是科研工作者。20世纪90年代以来,德国在联邦层次、州层次和高等学校层次实施了一系列行动计划,有力促进高校与政府、企业、行业、社会团体等合作,科技进步成果累累,德国成为世界第三、第四大经济体与此密切不可分。

(二)德国教育现代化的特点

1. 德国教育现代化的历程如同它的社会现代化一样呈渐进式

在德国统一之前,马丁·路德发动的宗教改革,促进了德国各公国在世界最早普及义务教育;1708年基督教虔敬派教育家C.泽姆勒首创数学和机械实科学校,传授实用学科,这可以看作实科教育的开端;19世纪初由普鲁士教育部长洪堡领导的教育改革,建立了国家管理教育体制,创办柏林大学,推动建立科技教育体系。1871年德国统一后,教育被纳入法制道路,新国民教育体系得到进一步发展,实科教育得到加强,职业教育体系应运而生,中学教育体系进一步完善,为德国发展起了关键性作用。第二次世界大战后,德国总结侵略战争教训,迅速恢复和发展国家经济。学徒制和双元制职业教育为国家培养了高素质的劳动者和技术人才,高等教育加强为经济社会发展服务,实施产学研结合,推动了科技发展、工业发展,使德国成为世界的第三、第四大经济体。

2. 德国的教育家为德国教育乃至世界教育做出贡献

德国教育之所以领世界教育之先,与德国教育发展史上产生过犹如灿烂群星般的教育家,出现了各种光芒四射的新教育理论分不开,他们推进和引导了现代教育的发展。(1)洪堡,主张新人文主义教育思想,而且付诸大中小学各项改革上。创办柏林大学,提出大学教育的三大原则,至今仍然发挥重要作用。(2)赫尔巴特,致力于创建科学教育学体系,他把教育学与心理学结合起来,第一次系统地建构起完整的课堂教学理论,对推动神学教育学向科学教育学的转变起了重大作用。他所著的《普通教育学》被公认为第一部具有科学体系的教育学著作。在世界教育史上,他被誉为"科学教育学的奠基人"。(3)福禄培尔,他的主要著作《人的教育》《幼儿园教育学》。他大力倡导幼儿教育，并创办了世界上第一所幼儿园，在实践中创建了一套学前教育、初等教育思想体系和教育教学理论，制作了一套幼儿教育教具、恩物、儿童歌曲等，被誉为"世界幼儿教育之父"。(4) 第斯多惠，他不仅参与了19世纪德国复国兴邦的历史性工作，而且在教育变革的实践和理论建设上颇有建树。他倡导的"全人教育"思想和论述的教师教育思想及其教育实践，在世界教育史上占有重要地位，对近代教育产生不可忽视的影响。(5) 凯兴斯泰纳，19世纪至20世纪初著名教育家。他在公民教育、劳作教育、职业教育等方面具有独特研究，取得杰出成果。他的理论极大地推动了20世纪初德国职业教育的发展，进而推动了德国经济和社会发展。对我国和世界职业教育体系建设具有重要现实意义。①

(三) 德国双元制职业教育是德国经济发展的秘密武器

德国职业教育在全世界享有很高声誉，双元制职业教育在德国制造业和经济社会发展中起到重要作用。双元制职业教育，即青少年既在企业里接受职业技能和专业知识培训，又在职业学校里接受专业理论和普通文化知识教育。这是一种将企业与学校、理论知识与实践技能紧密结合，以培养高水平的技术工人和专门人材的职业教育制度。它的主要经验特点如下。(1) 依法实施是职业教育发展的制度基础。1969年《联邦职业教育法》正式实施。该法对制约职业教育发展的师资、经费、办学形式等核心问题做了明确规定，有力保障了职业教育的健康发展和企业参与培训的权益与积极性，此后职业教育成为公共教育事业的一个重要组成部分，促进了双元制职业教育体系基本形成。1981年联邦议会通过了《职业教育促进法》，提出设立职业教育研究所，加强了对联邦和各州职业教育的统筹和指导。同时，除联邦制定有关法令外，各州也制定了不少具体的法规条文。(2) 企业、行业和社会力量共同参与是职业教育发展的力量源泉。学徒制在德国有悠久的历史，双元制一元企业职业培训可以追溯到中世纪

---

① 张可创、李其龙：《德国基础教育》，广东教育出版社2005年版，第44—70页。

手工业领域的学徒培训，十七八世纪宗教界和实业界兴办的星期日学校、工艺技术学校以及后来的进修学校等都是双元制的最初形态。"二战"后由于民主政治的影响，加强了行业和企业工会力量，依据德国所制定的法律和雇主利益，企业、行业等社会力量积极参加到职业教育、职业培训上来，企业培训的经费主要由企业负担，职业学校经费由各州、乡镇负担。①（3）职业教育的多元化和"高移"发展是适应经济发展和教育高效要求。从纵向来看，在中等职业教育体系有众多的职业学校；在高等教育层次有职业教育专科学校，有应用科技大学，注重培养应用型人才，构建起中等、高等职业教育并与普通高等教育相沟通的立交桥型培养体系。从横向来看，有各行各业培训机构，转岗培训机构，有联邦和各州的培养高技能人才培训计划实施等，由此形成了德国充分的高素质、高技能人才培养平台和环境条件。（4）职业训练，注重实践能力提高是保证职业教育质量和效益的关键因素。在双元制中，学生的理论学习每周安排12课时左右，其余时间均为实践训练。在其他职业教育系统中也同样强调实践训练。各种职业学校在学校或在企业都设立了教学工场。学生在工程师或师傅指导下，刻苦训练学习，掌握技术本领。因此学生毕业后动手能力强，实干精神足，都能独当一面，直接投入工作。

（四）德国高等教育机构服务经济社会，有力地促进了德国经济社会发展

洪堡提出的高等教育三大原则，尤其是教学与科研相统一的原则影响深远，德国高等教育机构具有为经济社会发展服务的传统。（1）从1810年洪堡大学创办到近现代，德国大学秉承教学与科研相统一原则，结合社会实际，致力于科学研究，强化大学的科学研究职能，涌现一批世界著名的大师级人物，如马克思、黑格尔、尼采、歌德、贝多芬、瓦格纳，等等。在德国获诺贝尔奖得主就有90人，为世界最多的国家之一。（2）德

---

① ［法］纪尧姆·杜瓦尔（Guillaume Duval）：《德国模式为什么看起来更成功》，杨凌艺译，人民邮电出版社2016年版，第67页。

国高等教育机构有综合大学、普通大学学院、高等专业学院。大学实施"宽进严出"的政策，教学管理严格，为德国培养了大批高素质、实用型人才。20世纪70年代兴办的高等专业学院注重培养桥梁型工程师和技术型工程师，注重培养实用技术人才，受到广泛欢迎。（3）德国在世界经济中之所以一直处于领先地位，与高等院校产学研的有效推行是分不开的。具体来说，就是高等院校、科研院所把科技成果有偿转让给企业，帮助企业把技术投入生产，生产出产品，形成生产能力。在高校与企业的这种合作中，一般由中介机构或者政府牵线搭桥。在德国的产学研发展中，四大科研协会（MPG、FHG、WGL、HFG）扮演重要角色。四大协会当中首推德国弗劳恩霍夫协会，该协会下属56个研究所与高校、企业协作，提供有偿技术开发和技术转让，其研发经费30%来自联邦和州两级政府，70%来自企业签的项目合同。

（五）德国基础教育体系与众不同，至今还没有完全采用统一初中制度

在完成小学四年或六年教育后就实施"学、职两轨"分流，学生被分流到主体中学（学制5年）、实科中学（学制6年）、文理中学（学制9年）。法国早在1970年就采取了统一初中制度，芬兰是从1972年开始到1979年，改10岁分流一直到15岁分流。这样的做法就是希望基础教育能更趋向"众生平等"，让孩子们都接受一套完整的教育，待初中毕业后才需要去面对"学、职两轨"的选择。从芬兰和法国实践看，改革的效果是良好的。特别是芬兰教育，现在取得了举世瞩目的高水平成就，与统一初中学制改革密不可分。[①] 德国基础教育过早分流历史悠久，同时德国是由各州负责组织学校，因此学校在各州之间有所差异，从国家层面无法达到统一。毕竟学生从小学四年级后过早分流进入"学、职"不同类型中学，难免会影响学生的潜力的发掘，从心理学上说，多数学生要在经历初中后才能逐渐成熟起来，过早分流可能造成人才的浪费。在德国东德

---

① 陈之华：《芬兰教育全球第一的秘密》，中国青年出版社2016年版，第39—43页。

和西德统一后，联邦德国中学体系增加了三位一体的综合中学，即把主体中学、实科中学和文理中学都综合在一起，兼有各类中学教育使命，但是从目前情况看，综合中学发展缓慢。①

四　日本教育现代化历程及特点

日本从明治维新开始，用短短的一百多年时间走完西方三百多年的发展历程，获得了巨大的经济社会发展成就。"文明开化，求知识于寰宇"，这是日本取得成功的根本道路。日本学习借鉴西方发达国家的经验，改革创新，通过三次重要的教育改革，大大推进了教育现代化进程，在借鉴中实现超越的日本教育现代化，其经验值得总结借鉴。

（一）日本教育现代化的历程

日本早期现代化始于1868年明治维新。正如日本人自己所认为的那样："明治维新不仅是政治权力的转移，而且是日本发生的一次最伟大的社会变革。"这种变革主要表现在两个方面：一是政府迫于国外压力采纳了门户开放的政策，使日本加入了国际社会；二是为了确保国家的独立，积极吸收借鉴西方先进国家的经济、社会、文化成就。日本除了全面引进西方生产技术、社会制度以及法律法规外，在17世纪"兰学"的基础上全面学习西方教育制度。它通过制定《师范学校令》《小学校令》《中学校令》和《学位令》，以立法的形式规范了教育体系，形成了以小学为基础的连贯的学校系统，实现了"邑无不学之户，家无不学之人"。到第一次世界大战前夕，日本基本普及了小学6年义务教育。② 国民文化水平的提高大大推动了日本近代工农业生产的发展。

第二次世界大战结束后，日本作为战败国，生产力水平降到了历史低

---

① ［法］纪尧姆·杜瓦尔（Guillaume Duval）：《德国模式为什么看起来更成功》，杨凌艺译，人民邮电出版社2016年版，第60页。

② 王智新、潘立：《日本的基础教育》，广东教育出版社2004年版，第16页。

点。在联合国占领军总司令部的主导下，日本全面清除军国主义和极端国家主义在教育中的影响，大力普及民主主义思想和原理，以美国教育为蓝本进行了历史上重大的第二次教育改革。从 1947 年到 1950 年，日本通过制定《教育基本法》《学校教育法》，颁布《学习指导纲要》等一系列教育法规，实施了以教育民主化为基本宗旨，以完善人格、尊重个性、实现教育机会均等为基本内容的全面教育改革，确立了教育民主化体制。经过战后 10 年的经济恢复，从 20 世纪 50 年代后期到 70 年代，日本经济进入持续高速发展时期，社会人口骤然增加，日本把推进教育现代化，改善和开发人力资源作为基本国策，根据全国及区域发展的需求调整教育结构，大力普及九年义务教育，积极发展高中教育和高等教育，满足日益增长的国民教育需求，改革和完善现代化教育体系。这一时期，日本基本普及了九年义务教育，高中教育迅速发展，同龄人口中大学生入学率 1960 年达到 10.3%，1970 年达到 23.6%。教育成为经济社会发展的强大的动力，70 年代，日本进入世界经济大国之列。

70 年代以后，随着世界性的能源危机和新技术革命的产生，日本经济也开始从劳动密集型产业向知识密集型产业转化。日本提出走"科技立国"的道路以及确立"政治大国"国际地位的两条战略方针。1984 年，日本成立"临时教育审议会"，四次提出教育改革报告，开始了真正意义上的第三次教育改革。在终审报告中，第一次提出了关于面向 21 世纪日本教育的总体设想，即建立一套适应国际化、信息化的终身学习体系，"培养具有宽广的胸怀、强健的体魄、丰富的创造力和自由、自律具有公共精神的面向世界的日本人"。进入 80 年代后期，美国信息科技引领世界发展潮流，日本经济增长速度明显放缓，特别是在 90 年代中后期，受亚洲金融风暴的打击，日本经济出现了长时间的颓势和衰退。同时，社会发展面临着"少子高龄化"、学生厌学逃学、个人奋斗精神缺失等问题。作为当时世界第二经济大国的日本清楚地认识到，保持和提高日本国际竞争力，必须走科技创造、知识创新的道路，扫除以前日本靠模仿，没有原创精神的面貌。因此，必须回应新的时代进行全面改革。为此，1997 年日本书部省又制订了全面的《教育改革计划》，并提出了教育改革的具体目标和时间表。2002年，日本以文部科学大臣的名义发表了《培养能开拓新时代的坚强日本人——摆脱划一走向自立和创造》的文件，强调要进一步从国际战略的高度来培养学生。与此相适应还制订了"彩虹计划"，提出7项优先发展策略来具体实施。

从20世纪八九十年代的第三次教育改革到21世纪的改革探索，将对21世纪日本的教育走向和经济社会发展产生深刻影响。在基础教育方面，减轻学生过重的课业负担，为学生创造宽松的学习和成长环境。改革课程和教学内容，增强学生动脑动手能力，建立面向21世纪的课程体系。尊重和发展学生的个性。加强"心灵教育"、传统文化教育。增强学校与社区的合作，等等。在高等教育方面，日本深感与欧美发达国家的差距，90年代以来，对高等教育进行大幅度的综合改革。推动国立大学法人化，提高其独立自主性。加大政府投入，扶持30所国立、公立、私立大学成为具有国际竞争力的最高水平的大学。[①] 创建产学相结合的环境，加速开发自主创新产业。面向21世纪培养独创性、复合性、国际性人才。在已实现高等教育大众化的基础上，加大研究生教育力度，加强国际教育交流，培养世界通用人才，改变日本在高层次人才培养方面落后于欧美国家的现状。

（二）日本教育现代化的特点

第一，"和魂洋才"，善于学习借鉴西方发达国家先进的教育制度和经验，并保持本国的传统文化。早在一百多年前的明治维新改革，日本就果断地推行"和魂洋才"的战略，全面学习西洋教育制度，普及了小学教育。第二次世界大战结束后，在整个经济基础陷入崩溃的情况下，日本又以美国教育为蓝本进行第二次教育改革，实行了九年制义务教育，对社会发展起到了巨大推动作用。随着国民生活水平的提高，又促使教育向高学历方向发展。日本在学习借鉴西方发达国家的先进教育制度和经验时，十分重视保护和保持本国本民族的优秀传统文化。"和魂洋才"的口号就

---

① 陈永明：《日本教育》，高等教育出版社2003年版，第236页。

充分体现了日本近代以来学习西方先进的教育制度和技术，而又保持东方道德和传统文化的指导思想。日本在整个义务教育阶段，道德教育作为一门课程科目，其目的在于培养学生具有日本传统的礼仪、习惯、行为方式等。并且社会公德由学校、家庭和社会各个方面融会贯通地进行，从而提高全体国民的文化教养素质。同时，日本中小学也很重视民族传统的绘画、艺术、服饰等教育，要求学生认真学习掌握和发扬。

第二，发展均衡并高质量的基础教育，夯实教育现代化的基础。在与世界各国教育的比较当中，日本教育最成功最突出的特色是"初等、中等教育实现了教育机会的均等并保证了较高的教育水平，是受到国际社会高度赞誉的少数成功典范"。世界上许多国家教育学家都认为日本的教育效率很高，这与日本发展均衡并高质量的基础教育密切相关。其基本经验：一是政府高度重视基础教育，在制度上做出安排。自从明治维新以来，日本政府一直坚持不懈地重视教育立法，根据不同时期对普及和提高基础教育提出法规要求。国家制定了义务教育学校基本办学条件标准，由国家和地方政府提供足够的经费。确保学校全面教育所需要的硬件设施，并强调实用讲究实效，不追求奢侈浪费。战后日本义务教育的经费大体占教育经费的50%。二是为了促使学校的均衡和提高，法律上明确校长、教师定期交流。校长任期满4年，教师满8年，在县内要轮换。同时每个高中学校都有自身的定位，学校规模、设施配套、班额、教职工待遇在县域内相对平衡。无论是硬件还是软件，日本基础教育没有明显的城乡、地域差异。三是义务教育实行就近入学，学生高考也不由学校集中报名。

第三，坚持不懈对学生进行健全人格、心灵的教育，促进学生健康成长。在全球经济竞争日益激烈的环境下，许多发达国家特别强调教育的目的是提高国际竞争力，教育最基本、最重要的功能是取得必要的知识和技能，而忽视了教育在"全人"或者说在人格教育上的功能。而在日本则不同，无论是在明治维新，还是在"二战"后的教育改革，抑或是面临21世纪全球化的国际竞争，都重视从社会和时代的发展角度强调对学生健全人格的培养。"二战"后的1947年，日本颁布的著名的《教育基本法》，确立了日本战后教育的宗旨，其中"教育目的"部分特别强调"教育必须要以陶冶人格为目标，培养出和平国家和社会的建设者"。20世纪八九十年代，随着国际化、信息化和知识经济时代的到来，日本与时俱进地提出了关于21世纪教育的总体设想，建立一套适应国际化、信息化的终身学习体系，"培养具有宽广的胸怀、强健的体魄、丰富的创造力和自由、自律具有公共精神的面向世界的日本人"。进入21世纪，面临全球化激烈的国际竞争，和日本少子化、高龄化社会以及教育出现的种种问题，首先，日本提出了要对学生进行"心灵教育"的概念，通过教育改革和采取种种措施，加强"心灵教育"的落实，增强德育的实效性，促进"生存能力"和"丰富人性"两大培养目标的实现。日本的"心灵教育"对于健全学生的人格，培养学生的社会责任感和公民道德发挥了积极作用。日本对学生进行健全人格的培养，主渠道还是通过各个学科的教学。以学生的全面发展为宗旨，结合学生身心发展不同阶段特性，制定合理的课程体系。使在培养学生独立思考问题的能力、掌握知识内容的同时，完善个人的心灵和品行。其次，重视道德德育。虽然日本中小学的课程改革大幅度减少课时，但道德教育课时保持不变，每学年开设35课时。而且从青少年成长的规律出发，加强德育的实效性。在小学低年级的培养目标是使学生适应学校生活，养成良好的学习态度和生活习惯；中年级注重培养学生自立性和有节制的生活态度；高年级则强调培养学生作为集团和社会成员的自觉性和责任感。到大学阶段强调培养学生作为社会人、国际人应有的自觉性和责任感。通过各种道德实践活动，实现道德知识向道德实践能力的内化。最后，促进学校、家庭、社会三者结合，积极发挥家庭、社会教育的作用。社会的各种文化设施如科学馆、博物馆、青少年活动中心、公民馆等免费向学生开放。

第四，重视教师队伍的建设，确保教师队伍的高质量。日本十分重视教师队伍的建设，把它看作取得成功教育的关键。为了提高教师队伍素质水平，日本在"二战"后进行教育改革，实施开放性的教师培养制度，教师培养一律在高等学校中进行，同时实施严格的教师职业许可证制度。另外，政府通过制定政策要求在职教师提高素质水平。首先，十分重视开展在职教师的研修工作，规定刚上任的教师必须参加一年的研修；经过

10 年教师工作以后必须参加研修，目的在于进一步提高发展，补充不足。还规定每一位教师平时必须结合工作实际，参加有关的研修培训。教师的研修十分重视结合教育的实践进行，更新知识、注重教育能力和水平的提高。其次，鼓励教师继续教育，提高学历水平。20 世纪 90 年代末期，文部省决定"作为培养教育的一环，要为在职教师提供尽可能多的接受硕士课程教育的机会"。因此，在各所国立大学里开设硕士课程，在日本教师中掀起了参加教育硕士课程学习的热潮，大大推动了教师继续教育的发展。在日本，教师被赋予重大的社会责任，是个令人羡慕而崇高的职业，许多优秀的大学毕业生都将教师作为自己追求的职业目标。日本的中小学教师属于公务员，享有较高的福利和待遇，要成为教师，除了要取得教师执业许可证外，还必须经过都道府县组织的教师录用考试。

五　中国香港教育现代化历程及特点

香港是我国实行"一国两制"的特区。近 40 多年来，它从一个转口贸易的商埠发展为世界遐迩闻名的现代化金融商贸城市，被誉为"东方明珠"。香港教育与之相适应和紧密配合，获得有效改革和迅速发展，成为世界普及教育的先进地区之一，形成一个既保留西方特别是英国教育制度，又富有中华民族特色的现代教育体系。广东毗邻香港，地理相近、人缘相通，研究香港教育有特殊意义。这里主要研究"二战"后教育与经济社会相适应和紧密配合的香港教育现代化的发展。

（一）香港的教育现代化历程

20 世纪 50 年代初期，因受中国大陆解放和美国侵朝战争爆发影响，美国和许多国家对中国大陆实行禁运，香港的转口贸易受到很大冲击，经济萧条，香港开始探索建立自己的工业经济体系，这段时期纺织、制衣、塑胶、玩具等加工工业迅速发展。到了 60 年代，随着一些新兴工业如电子、橡胶、金属加工工业开始兴起，金融、贸易、运输、建筑等第三产业也得到相应发展，城市面貌也开始起变化。随着工业经济的兴起和发展，香港政府开始重视教育。首先是普及小学教育，使每个儿童都有书读。其次是开始注重适应工商业特别是制造业发展的需要，发展职业技术教育，兴办工业中学和一些中等职业训练学校，培养工商业发展所需初、中级人才。最后是创办新大学，扩大入学机会。1963年合并3所私立学院，开办了香港中文大学，开办了工业、商业教育学院，以加强高级人才培养。

20世纪70年代到80年代，是香港经济腾飞时期。香港不断从美国、日本和西欧发达国家引进先进的科学技术、新型的工业生产设备、现代化的生产和经营管理方法，香港的工业生产从过去的低档次、劳动密集型向高档次、技术密集型逐步过渡。1978年，中国内地实行改革开放，大大帮助了香港的发展，使香港经济进入了综合性的多元化并向国际化发展的新时期。这时期港英当局通过《1971年教育法案》代替旧的《教育条例》，颁布了《未来十年内的中学教育》《高中及专上教育的发展》等白皮书，指导教育全面、飞跃发展。特别到1982年，邀请国际顾问团全面检讨香港教育并发表《香港教育透视——国际顾问团报告书》，加强了对教育的统筹和科学发展，大大推动了教育现代化的进程。1971年实现了小学免费教育，1978年又实现了初中免费教育。随着初中免费教育的实现，高中和大学预科教育也有较大的发展，与此同时，职业技术教育（工业中学、职业先修学校等）和高等教育获得全面迅速的发展。1990年左右，香港适龄青年基本上可以在文法中学、工业中学、职业先修学校等各类中学读至高中毕业。1986年，为推动科技兴起，建设了高水平的香港科技大学，并建立和完善系统的科技教育体系，加大对科技人才的培养。高等教育的规模进一步扩大，理、工、商科专业招生大大增加。成立公开进修学院，大力发展成人教育。

20世纪90年代以来，香港经济社会迅速实现转型升级，一方面将低层次、劳动密集型产业向大陆珠三角等内地转移，并向"资本密集型"和"技术密集型"产业发展，以生产优质高档产品和高科技产品为目标；另一方面大力发展商品流通和金融、保险、地产等第三产业，逐步成为世界著名的国际金融中心、国际贸易中心、国际航空中心、国际旅游中心。基于此，香港对区域人才提出了全新的要求，香港教育改革出现新的视野与趋势，主要表现在：一是树立新的教育理念。教育从以前更重视知识，转变为更重视态度和能力，培养学生自主学习、终身学习的能力。二是大力推进教育国际化。香港一直实施双语教育，学生英语程度较高。香港回归后，特区政府大力推进教育国际化政策，加强学校国际交流，吸引国际顶尖科研人员参与香港高等教育。促使高等教育在国际上保持先进的地位。三是实现高等教育大众化目标。在专业和课程设置方面，根据香港产业结构变化及时调整，有力地促进了香港经济的发展。四是充分利用社会资源办学，创造了独特的办学模式。政府鼓励社团或个人出资办教育，允许学校以捐助人的名字命名，鼓励企业或私人向学校提供大量捐助。在香港的中小学里，既有公立学校，政府资助的津贴学校、直资学校，也有私立学校、国际学校，满足部分家长为子女选择更优质教育的需要。

（二）香港教育现代化的特点

第一，教育与经济社会发展相适应，促进经济的起飞和发展。香港教育现代化最成功的经验是坚持推进教育与香港社会经济发展相结合，为其服务，逐步建立起教育与经济的互动机制。主要体现在教育紧随经济的发展和起飞，较早地普及了9年义务教育和2年制高中教育，发展职业教育和技术培训，在香港经济转型升级时，又大力普及高等教育和科技教育；院校的设置、学系课程的分配和学校的设施设备，紧跟当代社会的需要，如有3所亚洲著名的综合大学和2所理工学院领头，工科院校、商科院校较多，设备先进，教育信息化程度高，不但适应产业的升级，而且适应高科技的发展；坚持深化教育思想、教育方法、教育手段改革，突破封闭的脱离实际的办学机制，注重学生实际运用能力和动手能力的培养，为香港的工业化、现代化培养了大批精英人才和建设大军。

第二，建构政府与社会多元教育投资体制，实施多样化办学形式。香港政府高度重视教育，每年教育投入占GDP的4%—5%，占政府开支的25%左右。同时充分调动和利用社会团体办学的积极性，倡导自由办学，平等竞争。香港大约有1200所中小学，其中约40所是政府直接管理的，其余的都是私立学校、津贴学校、直资学校和国际学校。香港约70%的中小学是社团办的，得到政府的资助，称为津贴学校，与公立学校一样被视为公共教育系统的一部分,受政府的严格管理和约束。直资学校则是为学生提供了公立及津贴学校以外的更多的选择。"直资学校有相对高的自主权,可自订课程和授课语言,收费及入学要求接近私立学校,但可得到政府按符合资格学生人数提供的资助。"香港独特的多元办学模式适应了香港许多家长重视子女获得更优质教育的希望和需求。

第三,发挥社会和咨询机构的作用,促进教育的发展。香港政府统筹和管理教育,不单纯依靠教育局,而且很重视发挥社会和咨询机构的作用。关于教育系统的咨询机构有教育统筹委员会、教育委员会、大学及理工教育支助委员会以及私立学校检讨委员会、家庭与学校合作事宜委员会等。这些咨询机构通过调查研究,广泛听取意见,对重大教育政策、教育措施提供意见,确保教育资源的使用适当。由于组成人员以专业人员及社会人士为主,政府部门的官员只占少数,所以能在一定程度上反映出各方面人士的意见,使教育政策的决定比较准确,教育措施的执行较为适当。同样,香港政府对学校的监管,也很重视社会的参与,香港的大中小学校都有校董会。在校董会里有社会人士、教师、学生、家长代表参与,可以广泛听取各方面意见。如果校董会对学校质量等方面不满意的话,校董会有权更换校长。香港政府重视社会和咨询机构作用的做法,使全港上下都重视、关注、关心教育,促进教育科学有序发展。

第四,教育国际化程度较高,教育的国际合作较紧密。香港是国际金融中心、国际贸易中心、国际航运中心、国际旅游中心,香港教育国际化程度一直较高。适应全球化趋势和知识经济的崛起,特区政府非常注重教育与国际的接轨,培养和装备学生以面对未来世界的挑战。香港非常重视英语的教学,每年都从世界各地聘请教师来香港的学校教英语,在课程上加入一些全球性的选题,并参加一些国际性的测试,以测量香港学生的水平。香港的高等教育实行全方位开放,大力开展国际交流与合作,在办学模式、运作机制、管理方式、治校方略等方面都借鉴国际高等教育的经验。创造条件吸引国际顶尖科研人员来香港工作,努力使大学能与国际的学术发展同步。香港科技大学、香港大学、香港中文大学一直保持排位在世界大学前100名以内。

第五，开展通识教育，重视道德教育和熏陶，培养健全的现代人。香港在推进现代化的进程中，很重视人的整体素质的发展，在学校教育中，不仅重视专业知识和实用技能的培养，而且也重视以人文知识、实用知识、道德熏陶为主要内容的通识教育。香港中文大学自20世纪60年代创办起，就开设通识教育课程，坚持对学生进行中华传统美德教育。在中文大学带动下，香港主要的专上学院都重视和开展通识教育，以促进学生健全人格的培养。80年代初，香港教育署根据当时的教育形势，先后发布了《学校德育指引》《学校公民教育指引》，制定学校社会工作者和心理专家制度等。特别是香港回归祖国后，香港教育署加强了对中小学生进行国民教育、爱国主义和中华民族优秀传统教育。香港学校对学生进行通识教育和道德教育中一个重要特色就是结合社会和社团组织开展课外活动，如开展各种扶老携幼的活动、社会募捐活动，等等。教育署、廉政公署、警务处、电台电视台和社会诸多社团等都给予许多支持和配合工作，加强年青一代的品德教育，以培养知识渊博、专业精湛、社会适应力强、具有创造性的全面发展的人才。

六 美国、英国、德国、日本和中国香港教育现代化的基本经验

以上我们分析了美国、英国、德国、日本四个国家和中国香港教育现代化的基本历程和特点。进一步分析，我们可以看到，不管是早发内生型教育现代化模式的英国、美国、德国教育现代化，还是后发外生型的日本国、中国香港教育现代化，都有其基本规律。推进一个国家或一个地区的教育现代化，必须立足于全球化和知识经济的时代，遵循教育发展的基本规律，同时又要从本国的实际出发。本书认为，探讨美国、英国、德国、日本和中国香港的教育现代化，其共同基本规律有如下方面：

1. 教育必须适应经济社会发展，并为经济社会发展服务

第二次世界大战以后，特别是21世纪以来，由于知识经济和全球化的发展，教育的功能和作用也在不断发展和凸显。教育不仅要为经济社会

发展培养高素质的劳动者和创新型人才，而且要为人类的文明进步发展新知识、新思想、新科技，引领经济社会的发展。进入21世纪，世界虽然变得平坦，但是各国特别是发达国家在高科技方面、软实力方面的竞争仍然日益激烈，说到底是人才的竞争，教育的竞争。发达国家都把发展教育放在重要位置，制定和落实优先发展教育的策略和措施，以应对知识经济和全球化发展趋势。

2. 教育现代化必须遵循教育的发展规律循序渐进推进，注重教育的效益性原则

考察美国、德国、英国、日本和中国香港等国家和地区的教育现代化，可以看到，教育的发展与经济社会的发展是密切相连的，不管是早发内生型教育现代化的国家，还是后发外生型教育现代化的国家和地区，都有其基本的内在发展规律。实践人力资本理论和人力资源开发理论，要求根据经济社会发展的要求和趋势，有计划、有步骤地发展教育，以实现教育效益的最大化原则。在加快工业化发展时期，必须加速普及九年义务教育，大力发展高中教育，特别是职业技术教育；在后工业化发展时期经济转型升级，特别在知识经济时代，必须普及高中教育及职业教育，积极实施大众化的高等教育，在全社会大力推进终身教育、开展普及科技教育。

3. 必须坚持教育立法，确保教育公平原则和基本理念

教育法规是现代化国家教育管理的基础和基本依据，它对于确保教育在国家的战略地位，推进教育现代化具有重大作用。实现社会的公平、正义，是社会文明进步的表现，是社会现代化的重要目标，而实现教育的公正、平等，是其重要的内容。为确保教育的公平，各国特别是发达国家都重视教育立法建设，不断完善建设公共教育体系，大力实施免费义务教育制度并不断提高其水平，积极推进大众化的高等教育。美国还提出促进教育的公平，不仅要体现保证提供教育机会均等，而且要体现提供最好的教育，使每个孩子处在同一起跑线上。实现教育的公平，已成为教育现代化的最基本理念和最根本标志。

4. 立足本国实际，积极推进教育的国际化

在知识经济和全球化时代，世界相对平坦，"一个国家会比在传统球

形世界中更快地失去某个领域中的比较优势"。这种事情确实随时都在发生。因此，一个国家或地区在推进教育现代化过程中，必须立足本国或本地区实际，发扬优秀传统文化和良好的品德教育，日本的"和魂洋才"经验值得借鉴，与此同时，拓宽国际视野，推动外国语学习，开展教育的国际交流与合作，汲取国际先进的知识和经验，培养国际型人才。中国香港以及新加坡、韩国、中国台湾，教育现代化领跑亚洲之先，甚至国际之先，与这些国家和地区积极推进教育的国际化，教育的国际化程度高密不可分。

5. 教育现代化必须坚持面向现代化、面向未来，培养创新型一代新人

信息化和全球化改变了世界，对人才的培养提出了新的更高要求，自20世纪末以来，美国、德国、英国、日本等发达国家就着力对旧有的教育模式、内容、方法进行改革，积极探索培养全面发展的具有创新能力的一代新人。其基本的做法特点，如加强教育信息化的普及建设；改革课程体系和结构，使之更贴近国际经济社会的发展；着力促进学生"学会认知，学会做事，学会共同生活，学会生存"；着力培养学生自主，具有独立思维和创新能力等。

6. 实施政府主导和市场相结合推进的策略

美国、英国、德国、日本和中国香港都是世界上教育事业发达的国家和地区，它们都推行政府和市场相结合发展教育的策略。一方面政府高度重视教育，把它看作全民的事业，通过立法确保教育优先发展的地位，每年财政对教育的投入都占GDP的5%左右，美国甚至达到7%。另一方面发挥市场机制的作用，鼓励和支持社会团体、企业和私人办学。美国、英国高等院校半数以上是私立的，美国、英国精英高等教育和精英中小学教育大多在私立教育之中。美国、英国、中国香港众多的社会团体、教育团体包括各种基金会对推动教育改革及发展起了巨大的作用。政府和市场相结合发展教育，一是有利于调动各种社会资金，增加教育投入。二是有利于促进教育内部和学校之间的竞争，大大提高教育的效率。三是有利于促进多元教育发展，以适应社会多元化教育的需求。

广东教育现代化发展及面临的主要问题

进入 21 世纪以来,广东省委、省政府遵循党中央部署,提出了到 2012 年全面实现小康,2020 年基本实现现代化的战略目标,届时全省经济整体上将步入中等发达国家和地区的行列。这是一项光荣而又艰巨的历史任务,在推动广东经济社会根本转型和基本实现现代化的历史进程中,教育则任重道远,担负着重要的使命。广东根据国家部署进一步提出,珠江三角洲率先基本实现现代化的宏伟目标,其发展目标为:到 2020 年人均地区生产总值达到 135000 元,服务业增加值比重达到 60%;城乡居民收入水平比 2012 年翻一番,合理有序的收入分配格局基本形成;平均期望寿命达到 80 岁,实现全社会更高水平的社会保障,城镇化水平达到 85% 左右,单位生产总值能耗和环境质量达到或接近世界先进水平。实现现代化需要现代化的教育来支撑,教育现代化不仅是人类经济社会现代化的结果,更是经济社会现代化的重要推动力量。

一 广东教育现代化发展经济社会基础

教育系统作为社会系统的一个次级系统,其发展必然受到其他次级系统如政治、经济、科技、文化等系统的影响。[①] 因此,经济社会发展状况是教育现代化的重要外部环境,是分析教育现代化问题的出发点。正如有

---

① 廖春文:《资讯时代全球化教育发展的吊诡与超越》,《比较教育研究》2002 年第 S1 期。

学者所言:"不可只就教育谈教育,应将教育现代化置于整个社会背景下去考察,探讨教育现代化与社会现代化的互动关系,否则就很难解释在有些国家教育现代化走向成功而另一些国家则未能成功。"①

(一) 广东经济社会发展现状

在全球化与教育现代化理论界说研究中分析表明,经济社会的现代化是教育现代化的基础,教育的现代化是经济社会现代化的重要条件。教育投资是经济社会投资中收益率最高、最有耐久力的投资,也是推动现代文明进步,从而促进经济社会可持续发展的最重要因素之一。经过几十年的改革开放,广东省的经济社会已经发生了翻天覆地的变化,已经成为全国最发达的省份之一,融入世界国际竞争的行列之中。广东要实现经济社会的转型升级,率先在全国实现经济社会的现代化,必须加快实现教育的现代化,教育现代化是实现广东经济社会发展宏伟目标的重要保证之一。我们必须在立足认真分析广东经济社会现状和发展目标的基础上,借鉴美国、英国、德国、日本、中国香港等国家和地区的经济社会发展过程中教育现代化的基本经验,认识到广东教育对经济社会发展的适应程度,认识到实现教育现代化的紧迫性和重要性。

我国自1978年实行改革开放政策以来,广东经济持续快速增长,实现了经济社会发展的历史性跨越。一是充分发挥中央给予的特殊政策、灵活措施,大胆探索。先后在深圳、珠海和汕头成功创办了经济特区,创办了沿海开放城市、经济开发区等。二是率先推行市场经济改革。最早放开粮油、食品等生活、生产资料价格。推动以市场为导向的企业改革。较早建立起社会主义市场经济体制框架。三是充分利用毗邻香港、澳门,面向东南亚,以及华侨港澳同胞众多的优势,抓住国际产业转移和要素重组的历史机遇,建立起外向型的开放型经济。四是教育、科技、文化、卫生、体育等各项社会事业迅速发展,城乡社会保障体系初步形成。30年前,广东省还只是一个落后的农业大省,全省GDP总量只及辽宁的1/3,人均

---

① 褚宏启:《教育现代化的性质与分析框架》,《高等师范教育研究》1998年第3期。

GDP低于全国平均水平。经过30多年的发展，广东经济取得了辉煌的成绩。广东国民生产总值已从1980年的245.71亿元增至2009年的39483亿元（当年价）（见图9-1），2009年全省一般预算收入达到3649亿元，经济总量居全国前列，已经超过新加坡、中国香港、台湾地区。1979年，广东省的外贸依存度仅为14.4%，2009年，广东省的外贸依存度已高达155%（见图9-2），对外贸易总额已达6111亿美元，占全国总量的比重达到29%（见图9-3），实际利用外商投资累计171.3亿美元，占全国总量的20.5%（见图9-4），已从封闭走向开放。人均国民生产总值已从1978年的370元增至2009年的41166元（见图9-5），折合超过6000美元（按照当年汇率法换算），其中珠三角地区人均GDP已达57154元，折合7520美元。第一、第二、第三次产业结构已从1980年的34∶41∶25转变为2009年的5.1∶49.2∶45.7（见图9-6）。城镇化率则从1979年的19.3%提升到2009年的63.1%（见图9-7），比全国高出18.2个百分点。城镇居民人均可支配收入，1978年是413元，2007年是17699元，增长了42倍，实际年均增长6.98%；农民人均纯收入1978年是193元，2007年是5624元（见图9-8），增长了28倍，实际年均增长6.75%，已经实现从贫困向宽裕型小康的转变。经过30多年的努力，总的来说，广东省发生了翻天覆地、沧海桑田的变化，已经成为我国市场化体系较为完备的地区，成为我国外向度最高的经济区域和对外开放的重要窗口，成

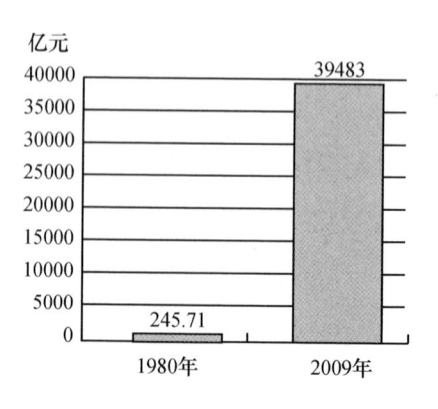

图9-1 广东省国民生产总值

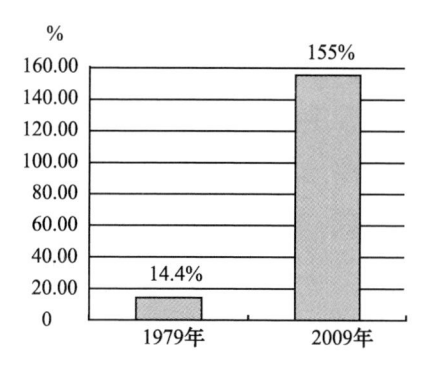

图 9-2 广东省外贸依存度

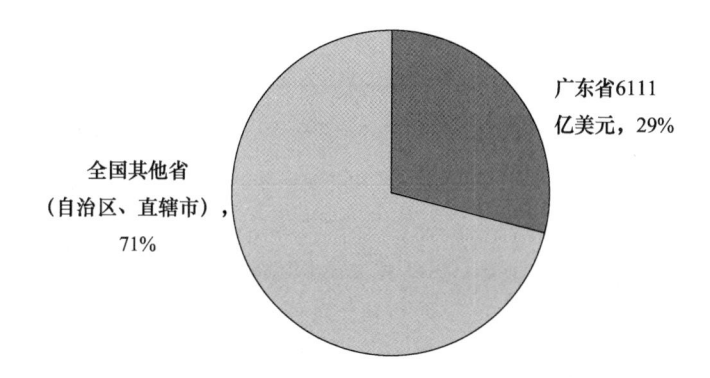

图 9-3 2009 年广东省对外贸易总额占全国比例

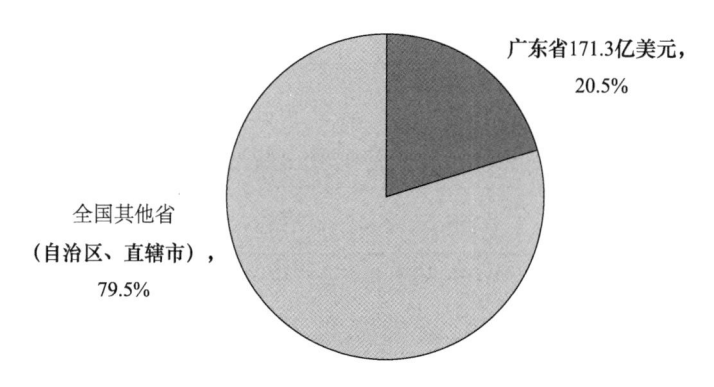

图 9-4 2009 年广东省实际利用外商投资占全国比例

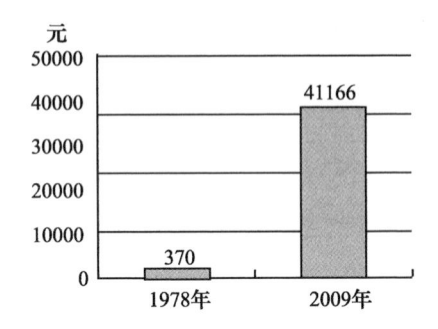

图 9-5　广东省人均国民生产总值

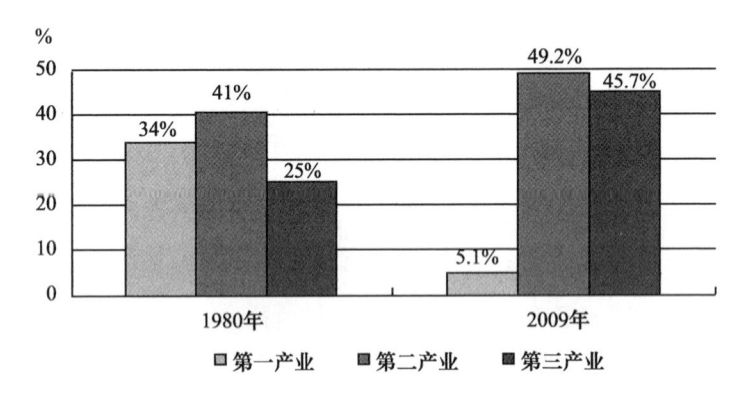

图 9-6　广东省第一、第二、第三产业结构转变比例

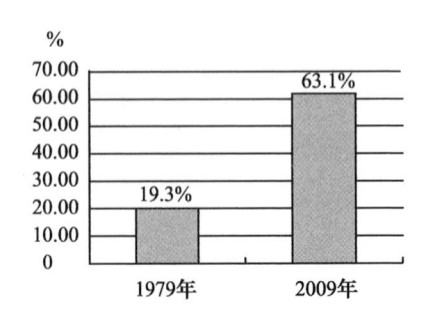

图 9-7　广东省城镇化率

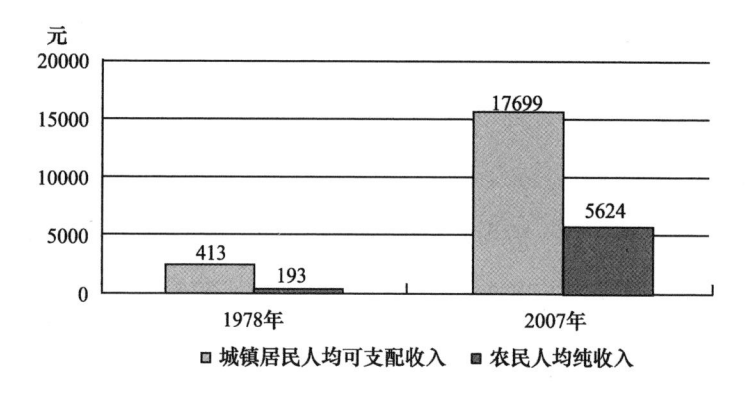

图 9-8 广东省城镇居民人均可支配收入及农民人均纯收入

为我国乃至世界重要的制造业基地，成为我国三大城镇密集区域之一，人民生活水平有了很大提高。广东省已经实现了经济起飞，基本完成工业化初期、中期阶段，并正向工业化中后期阶段推进，大约相当于亚洲"四小龙"经济起飞后的20世纪90年代的水平。

（二）广东经济社会发展面临的挑战

在21世纪第二个十年的时期，知识经济和全球化进程继续对广东经济社会发展的政策和实践产生深远的影响。广东既面临难得的历史机遇，同时也面临诸多的风险和挑战。

广东属于后发型经济发展类型，在20世纪80年代初期率先实行改革开放政策后，通过大量引进外资，加上充裕廉价的人力和土地资源，促使经济出现了飞速增长的势头，然而这种增长由于资金不足，被迫选择低层次劳动力密集型，靠高消耗不可再生资源的方式发展生产。90年代中后期以来，一方面，由于知识经济和全球化的发展，世界经济结构进行调整，欧美和亚洲"四小龙"的产业向亚洲等发展中国家转移；另一方面，国内全面开放，长江三角洲和环渤海地区迅速崛起，广东原有的中央给予的特殊优惠政策和灵活措施已经丧失，包括家电、玩具、制鞋、制衣等一大批早期产品的广大市场已逐步萎缩。在这种形势下，广东进一步扩大改革开放，兴办高新区和开发区，加大吸收外资和发展电子信息、化工、医药、新材料等高新产业，改革国有企业，发展民营经济。随着经济的迅速发展，加大对汽车、电力、钢铁、石化等重型工业的发展，2012年广东的九大产业支柱作用进一步增强，高技术制造业、先进制造业增加值占规模以上工业增加值的比重分别达29%、44.3%，轻重工业的比重已经调整为41：59，现代服务业也有了很大发展。但是，2008年的国际金融危机对我国的实体经济造成很大的冲击，广东首当其冲，2008年广东的各项经济指标急剧下滑，珠三角经济很快陷入萧条之中。广东根据国家抗击金融危机的积极货币政策和积极财政政策，采取加大投资，扩大内需等重大举措，才逐步使经济回升，促使经济保持平稳较快增长。国际金融危机对广东冲击的事实及21世纪国内外经济形势的深刻变化，充分说明广东原有的过度依赖外资的模式已经行不通，必须加快经济转型升级和发展方式转变。主要的原因在于：

第一，国际经济格局调整、高科技发展及国内经济形势发展，使广东面临严峻挑战。后国际金融危机时期，全球经济深刻重组，"中国制造—美国欧洲消费"为代表的失衡格局必然调整。国际技术壁垒依然存在，国际贸易保护主义普遍抬头，对中国经济特别是广东经济的冲击形势依然严峻。同时，伴随着世界经济的发展，国际经济高科技如电子信息技术、生物技术、新材料、新能源等更新换代加快。由于全球气候和环境的变化等因素，国际间提出的低碳经济发展将酝酿世界范围内新一轮技术革命。国内，长江三角洲、环渤海以及各个区域中心城市崛起并加速发展的态势，也给广东发展带来挑战。

第二，广东宏观经济发展趋势使然。（1）广东经济总量虽然排全国第一位，高新技术产业占其中相当比重，但产业的核心技术却多数掌握在外资手上。2012年广东技术对外依存度高达50%，高新技术企业来自国外跨国公司的发明专利占70%以上，其中信息技术占90%、移动通信为92.2%、生物技术为87.3%、IT领域为85%。核心技术及其自主知识产权少。产品技术水平达国际先进水平的占24.7%，达到国际领先水平的只占5.7%。由于技术进步不快，自主创新能力不足，经济增长仍然主要靠资本投入、廉价土地、低工资成本等基本要素，经济增长的粗放度仍然较大。未来广东的发展必须进一步打破这种外向路径依赖，大力发展自主知识产权，以适应全球化和知识经济形势下经济的可持续发展。（2）受能源、土地等资源约束明显。广东煤、电、油、矿产等资源大多依靠外部输入，已经成为珠三角经济发展的明显约束。珠三角地区100%的煤炭、95%的木材、86%的成品油、72%的钢材、22%左右的电力需要从外省调入或进口；铁矿石、铝、铜原料也主要依靠外调和进口。近三年来，广东原材料、燃料、动力购进价格指数累计上涨了25.2%，工业发展综合成本上升50%。土地资源供需矛盾日益突出，经过30多年的发展，大部分城市特别是珠三角已陷入有建设项目但无地可用的窘境，少有的土地价格高昂，增大了发展成本。经济发展的这种严峻现实也迫使广东必须从主要依靠"要素"发展转向依靠"技术进步"发展。（3）经过多年的发展，广东和珠三角的污染治理和生态保护日益严重，发达国家在几百年工业化过程中积累的环境问题，在珠三角发展的几十年时间集中出现。虽然广东和珠三角加强了对污染的治理和环境的保护，但问题依然存在。珠三角部分城市灰霾天气日呈加重趋势，有的甚至多达230天。广东的北江、东江、西江三条主要河流水质呈下降趋势，有的城市饮用水安全已受威胁。21世纪，国际低碳经济的发展趋势以及引发的新一轮技术革命，将产生一批新兴产业，广东要实现增进人民福祉的目的，实现广东经济社会的可持续发展，不仅要降低能耗，治理环境，保护环境，而且必须跟上国际经济新一轮技术革命的步伐。（4）广东的东西两翼和北部山区与珠三角区域差距较大。广东统计局的数据表明，珠三角面积只占广东1/5，常住人口和东西两翼、北部山区差不多，但GDP总量却占全省近80%（见图9-9）。人均GDP差距同样令人忧心。据统计，2007年，珠三角9市人均GDP 54386元，是东西两翼的3.8倍，山区的4.1倍，地区发展差异系数为0.75，高于全国平均水平，也高于同期山东（0.54）、江苏（0.55）、浙江（0.38）等沿海省份（见图9-10）。尤其是北部山区，还存在不少贫困人口。解决广东区域的不协调，实现东西两翼和粤北山区的跨越式发展，是实现广东现代化的最大难题和根本问题所在。

　　第三，社会矛盾的发展，需要社会加快转型。2012年广东人均GDP

已达到7000美元，刚达到中等发达国家的水平。由于收入差距的拉大，多元化社会的出现，社会矛盾凸显。人民群众追求美好生活的内容形式更丰富、水准要求更高、权利诉求更强烈。在这种形势下，广东必须更加重视社会的公平、正义，加强社会保障，改善民生，保障人民权益，畅通诉求表达渠道，满足人民群众精神文化需求，提高人民群众的整体素质和道德涵养。总的来讲，随着经济的转型升级，社会的发展也必须转型升级。

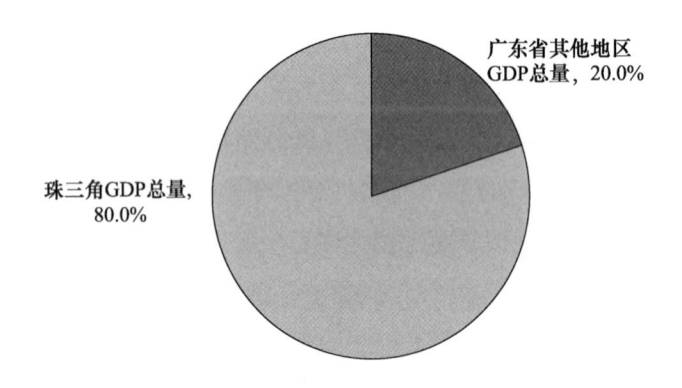

图9-9 2007年珠三角GDP总量占广东省比例

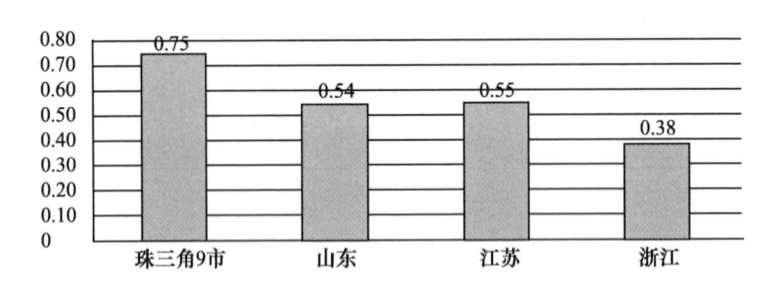

图9-10 2007年广东珠三角9市地区发展差异系数与同期沿海省份对比

综上所述，广东不仅面临着国际国内经济调整以及高科技发展的猛烈冲击，而且也面临着自身经济社会的转型升级。进入21世纪以来，特别是经历了国际金融危机的冲击，广东积极应对，频繁地采取一系列政策和措施进行改革创新。国际金融危机前，广东就做出了《关于推进产业转移和劳动力转移的决定》，在遵循产业布局和产业转移客观规律的基础上，政府因势利导，引导珠三角劳动密集型产业梯度转移，以及促使东西两翼、粤北山区劳动力合理向珠三角输入。由此有效突破广东经济社会发展的土地资源匮乏、环境承载压力加大、发展空间受限等突出问题，促进优化产业结构、提升产业层次、增强产业竞争力；促进区域协调发展，缩小东西两翼、粤北山区与珠江三角区域的差距。2008 年，经过广东方面的争取，在过去工作的基础上，国务院颁发《珠江三角洲地区改革发展规划纲要（2008—2020 年）》，要求进一步发挥珠三角优势，深化珠三角改革开放，推进珠三角区域经济一体化，率先建成全面小康社会和基本实现现代化。以珠三角区域的现代化带动和推动环珠三角包括粤东、粤西、粤北及周边省、区相邻地区的现代化。在 21 世纪头 20 年内，广东省及其所属各市及早谋划未来发展，制定并颁布了《广东省国民经济和社会发展第十二个五年规划纲要》，《广东省国民经济和社会发展第十三个五年规划纲要》强调要着力转变发展方式，加快经济结构调整，提高自主创新能力，保障和改善民生，促进区域协调发展，加强生态建设和环境保护，普遍提高人民的富裕程度和文明程度，为广东率先基本实现现代化而努力奋斗。

（三）广东经济社会发展目标

根据《珠江三角洲地区改革发展规划纲要（2008—2020 年）》和《广东省国民经济和社会发展第十二个五年规划纲要》，广东"到 2015 年，全省人均生产总值提前五年实现比 2000 年翻两番目标，经济发展方式转变取得突破性进展，经济强省、文化强省、绿色广东、和谐广东和法治社会建设成效显著，率先全面建成小康社会"，"到 2020 年，全省人均生产总值比 2010 年再翻一番，建成全球重要现代产业基地、亚太地区重要创新和服务基地，全国深化改革先行区、经济社会转型发展示范区，率先基本实现社会主义现代化"。

从广东 2010 年到 2020 年的发展目标看，广东要实现"到 2020 年，全省人均生产总值比 2010 年再翻一番"的目标，2010—2020 年年均增长率必须在7%—8%。在目前广东土地、资源限制和环境约束的条件下，要保持经济持续较高增长和在新的经济格局中保持领先地位，根据后发外生型国家和地区日本、韩国、中国香港等的经验，最重要的是迅速推进广东新一轮产业结构转型升级，而实现转型升级的根本点在于大力提高自主创新能力，把广东建设成为亚太地区重要的创新中心和成果转化基地。其中，最重要的目标和工作重点是推进核心技术的创新转化和构建创新型区域。未来广东将着力加强引领现代经济发展的关键领域的引进吸收再创新和集成创新，积极推进原始创新，加快创新成果转化，实现产业技术跨越式发展。加强知识产权保护和利用。深化区域特别是粤港澳合作与国际合作，构建开放型的区域创新体系。只有加快提高广东自主创新能力，才能促进产业结构转型升级，提高在国际上的竞争能力，才能在破解资源制约、环境约束和打破国际贸易壁垒中发挥关键作用。广东经济要实现向更高阶段的飞跃，必须坚持不懈把经济增长放在紧密依靠科技进步和高素质劳动者上，尤其是广东的教育必须首先对此做出明智的选择和积极的反应。借鉴英国、美国、德国、日本和中国香港等国家和地区的发展经验，广东只有继续深化教育改革，创新教育发展模式，才可能使教育获得蕴含着巨大的科技创新潜能的能力，并转向为经济发展服务，培养出大量训练有素适应新生产过程的生产者。

从广东2010年到2020年的发展目标看，广东不仅要加强经济建设，实现经济现代化的宏伟目标，而且要加强社会建设、文化建设和法治建设，以解决经济社会现代化过程中所出现的社会矛盾问题，实现全面建成小康社会的目标要求。广东教育必须与此相适应谋划教育的改革和发展，不仅要重视培养经济和科技人才，而且要重视培养文化、社会管理、法律、教育等方面的人才。2010—2020年将是广东城镇化加速发展的时期，珠江三角洲将实现城乡一体化建设，粤东西和粤北将有大批农村和农业人口进入城市就业和生活，广东普及教育和提高全体劳动者素质的任务将更加繁重。总的来说，广东的转型升级和现代化发展对高端人才和高素质劳动者的培养提出了更高的要求，广东教育的改革和发展对广东的转型升级和现代化起着关键作用，广东教育现代化的道路任重而道远。

二 广东教育现代化发展现状

(一) 广东教育发展的历史

广东地处祖国的南方,毗邻港澳,近代以来是我国率先实行改革开放的区域。广东的教育现代化属于后发外生型,由此经历了从外部推力到主动办教、从采取全盘学习到经验借鉴和模式创新、从适应性变通策略到战略性整体谋划发展、从逐步发展到加快发展的历程。

据史书记载,早在汉代广东的广州、番禺等地就有"书馆""精舍"等私学存在。唐、宋时期有不少被朝廷贬配到岭南的饱学之士,如唐代文学家、教育家韩愈、北宋文学家苏轼,崇文重教,对推动当地教育事业发展大有贡献。到明清时期,按照中央官学规定,广东普遍在地方府、州、县分别设立官学,均由各级官府拨款或拨予学田充作办学经费,并配备专门掌教职官。统称地方府、州、县官学为"儒学"。除官学外,书院也发展颇快,明代广东共建书院150所,各州、府均有自己的书院,到清朝书院也成了官学第二,改变了宋人办书院的初衷。由于我国封建制度绵延两千多年和长期闭关锁国的影响,无论官学私学,学生学习的主要是儒家的四书五经,远离自然科学和社会科学,脱离生产和生活实际,追求的是"学而优则仕"的道路。

广东教育现代化始源于鸦片战争之后。1860年的鸦片战争,英国等西方国家的坚船利炮一方面使我国沦为半殖民地半封建国家,另一方面也轰开了中国闭关锁国的大门,带来"西学东渐"。广东是首批开放的通商口岸之一,又毗邻香港、澳门,是近代中国向西方学习的跳板之一。广东在19世纪后期开始引进西方现代学校制度。1904年(光绪三十年),清朝颁布了癸卯学制,诏令废除科举,兴办新学校。广东境内各州、府、县纷纷将原来的官学、私学和学府改名为学校,并实行新学制,讲授新课程,学生从此不再摇头晃脑地背诵四书五经,而是开始接触近代自然科学和社会科学。出国留学是学习西方的有效途径,广东人也是捷足先登。如1872年到1875年,经过广东香山人容闳奔波努力,清朝政府派遣的120

名赴美利坚留学的幼童中,就有84名是广东人。这些知识分子学成归来,办学校,办报纸,传播新思想、新技术,推动近代教育的发展。广东新学发展很快,如1911年广东的梅州就有803所小学堂,9所中学堂,到20世纪30年代,基本建立起系统的学校教育制度。新式学校的兴起,可以说是广东教育走向现代化的起点。辛亥革命,孙中山等人推动推翻帝制,驱除鞑虏,建立了中华民国。作为中华民国的创始人孙中山重视教育的发展,提出了"扩大教育,振兴实业""普及免费教育"的主张,在他的倡导下,广东创办了"广东(中山)大学""黄埔军校"及各种技术性私立学校,并在一些地方实施免费的中小学教育。中华民国时期,广东教育进一步转型,教育现代化有一定的发展。1949年全省有小学2.8万多所,在校生159万多人;中学516所,在校生13.7万人;职业学校56所,在校生5000人;师范学校46所,在校生1.5万人;大专院校25所,在校生1.5万人,但全省文盲仍占总人口的78%以上,[①] 如图9-11、图9-12所示[②]。

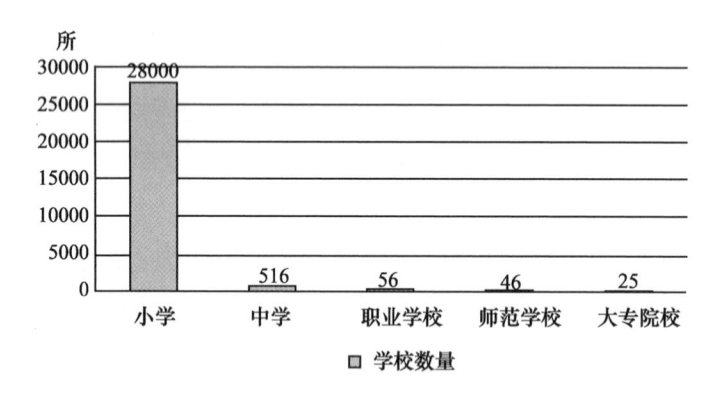

图9-11 1949年广东省各类学校数量对比

中华人民共和国成立以后,广东按照国家要求,把现代化建设作为发展的重大战略,由此推动了新一轮教育现代化的发展,但是由于"文化

[①] 参见《广东百科全书》,中国大百科全书出版社2008年版。

[②] 同上。

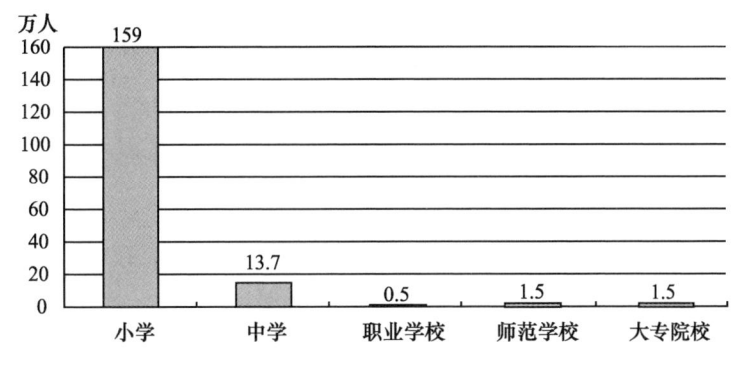

图 9-12 1949 年广东省各类学校在校生人数对比

大革命"的错误发动,使教育现代化中途迷航。新中国成立初期,广东和全国一样,照搬移植苏联教育模式,教育实施以课堂教育、书本教育为中心,多采取灌输式、填鸭式的教育教学方法,20世纪50年代末和60年代初期,我国贯彻"教育必须为无产阶级政治服务,必须与生产劳动相结合"的方针,对移植的苏联的教育模式进行改革,加强了与经济、生产劳动的结合,这段时期广东的教育发展为广东的社会主义建设培养了大批的专业人才和"有理想、有道德、有文化、有知识"的劳动者,为广东的经济社会发展做出了积极的贡献。但是,20世纪60年代中后期的那一段政治风波,使学校卷入了无产阶级"文化大革命"的风暴之中,破坏了正常的教育教学秩序,基本中断了教育事业的发展。直到70年代后期拨乱反正,中国恢复高考制度,教育才返回正确的轨道。

1978年改革开放后,拨乱反正,我国社会主义现代化建设揭开新篇章。广东发挥改革开放先行者、排头兵作用,勇于改革探索,奋发图强,把一个经济文化教育相对落后的省份,建设成为一系列经济发展指标位居前位的经济大省,与此同时,教育现代化也取得令人瞩目的成就。

(二) 广东教育现代化的主要历程

回顾广东教育现代化,主要经历了如下几个阶段。

第一阶段:20世纪80年代,恢复发展和打基础阶段。1978年中央做出了以经济建设为中心和改革开放的决策,教育发展重新被放在重要战略地位。1980年中共中央、国务院颁布《关于普及小学教育若干问题决定》,同年广东颁发《关于进一步贯彻中发〔1980〕84号文件,实现普及小学教育的意见》。与恢复国民经济建设和改革开放初期发展出口加工型经济相适应,大力普及小学阶段教育,恢复正常教育教学秩序。由于政府财政薄弱,当时形成了政府主导,社会和人民群众包括海外华侨积极参与集资的办法解决"一无两有"(无危房、有课室和课桌)问题,使小学教育在全省境内得到迅速普及。1979—1987年,全省用于校舍建设投资达31.44亿元,加上住房及设备投资共40.33亿元,新建校舍2546.4万平方米,是新中国成立后的26.47倍。1984年,全省有小学29778所,在校生达779万,入学率达97.78%,基本实现了普及小学教育,到1996年,进一步巩固了小学普及率[1](见图9-13)。

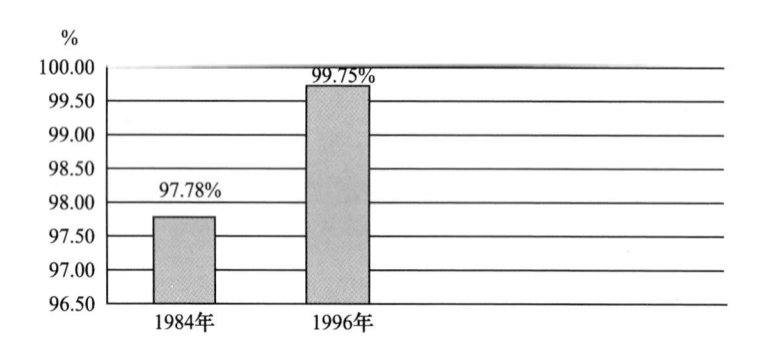

图9-13 广东省1984年与1996年小学生入学率对比

第二阶段:20世纪90年代,教育结构调整和教育现代化加速发展时期。随着广东产业结构调整和市场经济加速发展,以及加大吸收外资和对外贸易,广东加大实施教育结构调整,以适应广东经济社会发展。

一是加快普及九年义务教育。在1984年全省基本普及小学教育的基

---

[1] 何辛编著:《广东教育50年——1949—1999》,广东高等教育出版社2000年版。

础上，广东就以珠三角为示范带动开始在全省普及九年义务教育，特别是在1992年邓小平南方谈话的推动下，呈现了加快发展和全民办教育的热潮。1995年，广东在全国率先实现扫除青壮年文盲，1996年，广东省和江苏省一道成为全国率先实现普及九年义务教育的省份。据统计，1996年，全省小学生入学率达到99.75%，小学毕业生升学率95.94%，初中毛入学率达到98%，普通初中辍学率控制在3.78%。专任教师学历达标率，小学95.92%，初中83.07%。广东普及九年义务教育十年期间，共投入443.2亿元，建设校舍4354平方米，实现90%校舍更新，80%楼房化。[①] 投入20亿元用于改善教学设备，学校计算机数量及教学走在全国前列。1996年后广东又采取"改造薄弱学校"、"教者有其居"、培养教师的"百千万工程"等强有力措施，使全省普及九年义务教育得到全面巩固提高。

二是珠江三角洲核心区普及高中阶段教育，大力发展职业教育。20世纪90年代，随着产业结构的调整，科技含量高、智能化、自动化水平高的新兴产业蓬勃兴起，急需高素质的劳动者和大量专业性、复合型人才。为此，广东特别是珠三角在巩固提高九年义务教育的基础上，普及高中阶段的教育（包括高中教育和中等职业教育）。到2000年，广州、深圳、佛山、东莞、珠海、中山、江门等珠三角核心城市地区普及高中阶段教育，中等职业教育得到很大发展。到1999年，广东省中等职业学校已发展到1077所，招生数和在校生数分别达到28.17万人和78.26万人；高中阶段招生数和在校生数所占比例达到54%和55%。全省已建立各类培训中心5000多个。高等职业教育也逐步发展。初步形成多层次、多门类的职业教育体系。

三是区域中心城市举办大学。由于经济结构的调整和科技的发展，在广州至深圳出现一条高新技术发展带，珠三角和沿海地区的中心城市如广州、深圳、中山、汕头、湛江等纷纷举办国家级高新技术开发区，对大量科技人才的需求推动了广东在全国率先举办地方高等大学，如广州大学、

[①] 江海燕主编：《广东普通教育现代化1990—2000》，广东人民出版社2001年版。

深圳大学、五邑大学、汕头大学、佛山科技学院、中山孙文学院等应运而生。这些地方大学不仅为广东区域经济社会发展培养了大批人才，而且为推动区域现代化文明的发展做出了重要贡献。

四是以教育信息化为重要内容，推动教育现代化。20世纪90年代全球已逐步进入以信息化为特征的知识经济时代，信息化日益改变着人们的生活方式和生产方式。知识经济的基础首先在于知识的传播系统，因而必须首先抓教育。为适应广东省信息化建设的要求，广东省教育部门提出了以推进教育的信息化作为推进教育现代化的重要内容和突破口，1995年开始，在全省逐步推进中小学计算机课程教育，1999年制定了《广东教育信息化工程》，着力抓好四建：（1）建网，包括校园网、区域网、全省网。（2）建库，即建立教育和教学管理、应用、服务的软件库。（3）建队，对广大教师进行教育信息技术的培训。（4）建制，建立计算机教育的规章制度。到2000年，全省中小学拥有计算机20万台以上，占全国的1/7左右。2008年，全省中小学基本普及计算机教育，市、县（区）的中小学实现了与省基础教育专网连接，80%以上中小学实现了"校校通"。

五是改革办学体制，民办教育迅速发展。随着市场经济和国有经济体制改革，国家也提出了改变政府完全包揽办学的现状，在非义务教育阶段允许社会力量和私人办学。广东率先在全国兴起民办的高等教育，民办的基础教育，特别是一批教育设施先进，教育水平高的"贵族"高中，引起世人关注，使其能够满足不同层次人们对教育的需求，大大促进了教育事业的发展。

第三阶段：基础教育的巩固提升和实现高等教育跨越式发展阶段。20世纪末以来，我国进入以信息化为主要特征的知识经济时代，2001年我国加入世界贸易组织，加快融入世界经济一体化之中。广东各地加快对我国粤港澳地区和发达国家经济结构调整中产业转移承接的步伐和对高新技术引进吸收消化创新。进入21世纪，随着电子信息、生物技术、新材料、新能源等高新产业和石油化工、汽车制造、钢铁、造船等重化工业发展，广东已成为世界制造业基地之一。经济结构的调整和提升，对广东加快发展教育，提高教育水平提出了现实的迫切要求。1999年中央提出扩大高等教育的规模，广东紧紧抓住这个机遇，当年普通本专科共招生9.4万人，比1998年增加3.3万人，增长54.3%；研究生共招生3849人，比1998年增加759人，增长24.56%；成人高等教育共招生6.07万人，比1998年增加0.94万人，增长18.4%。研究生、普通本专科和成人高等教育在校生规模达到40.55万人，比1998年增加6.6万人，增长19.5%。高等教育毛入学率达到9.8%，比1998年提高1.64%,[①] 如图9-14所示。从这个时候开始，广东高等教育开始进入快速发展时期。为了加快高等教育的发展，广东和其他省市一样，出现了高等教育集约发展新模式——大学城和大学园区，先后建立了广州大学城、深圳大学城、珠海大学园区和佛山南海大学园区四个大学区域。这些大学城和园区集教育、科研、产业于一体，为经济社会发展培养高素质专门人才、提供智力支持和科技支撑。其中，广州大学城规模最大，占地40平方公里，建筑面积538万平方米，共有中山大学、华南理工大学、华南师范大学、广州中医药大学等10所大学分校进入，共有20万个优质学位，2005年建成当年师生数就达到12万人。深圳大学城与全国著名大学如清华大学、北京大学、哈尔滨工业大学合作，主要培养博士、硕士研究生，建设国家级重点实验室，现有近万名研究生和9个国家级重点实验室，承担了许多国家

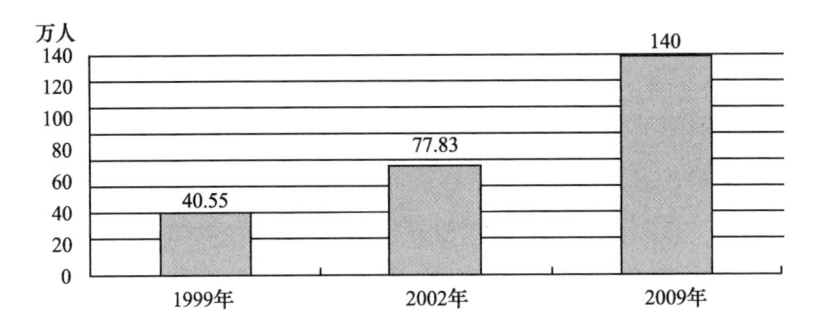

图9-14　广东省1999年到2009年研究生、普通本专科和成人高等教育在校生规模对比

---

① 参见罗伟其主编《广东教育改革发展30年纪事》，广东高等教育出版社2008年版。

级、省部级、市级科研项目。2002年广东省研究生、普通本专科和成人高等教育共招生31.04万人,在校生规模达到77.83万人,高等教育毛入学率达到15.30%。至2009年,广东研究生在校生6.59万人,普通本专科和成人高等教育在校生133.41万人,高等教育毛入学率达到27.00%,如图9-15所示。从规模上已经实现了高等教育的大众化。

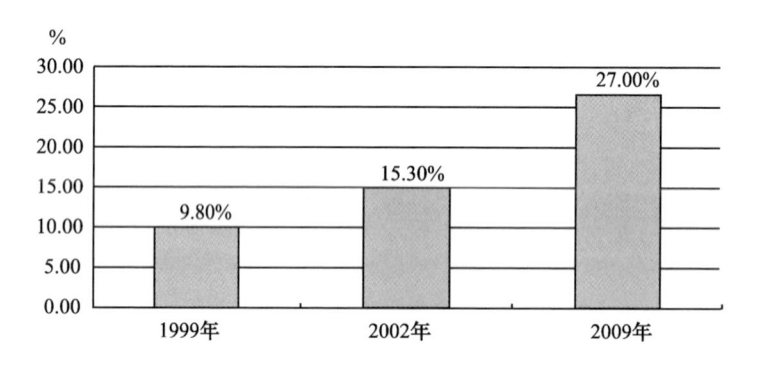

图9-15 广东省1999年到2009年高等教育毛入学率对比

　　九年义务教育在1996年实现全省普及以后,继续通过完善教育设施设备、提高教师学历层次、改革课程和教材,使之得到切实巩固提高。从2006年秋季在农村实施免费义务教育开始,到2008年秋季在全省城镇实施免费义务教育,全省才算实现了真正的九年义务教育普及。在高等教育实施了跨越性发展以后,高中教育越加显得滞后,不能适应入学的要求。进入21世纪以后,广东以创建国家级示范高中为契机,深化高中办学体制改革,使全省普通高中得到迅速发展。2002—2009年,全省新建一批普通高中,80%以上普通高中学校扩建,按照现代化标准大大改善办学条件。全省高中阶段在校生从2002年的179.58万人增加到2009年的377.9万人,其中普通高中在校生达到192.44万人,中等职业技术学校在校生达到120.46万人,高中阶段教育毛入学率从2002年的44.7%提高到2009年的80%。全省普高与中职在校生比例为51∶94。

　　适应广东作为世界制造业基地的需求,广东省十分重视职业教育的改革发展和提高,在经济发展的不同阶段都对职业教育的发展做出决定,出台配套的政策和措施，投入大量资金，"十一五"期间，全省各级财政投入累计达到550亿元。在适应广东经济结构调整和科技发展过程中，一批优势中等职业学校和普通高等教育学校被提升和调整为高等职业技术学院。到2010年，全省中等职业技术学校达812所、高等职业技术院校达76所，其中国家重点技工院校56所，全国示范性高职院校11所，均居全国第一。2010年，全省高等职业技术院校在校生规模达65万人，占普通高等教育的半壁江山；中等职业技术学校招生数、在校生数分别达到125万人、295万人，中等职业技术学校在校生首次超过普通高中，职普比为52.5∶47.5，也助推广东省提前一年基本普及高中阶段教育。

（三）广东教育现代化的主要成就

广东的教育现代化虽然起源于鸦片战争后的19世纪末和20世纪初，但是由于种种历史原因，教育现代化的步履迟缓，直到1978年国家实施改革开放和以经济建设为中心的方针政策，教育现代化才步入加速发展的时期。广东40年改革开放和经济社会发展的巨大成就为广东教育现代化的发展奠定坚实的基础，广东教育现代化的推进又为推动广东经济社会的快速、健康、持续发展起到强有力支撑作用。

第一，适应了广东经济社会发展阶段的要求，广东在80年代到90年代普及九年义务教育，扫除青壮年文盲，适应了当时主要推行"加工贸易""三来一补"为主体的工业化，称为初级的工业化需求。这种经济增长主要是要求生产者要具备初级生产技术和文化素质，根据生产要求培训一时一地工种需要的技术。20世纪末到21世纪以来，产业结构的调整提升，尤其是信息技术的普及，信息化社会的到来，要求整体提高全民的素质，在这个时期加快高中阶段教育的普及和扩大高等教育的发展就成为必然的要求。

第二，较好地满足了科技发展的要求。20世纪中下叶以来，知识经济已见端倪，广东抓住这个机会，及时在中小学中普及计算机教育和在高等教育学校中开设有关信息技术的专业和课程，使广东省迅速适应信息化社会的到来和信息产业的发展，目前广东省是全国乃至世界最重要的信息产业基地之一,华为、腾讯、TCL、中兴等都是中国和世界著名企业。高等教育和职业教育根据产业结构调整和科技发展要求,确定和调整学科建设、专业设置,促进教育和经济、科技更加紧密结合。同时实施"高校科技创新工程",推进"211"工程和"985"工程建设,积极推进产学研结合和科技成果转化,高校自主创新能力和社会服务能力有了很大提高。例如高校专利申请量从1985年的42件增加到2007年的1593件,增长了37倍;发明专利申请量从1986—1992年的128件增加到2007年的1254件,增长了8.8倍。2007年广东高校发明专利申请量居全国第五位,发明专利授权量居全国第七位,如图9-16、图9-17所示。

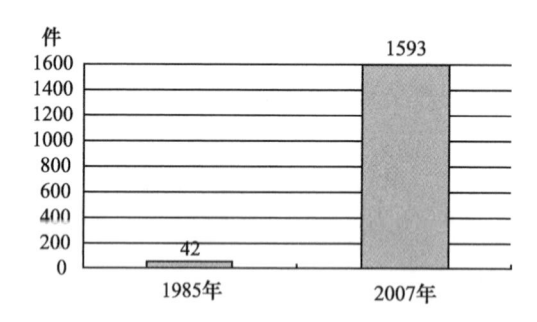

图9-16 广东省高校专利申请量对比

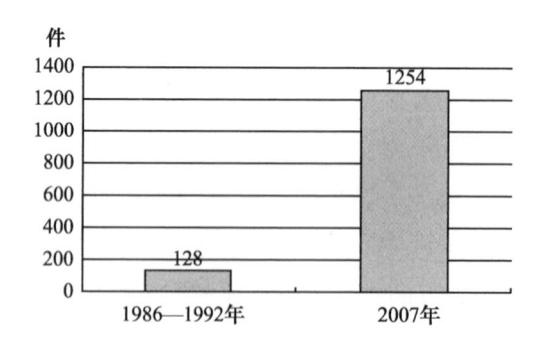

图9-17 广东省高校发明专利申请量对比

第三,职业技术教育为广东成为制造业大省培养了大批技术人才。改变改革开放初的20世纪八九十年代,香港、台湾大量的"三来一补"

（来料加工、来样加工、来件装配和补偿贸易）企业到广东珠江三角洲地区落户，为适应这种初级工业化浪潮，广东大力举办高中阶段的职业技术学校、中专学校、技工学校以适应其技术人才和技术工人的需要。随着原始资本积累和技术创新和政府引导，到20世纪末21世纪初，大量的"三来一补"企业转办成民营企业即有限责任公司，不少企业成为创新型企业。为适应产业发展和科技创新要求，广东特别是珠江三角洲地区又兴办起高等职业技术学院，应用型科技学院，以满足其发展要求。从广州白云职业技术学院、深圳职业技术学院、顺德职业技术学院、番禺职业技术学院等学院的发展历程，都可以看到广东经济社会发展及其职业技术教育的发展历程。2014年，全省规模以上制造业增加值达26375亿元，以单独经济体计算，排名位列世界第五位。[①] 广东成为全国制造业大省和世界制造业基地，与广东大力发展职业技术教育、职业技术培训密不可分。

第四，增强教育国际化意识，积极推动教育国际化的实践。广东毗邻香港、澳门，最早申办经济特区，具有对外开放的特殊政策。改革开放以来，广东公派和自费留学生的人数居全国前列。广东也逐步成为广受欢迎的新兴留学目的地，有来自世界许多国家的学生在广东省学习，暨南大学是中国第一所由国家创办的华侨大学，被誉为中国第一侨校，每年都招上万名国际留学生。广东省最早开始与港澳和外国教育机构交流合作，学习借鉴先进的教育理念和教育方式，如蒙台梭利教育法；德国的双元制职业技术教育；美国、德国等国的高等教育产、学、研相结合等，有效地推进教育的改革发展。同时，从教育的交流合作进入合作办学，其中北师大珠海分校与香港浸会大学的合作的"北师大香港浸会大学联合国际学院"，深圳和香港中文大学在龙岗区合办的"香港中文大学（深圳）"，汕头大学和以色列理工学院合办的"广东以色列理工学院"等在国内颇有影响，直接运用了国际教育的先进经验。学习借鉴国际先进的教育和办学理念，对于改革教育和办学体制，提高教育的国际化水平，推进教育现代化，无疑起到重要的现实作用。

---

① 参见《广东省智能制造发展规划（2015—2025）》。

第五，适应了广东文化发展的要求。20世纪90年代广东随着经济的发展提出了"建设文化大省"的目标，至2009年又提出"建设文化强省"的目标，教育是文化的基础，广东从普及九年义务教育到基本普及高中阶段教育，从实施大众化的高等教育到实施建设学习型社会，满足人民日益增长的教育和精神文化追求，顺应了这个发展的要求。同时，顺应全球教育发展的潮流和自身教育发展的要求，在中小学中加强"素质教育"，在高等教育中开始引入"通识教育"，加强人文科学精神的培养和学生全面素质的提高。

（四）广东教育现代化发展面临的主要问题

综上所述，改革开放后广东教育发展经历了三个阶段，取得了辉煌的成就。但是，正如前面"广东经济社会发展现状和目标"中所述，广东在经历了40年改革开放后经济发展面临着土地、资源的限制和环境的约束，不能再走依靠廉价的土地和劳动力及牺牲环境为代价来换取发展的路子，而必须走依靠科学技术进步和依靠高素质劳动者和高端人才发展的路子。特别是国际金融危机对广东首当其冲的巨大冲击，使广东人清醒地认识到在全球化的时代里，不仅要坚持对外开放，发挥我国广东省的比较优势，引进和吸收国际的先进技术和设备，而且要坚持走自主创新的道路，提高核心技术的竞争力，从广东制造走向广东创造。同时新的发展时期对广东的文化建设、社会建设、政治建设也提出了新的要求。广东的经济社会发展对广东的教育现代化提出了新的发展要求。对照广东经济社会发展的要求，对照全球化发展趋势，广东教育现代化发展过程中存在什么主要问题，这是我们探索在新的历史时期教育现代化发展也必须明晰和解决的。

第一，教育发展不平衡，教育的公平性经受考验。广东地处祖国南端，北部是高山，从北部向南逐步延伸，南部是广阔的珠江三角洲平原，面临南海。由于广东的这种地理位置特点，加上改革开放初利于特区和沿海城市的特殊政策，毗邻港澳的珠江三角洲地区经济得以率先高速发展。"十一五"计划实施以来，尽管广东采取"双转移"策略，但广东北部山区、东西两翼地区与珠江三角洲平原地区的经济发展差异大,教育发展差距突出,如表9-1所示。同时,虽然经过多年努力,城市和乡村教育的差距仍然存在,特别是城市和乡村教师待遇的差距,教师的质量和水平的差距更大,如表9-2至表9-4所示。广东普及义务教育的公立学校间差异仍存在。政府应当给公民提供均衡的义务教育,这是政府实施公平、正义,提供公共服务产品的重要体现,但由于历史的因素和发展不平衡,义务教育校际间的差异仍普遍存在,尤其是城市户籍学校和民办的农民工子弟学校。这种差异导致了激烈的择校热和升学竞争以及大班制的存在。

表9-1　　2001—2004年广东省教育经费总投入地区分布比例　　单位:%

区域	2001年	2002年	2003年	2004年
全省	100	100	100	100
省本级	13	13	13	15
珠三角	50	51	54	51
北部山区	17	15	14	16
东西两翼	20	21	19	18

资料来源:广东省教育厅《2001—2004年教育统计资料》。

表9-2　　2005年广东省各地教育经费投入地区分布

地区	总计(亿元)	比例(%)	预算内教育经费(亿元)	比例(%)
广东省	773.92	100.00	423.51	100.00
广东省本级	124.88	16.14	58.14	13.73
珠三角地区	394.33	51.95	228.10	53.86
北部山区	118.37	15.29	69.68	16.45
东西两翼	136.35	17.62	67.59	15.96

资料来源:广东省教育厅《2005年教育统计资料》。

表9-3　　　2005年广东不同类型地区基础教育生均校舍

地域	小学 校舍（平方米）	小学 在校生（万人）	小学 生均校舍（平方米）	初中 校舍（平方米）	初中 在校生（万人）	初中 生均校舍（平方米）
全省	6368.47万	1067.03	5.97	3056.40万	461.63	6.6
珠三角	2298.40万	313.61	7.33	1197.92万	125.29	9.56
东西两翼	2322.19万	473.52	4.90	905.04万	200.03	4.52
北部山区	1747.87万	279.90	6.24	943.44万	137.38	6.87

资料来源：广东省教育厅《2005年教育统计资料》。

表9-4　　　2005年广东省不同类型地区小学3年级以上外语、
信息技术开课率　　　　　　　　　　　　　单位：%

地区类别	全省	珠三角	东西两翼	北部山区
外语	73.08	93.48	63.36	66.64
信息技术	29.45	62.52	12.03	21.86

资料来源：广东省教育厅《2005年教育统计资料》。

第二，应试教育模式得不到根本改革，创新教育体系仍没有建立起来。20世纪90年代以来，在广东教育界广泛开展了以改革应试教育为目标的素质教育活动，对传统教育观念革新、素质教育活动的开展起到积极作用。但由于从教育的制度和体系上的改革仍不够，应试教育模式得不到根本改革。学校的教育教学工作仍然围绕着高考和各种统考转，教育教学工作评价单一，以分数论英雄。学生课业负担严重，中小学生课外活动和体育锻炼时间减少，影响青少年身心健康成长。2008年广东学生体质健康标准测试情况表明，全省中小学生体质状况呈下降趋势，其中反映学生心肺功能的肺活量比2005年下降了23毫升，营养不良率达11.68%，超重率及肥胖率达12.7%。应试教育模式的存在影响和阻碍了创新人才的培养，"为什么我们的学校总是培养不出杰出人才？"这个被称为"钱学森之问"的问题将无法破解。

第三，教育的质量和水平亟须提高，以适应经济社会和教育现代化发展的要求。广东用30年左右的时间就走完了西方发达国家用近百年时间完成的普及九年义务教育到实施大众化的高等教育，这种后发外生型的跨越式发展模式决定我国及广东省教育具有赶超性质，各地区的教育现代化往往先从改善办学条件入手，往往较注意物质层面和规模层面，教育的质量和效益亟待提高。在基础教育方面，一方面，应试教育模式还没有得到完全的改革，学生课业负担沉重，影响学生的全面发展。另一方面，由于粤东、粤西和粤北与珠江三角洲教育的差距，尤其是师资方面的差距，初中的辍学率和高中的辍学率呈增加趋势，如表9－5至表9－7所示。

表9－5　　　　　　五年广东省中小学生保留率比较　　　　　　单位：%

	1995年	2000年	2005年	2008年	2009年
小学	94	99	100	100	100
初中	87	88.35	93.17	87.86	88.76
合计	保留率为：小学5年保留率；初中3年保留率				

资料来源：（1）《广东省教育事业"十五"计划》；（2）《广东省教育事业"十一五"计划》；（3）《广东年鉴2010·基础教育》（http://www.gd.gov.cn/govinc/nj2010/06kjwwt/060102.htm）。

表9－6　　2006年广东省中小学生均教育经费支出与实际生均教育
　　　　　　　　成本比较　　　　　　　　　　　　　　　单位：元/人

	城镇初中	农村初中	城镇小学	农村小学
生均教育经费支出（2006）（1）	3490.60	2367.39	2406.76	1675.32
生均教育成本（2005—2007年均）（2）	3252.24	2700.27	2448.65	1991.78
覆盖率（%）	107.33	87.68	98.29	84.11

资料来源：（1）《中国教育经费统计年鉴（2007）》；（2）根据问卷调查结果统计。

表9－7　　　2006年广东省中小学生均教育经费支出比较　　　单位：元

	城镇初中	农村初中	城镇小学	农村小学
生均教育经费支出	3490.60	2367.39	2406.76	1675.32
生均事业性经费支出	3166.55	2204.23	2235.41	1595.30
生均公共经费支出	1320.51	981.42	754.37	542.92
生均基建支出	323.50	163.16	171.35	80.02

资料来源：《中国教育经费统计年鉴（2007）》。

在高等教育方面，由于在较短的时间里扩大招生数量和实现大众化高等教育，必然带来高校入学生源质量的下降，教师和学生比例的下降，以及高等教育毕业生就业压力，而我国高等教育仍然实施毕业生"宽出"的制度，这给我们提出了一个问题，在实施扩大教育的规模和数量的同时，如何采取有效的制度设计和政策措施，提高高等教育的质量和水平。

第四，教师队伍的整体建设亟须进一步加强。这个问题实际上与第三个问题密切相关。教育质量和水平的提高关键在于教师质量和水平的提升。广东教师队伍整体建设存在的问题主要在于：一是欠发达地区农村中小学教师队伍的质量水平亟须提高。由于粤东、粤西和粤北区域与珠江三角洲区域的经济社会发展差异，由于城市和农村发展差异，粤东、粤西和粤北地区教师的工资和生活待遇与珠江三角洲的教师相比，有很大的差距，因此，大学毕业生包括师范大学毕业生毕业后主要流向珠三角区域或者选择在粤东、粤西和粤北区域的城市工作，不愿意到欠发达的粤东、粤西和粤北农村学校工作，造成这些地方代课教师增多，学历不达标的教师增多，直接影响了教育教学质量的提高，如表9-8所示。二是职业技术教育"双师型"教师短缺。所谓"双师型"教师，是指既懂职业技术理论，又懂实际操作，动手能力强的教师。广东是全国乃至世界重要制造业基地之一，广东的职业教育发达，职业教育规模大。然而相对于职业教育的规模，"双师型"教师短缺，因而影响了职业技术教育质量和水平的提高。广东每年都出现"用工荒"，其实主要缺乏的是具有熟练专业技术的工人，特别是制造业各级各类熟练专业技术人才。这些问题的出现，与广东职业技术教育"双师型"教师短缺密切相关，如表9-9、表9-10所示。三是高层次教育人才缺乏。这里是指各级各类教育大师级人才缺乏，尤其是高等教育领域。实际上广东省高等教育拥有相当规模的高层次人才，但在高等教育为经济社会服务和实施产学研相结合的过程中，高层次人才把主要时间和精力放在做项目和搞研究上，而把教育教学的任务交给年轻的教师，这无形中使高等教育特别是高等教育中的本科教育和研究生教育质量有所下降。这也可以说是造成高层次教育人才缺乏的原因之一。

表9-8　　　　2006年广东省小学、中学教师学历和职称结构　　　　单位：%

	城镇小学	农村小学	城镇中学	农村中学
大专以上	45.59	30.47	74.84	22.30
本科以上	10.59	2.38	39.43	7.14
中级职称以上	27.81	23.71	39.36	8.83
高级职称	0.16	0.06	4.39	0.28

资料来源：广东省教育厅《2006年教育统计资料》。

表9-9　　　　　　2008年广东省高职院校分布情况　　　　　　单位：所

类　型	数　量
综合类高职院校	42
理工类高职院校	22
艺术类高职院校	3
财经类高职院校	3
体育类高职院校	2
医药类高职院校	1
政法类高职院校	1
合计	74
备注	广东省拥有独立设置且实际招生高职院校

资料来源：刘洁：《高职院校双师型教师队伍建设研究——以广东科学职业技术学院为例》，硕士学位论文，华南理工大学，2010年。

表9-10　　　全国与广东省高职院校专任教师数量比较　　单位：万人/年，%

时间（年）	1994—2001	2002	2005	2006	2008	2009	双师型教师占比例 2005	双师型教师占比例 2007	双师型教师占比例 2008
全国	6	15.6	22.1	26.66	30.74	22.30	—	28.4	29.9
广东	1	—	1.4625	1.8017	—	—	15	—	—

资料来源：(1) 教育部职业教育与成人教育司、教育职业技术教育中心研究所编：《职业教育师资队伍建设情况报告》，2009年中国职业教育年度报告（初稿）；(2) 叶小明：《广东省高职院校师资队伍建设存在的问题与对策》，《教育与职业》2006年第17期；(3)《中国教育年鉴（2007）》《中国教育年鉴2008》《中国教育年鉴（2009）》；(4)《全国各级各类学校基本情况》（http://www.edu.cn/school_496/20100121/t20100121_442078.shtml)。

第五，教育体制改革有待深化。广东省教育现代化的发展，与广东省不断深化教育的改革和开放是密不可分的。但是从广东省经济社会发展趋势和教育发展的目的和目标看，教育体制改革有待深化。目前广东省经济正处在驱动创新，转型升级的重要时期，需要培养一代高素质，具有创新型能力的人才。需要按照国家和广东省的部署，深化对应试教育体制的改革，代之以生动活泼的教育体制。要深化教育体系改革，构建起相互沟通、相互协调的立交体型教育体系；深化考试制度改革，变一考为多考；深化教育教学改革，建立科学的教育教学评价体系；深化教育投资改革，建立起政府投资和社会力量积极参加投资的体制等，建立起有中国社会主义特色、广东岭南风格的教育教学体制。

综上所述，广东经济社会的发展和教育现代化的推进说明，经过40年的改革开放，在全球化和知识经济日益发展的背景下，广东正进入一个加快转型升级，全面建设现代化的重要阶段，广东教育现代化的推进为广东的经济社会发展做出了重要贡献，但也存在不少需要解决的重要问题。加快推进教育现代化是广东经济社会实现转型升级，率先全面建成小康社会乃至率先基本实现社会主义现代化的迫切要求。广东必须继续实施教育优先发展的战略，切实解决好区域、城乡、校际间不均衡的问题，推进教育的全面、协调和可持续发展，提高劳动者的整体素质和知识水平。技术创新和科技进步是广东加快转型升级、基本实现现代化的灵魂，而长期形成的"应试教育"模式，制约了创新精神和实际应用能力的培养，改革"应试教育"模式，发展"创新"型教育模式，是推进教育现代化要解决的重要问题。广东产业结构的进一步调整和战略性新兴产业的发展，必然要求广东教育尤其广东的高等教育与此相适应作进一步的调整，即要努力去占领教育的制高点，更好地为广东的经济社会发展服务。加快转型升级、推进社会现代化进程，不仅需要数量足够，而且更需要高质量的专家队伍和劳动力大军，推进广东教育现代化，必须解决好教育发展规模、数量与质量、效益的关系，全面提高教育的质量和效益，为实现广东经济社会和现代化发展目标提供必要和重要条件。

全球化下广东教育现代化发展战略

正如有学者所言,"教育现代化是一个整体的格式塔转换过程"①,是复杂的系统进程、整体演化进程和长期进程。② 全球化背景下探索广东区域教育现代化,不是一个简单的数量增长现象,而是一种教育整体转换过程,是一项复杂的系统工程。一方面,要特别重视教育改革发展的顶层设计和总体规划,对教育作出全局性、长期性和根本性的目标选择;另一方面,由于教育现代化转换过程的艰巨性、复杂性、长期性,不可能一蹴而就,因此,必须以基本实现广东教育现代化为总体目标,坚持整体推进与重点突破相结合的策略,在整体规划设计的前提下突出重点,抓住教育现代化发展和改革的关键环节进行创新,通过重点领域创新促进教育现代性因素的不断生长和发展,进而探索出一条既符合教育现代化的普遍规律又具有广东地方特色的发展道路,通过整体推进与重点创新相结合来保持教育现代化改革与发展的稳步推进。

一 广东教育现代化战略目标

(一)广东教育现代化的基本要素

研究当下广东区域教育现代化模式战略目标,必须首先明了在全球化

---

① 谈松华、王建:《教育现代化区域发展模式研究》,北京师范大学出版社2011年版,第70页。
② 冯增俊:《论教育现代化的基本概念》,《教育研究》1999年第3期。

下教育现代化具有什么样的基本要素，包含什么样的基本内容。从教育现代化的发展过程看，教育现代化的基本要素是随着教育现代化不断深入发展而不断丰富和创新其内容，同时在某一个阶段也是相对稳定的。我们对教育现代化基本要素的确定和取舍，主要是由特定历史发展阶段和社会经济发展水平对教育的具体要求来决定的，而内容的确定又反过来关系到对教育现代化的把握和实施，体现了特定的导向和审视基点。如在20世纪80年代和90年代，广东实施改革开放，加快推进工业化进程，那时中小学校教学设施设备现代化，重点之一是要加强自然实验室、数理化实验室等建设。而到了20世纪末和21世纪初，随着信息技术普及和网络社会的到来，教育信息化及其设备配备，成了教育现代化的重要突破口。教育现代化的基本要素是由教育现代化的目标及其任务所决定的。本书认为，在全球化的今天，广东教育现代化的基本要素主要包括如下几方面：

第一，教育观念现代化。它是指人们对教育的心态、价值和思想的观念由传统形态向现代化形态的变化，主动适应教育现代化及社会现代化的发展过程，它是教育现代化的前提条件，是最深层次和具有决定意义的因素。在全球化下，由于日益先进的通信与交通方式发展，加上联合国教科文组织及多个国际组织推动，从而加快了对传统教育进行扬弃和创新性的转化。全球背景下教育观念现代化，要充分继承传统文化中活的灵魂和吸收世界最优秀的文化成果，才能真正实现时代性与民族性的完美统一。教育观念现代化包括了对现代教育本质、作用的认识；教育思想现代化，即具备符合现代社会和经济发展要求的教育意识体系，如培养"全人"的教育思想，教育与经济社会互动的思想等；现代化学校教育观念体系形成，包括具有正确的办学方针，具有正确的教育观、教学观、人才观、师生观，等等。

第二，教育内容的现代化。教育内容是指适应知识经济和全球化发展趋势，改革传统教育模式，创新课程体系、教育方法和手段，着眼于本国本地区培养具有国际视野的人才。这是教育现代化的核心内容。教育课程及其内容是对学生进行培养教育的核心载体，它必须体现反映时代先进的科技水平和文明精华。在课程教学模式或方式手段上，实行深刻变革，从以教师为中心转到以学生为本，从注重灌输知识转向以注重学生的能力和全面素质的培养，不仅教给学生知识，更要教给学生学习的方法及善于筛选知识和创新思维的能力。广泛运用多媒体和信息技术，提高教学的效率水平。

第三，教育管理的现代化。教育管理现代化，必须坚持在现代教育理论、现代管理科学理论指导下，遵循现代教育规律和管理规律，实施对教育的科学管理，以保障实现教育现代化目标。这是实现教育现代化的根本保障，要着力推进教育的民主性和公平性制度建设，实现用国家立法来规范各项教育管理活动，依法办教育。运用信息化等先进科学手段，建设高效顺畅的教育运行机制，全面提高教育管理的效能和效益。

第四，教育基础设施的现代化。必须适应信息技术发展趋势，努力实现具有信息技术重要特征的教育设施设备，这是教育现代化的物质基本保障。它包括学校的基本设施，科学实验的条件，系统的信息技术及网络，教育教学手段、方法都达到现代教育的要求。

（二）广东教育现代化战略发展目标

根据广东2012年基本实现小康，2020年基本实现现代化的经济社会发展目标和广东省教育发展的实际以及《国家中长期教育改革和发展规划纲要（2010—2020年)》，广东制定了《广东省教育现代化建设纲要（2004—2020)》《广东省中长期教育改革和发展规划纲要（2010—2020年)》，提出了广东教育现代化建设目标，即加快实现义务教育均衡化、学前教育到高中教育普及化、高等教育大众化、社区环境学习化、教育服务多样化、教育合作国际化。建立起结构优化、协调发展、具有广东特色、充满生机与活力的现代国民教育体系和终身教育体系，形成满足人民群众多样化学习需求的学习型社会。在全国率先基本实现教育现代化。教育整体水平和综合实力居全国前列，达到中等发达国家水平。

要实现以上教育发展总目标，必须努力实现以下发展目标要求：

（1）教育发展水平现代化。教育的规模和质量水平必须满足经济社会和现代化发展的需求。在 2010 年基本普及高中阶段教育的基础上，要促进九年义务教育均衡发展并且水平显著提升，高中阶段毛入学率达到 90% 以上；学前教育在 2009 年毛入学率 77.3% 的基础上，提高到 90% 以上，全省普及学前到高中阶段 15 年教育。积极稳妥发展高等教育，高等教育毛入学率争取达到 50%，巩固大众化并逐步进入普及化阶段，到 2020 年，全省各种形式高等教育在校生达到 315 万，每万人口拥有高等教育文化程度的人数达到 1200 人。其中在校研究生规模达 18.5 万人，高等教育教学质量显著提高，自主创新能力和社会服务能力明显增强。加强和完善现代职业教育体系，适应经济社会发展对高素质劳动者和各级各类技能人才需求。加强建设高素质高水平的师资队伍，全面适应推进教育现代化的要求。推进继续教育发展和教育资源共享，创造学习型社会环境，推进终身教育制度的实现，如表 10 - 1 所示。

表 10 - 1　　　　　教育事业发展和人力资源开发主要目标

	指标	2009 年	2012 年	2015 年	2020 年
学前教育	幼儿在园人数（万人）	249.47	270	290	280
	学前三年毛入园率（%）	77.3	全省 85 以上，珠三角发动地区和地级市城区 90 以上	全省 90，珠三角发达地区 95	全省 90 以上
九年义务教育	在校生（万人）	1391.33	1250.90	1170	1160
	小学适龄儿童入学率（%）	99.88	100	100	100
	小学五年保留率（%）	100	100	100	100
	初中生年辍学率（%，含转入转出差）	4.25	全省 1.5 以下，珠三角地区 1 以下，粤东西北地区 2 以下	全省 1.2 以下，粤东西北地区 1.5 以下	全省 1 以下

续表

	指标	2009 年	2012 年	2015 年	2020 年
高中阶段教育	全日制在校生（万人）	377.90	415	440	400 左右
	其中：中等职业教育在校生（万人）	185.46	207	220	200 左右
	毛入学率（%）	79.9	85 以上	90	90 以上
高等教育	在学总规模（万人）	208.31	252	286	315
	在校研究生（万人）	6.59	10	12	18.5
	普通本专科生（万人）	133.41	167	196	215
	成人本专科生（万人）	46.34	52	58	62
	毛入学率（%）	27.5	30	36	50
继续教育	从业人员继续教育（万人次）	600	800	900	1080
人力资源开发	具有高等教育文化程度的人数（万人）	583	760	930	1200
	新增劳动力平均受教育年限（年）	12.07	13	14	14 以上
	其中：受过高中阶段以上教育的比例（%）	75	83	88	95
	主要劳动年龄人口（20—59 岁）平均受教育年限（年）	9.70	10.46	11.23	12 以上
	其中：受过高等教育的比例（%）	9.5	12.8	15	20

资料来源：《广东省中长期教育改革和发展规划纲要（2010—2020 年）》。

（2）教育体系现代化。面临适应知识经济和国际竞争，加快转型升级的发展过程，广东的教育现代化也在发生重要的变化，这就是我们前面所说的从传统的应试型教育模式向现代的创新型教育模式转变,从注重规模扩张型转向注重教育质量型转变。推进这种转变,不仅涉及教育的某个方面,如改革教育的方法、手段,而且是涉及整个教育体系及结构,推进教育体系及结构的现代化。教育体系的现代化包括从学前教育到博士后教育体系和结构的设计和安排,包括各级各类教育内部的设计和安排,它们能够适应和满足经济社会和现代化发展的需要。教育现代化还包括教育思想、教学内容、教学方法和教学手段的现代化。教育思想或者教育观念的现代化,是实现教育现代化的关键和前提,人们的教育行为都是源于教育思想或教育观念的指导和影响。必须打破不合时宜的旧的传统教育观念,树立与知识经济和全球化时代相适应的新的教育观念。教育内容的现代化是实现教育现代化的核心,教育现代化的根本目的是实现人的现代化,培养出适应现代化所需要的高素质的劳动者和拔尖人才,而教育内容是直接作用于这个根本目的的。必须根据经济社会和现代化发展以及教育科学发展规律,改革和完善教育教学体系。要重视用当代先进的科学技术充实学校的教育内容,使之反映出现代科学技术文化的先进水平,当前应当根据中小学学生年龄特点和教育的需要适当引进信息科学、生命科学、材料科学、低碳经济等方面的最新成果,以及在这几个前沿科学基础上发展起来的新技术知识。要继续加强外语教育、计算机教育和信息技术教育,凸显广东省教育特色。要通过改革课程体系和教材,切实减轻学生的课业负担,着力培养提升学生的实际应用能力和操作能力。要根据联合国教科文组织关于"全人教育"理念和我国"素质教育"理念,加强人文社会科学教育和道德教育。教学方法和教学手段的现代化是教育现代化的重要标志,计算机、网络、个人电脑出现以后,极大地改变了现代教学的方法和手段,教育信息化成为现代教学的重要组成部分。要深入改革我国传统"灌输"式、"填鸭"式的教学弊端,代之以启发式、讨论式、课题报告式等的教学方法,加强科学实验活动,促进学生主动地、创造性地、生动活泼地学习,使素质得以全面提高。要广泛学习、推广、运用电化教育、信息化技术教育和多媒体教育,极大地丰富教育教学活动,实现教育教学手段和方法的现代化。

（3）教育制度现代化。教育制度现代化是教育现代化的根本保障。21世纪知识经济和全球化下，广东教育要实现人才培养目标和教育模式的转变，必须进行与之相配套的制度改革、制度创新，不然谈不上教育的现代化。要转变教育管理理念，改革教育管理体制，切实推进"管评办"分离，落实和扩大学校办学自主权。逐步建立现代学校制度，改变学校行政化倾向，实行教授治校、学术自由、学生自治。要改革考试制度，建立合理评价和多样化考试制度，改变全国统一考试、一考定终身的做法，建立起与高中学业水平考试、综合素质评价相结合的多元录取的高等学校招生制度，探索多样化的录取方式，探索高等学校"宽进严出"的办学模式。要深化办学体制改革，建立政府办学和社会多渠道办学相结合的体制，政府主要承担基础教育，特别是义务教育，推动它在全民中的普及，其他教育要放开，推动社会、企业和私人办学，促进教育的繁荣发展，以适应社会日益增长的精神文化的需求，为人们提供可选择、类型多样式的教育。坚持教育对外开放，推进教育的国际化，充分利用广东毗邻港澳对外开放程度高的优势，加强与国际、港澳教育的合作交流，包括合作举办若干所国际高等院校。借鉴国际先进的办学理念和经验，开展和世界各国及地区的合作办学，继续推动互派和互相接纳留学生制度，大力培养具有国际视野，能够参与国际事务和国际竞争的创新型人才。

（4）教育基础设施现代化。在21世纪知识经济和全球化时代，教育现代化离不开教育装备现代化尤其是教育的信息化建设。要加大教育装备的投入，形成与经济社会发展和培养创新型人才相适应的教育装备体系。加强城乡中小学信息化基础设施建设，缩小农村学校与城市学校计算机和信息化教育差距。加强教育网络建设，尤其是教学、科研和教育管理的网络建设，发展多媒体教育和远程教育，为提高教育质量和提高教育效益服务，为构建广东省学习型社会和终身教育体系做出贡献。

二 以义务教育均衡发展为重点，大力促进教育公平和优质发展

（一）教育公平与教育均衡发展

教育公平是世界各国教育现代化进程中普遍重视的一个根本性问题。教育公平原则已经成为世界各国教育制度、法律和政策的基本出发点之一。联合国早在 1948 年就通过《人权宣言》提出人人都享有受教育的权利，1989 年通过的《儿童权利公约》更是规定，所有儿童有接受免费的义务小学教育，接受不同形式的中学教育机会。1990 年的世界全民教育大会通过的《世界全民教育宣言》和《满足基本学习需要的行动纲领》，提出了积极消除性别、民族和地区差别，普及儿童基础教育、成人扫盲教育的目标。[①] 我国的《教育法》规定国家公民不论其种族、民族、性别、职业、出身、财产、宗教信仰如何，每一个人都享有平等的受教育权利和机会。教育公平主要包括三个层面的含义：第一，教育公平首先是参与起点机会均等，即每个公民有平等的受教育权利和机会，体现为教育权利平等和教育机会平等。第二，教育过程公平是教育公平的根本保证。教育公平的理念并非仅仅是入学机会的平等，它还包括在教育的各个阶段和过程之中，学校教育的制度、内容、形式能够同等地、公平地对待每一个学生。第三，教育结果的公平是教育公平追求的理想目标。教育结果的公平就是学业成就均等，也就是教育产出上的公平、实质意义上的公平。每个学生在经过某一教育阶段学习之后，取得了符合其个性、智力、专业实际的学业成就，个性获得了全面的发展，潜能得到充分的挖掘，从而为其未来发展创造条件，实现"让人人都学有所得、学有所用"的理想目标。

教育均衡发展是现代社会解决教育公平问题的一个重要途径和方式。所谓教育均衡发展，是指在教育公平思想和教育平等原则等现代教育理念

---

① 北京教育科学研究院课题组：《国际社会促进教育公平的实践及其对我国的启示》，《当代教育与文化》2009 年第 3 期。

指导下，通过法律法规确保给公民或未来公民以平等的受教育权利和义务，通过政策制定与调整及资源调配而提供相对均等的教育机会和条件，以客观公正的态度和科学有效的方法实现教育效果和成功机会的相对均衡。教育均衡发展包括三个层面的含义：一是区域层面教育均衡，即地区之间和城乡之间教育均衡发展。二是学校层面的教育均衡，即保证受教育者接受教育所需的经费、校舍、设备、师资等最基本的条件，从而得到大致均等的教育资源和教育条件，并能够获得尽可能的发展和成长。三是个体层面的均衡，它主要是指学生全面、主动、充分的发展。在这方面，要特别关注社会弱势群体子女的教育问题，要通过特别扶持制度对少数民族学生、贫困家庭子女及残疾人的教育问题予以特别照顾，从而确保整个社会的学生都能享受到大致同等的教育条件，受到良好的教育。

（二）大力推进义务教育均衡发展

1996年，广东在全国率先普及九年制义务教育，从2007年秋季学期起，广东在全省农村义务教育阶段免学杂费的基础上，进一步免收课本费，在全国率先实现农村义务教育全免费。从2008年秋季学期起，广东实施城镇免费义务教育，免收学杂费和课本费，实现了城乡免费义务教育一体化。总之，全省义务教育在整体上已经超越了短缺的状态，由此进入了一个全新的发展阶段，即从"普九阶段"进入"后普九阶段"。进入"后普九阶段"，义务教育面临着两大问题，即促进公平和提高质量。[1] 可以说，一方面，随着义务教育入学机会大大扩展，入学机会差距进一步缩小，"有学上"基本不成问题；另一方面，隐藏在入学机会公平背后的教育过程公平和教育质量公平问题开始日益凸显，即人们对"上什么学""上好学"提出了越来越多的要求。因此，"后普九阶段"广东义务教育要解决的一个主要矛盾和问题就是义务教育均衡发展问题，解决义务教育过程公平和质量公平问题。为此，必须在五个方面进行突破和创新：

---

[1] 许杰：《后普九时代教育走向内涵发展的学校责任》，《中国教育学刊》2011年第5期。

1. 积极推进义务教育标准化学校建设，均衡办学条件

均衡办学条件是义务教育均衡发展的基础，标准化学校建设是推进义务教育均衡发展的基本手段和重要抓手。标准化学校的标准体系主要包括：（1）标准化学校的办学规模标准。这一标准主要包括学校占地面积、校舍建筑面积、学校的班级数以及班额等几个方面。（2）标准化学校的基础设施标准。这一标准主要包括正常完成教学所必须配备的教学及辅助用房、行政办公用房、教学仪器、图书和音体器械等。基础设施标准包括数量与质量两个方面。基础设施标准必须更重视它的质量问题，简单来说就是学校基础设施的功能发挥程度和效率问题。

2. 坚持制度创新，建立城乡、校际间教育资源共享机制

（1）建立城乡义务教育学校协作互动机制，促进城乡教育一体化。在借鉴国内先进经验基础上，加快全省区域学区学校统筹管理、开展捆绑式（或手拉手）联盟等联动机制建设，积极推进城乡教育一体化。以优质学校整合、带动薄弱学校，扩大优质教育资源。实施义务教育城乡反哺机制，即城市地区对农村地区基础教育学校的反哺。

（2）统筹教师队伍，建立师资交流机制。教师是学校的第一资源，实现义务教育均衡发展很重要的一点就是教师资源的均衡配置。①建立校长定期轮岗制度。一位好的校长，就能带出一所好的学校。积极构建中小学校长任职交流互动机制。②建立健全县域内中小学教师定期轮岗制度，促进城乡教师资源合理均衡配置。可按一定比例和年限将基础较好的小学、初中的骨干教师轮岗交流到薄弱学校任教，指导、帮助薄弱学校提高教学水平。实行英语、体育、音乐、美术、计算机等紧缺专业教师、随班就读特殊教育指导教师集中管理、包片流动巡回教学的工作机制。③改革教育人事制度。区域内师资均衡配置关键在教师人事制度改革，要积极推进教师管理制度改革，由县（区）教育行政部门统一聘任、统一管理、统一配置教师资源，让全体教师由单位人变为系统人[1]。④积极推进全省

---

[1] 汪丞、方彤:《日本教师"定期流动制"对我国区域内师资均衡发展的启示》,《中国教育学刊》2005年第4期。

城镇教师支援农村教育工作，健全城乡教师队伍交流机制。

3. 优化中小学布局结构，加大对弱势地区、弱势群体的扶持力度

广东目前正处在城镇化快速推进过程中，要适应城镇化进程加快而带来的人口集中，按照"实事求是、因地制宜、分类指导、分步实施"的原则，积极稳妥地推进义务教育学校的布局调整，撤销规模过小、布点分散的学校。小学布局应以县为单位，坚持总体规划"一盘棋"，适当打破乡镇界限，建立组团式区域义务教育发展模式。要注意考虑低龄儿童的就近入学，不能简单盲目撤并学校。同时各级政府继续加大对薄弱学校改造力度。借鉴世界各国的经验，需要在如下几个方面努力：首先是要在全省范围内完善薄弱学校的统一评价标准，这是改造薄弱学校的前提；其次是要大力实施粤东、粤西、粤北欠发达地区薄弱学校改造五年行动计划，彻底解决欠发达地区薄弱学校问题；最后是要加大投入力度，改善经济欠发达地区的办学条件。要按照"补偿教育"原则，坚持公共教育资源向农村地区、贫困地区倾斜，努力缩小城乡义务教育学校之间办学条件的差距。建立各种教育基金，设立教育求助的"绿色通道"，为处境不利的弱势群体就学提供直接援助。

4. 积极发展特殊教育

切实保障残疾儿童、少年的公平受教育权，是广东推进教育现代化的一项重要任务。要按照全纳教育思想（Inclusive Education）[①]，努力办好义务教育特殊学校，为残疾儿童、少年接受义务教育提供切实保障。每个地级以上市应建有规模较大的综合型的特殊教育学校，使其成为当地特殊教育的实验基地、指导中心、培训中心和教学研究中心。加强特殊教育师资的培养培训，有条件的师范院校开设特殊教育专业，视条件成熟情况建设高等特殊教育学院，开展特殊教育教师培养培训。要完善中小学特殊教育教学设施和生活设施。完善残疾学生的助学政策，对残疾学生，政府除

---

① 1994年联合国教科文组织在西班牙萨拉曼卡召开的"世界特殊需要教育大会"上发表的《萨拉曼卡宣言》中明确提出了全纳教育思想，强调了学校要容纳全体儿童，特别是要满足残疾儿童、少年的特殊教育需要。参见李彦琳《全纳教育：基于公民权利的教育平等》，《继续教育研究》2010年第4期。

免收书杂费外,还应当给予一定的生活补助。

5. 切实解决农民工子女义务教育问题

广东是外来人口大省,农民工子女增长过快,入学压力大,农民工子女义务教育问题比较尖锐和突出。要抓紧制定农民工子女接受义务教育的法律法规,配套出台切实可行的政策措施,为从根本上解决农民工子女义务教育问题提供法制保障。要按照"流入地为主、公办学校为主"的原则,多种方法解决外来人员子女入读公办学校的问题。积极探索"积分制"等办法,不断扩大外来人员子女免费义务教育范围,保障非户籍人口子女平等受教育的合法权益。大力扶持招收外来人员子女的民办学校,满足外来人员子女学位需求。设立民办教育发展专项资金,对招收外来人员子女的民办学校给予支持和奖励。在具备条件的地区,按照民办学校接受外来人员子女义务教育的人数予以经费补贴或者实行学位购买制度。切实加强对民办学校在办学条件、招生收费、学籍管理、经费使用、教师队伍、质量评估等方面的指导和管理,完善民办学校管理机制,规范民办学校办学行为,提高办学水平,保证教学质量。

(三)实施义务教育质量战略,努力提供优质教育

1. 遵循学生成长规律,树立素质教育观、创新教育观和全人教育观

当今世界,初等教育以儿童为本,强调要使儿童精神、道德、文化、心智、身体各方面都得到全面、均衡、自由的发展,这已经成为一个普遍趋势。国际 21 世纪教育委员会向联合国教科文组织提交的一份报告明确指出,21 世纪教育的四大支柱是:学会认知,学会做事,学会生存,学会共同生活。基于国际经验和我国实际,必须大力倡导现代基础教育理念,即坚持育人为本,树立素质教育观。教育的本质就是提高人的素质,素质教育是教育现代化的重要内容。素质教育的内涵是:以提高国民素质为根本宗旨,以培养学生的社会责任感、创新精神和实践能力为重点,造就具有国际视野,德智体美劳全面发展的社会主义合格公民[①]。素质教育

---

① 第二战略专题调研组:《推进素质教育》,《教育研究》2010 年第 7 期。

的基本目标是努力使青少年思想道德水平进一步提高,学生体质与健康状况明显改善,新的人才培养模式和考试评价制度基本形成,学校教育更加富有生机活力和鲜明特色。[1] 基于这种认识,必须改变我们基础教育中长期存在的以培养精英角色为主要甚至是唯一目标的教育价值取向[2],彻底改变片面追求升学率、只重视考试成绩、抹杀学生学习兴趣和创造精神以及实践能力的导向,树立义务教育的核心是提高学生的素质和创新能力,充分尊重学生个性,倡导民主师生观,营造轻松、和谐、民主的教学氛围,鼓励学生大胆质疑,培养其创新精神,尊重学生的主体地位,激发引导学生自主自学研究。另一个重要的方面就是要树立全人教育理念。在基础教育阶段,除了向学生传授知识和技能外,还应加强对学生道德品行、文体活动、兴趣爱好、心理健康、社会责任等诸多方面的培养。

基于上述认识,广东义务教育要以学生为中心,从中小学生身心发展规律出发,从重升学率、重分数转向重儿童的个性发展、全面发展;从重视认知教育和应试的教学方式向注重学思结合、知行统一和启发式、参与式教学方式转变,强调学生学习的积极主动性,培养中小学生广泛的兴趣和爱好,帮助学生认识和激发自身潜在的创造力,处理好学习知识、培养能力和加强实践的关系,促进学生个性特长健康发展。要重视培养学生的合作精神、创新精神、实践能力、学会生活的能力。要倡导生活教育,提高学生学会生活的能力。[3] 加强义务教育阶段学生的思想道德素质培育,构建由低到高、由浅入深、螺旋上升、和谐统一的小学、初中、高中思想道德课程教育体系。

2. 改革基础教育课程体系

课程设置现代化是教育现代化的重要内容之一。广东要提高义务教育质量,就必须在吸收借鉴发达国家有益经验基础上,努力建构体现时代特点、适应教育现代化发展趋势的新的课程体系。

---

[1] 顾明远:《推进素质教育是教育改革发展的战略主题》,《决策探索》2010年第2期下。
[2] 赵长林:《基础教育现实功能问题的深度审视——〈教育功能的偏失与匡正——学校教育角色化问题反思〉评介》,《基础教育》2011年第3期。
[3] 杨东平:《试论以人为本的教育价值观》,《清华大学教育研究》2010年第2期。

第一，要探索建立符合素质教育要求的广东特色义务教育课程教材体系。要遵循儿童发展规律，以学生为本，进一步完善新课程标准，突破传统的单一、平面的课程结构为多维、立体式的课程结构，精选对学生发展有重要价值的课程内容，在中小学开展人文与技术并重的课程体系实验，重视学生综合素质培养。要切实减轻义务教育阶段学生过重的课业负担，创建一种以启智减负为导向，整合多种学科特色，全面提升学习质量的综合性实验课程体系。鼓励各学校在执行国家课程标准的同时，开发综合性的、多样化的、密切联系学生生活的校本课程。调整课程设置和课时结构，借鉴国外先进经验，要适当减少语文、数学等基础学科教学时间，增设综合实践活动、科学、通用技术等课程。要建立小学生课业负担监测和公告制度，切实减轻小学生过重的课业负担，把周末和节假日时间还给学生。

第二，要倡导快乐教学和赏识教育。广东要努力改变义务教育"应试"导向，改变传统的学生被动学习，更多引导学生主动学习和探究问题，努力创设引导学生独立思考、求新创异的教育环境，注重培养学生的学习能力，把自主学习的空间还给学生。要提倡教师多样化教学，教师通过分层教学、主题教学、菜单教学等教学方式使课堂呈现出兴趣、自主、合作、探究、思辨、创造的学习特质。[1] 要深化中小学教学改革，提倡教学过程的互动性和趣味性，推进研究性学习，形成师生间相互讨论与质疑的合作学习方式。要改变现行初、高中课程过于单一模式，推行部分选修课程，让学生在学习适合的学术课程的同时，选读一些技术性课程，以适应培养和提高现代人综合素质和能力的要求。要大力推进赏识教育，教师应以赏识的眼光容纳和期待每一个学生。

第三，积极倡导实践性教学，强调教育过程的"知行合一"，强化义务教育阶段学习的实践环节，增设社区服务、社会实践、研究性学习等课程。强化课程教学中学生的参与意识，重视动手实践能力培养。

---

[1] 张忠萍：《课程标准下的多样化教学——美国基础教育课堂教学一瞥》，《中小学管理》2009年第5期。

第四，规范义务教育学科考试测评行为，建立综合素质评价制度。使综合素质评价成为学校常规管理制度的基本内容和教师的岗位职责。

3. 实施特色学校计划

教育公平和教育均衡发展不是搞整齐划一，不是否认个性特征和学校特色。义务教育要在严格履行义务教育责任，保障绝大多数学生因全面合格而优秀，实现底线均衡发展的基础上，尽可能根据每个人发展的不同特色，实施差异教育，形成培养不同人才的特色发展。应实施特色学校计划。即遵循儿童青少年发展的规律，关注学生的个性差异，鼓励义务教育学校多样化，根据学生不同的需求设置课程，教学方法灵活多样，最大限度地体现因材施教，以便确保每一个孩子都能接受优质义务教育。

（四）普及学前教育，提高学前教育质量

世界主要发达国家在教育现代化进程中不仅大力普及义务教育，而且根据经济社会发展逐渐延长义务教育的年限和范围。目前，北美、欧洲等主要发达国家义务教育平均年限为 10—12 年。[①] 其中，学前教育的公共性和公益性越来越受到世界各国的重视，许多国家纷纷将幼儿教育放到事关社会全面发展甚至国家安全的战略高度，将发展幼儿教育作为现代政府职责的重要内容。[②] 普及学前教育越来越成为许多国家全民教育战略的重要组成部分，在推进广东教育现代化进程中，应努力普及学前教育，提高学前教育质量。

第一，将完全普及学前教育列为广东"十二五""十三五"时期战略发展目标，制定切实可行的行动计划。学前教育在促进个人发展、社会进步、人力资源早期开发方面具有奠基性作用，而且其投入回报比要比其他社会领域的高。《广东省教育发展"十三五"规划（2016—2020 年）》提出到 2020 年学前教育三年毛入学率达到 100%。要积极实施学前教育

[①] 施雨丹:《世界基础教育发展的主题词——从教育数量、质量、绩效谈起》，《外国教育研究》2009 年第 1 期。

[②] 韩小雨、庞丽娟、李琳:《从国家发展的战略视角论幼儿教育的价值》，《学前教育研究》2010 年第 7 期。

"扩容普及"工程、幼儿园"规范促优"工程、学前教育师资队伍建设工程等三项工程，全面加强规范化幼儿园建设，重点抓好乡镇中心幼儿园、县区公办示范幼儿园的建设，加快农村学前教育发展。大力推进家庭早期教育指导和服务工作。

第二，提高幼儿教师专业水平，提高学前教育质量。幼儿教育是启蒙教育，是终身教育学习的基础。科学育儿，提升学前教育质量，关键是要吸引并保留具有高度工作热忱的专业教师，并为他们提供合理的薪酬。高素质的教师专业队伍可以促进科学育儿，并且可以使更多的专业意见被幼教机构所采纳。从广东情况看，珠江三角洲及其他地级市幼儿师资大多由学前教育大专以上或幼儿师范毕业生补充，办园水平较高，而东西两翼、粤北山区县幼儿师资主要依靠中等职业学校学前教育毕业生补充，园舍基础设施条件较差，办园水平较低。根据国家和广东省对幼儿教育发展要求，需要采取以下措施加强幼儿师资队伍的建设。其一，落实幼儿园教师资格证制度，提高幼儿教师的学历合格率。凡入职幼儿园教师都必须通过合法的考试机构考核，获得国家级幼儿教师资格证书。教师资格证制度不仅能为幼儿教师的专业发展提供基本制度保障，也有利于提高幼儿教师的社会地位和声望。其二，幼儿教师的学历应该提高到大学专科以上。达到大学专科以上的幼儿教师不仅具备较系统的幼儿教育基本理论，而且具有较强的技艺能力以及短期实习经验。其三，发展大学本科、硕士和博士学位的幼儿教育专业，培养幼儿教师骨干和园长，加强对中国特色幼儿教育的研究和实践。其四，按照《中华人民共和国教师法》，完善公办幼儿教师的工资福利和养老、医疗等社会保障政策，采取减、免幼儿园场地租息、补贴具有资质水准的教师工资，资助民办幼儿园发展等政策措施。

第三，完善学前教育经费保障体系，建立政府财政、社会举办者、家庭合理分担的投入机制，逐步加大财政投入力度。应规定各级政府承担学前教育经费的比例。探索实行学前教育券，确保农村经济困难家庭和城镇低保家庭子女接受学前教育。

三 优化教育结构,建立与区域经济社会发展相适应的教育体系

在全球化背景下建构广东教育现代化模式,另一个值得重点创新的领域就是优化全省教育结构,切实改变教育与经济社会发展的要求不相适应,与经济大省的地位不相适应的状况,使教育服务于经济社会发展的功能更为强大,更加适应经济发展的要求。当前,广东正处在工业化中后期阶段,即处在中等教育驱动阶段向高等教育驱动阶段转变过程中,随着工业化、信息化、城镇化、市场化、国际化的深入发展,人口、资源、环境压力日益加大,面临着加快转变经济发展方式,提高自主创新能力,建设人力资源强省的新任务,因此,要适应经济转型、产业结构升级和劳动力市场的需求,必须重点优化高等教育和高中阶段教育结构,建立适应广东经济发展需要的教育结构体系。

(一)改革普通高中应试教育模式,积极推进多样化发展

首先,要进一步扩大普通高中教育规模、加快普及步伐。要进一步明确各级政府发展普通高中的责任,加大对粤东、粤西、粤北地区发展普通高中的扶持力度。普通高中学校的布局要逐步向市、县(市、区)人民政府所在地及中心镇集中,提高办学效益。充分利用现有校舍资源,通过扩建、改建等方式,重点支持占地面积较大、生源较充足的普通高中学校的建设,进一步扩大办学规模。有条件的县(市、区)建设1所省一级或国家级示范性普通高中,人口较多并有条件的县(市、区)创建2所以上省一级或国家级示范性普通高中。充分发挥现有省一级以上普通高中学校的示范、辐射作用。

其次,要适应经济社会发展需要,切实改变应试教育模式,积极推动普通高中多样化发展。从国际视野来看,在普通高中进入大众化普及发展阶段,升学、就业以及人的素质培养是普通高中教育的三大功能和使命。广东普通高中教育现代化改革重点应该是转变应试教育模式,积极推动多

样化发展。

第一，在全社会树立现代高中发展理念，科学定位普通高中教育的功能和性质。普通高中不仅是为高等学校输送英才，而且还要为高中学生的就业、个人全面发展服务。

第二，以普通高中为主，积极推动普通高中多样化发展。综合国内研究来看，升学式、特色式、综合式三种模式是我国普通高中多样化发展的三种普遍模式。[①] 升学式就是高中生源基础好、办学条件好、师资力量强的普通高中，其学生在完成高中教育达标任务后即全力以赴进行升学准备教育。特色式就是根据普通高中学校特点，尤其是结合其师资力量特点、学科优势突出办学特色，使课程和教学成为学校特色的主要内容，如学校理科力量强、有优势的可办成理科高中，学校文科力量强的可办成文科高中，以此类推，可以分别举办外语高中、艺术高中、体育高中，等等。综合式高中就是普通教育与职业教育融合发展的一种模式，高中学生在完成达标阶段的学校任务后进行分流，一部分进行大学升学准备，另一部分则准备就业。要在高中教育中强化职业意识，即便是升学式高中，也要选择学习一定的实用技术和技能。

第三，要适应普通高中功能转变，改革和优化课程设计。在保证共同基础的前提下，增强普通高中课程的开发性和选择性，取消文理分科的课程模式，实行必修课与选修课结合，有条件的普通高中应积极探索实行学分制。要积极推进高中课程教学改革，改变应试教育模式下的知识灌输和题海战术，重视探究式、讨论式教学，注重培养高中学生的创新精神、实践能力。要重视发现和培养学生的兴趣与特长，着力提升学生自主学习、自强自立和适应社会的能力，促进学生全面而有个性地发展。

第四，积极推动高考制度改革，改变高考一考定终身的模式。在高等教育步入大众化时代，高考的性质和功能应从"选拔人才"向突出甄别

[①] 廖哲勋：《关于深化普通高中教育改革的整体构想》，《课程·教材·教法》2009年第6期。

考生个性特长与高校专业教育吻合度的服务功能转变。① 高校招生要从唯高考成绩分数论向综合评价学生转变，特别是要将高中阶段成绩、高中教师评价、面试表现、参加社会实践等诸多方面结合起来综合评价，形成多元标准的高校招生录取制度。建立多元化的考试制度，全国统一高考可以一年分春、秋两次，给学生更多考试机会；扩大和落实高校自主招生制度，建立多元化的大学入学渠道。

（二）构建现代职业教育体系，为人力资源强省建设做贡献

"21世纪的经济与社会将发生翻天覆地的变化，从而赋予职业技术教育深远的意义。"② 广东目前是全国常住人口第一大省，要加快转变经济发展方式，促进产业结构转型升级，实现从人口大省向人力资源强省的根本性转变，劳动力素质的高低起到了至关重要的作用。大力发展职业教育，建立政府、学校、企业支持职业教育多元化办学机制，构建从初级、中级到高级现代职业教育体系，加快培养适应经济社会发展需要的高素质劳动者和技能型、应用型人才，是职业教育服务和引领经济转型的本质要求，是广东构建现代教育模式的又一个创新重点。

1. 打造我国南方重要的职业教育基地，培养适应现代产业体系发展要求技能型、应用型人才

首先，做大、做强珠三角地区的职业教育，发挥其龙头、骨干和辐射作用。珠江三角洲地区是广东经济发展的中心，是全省加快转变经济发展方式，建立现代产业体系的关键所在。珠江三角洲地区要充分发挥职业技术教育的优势和龙头带动作用，在办好现有职业技术院校的基础上，全面推进中等职业教育、专科职业教育、应用型技术型本科教育、专业学位研究生教育发展，着重构建从中级到高级应用型技能型人才的完整教育链条，高起点、高标准、高水平建立符合现代产业体系发展要求的现代职业

---

① 胡德秋：《选择性和多元化：高考制度改革的思考——基于普通高中新课程的视角》，《基础教育课程》2009年第11期。
② 联合国教科文组织第二届国际职业技术教育与培训大会：《职业技术教育与培训：展望21世纪的建议》，戴荣光译，《中国职业技术教育》2000年第5期。

教育体系，努力将该地区打造成集约化高水平职业教育基地。

其次，积极打造立足珠江三角洲、面向广东及泛珠江三角洲的职业教育发展体系。以珠江三角洲地区职业教育基地为核心，以粤东、粤西、粤北地区各市职业教育基地为节点，加快建设辐射泛珠江三角洲地区的职业教育基地网络，形成全国职业教育科学发展示范区和我国南方重要的职业教育基地。依托汕头、梅州、湛江、茂名、韶关等市建设粤东西北区域职业教育中心。推进珠江三角洲地区与东西两翼、粤北山区联合发展职业技术教育。采取对口帮扶形式，加强东西两翼和粤北山区与珠三角地区联合办学。

粤东西北地区各市根据本地产业发展和转型升级实际，加强市级统筹，优化中等职业技术教育布局，调整类型结构和专业结构，以地级市城区为主，集中力量办好若干所一定规模的骨干中等职业学校、技工学校，在此基础上，各市应办一所以上高等职业技术学院。有条件的县（市、区）要整合当地职业技术教育资源，根据实际需要集中力量办好该县的中等职业学校或技工学校。

第三，积极推进职教集团和职教园区建设，建设若干个省级职教集团和一批市级职教集团。探索实施弹性学制，允许中等职业技术学校和技工学校学生分阶段完成学业。鼓励各类企业与中等职业技术学校和技工学校共同开发和举办新专业，实行"订单式培养"，推进工学结合、校企合作人才培养模式。根据广东省经济、产业结构调整需要，设置专业和调整专业结构，改革课程、教材和教学方法，建立弹性学分制，满足各类求学者的学习需求。

2. 深入推进职业教育工学结合，建立校企合作共同体

职业教育工学结合是职业性本质要求，是教育与生产劳动相结合的具体表现。广东在发展壮大现代职业教育体系过程中，要依托现代产业体系这一优势，按照"优势互补、资源共享、互利共赢"的原则，形成政府主导、行业参与、校企结合的应用型技能型人才培养共同体，在专业设置、人才标准和培养方案设计、课程改革、教材建设、实训实习、就业指导、产学研合作等方面形成合力。政府要制定各种法律法规来促进校企合

作，建立校企合作保障机制，推动校企合作法制化、常态化。要落实有关税收政策，鼓励支持企业以各种形式参与职业教育办学。

（三）优化高等教育结构，增强高等教育服务和引领经济社会发展的能力

在当今知识经济时代，高等教育在教育与生产劳动相结合中起着非常重要的作用，高等教育与经济社会发展的关系越来越密切，是人才培养的摇篮、科技创新的源泉、社会发展的智库，高等教育的战略地位日益凸显。

第一，促进高等教育规模合理增长，优化高等教育结构。在推进教育现代化进程中，广东高等教育的规模还要进一步扩大。要充实高等教育资源，着力发展普通本专科教育，加快发展研究生教育特别是专业学位研究生教育，积极发展成人高等教育，加快高等教育普及化进程，不断满足经济社会发展对高等教育的需求。与此同时，要根据经济社会发展需求的变化，调整和优化高等教育的结构。要鼓励在珠江三角洲地区建设一批主要面向高新技术产业、先进制造业、生产性服务业的技术型、高水平的本科学校和高等职业学院。鼓励有条件的成人高校改制为普通高校。要调整优化学科专业布局，积极培育新兴学科和交叉学科，加大与基础产业、支柱产业和新兴产业紧密相关的学科专业建设力度，着力提高工科专业比重，打造对现代产业体系起重要支撑作用的优势学科专业群。

第二，以建设高水平大学为龙头，加快建设高等教育区域中心。首先，要充分发挥区域内高水平大学的龙头带动作用，即发挥区域内"985"工程大学、"211"工程大学的引领作用。"985"工程大学要以国际科技前沿和国家、广东现代化建设重大需求为导向，围绕重大基础研究、高技术研究和重大科技计划，建设一批高水平科技创新平台，聚集和培养大批拔尖创新人才，增强承担国家重大任务、开展高水平国际合作和解决经济社会发展重大问题的能力。"211"工程大学要以重点学科建设为引领，瞄准学科前沿和国家、广东现代化建设重大需求，培养造就一流学科队伍，创建一流学科平台，形成特色鲜明、优势明显的学科体系，大力开展支撑广东现代产业体系的高层次创新人才培养、基础研究和高技术研究。在这方面，就是要努力将中山大学打造成国内一流、世界先进的高水平研究型综合性大学，将华南理工大学打造成国内一流、国际知名的高水平研究型理工类大学。其次，要以广州、深圳、佛山、珠海、东莞五大大学园区（城）为中心，打造支撑区域经济发展的知识共同体。广州大学城要为提升广东国际竞争力做出重要贡献，力争成为全国一流、世界知名的大学园区和产学研结合重要基地；深圳大学城要为提升珠江三角洲地区科技创新能力和国际竞争力做贡献，力争成为全国高等教育科技创新示范和产学研结合典范区域。佛山、珠海、东莞大学园区要成为珠江三角洲地区经济发展重要的高技能人才培养和区域科技创新基地，为珠江三角洲地区建设先进制造业基地、高水平科技产业区和优质生活区服务。另外，要支持湛江、汕头两市高等教育发展，使其成为粤东、粤西区域性高等教育基地，逐步形成具有一定规模的高教科研区，促进高等教育与区域经济协调发展。最后，要加强区域高等教育内涵建设。要努力提高高等教育自主创新能力建设，加强重点科研基地和科技创新平台建设，扶持优秀青年创新人才和学术创新团队，完善以创新、质量为导向的高校科研和自主知识产权评价体系。要大力推进特色学科群发展，以建设国际一流学科、国内高水平学科为重点，着力产生一批具有自主知识产权的科研成果。要着力建设与区域现代产业发展相适应的特色学科，推动区域高等教育差异化、特色化发展，培养一批创新与实践能力并重、区域经济发展急需的科技领军型人才和高技能型人才。

第三，积极推进产学研合作，提升高校的自主创新能力和服务社会能力。对于广东来讲，要想加快产业结构调整，加快自主创新体系建设，就必须加强产学研合作，通过把高等教育的科技人才优势与广东的经济发展结合起来，打造科学技术与经济社会发展互利共赢的新高地。其一，要充分发挥区域内高水平大学的重点学科、重点实验室和工程中心的科技研发优势，结合广东产业发展的战略需求，通过自主创新培育扶持一批新兴产业，形成新的经济增长点。其二，要加快建设高层次创新联盟平台，探索建立校企对接的新桥梁和新渠道。政府要出台政策鼓励和支持高校、科研院所、企业共建工程技术研发机构和产学研结合示范基地,把高校、科研机构与大中型企业"绑"在一起,共同承担重大科技项目,共同培养高素质创新人才,从而引领、支撑相关产业发展,提升产业整体发展水平。其三,推行产学研联合培养研究生的"双导师"制,推动研究生深入实际研究解决问题,促进研究生培养与科研创新有机结合。其四,要深化科技体制改革,建立完善有利于科研成果转化的制度,支持一批有自主知识产权、示范性强的高校科技成果工程化和产业化。其五,要加快建立多样化的产学研合作创新投入机制。各级政府要建立财政科技资金稳定投入机制,充分发挥财政投入对创新活动的导向和放大作用。要借鉴国际上先进国家和地区的成功经验,积极引导银行、风投等金融资本支持产学研合作,努力建立以企业为主体,市场为导向,政府引导带动,社会金融资本相结合的多元化科技创新投入体系。

第四,大力开展通识教育,提高大学生的人文素质。面向 21 世纪迫切需要培养大量具有宽厚知识、广阔视野的复合型人才,广东高校在推进通识教育过程中,必须树立正确的通识教育观,推动传统的专业化本科教学模式向以通识教育为基础的专业教育模式转型,将通识教育置于本科生教育的重要地位,树立现代通识教育理念,如通识教育课程是本科生的重要学业内容,通识教育的核心是关注大学生的培养、重点关注人的全面自由发展,最终目的是培养具有合理的知识结构、较强的能力素质、合格的社会主义建设者和接班人要求等。要构建合理的通识教育课程体系。通识教育课程可分为基础通识课程、核心通识课程。具体到广东情况来看,就是要将目前普遍存在的"杂、散、乱"的通选课程进行合理压缩,重点设计好核心通识教育课程。要避免走没有任何教学要求、没有任何训练计划的"通识教育大杂烩",通过精心设计几门共同的核心课程,例如中国文明史、中国人文精粹、大学古代汉语、西方人文经典、西方文明史、自然科学、社会科学等,以纲带目逐渐形成配套课程。[①] 要特别重视将人文素质教育作为通识教育的核心,特别强调把中国优秀历史文化、中国文明

---

① 甘阳:《大学通识教育的纲与目》,《同济大学学报》(社会科学版)2007 年第 2 期。

史、马克思主义社会科学作为重要内容。

四 发挥对外开放和粤港澳区域紧密合作优势，积极推进教育国际化

（一）积极构建适应全球化的教育对外开放格局

广东是中国对外开放的前沿，要充分发挥市场化、国际化程度比较高的优势，以培养适应国际竞争需要的人才为重点，扩大教育对外交流与合作，主动适应教育国际化的要求。

首先，扩大教育对外开放，建立开放办学的体制机制。各级各类学校要从增强综合国力和国际竞争力的战略高度，提高对外交流与合作水平，学习和借鉴世界先进的教育理念和教学经验。要积极参与双边、多边和区域性、全球性教育交流与合作，积极参与国际教育政策、标准的研究制定和国际教育质量评估鉴定。要充分利用友好省州、城市等合作平台，建立多层次教育国际交流合作机制。要积极引进优质教育资源，着重推进高等教育、职业教育领域的中外合作办学，引进国际先进的办学模式、课程体系和教材，提高教育教学质量和管理水平。

其次，加强国际理解教育，培养国际化人才。要积极探索与国际接轨、有中国特色广东地方特点的课程体系和教学内容。要大力培养学生的国际意识和国际交往能力，加强双语教学，培养理解多元文化、具有国际视野、通晓国际规则、能够参与国际事务和国际竞争的专业人才。实施高校学生海外学习实习计划，扩大高等学校研究生派出规模，积极推行与国外大学交换学生培养的做法。

最后，积极发展留学教育。积极扩大外国留学生教育规模，完善外国留学生管理制度，提高留学生教育质量和水平。鼓励外国机构、外资企业及中国企业设立来粤留学奖学金，支持广东高校成为中国政府奖学金院校。积极做好来粤留学宣传工作。由省政府设立来粤留学政府奖学金，吸引更多国家的学生到广东留学，使广东成为我国最主要的来华留学目的地省份之一。

（二）以深化粤港澳高等教育合作为基础，大力推动高等教育国际化

首先，充分利用广东得天独厚的毗邻港澳的优势，扩大合作领域，促进优势互补，重点引进港澳高校在珠江三角洲开展合作办学，共同建设粤港澳合作办学探索区，借鉴港澳先进办学理念和经验，促进教育国际化。例如在珠海横琴、深圳前海、广州南沙分别设立粤港澳教育合作特区，支持港澳名牌高校在教育特区内举办高等教育机构，放宽合作办学权限，鼓励开展全方位、宽领域、多形式的智力引进和人才培养合作。

其次，逐步推进粤港澳高等教育一体化进程，加快建设具有国际影响力的华南高等教育中心。随着粤港澳经济融合日益加深，粤港澳三地政府及主要高等教育机构逐步确立与区域经济一体化相适应的高等教育理念，要通过建立区域性大学联盟，推进高等教育机构逐步建立起教师互派、学生互换、学分互认和学位互认等合作机制，促使三地高等教育向一体化方向发展，积极推动三地高等教育的融合。

最后，在国际化进程中建设世界一流大学。国际化的目的是最终培育出世界一流的大学。要加大对广东本区域内高水平大学的支持力度，有计划地支持中山大学、华南理工大学等学校引进一批海外高层次人才来粤任教，加快教师队伍的国际化建设，建设一流师资；加强与国际高水平大学合作，引进国际先进的办学模式、课程体系和教材，借鉴国际先进的教育质量评价标准和方法，提高教育教学质量和管理水平，力争建成若干所国际一流的高水平大学。

五 深化教育体制改革，实现办学体制多元化

教育体制是教育机构和教育规范两个要素的结合体[1]，主要包括教育行政管理体制、办学体制、人才培养体制、考试招生制度等方面。[2] 对于

---

[1] 孙绵涛：《教育体制理论的新诠释》，《教育研究》2004年第12期。
[2] 谈松华：《加快教育体制改革和制度创新的主要路径》，《行政管理改革》2011年第2期。

广东来讲，在推进教育现代化的过程中，必须在教育体制上创新，努力消除教育发展的体制障碍，重点是在教育行政管理体制改革、办学体制改革上进行创新和突破，为教育事业科学发展注入强大的动力和活力。

（一）改革政府管理教育的方式，深化教育行政管理体制改革

首先，切实转变政府教育职能，建立公共服务型的政府。各级教育行政部门要由主要管教育向服务教育转变，对教育的管理从直接行政管理为主向服务为主转变；要由主要管理和服务系统内的教育工作，向管理和服务全社会的教育工作转变。为此，各级教育行政管理部门要切实履行对各级各类教育的综合协调和宏观管理，把精力更多地放在制定教育政策、改革教育体制、谋划教育布局、增加教育投入等政府职责本身。例如，各级教育行政管理部门要将职责放在推进义务教育均衡发展、义务教育合理布局的规划和协调上，要将职责重心放在建立健全基本公共服务体系上；要强化对职业教育、高等教育的统筹规划、综合协调、宏观管理职能，促进职业教育、高等教育的规模、结构、专业设置、办学水平与社会需求相吻合。要改革教育行政管理部门审批模式，通过综合运用立法、规划、拨款、信息服务、政策指导和评估等措施，以间接管理的方式维护教育公平和教育秩序。

其次，要理顺政府与学校的关系，改革教育行政化，第一，坚持校本管理，将办学的自主权交给教育机构。校本管理主要就是强调教育管理重心下移。对于广东而言，基础教育要切实推进管理重心下移，进一步落实校本管理，将办学的自主权交给教育机构。要探索建立基础教育现代学校制度，推进中小学章程建设，加强中小学科学管理、民主管理、依法管理和校本管理，引导社区、家庭、社会组织和公民有序参与学校办学和管理，促进学校管理与运行制度化、规范化和程序化。加快校长专业化建设，取消校长行政级别，实行校长职级制。第二，大力推进高校自主办学。[①] 要按照管、办分离的原则，妥善处理好政府与大学的关系，将政府

---

① 唐滢、丁红卫：《现代高等教育管理权力再思考——〈国家中长期教育改革和发展规划纲要（2010—2020年）〉解读》，《大学》（学术版）2010年第5期。

权力限制在高等教育的宏观管理职责范围内，主要包括高等教育的宏观规划、大政方针、标准规范等方面，大学则在内部组织人事、教学科研、经费预算、后勤等的微观管理领域拥有充分的自主权。要以制订和完善学校章程为重点，加快建立现代学校制度，形成高校自主办学、自我发展、自我完善的能力。取消学校中与政府领导职务对应的行政级别制，使学校逐步形成由教授、专家学者来治教、治学，实现教育权与行政权分离。完善大学内部治理结构，协调好行政权力和学术权力的关系。要以学校为本，以教师为本，尊重教育和学术规律，实行学校本位、学术本位的管理，使学校真正走向教育家办学。[1] 要加强学术权，弱化行政权力，确立教学主体地位。要加快学术权力制度建设和教育职员制度建设，使学校从"官本位"回归到"学本位"，为"教师是办学的主体""教授治学"提供制度保障。第三，积极发展教育中介组织。发展教育中介机构，对于促进政府职能转变，改革教育管理体制具有十分积极重要的作用。要尽快培育各种教育中介组织，特别是要加快发展教育咨询组织，教育评估机构，教育资格认定机构，教育仲裁、法律机构等。要通过法律规范教育中介组织的运作，认真对其进行资格认定、登记、监督和检查。

（二）深化办学体制改革，加快建立多元化办学格局

广东要继续大胆探索、积极创新，形成政府主导、社会力量积极参与、公办与民办共同发展的多元化办学格局。

要打破公办教育单一垄断格局，努力实现办学主体多元化。在规范管理的前提下，鼓励和支持从实际出发，探索各级各类教育公办名校办民校、公办民助、民办公助、公民合办、委托管理、兼并重组等办学模式和运作方式，充分发挥优质教育资源的辐射和带动作用，加快满足人民群众多层次多样化的教育需求。鼓励和支持公办职业院校采取多种形式，与企业、社会力量合作办学，形成以公有制为主导、产权明晰、多种所有制并

---

[1] 杨东平：《试论以人为本的教育价值观》，《清华大学教育研究》2010年第2期。

存的职业教育办学体制。鼓励依托企业集团、大型企业组建职业教育集团，促进校企合作、产学结合、工学结合。

要积极探索民办教育多种发展模式，鼓励社会力量以各种方式举办高质量、有特色的民办教育机构。各级政府要将民办教育作为教育事业发展的重要增长点和促进教育改革的重要力量，纳入经济社会发展规划，促进民办教育健康有序可持续发展。落实民办学校教师、学生与公办学校教师、学生平等的法律地位。捐资举办和出资人不要求合理回报的民办学校，享有与公办学校同等的税收、用地及其他优惠政策。出资人要求合理回报的民办学校，享有国家规定的税收及其他优惠政策。参照事业单位人员为民办学校教师办理社会保险。健全公共财政对民办教育的扶持政策，县级以上政府要设立民办教育发展专项资金，奖励办学规范的民办学校的实验室、信息化、师资培训等重点项目建设，对为民办教育发展做出突出贡献的举办者和学校给予奖励和表彰。依法完善民办学校法人治理结构，落实民办学校法人财产权，健全民办学校监管制度和退出机制，推动民办教育发展水平提升。

六 构建终身教育体系，创建学习型社会

（一）加快构建终身教育体系

终身教育是一种"从摇篮到坟墓"的终身性学习方式，客观上要求打破某一种教育机构垄断教育的局面，建立起一种社会处处是教育、社会无处无教育的终身教育体系。对于广东而言，就是要在完善从学前教育到研究生教育的学校教育系统的基础上，尽快建立和完善以职业资格教育为主的行业教育系统和以文化生活教育为主的社会教育系统，拓展多种途径来满足整个社会的学习需要。要按照横向沟通、纵横交叉的原则，将学校教育系统、行业教育系统、社会教育系统有机整合起来，形成正规、非正规、非正式教育系统间的相互交流和衔接，建构起人才成长的立交桥，为社会所有成员提供更多、更便捷的学习机会。即同一层次正规教育与非正规教育、学历教育与非学历教育之间建立起课程互认、学分互认，学校教

育与社会教育相互联系和结合①。

(二) 大力发展终身教育机构

一是大力发展现代远程教育，积极推进数字化学习港建设。现代远程教育是顺应学习型社会的需要、时代趋势和教育潮流而诞生的，具有开放性、终身性、自主性、社会化、个性化等学习特征，是教育史上的一场深刻革命。②数字化学习是现代远程教育的一种重要发展趋势，它以现代信息技术为支撑，主要由若干个数字化学习超市构成并进行市场化运作，核心是构建遍布城乡、社区，深入基层、厂矿、企业第一线的连锁学习中心，为社会大众提供学历的、非学历的数字化学习资源及支持服务。要充分发挥广东开放大学在全民学习、终身学习中的重要作用。

二是大力发展社区学院，使社区学院成为终身教育的主阵地之一。美国社区学院被称为20世纪高等教育的伟大创新。③社区教育最具特色的实施机构是社区学校，它的开放时间超出了传统学校的时空限制，为所有年龄段的居民提供学校课程、娱乐、健康、社会服务以及职业准备培训。④广东要充分利用现有的教育资源和开拓新的教育资源建设覆盖城乡的社区学院、社区学校、社区学习点，开展形式多样的文化知识教育、职业技能培训、公民素质培养、休闲与健身等学习活动。以培养新型农民为重点，大力开展农村成人教育，改善农村劳动者的文化结构和专业技术结构，加快农村中高层次实用管理人才和专业技能人才的培养。

(三) 建立健全终身教育制度和激励机制

建立学分银行制度。学分银行制（Credit Bank System，CBS）是学生

---

① 周西安：《我国终身教育体系的内容结构与建构原则》，《职业技术教育》2011年第22期。
② 崔钢：《大力发展现代远程开放教育——构建学习型社会的重要途径与最佳选择》，《江苏高教》2005年第4期。
③ 郑路、杨素娟：《发达国家社区教育模式研究及对中国数字化社区建设的启示》，《广州广播电视大学学报》2008年第1期。
④ 吴锋、魏伟：《美国社区教育的发展模式及对我国的启示》，《湖北大学学报》（哲学社会科学版）2004年第1期。

通过在大学或是社会教育培训机构修习课程或是通过教育部的学分认证考试等多种形式获得学分，将之存入个人在学分管理系统注册的账户中，累积达到一定数量，最终获取高等教育学位证书的一种学分管理方式。这种方式是一个开放式的教学管理系统，承认学习者多样的学习经验，扩大了高等教育的大门，让更多的人有机会获得高等教育的学位证书，提高了国民的高等教育素质。学分银行还具有明显特性：开放性、灵活性、服务性、大众化、柔性化。"学分银行"，是模拟或运用银行运行的基本机理，对教育和教学的安排做出相应的一系列变革或改进的一种制度或模式。

加快学分互认，探索和完善灵活多样的学习制度。构建学分互认体系是建立终身教育制度的重要内容，它有利于学历继续教育与非学历继续教育的沟通衔接，打通继续教育、在职学习和正规学习的通道，从而搭建起终身学习"立交桥"，支持灵活开放的终身学习。

着重完善职业资格证书制度和劳动准入制度，健全继续教育激励机制，推进从业人员继续教育规范化、制度化。

全球化下广东教育现代化发展措施

在全球化背景下推进广东区域教育现代化，除了要选准一些创新的重点领域和关键环节，还必须重视教育现代化的支持条件，即教育现代化涉及的人、财、物和技术条件等，它们是推进教育现代化的重要保障措施。

一 加大教育投入力度

教育经费是教育现代化的重要物质基础，是教育发展的核心指标。从目前世界各国情况来看，OECD国家教育总投入占GDP的年平均水平均达到6%左右，美国和韩国则达到了7.5%。[1] 广东目前全社会教育总投入占GDP比重还不到4%，因此，广东要推进教育现代化，就必须在教育投入上加大力度，创新教育投入机制。

（一）建立和完善以政府投入为主的多元教育经费投入机制，为教育事业发展提供坚实保障

1. 建立和完善教育公共财政投入稳定增长机制

教育投入是经济社会发展的基础性、战略性投资，是公共财政的重要职能之一。各级政府要优化财政支出结构，统筹各项收入，把教育作为财

---

[1] 胡鞍钢、王磊：《全社会教育总投入：教育发展的核心指标》，《清华大学教育研究》2010年第3期。

政支出重点领域予以优先保障。各级政府在落实法定"两个比例"和"三个增长"教育经费投入目标的基础上，要确保做到教育支出占本级财政支出、可支配财力的比例逐年增长。要合理划定省、市、县（市、区）预算内教育经费占财政总支出的比例并逐年提高，力争到 2020 年各级财政教育拨款占财政总支出达 25% 以上，保证教师工资和学生人均公用经费逐步增长。要按照建立和完善公共财政体制的要求，优化财政支出结构，逐步提高财政性教育经费支出占 GDP 比重，将教育经费占 GDP 比重列入国民经济和社会发展五年规划的重要目标和约束性指标，定期公布、督察、评估实施情况，接受人大和全社会监督，切实做到各级财政对教育拨款的增长要高于财政经常性收入的增长，确保在 2012 年前实现全社会教育总投入占 GDP 比重达到 4%。

当前要以解决教育发展所面临的一些重大问题为着力点，改革和完善重大教育投入政策。省、市、县（市、区）财政在安排经济社会发展重大工程资金中，要重点支持实施义务教育均衡发展工程、高中阶段教育普及工程、职业教育发展壮大工程、高等教育发展水平提升工程、高素质教师队伍建设工程。各级政府应逐步将土地出让及新增建设用地有偿使用费等政府性收入统一纳入财政预算管理，并按照年初预算确定的教育拨款占财政支出的比例安排用于教育。

要建立健全教育预算编制制度，通过预算的编制和执行确保投入条例的各项规定的落实，各级教育支出预算细化到学校；通过细化预算编制和严格执行，确保各项教育支出按规定落实。要建立相对独立、封闭运行的教育经费专户，确保各项教育经费专款专用，提高经费使用效益。

2. 建立多元教育经费投入机制

完善非义务教育阶段的成本分担机制。根据不同类型的教育成本和个人收益率，合理确定政府与社会、受教育者个人或家庭分担比例。非义务教育在完善奖励和助学体系的同时，要根据培养成本，结合经济社会发展、物价变化情况及居民经济承受能力等因素，建立学杂费正常调整机制和成本补偿机制。要按照成本分担原则，研究制定普通高中生均拨款标准，逐步规范普通高中收费水平。尽快实施中职学校学生人均综合定额拨款制度，进一步规范各级各类职业院校的收费项目和标准，形成合理的以政府为主、受教育者、用人单位和社会共同承担的成本分摊机制。完善高校学生人均综合定额拨款预算制度，建立人均综合定额标准正常增长机制，调高工科、医学、艺术等专业的拨款系数。加快建立省属高职院校学生人均综合定额拨款预算制度，积极推进地方院校学生人均综合定额拨款、生均综合定额预算制度。加大民办学校的扶持力度，对承担义务教育责任的民办学校给予必要的财政补贴。

完善鼓励社会团体、企业、个人捐赠教育的税收优惠政策，对教育捐赠实行税收优惠，鼓励企业家和高收入者捐赠教育。完善捐资办学、出资办学优惠政策，鼓励企事业单位、社会团体、港澳台同胞和华侨华人捐资办学、出资办学。政府要按捐赠额的一定比例，安排配套或奖励资金。足额征收教育费附加和地方教育附加，专项用于教育事业。要按照增值税、营业税、消费税的3%和1.5%分别足额征收教育费附加和地方教育附加。

开拓教育融资新渠道。深化教育与金融合作，探索金融支持教育发展新模式。在风险可控范围内，继续充分利用金融资金发展教育。鼓励依法依规设立教育基金会，鼓励海内外各界捐资助学助教、奖学奖教。

支持发展校办产业和提供社会服务。完善政策，促进高等学校和中等职业学校发展校办产业，提供社会服务。对学校发展产业、开展勤工俭学、为社会服务在贷款、税费等方面给予优惠。理顺高等学校企业产权，支持组建按现代企业制度运作的产业公司，积极发展科技型企业。

（二）建立科学的义务教育财政转移支付制度，促进教育财政公平

义务教育是整个教育的基础，又是具有纯公共品性质的教育，其财政公平状况是教育现代化进程中最应注意解决的问题。广东在推进教育现代化过程中，必须大力解决好义务教育财政公平的问题。要努力建立义务教育"县级管理、多级分担"的管理与投入体制，义务教育的经费投入应

逐步取消"以县为主"的体制，加大省级以上财政对义务教育转移支付力度。

第一，建立健全统一的农村义务经费保障机制。建立全省67个县的全部教育经费预算制度。经费包括：教师工资、师资培训、学校基建、设备、行政管理、后勤服务、贫困学生书杂费等。预算制定包括：预算评议、预算预测、预算编制和预算管理。建立刚性指标（最低生均教育公用经费指标）以设定全省的义务教育事业经费的基础保障线，各地级以上市要制定中小学生均公用经费定额标准。义务教育经费定额要做到城乡学校、不同学校之间统一标准。

第二，建立科学合理的教育财政转移支付制度。（1）建立相对独立的教育财政转移支付制度。逐步形成以一般教育转移支付为主、专项教育转移支付为辅的教育财政转移支付制度。一般转移支付在缩小地区、城乡间义务教育差距中起着主体性和根本性作用，专项转移支付则具有机动灵活、拾遗补阙的辅助性作用。加大省级财政对欠发达地区的义务教育转移支付力度。积极推动建立富裕地区援助欠发达地区的横向转移支付制度和指标，进一步完善对口支援制度，加强发达地区与欠发达地区教育共建机制。（2）制定合理的教育财政转移支付项目和指标。应根据地区间常住人口数量、农业人口数量、人均GDP、人均财政总收入、人均地方一般预算收入、人均财政支出、人均教育支出、中小学在校生人数、生均公用经费、财政供养教职工人数、教职工平均工资等综合因素，科学测算教育的"标准支出"，并以此为基础制定各级各类学校各种生均经费标准，科学合理安排转移支付项目和指标。

第三，建立保障中小学教师工资福利待遇的长效机制。进一步落实农村中小学教职工工资县（市、区）长负责制，确保由县（市、区）财政按时足额发放农村中小学教职工工资。切实按照《义务教育法》和《教师法》的要求，努力实现中小学教师平均工资水平不低于或高于当地公务员，农村教师平均工资水平不低于或高于城镇教师的目标。进一步落实教师养老、医疗、住房与保障制度，按规定为教师缴纳住房公积金和社会保险费。省、市财政通过正常渠道给以大力支持，确保教师工资福利待遇得到落实。

二 提高教师队伍整体素质，实现教师队伍现代化

教育大计，教师为本。教师是教育诸多资源中的第一资源，是教育事业改革发展的核心力量，只有一流的教师，才有一流的教育。要推进教育现代化，必须努力打造一支师德高尚、业务精湛、数量充足、结构合理、充满活力的高素质专业化教师队伍，为推进教育现代化、打造南方教育高地提供坚实的保障。

(一) 建立中小学教师公务员制度，增强基础教育教师职业吸引力

将公办中小学教师纳入公务员队伍，这将是我国教师队伍建设的重大制度创新，"有利于依法保障教师的地位和待遇；有利于实行严格的教师资格准入制度，提高教师队伍的整体素质；有利于对教师队伍实行严格的管理考核，强化教师的国家意识和责任感；有利于城乡教师合理流动和资源有效配置，加强农村和薄弱学校教师队伍"。[①] 广东作为改革开放的先行先试地区，有必要在这方面积极探索，从法律上赋予从事义务教育的中小学教师公务员地位，将其纳入公务员系统进行管理，以省级财政及地方财政保障其待遇，不断提高中小学教师的社会地位和经济地位，增加社会认可度。

大力实施农村中小学教师队伍素质提升工程。一是要加强农村中小学师资培养，确保教师的素质和来源。要确定一批师范教育基础较好的地方高等院校或综合性高等学校面向农村培养师资。扩大招收初中毕业生的5年制高职班招收规模，高职院5年制专业以师范专业为主，实行毕业生直接录用到农村学校任教。二是要切实完善引导优秀教师到农村学校任教的政策措施。要深入实施高等学校毕业生农村从教上岗退费政策，吸引优秀毕业生到欠发达地区农村任教；要建立农村教师岗位津贴制度，推进农村

---

① 第九战略专题调研组：《一流教师一流教育》，《教育研究》2010年第7期。

教师周转房建设，提高农村和边远地区教师待遇，让优秀教师下得去、留得住。三是要建立农村教师定向培养机制，实施农村学校教育硕士师资培养计划、农村教师攻读教育硕士学位资助计划，为农村教师提升学历水平创造良好条件。四是要足额配备农村义务教育学校教师和实验教学人员。要及时按省编制标准核定教师，按照县城与农村一视同仁的原则调整教师编制，要对边远农村和山区学校给予倾斜。

（二）建立健全教师培养体系建设，建立教师终身学习体系

一是加快建设结构优化的现代教师教育体系。要按照布局合理、结构优化、比重适当的原则，加快建立和完善以独立设置的本专科师范院校为主体，综合性大学和其他非师范院校共同参与，职前培育与职后继续教育相互贯通，适合各级各类教育发展需要的教师教育新体系。要优化师范院校布局和教育类专业结构，根据广东受教育人口和教师需求的变化，适时调整各层次、各类别师范生招生规模，促进专科、本科、研究生三个层次协调发展，满足各级各类教育师资需求。要大力加强职业教育教师、特殊教育教师、学前教育教师等的培育，依托有条件的普通师范院校内设职业技术师范学院、特殊教育学院（或独立创办特殊教育学院），鼓励有条件的理工类院校或综合性大学内设职业技术师范专业，支持师范院校设置特殊教育专业和学前教育专业，切实解决这几类教师来源不足的问题。

二是加快推进教师教育模式改革。要遵循教师成长规律，分类型、分层次培养各级各类教师，深化课程和教材体系改革，强化实践教学和职业技能训练，着力提高教师教育质量和水平。加快推进师范生招生就业制度改革，采取定向招生、提前录取、推荐升学、减免学费等办法，吸引优秀生源报考教育类专业。

三是加强教师培训体系建设。建立健全教师培训机制，形成全员培训以远程教育为主、骨干培训以面授为主、个性化培训以校本为主的培训体系。健全教师培训网络和机构，充分利用本地教育资源，构建区域性教师培训中心。推进教师培训信息化，加快实施教师教育网络联盟计划，大规模、低成本、高效益培训教师特别是农村教师。认真实施高校、市、县教

师培训机构，名师工作室"三位一体"的省级骨干教师培训新模式。深入实施基础教育"百千万人才工程"，着力培养一批名教师、名校长和教育家。各级政府设立教师培训专项经费，按照教职工工资总额2.5%的比例单列教师培训经费，纳入财政预算。落实农村学校公用经费的5%用于教师培训的政策，主要用于校本培训。建立严格的教师培训学分管理制度，形成教师培训学分与教师资格定期注册、绩效考核、职务晋升紧密挂钩的激励和约束机制。[①] 扎实开展校本培训，探索以校为本个性化的校本培训有效形式，推进校本培训示范学校建设。实施农村小学校长提高培训工程，进一步提高农村小学校长办学规范化管理能力和水平，促进义务教育均衡发展。

四是要加强教师职业道德建设。教师是"人类灵魂的工程师"，教师职业的这种神圣与崇高决定了教师职业道德建设的重要性。《国家中长期教育改革和发展规划纲要（2010—2020年）》明确提出，要加强教育职业道德教育，增强教师教书育人的责任感和使命感。要多渠道、分层次开展各种形式的师德教育活动，健全师德考核制度。要在全社会营造尊师重教的良好氛围，切实提高教师的经济待遇和社会地位。要大力宣传先进教师典型，坚持和完善南粤优秀教师奖、杰出教师奖等制度，在每年的教师节在全社会进行隆重表彰，广泛宣传，营造尊师重教的良好传统和氛围。

（三）加强职业教育"双师型"教育队伍建设，全面提高职业教育师资水平

完善职业教育"双师型"教师培养培训制度，推进技工学校"一体化"师资队伍建设，切实提高职业院校教师的应用技能和实践技能。以职业技术师范院校、工科院校以及技师学院、企业实训基地为依托，探索建立"双师型"教师培养培训新机制，通过校企合作途径提高专业课教师实践教学能力。要把具有行业企业工作经历作为聘用专业课教师的重要条件，鼓励各级政府设立专项经费，建立特聘教师制度，支持职业院校面向社会、职业教育先进国家聘请优秀专业人才担任兼职教师，支持职业院

[①] 第九战略专题调研组：《一流教师一流教育》，《教育研究》2010年第7期。

校选派骨干教师赴境外培训。要加强在岗职业教育教师实践能力和应用技能的培养训练，建立教师实践培训基地。探索建立"双师型"教师资格认定制度，建立符合"双师型"教师发展规律的科学评价制度。完善职业教育教师培养和继续教育制度，指导职业院校开展多形式的"双师型"教师培养培训工作。

加强高等职业院校专业领军人才队伍建设。实施高等职业院校珠江学者岗位计划、能工巧匠进校计划、特聘兼职教师计划等，面向社会广泛吸引一批具有丰富实践经验、符合任职资格的技能型人才、高素质的专业领军人才充实到职业教育教师队伍中。支持高等职业院校与企业联合建立技术创新平台，为专业领军人才充分发挥培养人才、创新技术的作用创造良好条件。

（四）加强高等学校创新人才培养引进，造就一批学术大家和教育大家

持续推进高校高层次创新人才建设工程。积极参与国家"千人计划"和长江学者奖励计划，大力推进"千百十工程"、人才引进工程等高层次人才计划，培养聚集一批处于国内外领先水平的中青年学科领军人才和学术骨干，引进一批具有国际视野和国际竞争力的学科带头人和学术骨干，培育形成一批高水平教学科研团队，促进高层次人才及其教学科研团队在关键领域取得突破。加大对高校青年教师的培养力度，实施优秀青年教师专项培养计划。启动实施高校优秀青年教师国内外研修计划，每年选派中青年骨干教师赴国内外一流大学、研发机构研修学习，不断拓宽高层次人才培养渠道，采取科研项目资助等多种形式，培养一批具有发展潜力的青年骨干教师。根据高校人才的特点和成长规律，逐步建立以能力为基础、以绩效为核心、以贡献为目标的科学合理、分类量化的评价指标体系。制定政策，采取措施，解决高校教师住房难问题，促进高校加快培养引进高层次创新型人才。要通过培养、引进、交流等多种形式，并鼓励校长和教师在教育思想、教育模式、教育方法等方面进行探索和创新，造就一支高水平的教育人才队伍。

加强高等学校创新团队建设，培养造就高层次创新型科技人才。要适应建设创新型广东、构建现代产业体系、提升产业竞争力的需要，按照相对稳定、合理流动、专兼结合、资源共享的原则，建立开放、竞争、协作的教育教学机制和科学研究机制，创新教学和科研队伍的资源配置方式和管理模式。改革创新教学、科研的组织方式，显现学科带头人和学术骨干的作用，建立跨学科跨专业的教学、科研团队，在更宽领域、更深层次、更高水平上组织以学科群、专业群为基础的人才培养和科学研究协作体系。加强高等学校与行业组织、企业、科研院所在申报科研课题和科技研发上的交流与合作，促进高层次创新团队培养引进和高水平教学科研平台建设。

三 广泛应用和普及信息技术，以信息化推动区域教育现代化

广东在推进教育现代化进程中，必须将教育现代化建立在现代信息化平台上，实施教育信息化带动教育现代化的策略，探索建立一个基于信息技术的现代化教育体系，实现信息技术与教育教学的有机结合。

（一）加快教育信息化基础设施建设

首先要加大投入，加快各级各类学校信息化基础设施建设，构建数字化教育环境。要全面改善中小学信息技术教育的硬件设施，尽快完成全省独立建制中小学信息化设施的标准化配置，力争到2015年全省普通中小学生机比达到5∶1，公立学校的入网络率达到100%，每一间教室的网络联通率达到85%以上。加快推进中小学教育专网"校校通"计划，尽快完成全省独立建制中小学的省基础教育专网全覆盖，以及全省广播电视大学远程教育专网建设。大力推进高等学校、中等职业学校教学、科研、管理等方面的信息化，实施多媒体教学进班级计划，优化教育资源应用环境。

在推进学校信息化进程中，重点是要加快农村教育信息化建设步伐，增加对农村学校教育信息化建设的投入力度，推进城乡教育信息化资源均衡配置，用现代信息技术带动义务教育均衡发展，缩小城乡学校"数字鸿沟"。实施中小学现代化远程教育工程，充分利用"校校通"平台，建立并完善优质教育资源信息共享机制。通过现代信息技术和网络，为农村学校教育提供资源共享的平台，促进农村学校提高教育教学水平，缩小城

乡教育差距。加强对教育发展落后地区和薄弱学校信息技术教师素质的培训。省级教育行政管理部门要组织专家、学者开发适合教育发展落后地区实际的多媒体教学软件。深入实施"教育信息资源下乡行动计划",疏通教育信息资源下乡渠道。组织开展"送培训下乡"活动,加强农村中小学教师教育信息技术能力建设,提高教育资源应用效益和水平。

(二) 加快区域教育信息资源公共服务体系建设

教育信息资源建设是教育信息化建设的核心和灵魂,是实现信息技术与教育整合的前提和基础。所谓教育信息资源,是指经过数字化处理、在信息化环境中运行的数字化教育、教学资源,包括教学图片资源、教学素材资源、学科教案资源、教学实验资源、教学课件资源、共享软件资源以及网络课程资源等。从广东来讲,就是要根据构建"数字广东"的总体要求,由政府部门牵头,多元主体参与,按照统筹规划、合理布局、适度超前的原则,加快建立省级教育信息资源公共服务门户网。各市、县(区)也应以区域为单位,以教育行政部门牵头,整合教研、科研、培训和电教等部门的力量,分别建立不同级别的教育信息资源公共服务平台体系。

教育信息资源公共服务平台建设是一项长期而艰巨的系统工程,需要大量人力、物力、财力投入,涉及诸多方面,必须在共建共享机制方面进行创新。要按照政府主导、引入市场机制的原则,整合政府、企业、学校三方力量,形成多元化主体投入,加快建立经费保障机制、激励表彰机制、资源准入机制、评价反馈机制、区域联盟机制、系统互联机制、质量监控机制等。

(三) 实施教育信息化应用能力提升工程

教育信息化并不仅仅是一个简单的硬件设施建设,其本质是用现代信息技术对教育系统进行全方位改造[1],最终目的在于以信息化服务于教育教学,使信息技术与教学紧密结合,从而实现教学方式、学习方式、教育

---

[1] 桑新民、郑文勉、钟浩梁:《区域教育信息化的战略思考》,《电化教育研究》2005年第3期。

组织形式的革命性变革。因此，要以提高教育质量为目标，以促进教育模式、教育内容、教育方法改革为核心，深入开展信息技术在学校教学、管理、科研和服务等各个领域的广泛应用。

教师是教育信息化过程的实施者和操纵者，教师的信息素养直接影响教育信息化的进程。首先，要强化教师和学校管理人员的信息素质培养和培训，不断提高教师应用信息资源革新教学方式的能力。要建立开放、多层次的教师信息技术教育能力培训体系，建立完善省、市、县（区）、学校等多级信息技术培训体系，通过专业培训、网络远程培训、校本培训等方式的结合，将技术培训和教师的教学实践有机结合起来，全面提升教师网络信息资源的获取与共享能力，以及信息教育技术运用于教学的能力。其次，要积极推进信息化环境下的教学改革，促进信息技术与课程教学整合，全面提升信息化环境下教育教学新模式的探索和实践能力。信息化正在改变教育方式、过程和组织。广东要积极推进各级各类学校探索和推广以教材多媒体化、资源网络化、教学个性化、学习自主化、活动协作化、管理信息化为特征的新型信息化教育模式。要将信息技术教育纳入中小学必修课程。要积极运用现代信息技术改革教学内容和方法，推动信息技术与课程教学的有机结合，如推动教师开展在线教学研究，在校园网上发布课程主要内容，学生在校园网上进行注册、选课与查成绩，基于网络资源的自主性学习、研究性学习，基于网站共建的任务驱动型学习，推动教师与学生在网上进行交流，学生网上互相讨论，等等。

四 建立健全教育发展评价和督导机制，加强政府教育督导作用

（一）建立省域层面的教育发展指标体系

对于广东来讲，逐步建立与国际接轨、有中国特色广东特点、有利于分层定位和分类指导的教育发展评估指标体系。具体来讲就是，首先，这一指标体系要建立在衡量教育发展的理论基础之上。从目前国际教育发展评估指标体系看，大多是按照"投入—过程—产出"这一理论基础来进行指标体系

构建的，因此，广东的教育事业发展指标体系非常有必要借鉴这一理论分析框架。其次，教育发展指标体系必须注重教育发展的整体性，特别是要反映出教育供给与教育需求、教育产出、教育质量、教育公平等方面的情况。在这方面，OECD 的教育指标体系框架非常具有借鉴意义（见表 11-1）。

表 11-1　　2004 年 OECD 教育指标体系内容框架①

类别	OECD 指标项目	主要指标成分	政策含义
A 类指标	教育机构的输出与学习的影响	A1：当前高中教育毕业率与成人人口成绩	反映教育的人口、经济及社会背景，通过受教育程度与劳动力市场的供求关系，反映教育与个人的发展关系，乃至体现教育对提高生产力水平的贡献
		A2：当前高教毕业与存留率和成人人口成绩	
		A3：劳动力和成人人口的教育成就	
		A4：不同学科领域的毕业生	
		A5：15 岁人口的阅读成绩	
		A6：15 岁人口的数学和科学成绩	
		A7：学生表现的校际差异	
		A8：公民知识与参与	
		A9：父母的职业身份和学生表现	
		A10：15 岁人口出生地、家庭语言和阅读成绩	
		A11：不同教育成就水平的劳动力参与	
		A12：15—29 岁人口预期教育、就业与非就业年数	
		A13：私人和社会回报率及其决定因素	
		A14：人力资本与经济增长的关联	
B 类指标	教育财政与人力资源投入	B1：生均教育支出	支撑政府对教育合理、有效的投资目的
		B2：教育支出占 CDP 的相对比例	
		B3：公共教育经费支出总额	

---

① 转引自李海燕、刘晖《教育指标体系：国际比较与启示》，《广州大学学报》（社会科学版）2007 年第 8 期。

续表

类别	OECD 指标项目	主要指标成分	政策含义
B 类指标	教育财政与人力资源投入	B4：公共与私人教育投资的相对比例	支撑政府对教育合理、有效的投资目的
		B5：通过公共补助对于学生和家庭的支持	
		B6：按资源和服务种类划分的教育机构支出	
C 类指标	获得教育、参与及进步	C1：预期教育年限和入学率	正规教育和终身教育是否实现教育的全民参与，以及是否体现教育的平等性和机会均等，关注高教的国际化程度
		C2：高教进入及预期教育年数中的教育参与率	
		C3：高等教育中的留学生比例	
		C4：成人人口的继续教育和培训	
		C5：青年人口的教育和工作地位	
		C6：低教育水平年轻人的处境	
D 类指标	学习环境与学校组织	D1：9—14 岁阶段学生的总受教育时间	反映教育政策对教育实施过程及内部组织的影响力，体现教育的内部效益
		D2：班级规模和学生与教职工比率	
		D3：学校与家庭中获得与使用计算机情况	
		D4：男、女教师运用信息技术的态度与经验	
		D5：课堂与学校氛围	
		D6：公立初等、中等学校的教师工资	
		D7：教学时间与教师工作时间	

（二）建立各级各类教育发展评估指标体系

除了从全省整体层面建立教育发展评估指标体系外，为了衡量各级各类教育现代化发展程度，还有必要建立各级各类教育发展评估指标体系，以促进各级各类学校教育质量和水平不断提高。从广东情况来看，必须加强如下几类教育发展评估指标体系的建设。

首先，建立义务教育发展评估指标体系。

义务教育要加快两方面的指标体系建设。一是加快义务教育均衡发展监测与预警系统建设。在推进义务教育均衡发展过程中，要逐步建立一个监测与预警系统。有研究者认为，义务教育均衡发展监测指标体系应围绕教师资源均衡度、生源均衡度和保障系统均衡度三个方面进行建构[1]。从监测的内容上看，评估指标将包括绝对指标和相对指标、总体指标和局部指标等。评估内容包括：教育投入（生均经费、学校办学条件）、教师素质、学生入学率、生源质量、学生学业成就、学生学习满意度、升学率、学生辍学率等。通过计算反映义务教育发展差距的指标，建立一套反映义务教育发展差距的预警系统，初步形成义务教育均衡发展的数据模型。收集这些反映教育发展差距的信息，并以此为依据判断义务教育系统的发展状态。如果上述指标整体偏离正常值、超越社会容忍限度，这预示着义务教育系统处于非均衡发展状态。此时，政府就要及时采取有效措施进行干预。二是加快义务教育质量评价指标体系建设。在这方面，要着重从学校质量（如学校物质条件、学校管理、学校教育信息化程度、学校自主性）、学生质量（如优生率、留级率、辍学率、毕业率、升学率）、学生成绩情况（如学科平均成绩、学科综合成绩）、学生素质发展、教师质量、教育资源支持、相关社会评价等方面构建系统评价指标体系[2]。

要建立县域义务教育均衡发展状况公告制度，定期公布县（市、区）义务教育均衡发展状况督导检查结果。要将县域义务教育均衡发展状况作为县（市、区）党政领导干部基础教育工作责任考核的重要内容。

其次，建立职业教育质量评估体系，不断提高职业教育质量水平。

在广东职业教育蓬勃发展的过程中，职业教育质量评估体系建设就显得尤为重要。要想打造成我国南方重要的职业教育基地，必须加强职业教育质量评估体系建设。在这方面，政府应组织行业协会、职业教育机构、专家一道认真研究，特别是要学习借鉴澳大利亚的经验，从职业教育学校

---

[1] 董世华、范先佐：《我国县域义务教育均衡发展监测指标体系的构建——基于教育学理论的视角》，《教育发展研究》2011年第9期。

[2] 孙袁华、张熙：《建构我国的高质量义务教育评价指标体系》，《教育理论与实践》2003年第8期。

办学过程标准、职业教育课程内容标准、职业教育质量管理机构等方面建立起具有科学性、系统性的评估体系。特别是要发挥行业协会的核心作用，广东目前形成了很多行业集中带，如汽车行业、电子通信行业、化工行业、家电行业、模具制造行业、家具行业、服装行业、制鞋行业、工业设计行业，等等，在同一个行业，技术要求、技能评定方式等方面都比较一致，可以充分发挥各行业协会的影响力和组织能力，组成本行业技术骨干参与制定职业技能人才培养标准和专业课程教育标准。

最后，建立高等教育发展评估指标体系。

广东高等教育发展评估指标体系可以从规模、结构、质量、经费与管理五个方面进行建构。规模主要从高校在校生人数、高等教育毛入学率、研究生规模、留学生规模、占全国高校在校生总数的比例等方面来衡量；结构指标主要包括专科生、本科生、研究生之间的比例，学科专业门类的数量与分布，公办学校与民办学校之间的分布等方面来衡量；质量指标主要包括教师队伍状况（如教师中具有博士学位的比重、专职教师与兼职教师比重），师生比，一流大学（学院）数量，技术发明与专利数，国家重点学科情况，政府、公众、企业和毕业生满意度等；经费指标主要包括政府资金投入比例、生均经费、教师平均工资、科研经费、捐赠收入、技术转让合同金额等；管理指标主要包括学校自主权、管理规范性、管理人员与学生比例等方面。[①]

（三）建立学校教育多重评估体系

首先，要发展政府教育督导的作用。建立相对独立的教育督导机构，独立行使督导职能；健全督导制度，建设专职督导队伍。坚持督政与督学并重、监督与指导并举。加强督政，强化对政府落实教育法律法规和政策情况的督导检查，促进区域、城乡基础教育优先发展、均衡协调发展。加强督学，强化高质量高水平普及九年义务教育及义务教育规范化学校建设

[①] 袁雯、谢仁业、朱益明、方修仁：《上海高等教育现代化框架及其指标的展望》，《中国高等教育评估》2007年第3期。

督导检查，开展学前教育和高质量高水平普及高中阶段教育督导检查。建立督导检查结果公告制度和限期整改制度。

其次，要加快建立社会评估机构，逐步建立健全教育评估资质认证制度。要强化专业教育评估机构的职能，建设高素质、专业化的教育评估专家队伍，促进教育评估工作专业化、规范化和制度化。以提高教育评估的专业权威性和社会公信力为目标，逐步吸引用人单位、行业协会、专业学会、研究机构等社会组织参与教育评估，改变现行以政府为主体的单一评估模式，建立多元化教育评估新机制。

最后，完善学校自我评估。自我评估是现代学校评估的基础，各级各类学校要形成内部质量保障体系，变"要我评"为"我要评"。要努力形成由学校、家长、教师、学生共同参与的广泛的学校自我评估。

五 鼓励和调动社会积极性、共同推进教育现代化

（一）充分发挥市场力量，鼓励社会力量、企业参与办教育

在推进教育现代化进程中，除了政府是一个重要推动者之外，市场力量、社会力量也是重要的推动者。相关研究表明 20 世纪八九十年代，包括发达国家和发展中国家在内的 98 个国家和地区中，大多数国家的私立初等教育规模在 25% 以内，私立中等教育规模超过了 25%。[①] 广东要积极鼓励社会力量、企业投资兴办教育，并从法律保障、政策支持等方面采取行之有效的措施，激发企业参与举办教育的积极性和主动性。

（二）大力推进教育领域的公私合作伙伴关系

自新公共管理运动兴起以来，公共服务供给的 PPP 模式，即公私合作伙伴关系（Publie-Private-Partnership），也就是政府与市场组织以及其

---

① 曲恒昌：《当今世界教育私营化特点探析》，《比较教育研究》2001 年第 1 期。

他非政府组织或者个人合作提供公共产品的制度安排与政策实践，这已经成为现代社会公共服务供给的一种普遍趋势。[①] 广东在推进教育现代化进程中，要解放思想，转变观念，大力倡导发展公私合作伙伴关系，要鼓励和允许社会资本进入教育领域，要清理和纠正教育领域公私合作伙伴关系实践中存在的各种歧视性政策，不断完善相关的制度建设。依据《义务教育法》第48条和第49条"国家鼓励社会组织和个人向义务教育捐赠，鼓励按照国家有关基金会管理的规定设立义务教育基金"的规定，要积极建立教育资源"多主体"供给机制，鼓励政府以外的各种组织或个人进入教育供给领域，推动教育服务的多元化。

（三）重视和发挥社会和咨询机构对教育的促进作用

现代教育与经济社会紧密联系，现代社会是个多元化的社会，在推进教育现代化过程中，政府对教育的决策和统筹管理不仅要依靠教育部门，而且也要听取社会各界和各层人士的意见。因此在政府推动下建立由经济、科技、教育、法律、文化、社会等各个界别组成的教育咨询委员会，在教育的重大问题决策、教育的拨款等方面听取教育咨询委员会的意见建议，并逐步成为制度。同时也重视和发挥社会各方面教育机构的咨询、评估及研究机构的作用，听取他们的意见，吸取他们合理化的建议，以促进教育的科学发展。

（四）建立健全家长参与教育机制

在当今时代，社会参与学校教育已经成为世界教育发展的一个重要趋势，许多国家纷纷采取措施加强社会与学校之间的联系。而在社会参与力量中，家庭的参与是一支重要力量，家长是否有效地配合学校对子女进行教育，直接决定着学校教育的效果。能否有效吸引家长的参与和支持，已经成为学校是否成功的关键之一。英国学者摩根等人将其分为三个层次：(1) 低层次的参与，这个层次的家校合作方式有家长访问学校、参加家

[①] 高树、吴华：《我国教育领域的公私合作伙伴关系审视》，《教育发展研究》2010年第8期。

长会、开放日、学生作业展览等活动,另外还有家长联系簿、家长小报、家庭通讯等;(2)高层次的参与,这种层次的合作方式有经常性的家访、家长参与课堂教学和课外活动、帮助制作教具、为学校募集资金等;(3)正式组织上的参与,如家长咨询委员会等。[①] 国外经验表明,家长参与学校教育意味着学校和周围社区的关系逐渐步入学校向社区开放、社区参与学校教育的合作阶段,家长和社区人士参与学校的教学和管理,其角色逐渐从辅助人员进入决策及教学的重要位置,并直接对学生的学习承担责任。社区与学校的关系不再是一般意义上的社区为学校注入物力资源,不再是一种补充,二者的合作也不再只是"教育外行"与"教育内行"的牵手,而是成为学校教育的重要组成部分。广东在推进教育现代化进程中,必须努力探索家长参与教育的各种机制,使家长参与教育成为学校教育的一个有机组成部分。

[①] 王艳玲:《英国家校合作的新形式——家长担任"教学助手"现象述评》,《比较教育研究》2004年第7期。

第三篇

广东教育现代化的实践探索与现代进步

第一篇、第二篇论述了工业化经济和知识经济全球化时代教育现代化的基本理论和广东推进教育现代化发展策略的认识。第三篇收录了作者在所任职岗位上发表的有关讲话、文章，按照基础教育、职业教育、成人教育、幼儿教育、高等教育等内容排序，仅从某个阶段、某个侧面、某个点上反映广东在工业化和全球化时代教育现代化的发展和进步的实践。

将高水准的基础教育带入 21 世纪[*]

21世纪将是以计算机网络为主要标志的高新技术深刻改变人类社会生活的世纪，唯有培养基础知识扎实、素质全面、富有创造力的人才，才能适应其需要。作为已经基本实现"两基"的广东基础教育，目前的任务是要在巩固提高九年义务教育水平的基础上，积极稳步普及高中阶段教育。为了把义务教育办成真正的国民素质教育，我们将致力于改造薄弱学校，力争到20世纪末将所有薄弱学校都改造成标准化学校，使广东省义务教育真正面向所有学校、所有学生，为建设教育强省奠定坚实基础。同时适应经济和社会发展要求，改革高中阶段教育，大力发展职业教育，提高教育的质量和效益，到20世纪末，珠江三角洲和大中城市基本普及高中阶段教育；到2010年，全省基本普及高中阶段教育。努力建立现代教育制度和现代学校制度，逐步形成结构合理的基础教育体系。

面对21世纪要求，我们将改革单纯以升学为目标的"应试教育"，实施全面素质教育。为此，必须坚持以邓小平建设有中国特色社会主义教育理论和《国家中长期教育改革和发展纲要》为指针，坚持"三个面向"，深化教育领域各项改革，全面贯彻落实国家的教育方针，使学生在德、智、体、美、劳方面协调发展。为了树立正确的教育观、人才观，我们将组织教育思想的学习与讨论，使学校、家庭、社会各界都达成共识，创造实施素质教育的良好环境。

---

[*] 本文曾独立发表于《人民教育》1997年第4期。

面对21世纪要求，我们要加速建设一支高素质的教师队伍。我们将开展"立高尚师德，树教育新风"活动，加强普教系统的精神文明建设。在进行师资学历教育同时，开展全员培训，以提高全体教师的学历层次与教育教学能力。加强对中青年教师的培养，在此基础上，启动"百千万工程"，力争到2010年，全省培养出100名知名教育专家，1000名名校长，10000名名教师，激励一代教师和教育工作者在教育改革大潮中建功立业。

世纪之交，机遇与挑战并存。我们将以珠江三角洲作为实现教育现代化的先导地区，通过其示范与辐射作用，带动全省加速实现教育现代化，将高水准的基础教育带入21世纪。

现代化建设呼唤素质教育[*]

广东经济发展正处在一个新的历史转折点。在经历了近20年的高速发展后，广东要增创新优势，必须从靠高投入的外延性发展向靠技术创新的内涵发展转变，从重数量增长向提高质量转变，这种转变呼唤着人的素质的极大提高。目前，广东省的整体人口素质已明显滞后于广东经济发展对人才的要求；而人的素质的提高在于教育。从这个意义上来说，教育要全面适应现代化建设对各类人才培养的需要，全面提高办学的质量和效益，就必须转移到以素质教育为核心的轨道上来。

站在广东现代化的历史高度，审视我们当前所进行的向素质教育转变这场深刻的社会变革，我们认为，在素质教育观念的转变和素质教育模式的建构中，深刻把握全民教育、全面教育、主体教育和终身教育的思想内涵，是实施素质教育的题中应有之义。

素质教育是一种全民教育。社会文明进步和现代化建设要求有良好的国民素质，基础教育承负着重要任务。广东省虽已普及九年义务教育，但"普九"的巩固提高仍然是教育事业发展的"重中之重"。为此，我们要切实抓好义务教育的入学率、巩固率、普及率、完成率"四率"的巩固提高工作。要降低班额，完善教学设施设备，努力提高教学质量。对家庭经济困难儿童、学习困难儿童、残疾儿童、流动儿童的义务教育方面，不但要保障他们受教育的权利，而且还要给他们以均等的学习机会。素质教

---

[*] 本文曾独立发表于《南方日报》1998年5月13日。

育要求办好每一所学校,面向每一个学生。因此,我们目前在全省范围内进行的,用三到五年时间完成"改造薄弱学校、建设规范化学校"的工程具有重大的意义。

素质教育是一种全面发展的教育。作为现代化的人,应该具有现代化的社会理想,现代化的知识素养、现代伦理道德观念和现代心理素质。只有全面发展的教育才能培育人的这些现代素质。随着现代信息技术的发展和普及,知识更新换代加速,学校对学生的教育,不仅要使学生掌握基本知识,而且还要培养他们的各种能力,更重要的是要使学生掌握学习的方法,这些都对传统教育提出了挑战。全面实施素质教育与全面贯彻党的教育方针并行不悖。在当前我们要突出解决贯彻教育方针中的一些薄弱环节,进一步确立学校德育工作在素质教育中的重要地位和作用,加强学校体育、美育和劳动技术教育,通过各门学科课程的教学和必要的社会实践活动,促进教育与现代化建设相结合,促进学生在德智体美劳诸方面全面发展,培养和造就社会主义一代新人。

素质教育是一种主体性的教育。新的经济增长方式比过去任何时候都更强调人的作用,一切为了人,以人为中心,是经济可持续发展的客观需要。素质教育倡导"一切为了学生,为了一切学生,为了学生的一切",旨在弘扬人的主体精神。具有主体性的素质教育包含了主动性、独立性、创造性和参与性等方面的内涵,体现了教育现代化的时代精神。而以升学考试为目的的"应试教育"则与这种时代精神相背离,它把学生的头脑当作知识的容器,片面强调知识的传授,而忽视主动性和创造性能力的发挥。考试分数作为评价学生的唯一尺度,异化成为一种主宰学生命运的神秘力量,禁锢和戕害了学生的主体精神。因此,我们要在深化教育体制改革的同时,积极推进教学领域特别是教学内容、方法和手段的改革,逐步建立具有广东地方特色的现代化的课程教材体系,用现代科学技术知识武装年青一代的头脑。不断优化教学过程,提高课堂教学效率,推进教学手段现代化,改革考试制度和教学评价,让学生成为学习的主人,"学会认知,学会做事,学会生存,学会共同生活"。当前,愉快教育、和谐教育、成功教育、情景教育等教育模式的探索都是素质教育成功的范例,体现了教育主体性的基本精神。

素质教育是为终身教育奠定基础的教育。终身教育作为教育现代化的一个基本特征，对素质教育提出了更新更高的要求。终身教育体现了教育的整体性，它试图从纵横两方面寻求教育的连续与结合，包括人的发展的各个时期和各个方面，即幼儿教育、青少年教育、成人教育在时间上的连续与学校教育、家庭教育、社会教育在空间上的整合，以及每一个人在智力、体力、情感等多方面的和谐发展。对社会来说，终身教育的理想是建立一个学习化的社会；对个体而言，教育不再仅仅是谋生的手段，为未来的生活做准备，而是为进一步学习而学习，培养活生生的人。人们通过不断的学习，追求人格的自我完善及个性的全面发展。这正是素质教育孜孜以求的理想境界。

广东2010年基本实现现代化，是世纪伟人邓小平同志的历史嘱托，是广东人民在世纪之交肩负的历史使命。教育是促进人的社会化、现代化的过程，没有人的素质的提高，社会现代化就不可能取得真正意义上的成功。广东现代化建设呼唤素质教育，建设教育强省需要素质教育。让素质教育在现代化的蓝图中描绘出壮丽的篇章，在现代化的主旋律中奏出时代的强音，这不仅是所有教育工作者的神圣职责，也是社会各界的殷切期望。

全球化视野下广东义务教育现代化的思考[*]

一 全球化视野下义务教育发展的两大趋势

全球化已经成为我们这个时代的主要特征,是人类在 21 世纪所面临的重要生存境遇,是人类不可逃脱的命运和无法逆转的过程。[①] 全球化对人类社会带来的深远影响,就像工业革命所带来的经济社会重大影响一样,有学者称之为第三次社会转型。[②] 联合国教科文组织认为,全球化是一种新兴的强大力量,与其他新兴力量一起正在改变着 21 世纪人类社会的方方面面。[③] 随着全球化进程的深入推进,社会生活的几乎所有领域都无法摆脱全球化进程的影响,全球化越来越成为学者们描述和认识人类社会变迁的重要概念,"成为一个合法的知识对象",[④] 成为各个学科认识和分析当代问题的重要坐标。教育领域也不例外。"全球化在社会财富不平

---

[*] 本文内容曾以《全球化视野下广东义务教育现代化的思考》为题发表在《学术研究》2012 年第 5 期。

[①] 邬志辉:《教育全球化现象的多维审视》,《华东师范大学学报》(教育科学版) 2003 年第 3 期。

[②] 文军:《社会学理论的核心主题及其古典传统的创新——兼论社会学理论中"全球化研究范式"的建立》,《浙江学刊》2005 年第 4 期。

[③] 朱镜人:《全球化背景下高等教育发展新动向及其对策》,《高等教育研究》2010 年第 3 期。

[④] Sklair L, *Sociology of the Global System*, 2nded, Baltimore, M. D.: John Hopkins University Press, 1995, p. 1.

等、工作方式的变化、知识经济对工作的意义和用户至上主义与在消费中的学习等方面深刻地影响着教育实施和实践的方式,且在未来的几十年中也将会塑造我们思考教育的方式。"① 国内也有学者明确提出,对教育发展的研究除了从教育现代化范式研究外,还应向教育全球化范式转变。② 因此,在全球化背景下,对广东义务教育现代化研究迫切需要我们进行思维范式的转换和创新,即以全球化作为认识和分析广东教育现代化的理论框架和参照坐标,以全球化的视野去把握教育现代化进程的趋势和动向,在此基础上创新出自己的教育现代化之路。

在全球化进程中,随着世界各国教育交流的增加,一些具有共性的教育样式逐渐得到普及和推广,成为全球通行的标准状态或趋势,③ 从目前世界发达国家和地区义务教育发展情况看,重视教育的公平和质量是最为突出的两大发展趋势。

教育公平是一个目前世界各国义务教育普遍重视的根本性问题。在促进义务教育公平发展方面,发达国家创造出了不少经验,值得广东学习借鉴。作为当前世界上教育最发达的国家之一,美国非常重视教育公平,"促进教育机会均等,一直是美国教育改革所遵循的基本原则和价值基础。它甚至作为一个响亮的口号被镶嵌在美国教育部大楼正面的大理石上"④。进入 21 世纪,为了促进基础教育公平,美国于 2002 年出台了《不让一个孩子掉队》,将消除差距、促进公平列为重要目标。美国通过跃进学校计划(Accelerated School)实施薄弱学校改造、通过农村教育成就项目(Rural Education Achievement)⑤ 支持农村学区教育改善。美国对黑人、移民、少数民族子女、城市贫困人群等处境不利弱势

---

① [美]迪恩·纽鲍尔:《全球化和教育:特征、动力与意义》,《教育研究》2009 年第 7 期。
② 邬志辉:《从教育现代化到教育全球化——全球化背景下中国教育发展面临的挑战研究》,华东师范大学博士后流动站研究报告,2001 年。
③ 刘莉珍、杨俊俊:《浅谈教育全球化的概念及其带来的挑战》,《高教论坛》2008 年第 2 期。
④ 朱家存:《教育均衡发展的政策研究》,中国社会科学出版社 2003 年版,第 220 页。
⑤ 干略:《每个孩子都重要:英国全面关注处境不利儿童的健康发展》,《比较教育研究》2005 年第 10 期。

群体实施"补偿教育"政策。而英国通过推行"教育行动区"(Education Action Zone)计划、"追求卓越城市计划"、"国家挑战"(National Challenge)计划①来扶持教育落后地区和改造薄弱学校。法国则通过教育优先区来对处境不利的地区和群体给予支持和帮助,即"给匮乏者更多,特别是更好"。②为促进义务教育均衡发展,日本、韩国均采取了推行中小学标准化的措施。日本的《学校教育法》就明确规定了小学、初中和高中的办学基准,对学校选址、占地面积、校舍面积、师资水平、实验器材、图书配备等方面都提出了明确的要求,并必须严格执行。

重视教育质量也是发达国家义务教育的一个普遍发展趋势。人才培养目标、教育观念、教学内容、教学方法和手段改革是提高基础教育质量的关键环节。在义务教育培养目标方面,发达国家非常重视素质教育、创新教育和个性教育。1996年,日本《关于面向21世纪我国教育的发展方向——让孩子们都有"生存能力"和"轻松宽裕"》中提出,初等教育要培养儿童的"生存能力",包括"确实可靠的学力""丰富的人性""健康·体力",形成一种完全人格的整体素质和能力。法国全国课程委员会编写的《初中学什么》提出:"得到充分发展的孩子是这样的孩子,通过共同的语言和自己的选择,逐渐发现自己的个性、愿望、集体生活和未来发展道路,他感到自身整体得到充分发展。"2003年,英国发布《每个孩子都重要:为了孩子的变化》,提出了儿童健康发展的五项指标,即健康、安全地生活、快乐或愉悦,取得成绩、做出积极贡献、获得良好的经济状况。美国基础教育教学有三个重要的特点,即激发儿童的好奇心、培养儿童对问题的质疑能力、发展每个学生的最大潜能与能力。可以说,美国基础教育从理念到教学方法、教学过程、教学评价标准等都隐含着培养国家未来创新型人才的潜意识,这也正是美国涌现出众多诺贝尔奖得主的

---

① 阮成武、肖毅:《基于和谐:国际初等教育政策的价值取向及对中国的启示》,《比较教育研究》2008年第4期。
② 李丽桦:《统领未来20年:法国基础教育改革新法出台》,《上海教育(半月刊)》2005年第12A期。

一个重要原因。① 为了提高义务教育质量，发达国家和地区还纷纷通过举办特色学校、小班化教学、多样化教学等方式方法来推进义务教育的个性化发展。

二 广东义务教育发展现状及存在问题

广东义务教育现代化步伐起始于20世纪80年代。1980年中共中央、国务院颁布《关于普及小学教育若干问题决定》，同年广东颁发《关于进一步贯彻中发〔1980〕84号文件，实现普及小学教育的意见》。由于政府财政薄弱，当时形成了政府主导、社会和人民群众包括海外华侨积极参与集资的办法解决"一无两有"（无危房、有课室和课桌），使小学教育在全省境内得到迅速普及。1979—1987年，全省用于校舍建设投资达31.44亿元，加上住房及设备投资共40.33亿元，新建校舍2546.4万平方米，是新中国成立后的26.47倍。1984年，全省有小学29778所，在校生达779万，入学率达97.78%，基本实现了普及小学教育。②

在全省普及小学教育的基础上，广东以珠三角为示范开始在全省普及九年义务教育，特别是在1992年邓小平南方谈话的推动下，呈现了加快发展和全民办教育的热潮。1995年，广东在全国率先实现扫除青壮年文盲，1996年，广东省和江苏省一道成为全国率先实现普及九年义务教育的省份。据统计，1996年，全省小学生入学率达到99.75%，小学毕业生升学率95.94%，初中毛入学率达到98%，普通初中辍学率控制在3.78%。专任教师学历达标率，小学95.92%，初中83.07%。广东普及九年义务教育10年期间，共投入443.2亿元，建设校舍4354平方米，实现90%校舍更新，80%楼房化。③ 投入20亿元用于改善教学设备，学校计算机数量及教学走在全国前列。1996年后广东又采取"改造薄弱学

---

① 张向葵：《美国基础教育在培养诺贝尔奖得主中的奠基作用及其启示》，《外国教育研究》2008年第8期。
② 何辛编：《广东教育50年——1949—1999》，广东高等教育出版社2000年版。
③ 江海燕主编：《广东普通教育现代化1990—2000》，广东人民出版社2001年版。

校"、"教者有其居"、培养教师的"百千万工程"等强有力措施，使全省普及九年义务教育得到全面巩固提高。

进入21世纪以来，广东按照"先困难家庭后一般家庭，先欠发达地区后一般地区，先农村后城市"的原则，分"五步走"解决"读书难"问题，基本实现了城乡免费义务教育。2001年秋季，广东省建立了农村困难家庭（人均纯收入低于1500元）子女免收义务教育阶段书本费和杂费（简称"两免"）制度，从2005年起，又对已实行"两免"的学生给予生活费补助（简称"一补"）；2005年秋季学期，广东省在16个扶贫开发重点县开展免费义务教育试点，129.93万名农村孩子"提前"享受到免费义务教育；从2006年秋季开学起，全省农村义务教育阶段免收学杂费；从2007年秋季起，在全省农村义务教育阶段免收学杂费的基础上，进一步免收课本费，在全国率先实现农村义务教育全免费；在2007年秋季学期实施对城镇低保家庭子女实施免费义务教育的基础上，从2008年秋季学期起，广东省实施城镇免费义务教育，免收学杂费和课本费，实现了城乡免费义务教育一体化。另外，为了给接受免费义务教育的孩子们"读好书"提供条件，从2003年至2007年，全省开展了中小学布局调整、改造老区山区学校、开展农村中小学信息技术和英语教育、解决农村义务教育负债、实施农村义务教育生活设施改造工程和农村义务教育学校危房改造工程。

总之，随着贯彻落实科学发展观实践的推进，优先发展义务教育正在成为各级党委政府的共同努力目标，各级政府不断增加对义务教育的投入，义务教育在整体上已经超越了短缺的状态，全省基本实现普及九年义务教育的目标。可以说，全省义务教育由此进入了一个全新的发展阶段，即从"普九阶段"进入"后普九阶段"。进入"后普九阶段"，义务教育面临着两大问题：促进公平和提高质量。可以说，随着义务教育入学机会大大扩展，"有学上"基本不成问题；但另一方面，教育过程公平和教育质量公平问题开始日益凸显，即人们对"上什么学""上好学"提出了更高的要求。因此，"后普九阶段"广东义务教育要解决的主要矛盾和问题是义务教育均衡发展问题，即义务教育过程公平和质量公平问题。

广东义务教育不均衡发展主要表现为城乡、区域及不同学校之间差距较大，义务教育过程公平和质量公平问题比较突出。城乡义务教育差距主要体现在办学条件、师资力量和经费投入等方面。例如，2010年全省城镇小学专任教师本科及以上学历比例为33.48%，高中及以下学历的比例为9.44%；而农村小学专任教师本科及以上学历的比例只有9.88%，高中及以下学历的比例却高达26%。中学具有高级职称教师的比例，珠三角地区为16%，欠发达地区只有8%。在教学设施设备方面，城乡学校间不均衡情况更为突出。2010年，50个山区县县镇体育运动场面积、体育器材、实验仪器达标率分别为51.09%、44.29%、44.57%，建立校园网学校比例为36.73%，计算机生机比20：1，生均仪器设备总值为472元；而山区农村小学体育运动场地面积、体育器材、实验仪器达标率分别只有17.46%、11.34%、11.58%，建立校园网学校比例只有3.08%，计算机生机比47：1，生均仪器设备总值仅235元。在区域义务教育非均衡发展方面，2010年，全省义务教育规范化学校覆盖率37.66%，其中珠三角87.6%，欠发达地区只占26.25%。此外，历史上形成的重点学校、示范学校制度造成了校际之间非均衡发展，这也是"择校热"愈演愈烈的重要原因。此外，在义务教育阶段，应试教育模式还没有完全得到根本改革，教学工作评价单一、以分数论英雄、学生课业负担严重等问题依然存在，义务教育的质量和水平仍待提高。

三 广东义务教育现代化的对策建议

经过改革开放30多年发展，广东义务教育的发展非常迅速，但教育过程公平和教育质量问题仍待解决。因此，进入"后普九阶段"，广东义务教育必须实现三个方面的转变，即从量的扩张向质的提升转变，由注重效率向注重公平转变，由硬件建设向内涵发展转变。为此，必须在如下几个方面创新和突破：

一是积极推进义务教育标准化学校建设，均衡办学条件。广东必须积极推进城乡统一的义务教育办学最低控制标准，实施"标准化学校建设工程"，按规范化标准的要求进行校舍建设、设施设备和师资力量配置，保证同一地区的不同学校都具备符合办学且装备水平相差不大的教学设施，保证同一地区中小学生的学习条件相对一致，办好每一所中小学，不断提高学校建设质量，把每一所学校都办成合格学校。目前，部分农村中小学基础设施简陋、落后、不配套，应在当地财政可以承受的范围内，制定标准化学校的基础设施标准。通过实施"标准化学校建设工程"，使全省城乡义务教育学校生活设施实现"五有"，即有符合安全、卫生标准的饮用水，有符合安全、卫生标准的厕所，寄宿制学校有符合安全、卫生标准的食堂，寄宿学生一人有一床，跨镇（乡）执教的教师有一间可供工作、休息的住房。

二是坚持制度创新，建立城乡、校际间教育资源共享机制。在当前中国社会背景下，一些制度性的因素促进或加剧了教育不公平，解决城乡、校际之间教育不均衡发展涉及制度、机制建设问题。要加快全省区域学区学校统筹管理、开展捆绑式（或手拉手）联盟等联动机制建设，积极推进城乡教育一体化。例如，建立由各县（区）划分、由名校统筹若干学校的"名校共管体系"，以优质学校整合、带动薄弱学校，扩大优质教育资源，提升义务教育整体办学水平。有条件的地区，可将地理位置邻近的义务教育学校划归同一学区，成立由学区内各学校校长组成的学区委员会，建立相关的机制，统筹管理、调配学区内的教育教学资源，让学区内的教育资源（包括教学设施设备、场馆、课程资源以及紧缺学科的教师）在有需要的学校之间共同使用，实现教育资源的共享。实施义务教育城乡反哺机制，即城市地区对农村地区基础教育学校的反哺。要加快建立城乡结对帮扶，大力推进义务教育"千校扶千校"和"教育资源下乡"行动计划，建立城乡学校、名校与薄弱学校结对子，实施教师互动、课堂教学互动、学生互动、资源共享为内容的帮扶计划，促进城乡学校共同发展。要通过推进"义务教育均衡发展合格区县"的创建，提升区县义务教育均衡发展综合水平。要积极构建中小学校长任职交流互动机制，农村学校校长要到城市学校"留学"，城市学校选拔领导要到农村学校任校长。要明确校长任期时限，在同一所学校连续工作超过两届的校长原则上应当轮换，届满可以调任、兼职、挂职、帮扶等方式轮岗，形成中小学干部"定期轮训、定期考核、定期聘任、定期流动"制度。建立健全县域内中小学教师定期轮岗制度，促进城乡教师资源合理均衡配置。可按一定比例和年限将基础较好的小学、初中的骨干教师轮岗、交流到薄弱学校任教，指导、帮助薄弱学校提高教学水平。实行英语、体育、音乐、美术、计算机等紧缺专业教师、随班就读特殊教育指导教师集中管理、包片流动巡回教学的工作机制等。

三是树立素质教育观和创新教育观，实施义务教育质量战略。"培养什么人、怎样培养人"是义务教育内涵发展必须解决的根本问题。著名的"钱学森之问"，即"为什么我们的学校总是培养不出杰出人才"的根源就在于我们基础教育还没有完全摆脱应试教育模式，即应试教育模式扭曲了基础教育的本质，造成教育围绕考试转、千校一色、学生千人一面，它忽视了学生的兴趣和特长，只是培养学生成为应付考试的机器，不注重培养学生的创新能力和创新精神。因此，广东省在提高义务教育阶段质量过程中，必须在教育理念方面进行创新，重视教育的本体性，克服教育的工具性。基于国际经验，笔者认为必须大力倡导现代基础教育理念，即树立素质教育观、创新教育观和全人教育观。改变传统教育的方式方法，不是把学生当作知识的"容器"进行灌输式、填鸭式教学，而是要把学生头脑从欲被填满的容器变为需要被点燃的火把。[①] 因此，广东义务教育要以学生为中心，从中小学生身心发展规律出发，从重升学率、重分数转向重儿童的个性发展、全面发展；从重视认知教育和应试的教学方式向注重学思结合、知行统一和启发式、参与式教学方法转变，强调学生学习的积极主动性，培养中小学生广泛的兴趣和爱好，帮助学生认识和激发自身潜在的创造力，处理好学习知识、培养能力和加强实践的关系，促进学生个性特长健康发展。

四是积极改革基础教育课程和教学方式。要切实减轻义务教育阶段学

---

① 刘华蓉：《火把·钢琴·大观园——听中科院院士、英国诺丁汉大学校长杨福家教授谈教育》，《中国教育报》2001年3月13日。

生过重的课业负担，创建一种以启智减负为导向，整合多种学科特色，全面提升学习质量的综合性实验课程体系。鼓励各学校在执行国家课程标准的同时，开发综合性的、多样化的、密切联系学生生活的校本课程。调整课程设置和课时结构，借鉴国外先进经验，要适当减少语文、数学等基础学科教学时间，增设综合实践活动、科学、通用技术等课程。在课程设置方面要给地方和学校一定的选择空间，以便地方和学校自行确定课程标准。要建立小学生课业负担监测和公告制度，切实减轻小学生过重的课业负担，把周末和节假日时间还给学生。要积极倡导快乐教学，强调学习的乐趣，激发学生学习的内在动力，关注学生兴趣、潜能的培养，保护学生的好奇心和求知欲。改变传统的学生被动学习，更多引导学生主动学习和探究问题，努力创设引导学生独立思考，求新创异教育环境，注重培养学生的学习能力，把自主学习的空间还给学生。要提倡教师多样化教学，倡导教学过程的互动性和趣味性，推进研究性学习，形成师生间相互讨论与质疑的合作学习方式。

五是加大对弱势群体的扶持力度，积极发展学前教育。广东是外来人口大省，农民工子女义务教育存在着入学难问题，其公平受教育权得不到完全落实。要按照"流入地为主、公办学校为主"的原则，积极挖掘现有公办学校潜力，积极推进薄弱学校改造、住宅校区配套义务教育阶段学校建设，把住宅校区配套学校办成公办学校，增加公办学校学位，努力扩大外来人员子女入读公办学校的数量。积极探索"积分制"等办法，不断扩大外来人员子女免费接受义务教育范围，保障非户籍子女平等受教育的合法权益。大力扶持招收外来人员子女的民办学校，满足外来人员子女学位需求。设立民办教育发展专项资金，对招收外来人员子女的民办学校给予支持和奖励。在具备条件的地区，按照民办学校接受外来人员子女义务教育的人数予以一定的经费补贴或者实行学位购买制度。要积极发展特殊教育，切实保障残疾儿童、青少年的公平受教育权。按照国家的要求，30万人口以上的县（市、区）要建有综合性、符合国家标准的特殊教育学校；30万人口以下的县（市、区）根据实际建设特殊教育学校或在普通中小学设置特教班。加强特殊教育师资的培养培训，有条件的师范院校开设特殊教育专业,开展特殊教育教师培训。要完善中小学特殊教育教学设施和生活设施。世界主要发达国家在教育现代化进程中不仅大力普及义务教育,而且根据经济社会发展逐渐延长义务教育的年限和范围。目前,北美、欧洲等主要发达国家义务教育平均年限为10—12年。其中,学前教育的公共性和公益性越来越受到世界各国的重视,许多国家纷纷将幼儿教育放到事关社会全面发展甚至国家安全的战略高度,将发展幼儿教育作为现代政府职责的重要内容。[1] 目前,广东已经出台了《广东省发展学前教育三年行动计划(2011—2013年)》,提出了要积极实施学前教育"扩容普及"工程、幼儿园"规范促优"工程和学前教育师资队伍建设工程,全面加强规范化幼儿园建设,下一步要建立和完善学前教育经费保障制度,建立政府财政、社会举办者、家庭合理分担的投入机制,逐步加大财政投入力度。要充分利用城市社区资源,建立多种形式的社区幼儿教育活动场所,构建社区幼儿教育服务网络,大力推进家庭早期教育指导和服务工作。要充分利用农村小学布局调整、富余校舍和师资队伍举办幼儿园,采取大村独办、小村联办的形式举办幼儿园,扩大学前教育资源。要支持和扶持社会团体、机构、企业和私人举办民办幼儿园。力争到2015年,全省普及学前三年教育。

---

[1] 韩小雨、庞丽娟、李琳:《从国家发展的战略视角论幼儿教育的价值》,《学前教育研究》2010年第7期。

关于促进义务教育均衡协调
发展的调研报告[*]

义务教育是国家必须予以保障的公益性事业,推进义务教育均衡发展,对调节不同群体的利益关系,构建和谐社会具有重要意义。本调研通过总结广东省近年来促进义务教育均衡协调发展的成功经验和做法,分析遇到的问题和困难,提出全面推进义务教育均衡发展对策,以期为各地加快义务教育均衡协调发展提供借鉴和参考。

一 广东省近年来义务教育均衡协调发展现状

进入 21 世纪以来,广东省委、省政府以"三个代表"重要思想和科学发展观为指导,适应广东人民群众对教育的新需求,把发展农村义务教育,推进义务教育均衡发展,作为建设社会主义新农村、构建和谐广东的重要内容,强化政府职责,全面推进了义务教育的均衡协调发展。

(一)改善农村义务教育办学条件,全面推进规范化学校建设

近几年来,省财政不断加大农村基础教育投入,改善农村义务教育的办学条件,促进义务教育均衡发展。2001—2005 年,省财政安排 18.5 亿元支持东西两翼和粤北山区开展中小学布局调整,新建、扩建、改造布局

---

[*] 本文内容曾独立发表于《科学社会主义》2007 年第 1 期。

调整项目学校 1827 所。2002—2004 年安排 9.55 亿元, 改造山区老区小学 3548 所。2003 年拨出 20.3 亿元帮助解决农村义务教育欠债问题。2003—2007 年, 省财政每年安排 1 亿元用于农村义务教育学校生活设施建设。农村税费改革后, 省财政每年安排的税费改革转移支付资金用于教育的经费 10.8 亿元。2003—2007 年, 省财政对农村基础教育的投入将会超过 120 亿元, 农村基础教育办学条件得到了很大的改善。2005 年, 小学生均校舍面积 6.22 平方米, 中学生均校舍面积 9.91 平方米, 比 2000 年分别增加 0.87 平方米和 1.97 平方米。

(二) 认真解决农村儿童和流动儿童入学问题, 保障每个儿童公平受教育的权利

2001 年秋季, 广东省建立了农村困难家庭子女免收义务教育阶段书杂费制度, 2002 年至 2006 年, 省财政共安排了"两免一补"专项补助资金 20.28 亿元, 全省每年有 103 万困难学生获得资助, 占全省农村义务教育学生的 13.8%。2005 年在 16 个扶贫开发重点县开展农村免费义务教育试点。2006 年秋季开学起在全国率先全面实施农村免费义务教育, 全省 1026 多万学生享受免费义务教育, 其中初中 695 万人, 小学 331 万人, 约占全省接受义务教育学生的 2/3, 全省农民负担每年约减轻 33.51 亿元, 其中省财政负担 22.80 亿元, 市、县 (市、区) 财政负担 10.71 亿元。

广东省高度关注和重视进城务工农民子女接受义务教育的工作, 坚持"由流入地政府负责, 公办学校接纳为主"的原则, 采取多种途径和办法解决问题。2006 年, 全省有 206 万适龄流动人口子女在中小学上学; 比 2005 年增加 26 万人, 占全省义务教育阶段学生总数的 13.46%。

(三) 开展对口帮扶活动、实行城乡教育连动计划, 实现各区域、人群的共同发展

2001 年, 广东省建立了对口扶贫制度, 加强珠江三角洲等经济发达地区对口扶持广东省贫困地区教育的力度。2002—2004 年，珠江三角洲各市援助 1.09 亿元改造 364 所山区老区小学，派出骨干教师支教，还捐赠了大量教育教学设备，市对市、县对县、学校对学校，结对帮扶。

（四）实施教育信息化工程，特别是实施农村中小学现代化远程教育工程，实现信息共享

广东省创新"卖方信贷"机制，所有初中和乡镇中心小学以上的学校已基本完成"一机两语"教育装备工作。2005 年，全省中小学拥有可供教学使用的计算机 79.8 万台，中小学计算机生机比为 19∶1；全省计算机室 14222 间，语言实验室 6261 间。基础教育网络建设走在全国的前列，2006 年，基础教育专网已经基本与全省市县教育局实现联通，初中和小学专网建设完成率分别为 62.6% 和 22.4%。同时加快基础教育教学资源库建设，为全省中小学尤其是农村山区中小学的师生提供免费充足的网上教学资源。教育信息化工程正在从城市推向农村，为实现教育公平奠定了坚实基础。

近几年来，广东省在促进义务教育均衡发展方面采取了一系列措施，取得了巨大成效，九年义务教育的各项指标得到进一步巩固，办学规模不断扩大，有效缓解了人民群众对教育的迫切需求。2005 年，全省义务教育在校生 1529.73 万人（含非户籍人口子女，比 2000 年增加 210.64 万人），其中小学 1067.03 万人、初中 462.7 万人（分别比 2000 年增加 137.1 万人、74.54 万人）；学龄儿童入学率达 99.68%，五年保留率 100%；初中毛入学率 100%，三年保留率 93.14%，比 2000 年提高了 4.79 个百分点。农村基础教育办学条件得到很大的改善，初步扭转了城乡之间、珠三角和东西两翼、粤北山区之间基础教育差距进一步扩大的局面。全省农村中小学的教学用房基本实现了楼房化，学校办学条件得到较大的改善。总体上看，近几年广东省农村与城镇义务教育差距进一步扩大的局面已经扭转，正在朝着均衡的方向发展。

二 广东推进义务教育均衡发展存在的主要问题及原因

虽然广东在促进义务教育均衡发展方面采取了有力措施，但由于我国仍处于社会主义初级阶段，各地经济社会发展不平衡，城乡二元结构矛盾突出，公共财政体制不健全等因素，广东省义务教育发展不均衡的问题仍然存在。具体表现在以下几个方面：

（一）珠江三角洲、东西两翼、粤北山区三个区域义务教育事业发展的水平差异明显

珠江三角洲人口只占全省35%的比例，教育经费所占比例却很大。2001年全省教育总收入中，珠三角7市占50%，北部山区7市占17%，东西两翼7市占20%；预算内教育经费中，珠三角占53%，北部山区占17%，东西两翼占17%。2005年总收入分布比例调整分别为51.95%、15.29%、17.62%，预算内教育经费分布比例分别为53.86%、16.45%、15.96%。从人均教育经费看，2004年全省人均教育经费最高的是东莞市，人均教育经费支出为2529元，人均财政性教育经费为1721元，人均预算内教育经费为1545元。而揭阳市同类指标分别为310元、169元、164元，分别是东莞市的1/8、1/10、1/9。

教学基础设施差别大。在珠三角地区和大中城市，学校校舍充足，教学生活设施完善，电脑、图书、音乐等功能室配置齐全。但在东西两翼和北部山区，部分学校校舍不足的问题还比较突出。在一些山区，教学装备仍然简陋，难以满足基本的教学要求。师资条件差别大。由于地区发展的差异，各地教师素质相差较大，人才相对集中在珠三角地区，由于教师生活福利待遇较高，人才引进容易，教师队伍业务素质比较高，而在东西两翼和北部山区，教师骨干外流情况十分普遍。许多农村学校聘请"工资低、学历低、素质低"的代课人员，顶替公办教师上课。

（二）城乡间义务教育存在较大差异

从办学条件上看，城市示范性中小学在得到政府的经费投入倾斜的基础上，还通过招收借读生、择校生，收取借读费、赞助费，加强了自身的造血机能。而农村乡镇以下的村小学和教学点，办学条件相对艰苦。城乡教师待遇和整体素质也存在不小的差异。农村学校教师待遇偏低、生活条件艰苦。如一些山区县农村小学教师月平均工资仅 1200 元，中学约 2000 元；代课教师仅 400 元；多数县（市、区）教师的岗位津贴没有落实，教师的社会养老保险和医疗保险还没有完全得到落实。

（三）区域内学校差异明显，部分学校差异越来越大

由于隶属关系造成的学校等级现象仍然存在，由于财力和投入的不同，存在着从市直属学校到县直属学校再到乡镇的中小学的层级差距，而且随着时间的推移，"马太效应"日渐突出。

（四）社会群体间存在义务教育差异，贫困人群和流动人口子女教育仍然薄弱

尽管法律规定了公平的受教育权利，但事实上不同社会阶层享受着不同的教育资源。在城市居民和农民、流动人口之间都存在着巨大的差异，尤其是城市中的流动人口的子女就学缺乏正常、稳定的经费来源，随着父母流动容易中断学业，对于外来人口较多的珠三角城市政府的地方财政压力也比较大。

造成教育资源配置不均衡的原因主要有三个。一是区域经济的不均衡发展，这是造成区域教育不均衡发展的根本原因。改革开放以来，广东省经济总体上取得了巨大发展，但地区间发展不平衡的现象也越加突出。2004 年，珠三角以占全省人口 35% 的比例，全省面积 23% 的比例，集中了全省 78% 的经济总量和 85% 的税收。而人口占全省 65% 的东西两翼与粤北山区仅创造了占全省 GDP 的 22%、税收收入的 15%，粤北山区和东西两翼的人均 GDP 仅是珠三角的 1/5 和 1/7。二是长期以来城乡二元结构

造成的农村教育被边缘化。长期以来，政府对城市和农村的投入是不均等的，农村学校的建设主要是靠县、乡镇和农民筹资筹工解决。由于县和乡镇缺乏财政收入，农民收入不稳定、不平衡，筹资建设出现诸多困难。从而造成了现实中城乡教育发展不均衡。三是区域内学校投入不均衡。改革开放初，在经济实力不强的情况下，只能集中财力办好一些重点学校，而这样就人为地导致了学校间的巨大差距，加速了优质教育资源的向上集中。

三　对促进广东义务教育均衡协调发展的对策和建议

（一）认真贯彻新《义务教育法》，明确政府职责，健全公共财政体制，积极推进义务教育均衡发展

义务教育是我国法律规定的基本公共物品，保障全体社会成员对基本公共物品最低程度的需要，并尽可能做到平等，实现义务教育均衡发展对构建和谐社会具有重要意义。要认真贯彻落实新《义务教育法》，切实承担政府职责，建立健全农村免费义务教育保障机制，做到保证预算内教育经费的增长高于财政性收入的增长。要逐步调整优化财政支出结构，加大中央与省级政府分担义务教育经费投入责任和份额，提高中央和省级财政对农村义务教育经费的统筹比例，逐步建立以中央和省为主面向全社会的分担义务教育经费的公共财政体制。在制定政策过程中，应最大限度地整合和平衡各区域、各阶层、各群体不同的利益诉求，保证绝大多数社会成员的需要和利益得到切实反映，更加公平地分配国家的公共教育资源。应逐步消解城乡二元结构，对义务教育这一公共资源实行城乡统筹安排，统一配置。建立健全义务教育经费投入和使用监管制度。财政预算内拨付的义务教育经费纳入专户核算和管理，封闭运行，专款专用。加强监察和审计，决不允许任何单位和部门以任何理由克扣、挪用、截留、抵顶、浪费义务教育经费。各级人大常委会要依法加强对义务教育经费投入和使用的检查监督。

（二）积极推进义务教育规范化学校建设，按规范化标准的要求进行校舍建设、设施设备和师资力量配置

贯彻落实新颁布的《义务教育法》，不仅要保证每个孩子享有平等的受义务教育权利，同时也要享有平等的受义务教育的条件。因此，必须办好每一所中小学，加快消除现有大班额现象，防止出现新的"麻雀学校"和大班额情况，使每一所中小学拥有大体均衡的物质条件和师资队伍，促进各类学校共同、协调发展。广东省应当特别注重对经济欠发达的东西两翼和粤北山区薄弱学校的扶持，加大对农村学校的扶持力度，努力缩小义务教育地区间、学校间的差距。将规范化、均衡化有关指标纳入教育强市、强县（市、区）、强镇和县级党政主要领导基础教育工作实绩考核督导评估指标体系，力争"十一五"全省所有中小学达到规范化建设标准。严禁义务教育择校行为，完善小学入学和小学升初中的就近免试入学制度，规范义务教育阶段公办校学位分配工作，保证义务教育阶段学校生源质量的基本均衡。

（三）加强师资队伍建设，实现师资配置的均衡

1. 加强中小学编制管理并加快解决代课人员问题

根据目前城乡实施义务教育的教学状况，应根据国家有关的编制标准和规定，建立动态管理、定期调整的中小学编制管理制度。增加山区县（区）教师的编制，优先保证农村中小学教师编制的基本需要。坚决纠正有编不进、以代课人员顶替编内教师的现象。

2. 逐步提高农村中小学教师待遇

教师工资、福利待遇要纳入省级以上财政预算，并享受当地政府出台的教师岗位津贴、补贴政策，在地级范围内实现教师工资待遇一致，逐步实现全省范围内一致。同时，建立农村中小学教师，贫困地区、少数民族地区教师的岗位津贴制度，鼓励教师到农村、到艰苦地区任教；建立和完善农村中小学教师社会保障制度，依法为教师办理医疗、养老等各种社会保险。

3. 加强师范院校和师范专业建设，着力为山区农村培养师资力量

为鼓励高校毕业生到农村基层中小学任教，建议采取优惠的政策措施，如免费、减费等，面向农村地区生源实行定向招生，学生毕业后到当地农村中小学任教。应积极鼓励和规划有条件的高等院校、师范院校和职业技术院校大力培养专科师范学生，毕业后安排到农村中小学任教。通过各种途径鼓励高等院校毕业生和其他优秀人才到贫困地区、农村地区和少数民族地区的中小学任教，建功立业。

要重视发展中小学教师继续教育。不断加大对普通学校尤其是农村学校教师的培训经费投入。要整合全省和地方的教育专家资源。组织教育专家定期到农村中小学进行业务指导，争取把先进的教育理念、最有效的教育技术及时地传播到广大农村学校。

4. 发挥省内高等教育在促进教育均衡发展中的作用

在我国有些省份倡导一所大学支援一个贫困县的教育的做法值得借鉴。贫困县可作为大学的实验实习基地、科研基地；高校可以帮助贫困县培养、培训教师，提供新观念、新知识、新思想和最新研究成果，指导农村教育实践，也可以定向为山区农村培养高质量的各学科教师。

（四）创造条件，努力解决贫困人群、流动人口子女和特殊儿童受教育机会均等的问题

1. 坚持实行义务教育阶段"两免一补"政策

在全面推进全省农村免费义务教育后，对城乡困难群体必须仍然坚持"两免一补"政策，并逐步扩大"两免一补"学生范围，提高"两免一补"学生的补助标准，采取措施解决农村学校寄宿生特别是少数民族学生的生活困难问题。

2. 认真解决非户籍常住人口子女与户籍人口子女义务教育机会、条件差距问题

国务院已经颁发了《关于解决农民工问题的若干意见》，应结合实际认真贯彻落实文件精神。根据广东省实际，提出如下建议：

（1）首先必须规范非户籍常住人口的管理。面临日益加剧的外来人口形势，必须根据国家有关政策，加快改革健全和完善户籍管理制度和非

户籍常住人口的管理办法，为解决户籍管理和非户籍常住人口子女教育问题提供可靠的法制保障。从广东实际情况看，适当提高户籍进入门槛，有利于对过快膨胀的外来人口实施控制，以防止拉美"陷阱"的发生。制定和完善对户籍人口或暂住人口的管理和服务办法，包括对暂住人口的义务教育管理和服务的政策，促进非户籍人口子女义务教育政策落实，这样既有利于非户籍人口子女接受义务教育，又有利于城镇化进程健康顺利进行。

（2）坚持按照管理以流入地政府为主、接受入学以全日制公办中小学为主的原则，采取多种形式，逐步解决非户籍人口子女教育问题。义务教育是关系国民素质的基本教育，是政府的主要责任和义务。政府应把非户籍人口子女教育纳入国民经济社会事业发展规划，统筹规划建设和安排，教育行政部门制定具体政策，保障非户籍人口子女义务教育的落实。鉴于目前流动人口的形势和公办学位不足，应允许和扶持有条件的民办中小学，按国家标准办成公益性规范性学校，补充非户籍人口子女义务教育。

（3）鉴于流入地政府承担着对非户籍人口子女义务教育的责任和经费负担，建议中央和省级政府设立非户籍学生义务教育专项资金，对非户籍常住人口子女入学较多的市、县（市区）给予适当的经费补助。

（五）实施中小学现代化远程教育工程，充分利用"校校通"平台，建立并完善优质教育资源信息共享机制

通过现代信息技术和网络，把最先进的教育理念、教育内容、教育方法传播到偏僻的乡村。省、市、县教育研究部门都应建立教育资源网，以教育资源库的形式丰富有效的教育资源，为农村学校教育提供资源共享的平台，以帮助和促进农村教师提高教育教学水平，也使农村教师和孩子能有接受最新信息的机会。除信息资源之外，城市的教育基地如博物馆、展览馆等社会教育资源也应做到城乡一体化，在城乡之间、校际之间实现共享，以发挥优质教育资源最大的社会效益，努力缩小城乡教育差距。

改造薄弱学校　建设规范化学校[*]

一　目前广东省"改薄"工作形势分析

1996年，广东省基本实现了普及九年义务教育，"普九"工作取得了阶段性的成果，基础教育迈上了一个新的台阶。1997年，省政府召开了"两基"总结表彰大会，明确提出了加强广东省基础教育综合实力，巩固提高普及九年义务教育质量和水平。省政府转发了省教育厅《关于巩固提高普及九年义务教育的意见》，并把改造薄弱学校作为巩固提高"普九"以及全面实施素质教育的重要举措。省第八次党代会提出了"增创新优势，迈向21世纪，全面推进广东建设"的总体任务和目标，并把"科教兴粤"作为广东今后五年三大发展战略之一鲜明地提出来，决定力争经过五年时间努力，使广东省进入教育强省的行列。为适应广东省教育事业发展的需要，进一步巩固提高普及九年义务教育，省教育厅确定把"改薄"作为未来五年基础教育的重点工作，并提出了《广东省关于改造薄弱学校、建设规范化学校工作的意见》，并就"改薄"工程作出工作部署。

各地根据省的工作部署，结合当地实际，在调查研究的基础上，制定规划，并采取切实可行的措施，组织实施，呈现了以下几个特点：

---

[*] 本文内容为1998年8月25日笔者（时任广东省教育厅厅长）在全省改革薄弱学校暨教师住房建设工作会议上的讲话。选自笔者主编的《广东普通教育现代化1990—2000》，广东人民出版社2001年版，第1118—1123页。

（1）把"改薄"工作作为巩固提高普及九年义务教育的一项重要工作，一项大战役，摆上议事日程。去年全省"两基"总结表彰会后，全省大部分县（区）都召开了"两基"总结表彰会，认真贯彻省政府《关于巩固提高普及九年义务教育的意见》精神，把改造薄弱学校、建设规范化学校作为提高基础教育整体水平的一场战役来打，做出工作部署，采取切实可行的措施。各级政府在财政相当困难的情况下，拨出专项经费，调整和安排薄弱学校建设和改造资金，加大对薄弱学校的扶持。

（2）认真调查研究，摸清底数，制定总体规划。各地根据省颁布的中小学规范化标准和今年省召开的薄弱学校核查工作会议精神，组织教育督导部门，深入乡镇、学校，调查摸底。到今年6月底统计，各县（市、区）申报并获省批准资助改造的薄弱学校共8926所，重点改善教学设施设备学校5657所，培训薄弱学校校长2391名。

（3）在实施"改薄"工作过程中，处理好小学与初中的关系，硬件建设和软件建设的关系，全面开展"改薄"工作。经济发达地区由于实施"普九"时间早、水平较高，中小学办学条件已达到相当水平，"改薄"工作的主要任务是加强软件建设，提高学校管理水平、质量和效益；贫困地区及经济不发达地区主要解决硬件建设，充实设施设备。

（4）结合"改薄"工作，重新调整中小学校布局，优化教育资源配置。如中山市、深圳市宝安区为提高学校教育的规模效益，结合"改薄"工作，合并一些规模小、质量低、效益差的中小学校，提高办学的规模效益。鹤山市在办学观念上进行转变，从分散办学型向规模办学型转变，将原来分散的人力、物力、财力相对集中，合理解决办学经费、设施设备、师资力量等问题。

但是，目前全省"改薄"工作的进展情况还很不平衡，在一些县（市、区）还没有把"改薄"工作摆上重要位置，形成重点工作的态势。就总的情况来看，广东省"改薄"工作的任务还十分艰巨，大中城市和城镇大班额，学位紧缺的问题依然存在，农村地区由于基础薄弱，"普九"还遗留了不少问题，办学条件有较大差距，与现代化事业发展要求存在很大的矛盾。因此，我们要保持清醒的认识，采取切实可行的措施，推进"改薄"工作顺利实施。

二 学习新兴等地"改薄"经验，推进"改薄"工作进程

这次省政府选择新兴县作为召开会议的现场，一方面是新兴等地在实施改造薄弱学校这项工作中，取得了很大的成效，总结了初步的经验。另一方面是1995年省政府在新兴县召开全省教师住房建设工作会议，总结推广新兴经验之后，新兴县的教师住房建设又有了新的发展。新兴等地"改薄"的经验主要有以下几方面：

（1）党政重视，落实政府行为。新兴县在实施"改薄"工作过程中，不断强化政府行为，落实"三个责任"：一是落实各级领导的责任，建立层级合同责任制。县政府负责全县改造薄弱学校的统筹和协调，并按照分级办学的原则，逐级签订责任书。二是落实各部门的责任，教育局、计划委员会、人事、建委、国土、水电等部门相互协调，各施其责，保证"改薄"工作的顺利实施。三是落实工作班子的责任，各级纷纷成立"改薄"工作领导小组，县四套班子和教育局的领导分别挂钩到各镇，建立定点联系薄弱学校制度，及时解决"改薄"工作中遇到的困难和问题。

（2）大力宣传，达成共识。去年省"两基"总结表彰会提出了巩固提高"普九"，加强薄弱学校的改造后，新兴、高州等地借这股强劲的东风，召开了高规格的动员会，具体部署了这项"改薄"工作。同时，他们还利用各种宣传工具，大力宣传"改薄"的重要意义，全社会达成了只有教育发展才有经济振兴的共识，"改薄"工作形成了良好的氛围。

（3）总体规划，分步实施。阳江市为了做好整体规划，扎扎实实实施"改薄"工作，市政府专门部署了一次调查，选择了10个乡镇17所办学条件差的中小学校进行实地考察，为统一规划，分步实施提供可靠依据。新兴县委、县政府颁发了《关于改造薄弱学校、建设规范化学校工

作的意见》，按照"分类指导，分步实施，硬件从实，软件从严，保质保量，按期达标"的原则，制定全县改造薄弱学校的总体规划，分期分批完成全县 61 所薄弱学校的改造，根据这一思路，目前已进入全面实施阶段。

（4）重视软件，加强管理。新兴县根据各薄弱学校的实际情况，在抓好硬件建设的同时，按照"软件从严"的原则，从加强校长队伍建设、提高师资队伍水平、强化学校内部管理入手，对薄弱学校进行综合治理：一是健全校长持证上岗制度，抓好培训。从 1996 年开始，该县结合"名师工程"的实施，选派了 50 多名事业心强、政治素质好、具备领导能力的优秀中青年干部到县内外办学效益好的示范性学校挂职任校长助理，以培养后备干部，同时，选拔了 24 名德才兼备、有开拓精神的年轻校长到薄弱学校任职，迅速扭转了这批学校的落后局面。二是抓好薄弱学校师资队伍的充实和提高。几年来，通过师范生毕业分配、组织支教工作队、对口帮扶挂钩制度等形式，给薄弱学校新调入教师 243 人，基本为薄弱学校配齐了各学科的教师，并有了一定数量的骨干。三是健全和落实学校各项工作的管理规章制度，从强化内部管理入手，加大依法治教、依法治校的力度，确保各项工作依章依规，有序运行。

（5）拓宽渠道，落实资金。要彻底改变薄弱学校的落后面貌，需要投入巨额的资金，仅靠政府单一的投入是远远不够的，必须通过多渠道筹措资金。新兴县筹集资金的渠道主要有三方面：一是发挥政府统筹和政策扶持的优势；二是发挥分级办学、分级管理的优势，调动各办学单位的积极性；三是发挥社会民间支持教育的优势。通过大力宣传，营造氛围，动员全社会支持教育、参与教育，使改造薄弱学校不但成为政府的行为，而且成为全社会的实际行动。近两年来，全县共投入"改薄"资金达 7000 多万元。

三　广东省"改薄"工作的目标和任务

按照省委、省政府的要求，根据广东省经济和教育的基础和发展情况，广东省"改薄"工作的总体目标是：力争于2002年，全省的完全小学、初级中学薄弱学校得到改造，基本实现规范化。即用五年时间，完善义务教育阶段学校的办学条件，基本完成校舍改造，充实教学仪器设施设备和图书资料，提高校长的管理水平和教师的政治和业务水平，加强教育教学管理，提高教育质量，使实施义务教育的学校基本达到广东省规范化学校的标准要求，从整体上提高义务教育的办学水平，为全面落实"两全"，实施素质教育提供基本的保障条件，为实施"科教兴粤"，建设教育强省，实现广东省的教育现代化目标打下基础。

根据以上总体目标，按照"因地制宜、积极推进、分类指导、分步实施"的原则，全省规划用五年的时间，分期分批对8926所薄弱学校进行改造。具体完成的期限为：珠江三角洲地区在2000年左右完成，东西两翼和粤北山区、腹地在2002年左右基本完成。广东省"改薄"工作的具体任务是：

（1）不断完善办学条件，努力使中小学校舍建设满足九年义务教育的需要。农村完全小学要保证有"四室一场"，有条件的城市小学和乡镇中心小学要在完善"四室一场"建设的基础上，增加专用功能室，包括音乐室、美术室、手工劳作室（科技活动室）、语言室、电教室、电脑室等。初级中学也要根据事业发展的需要，保证有与学校规模、班额相适应的教室，在教学仪器室，理、化、生实验室，体育器材室，图书室和师生阅览室的基础上，增加语音室、电脑室、劳动技术室、电教室等专用功能室。要不断满足教育事业发展和学位增加的需要，使中小学生均校舍建筑面积达到如下要求：完小6班、12班、18班生均校舍建筑面积分别达到4.84平方米、4.34平方米、4.02平方米。初级中学12班、18班、24班生均校舍建筑面积分别达到6.01平方米、5.78平方米、5.63平方米。同时要重视按标准搞好学生宿舍、膳堂、卫生厕所等建设，杜绝危房校舍。

（2）加强设施设备配套建设，努力达到教育部和省规定的标准。小学教学仪器设备要按照教育部颁发的《小学数学自然教学仪器配备目录》《九年义务教育全日制小学音乐（美术）教学器材配备目录》及《小学思想品德、语文、社会、英语、健康教学仪器配备目录》配备，其中城镇中心小学、乡镇中心小学按一类标准配备,农村一般小学按二类标准配备。要创造条件建立综合实验室。电教器材按原国家教委1986年《小学电教器材配备目录》配备。初级中学12班以下的设物理实验室一间,生物、化学实验室合一间;13班至18班设物理、化学、生物实验室各一间;19班以上的增加物理实验室一间。教学仪器要按原国家教委1985年颁发的《中学理科仪器和电教器材配备目录》《九年义务教育全日制初级中学音乐(美术)教学器材配备目录》配备。常规教学仪器配备,城镇按一类要求,农村按二类要求配备。

(3)加强校长及师资队伍建设,使校长的管理水平、领导能力和教师的教育教学能力有明显的提高和增强。要通过五年的努力,使所有薄弱学校的校长学历达标,使其政治思想水平、领导管理能力、教育教学业务水平有较大提高。要按照九年义务教育的要求,配齐各学科的教师,着力培养和扶助各学科骨干教师,教师的学历达标率要提高5%—8%。

(4)强化学校管理,努力培养和树立良好的校风、教风和学风。通过加强薄弱学校的常规管理,建立健全学校各项管理规章,包括学校的教学管理、学生的思想品德管理、教师管理、行政后勤管理等。小学的"五册一表"(即0—16周岁儿童少年名册、在校学生名册、流动生名册、毕业生名册、学生学籍册及"五率"即适龄儿童入学率、年巩固率、普及率、非正常流动率、毕业率情况统计表),初级中学九年义务教育各种资料和表册,要做到齐全、规范、准确。要树立良好的师德师风,加大依法治教、依法治校的力度,使薄弱学校的管理走向制度化和科学化。

(5)全面推进素质教育,教育教学质量有明显提高。要遵循党的教育方针,严格按照原国家教委颁布的《九年义务教育全日制小学、初级中学课程计划》和广东省《关于实施素质教育,调整初中、小学部分学科教育教学内容和要求的通知》的要求,开齐课程,开足课时,要注意解决好德育、体育、音乐、美术、劳动技术的课程的开设。要加强教学工作各环节的管理,努力提高课堂教学质量。加强学校德育工作,做好后进生的转化,防止学生辍学,使学生在受完九年义务教育后,能掌握基本的学业知识和基本的学习技能、方法,在德、智、体、美、劳诸方面都得到发展。经过几年努力，使九年义务教育各率都达到教育部的标准要求。

四 落实规划，重点做好七项工作

第一，各级教育行政部门要进一步提高认识，把"改薄"工作作为基础教育今后一段时期的重点工作来抓。大力加强基础薄弱学校的建设，缩小校际间的差异，是依法维护我国义务教育全民性、平等性的根本保证，是保证高标准、高质量实施"普九"的有效措施。广东省在五年内能否完成薄弱学校的改造工作，使全省的中小学校达到规范化要求，事关能否向全社会提供质量良好的基础教育，培养"数以千万计的专门人才"和"数以亿计的高素质劳动者"，事关实施"科教兴粤"，建设教育强省目标能否如期实现。各级党政和教育行政部门要把它摆上重要位置，要像新兴县那样，拿出20世纪90年代以来我们抓中小学校舍危房改造、"普九"、教师住房建设那样的决心和干劲来抓"改薄"。各级教育行政部门要当好政府的参谋，做好调研工作，在政府领导下，协调好与财政、计委、人事、建委以及国土等部门的关系，以得到它们的理解和支持，齐心协力做好这项工作。

第二，花力气抓好校舍建设和设施设备建设，改善中小学的办学条件，使之达到规范化要求，为九年义务教育提供足够的合格学位。根据今年全省的调查统计看，全省共要改造薄弱学校8926所，其中小学7837所，初中1027所，特殊教育学校62所。教学仪器设施设备建设未达到二类标准的有5657所。根据省政府用五年时间完成改造薄弱学校，巩固提高"普九"的要求和目前全省薄弱学校的实际，应做到：一是要加强统筹，突出重点，重点工作应放在广大农村地区的中小学校，尤其是管理区一级的小学。在全省要改造的薄弱学校中，小学占总数的87.89%。这一方面是由于前几年我们把主要精力用于实施"普九"，加强初中建设；另一方面，在普及小学教育以及校舍危房改造过程中，基础还不够扎实，特别是管理区一级的完全小学，经过十几年的时间，又出现了新的危房，因此，我们必须通过这次"改薄"工程，彻底解决遗留下来的问题。农村地区有条件的地方要实现校舍楼房化，至少要保证钢筋水泥楼房的教学用房，同时要认真做好学校的长远建设规划，按照规划，分步实施，适应教育事业发展的要求。二是大中城市和城镇，要配合城市规划和小区开发配套建设，统筹规划，新建扩建校舍，降低班额，完善教学设施设备，彻底解决大班制、二部制以及学位不足的问题，努力为城市发展和满足人民群众要求提供足够和良好的学位。三是在抓好校舍建设的同时，要重视抓好教学仪器设施设备的建设。全省有5657所教学仪器设施设备未达标的薄弱学校，五年内要全部达到二类标准以上，省五年共拨出2500万元专款支持薄弱学校教学仪器设施设备的配套。由于资金有限，省的补助主要用于支持现有教学仪器设备配备率达不到二类标准的薄弱学校，这样的学校小学有5199所，初中有458所。补助标准，小学每所补助4000元，初中每所补助10000元。大中城市和珠江三角洲及有条件的地区应根据教育部和省颁布的新标准，根据实际逐步提高教学仪器设施设备的档次。四是要结合"改薄"工作，进一步调整好中小学布局，提高办学规模效益。

　　第三，调整和优化学校领导班子，充实教师队伍，努力提高教师的业务水平。实施"改薄"工程，既要解决硬件问题，又要解决软件问题。全省8926所薄弱学校中，有810名校长学历没达标，2391名校长没有经过培训持证上岗，必须经过努力，全部实现学历达标和持证上岗。同时要用五年时间对所有薄弱学校的校长实行全员提高培训，省和各市教育学院将承担这项任务。各级教育行政部门和教育学院要认真研究，精心规划，组织薄弱学校校长学习现代教育管理、学校行政管理理论和知识，进行有关方面的训练，以提高他们的思想政治和领导管理水平。省为此专门拨出1000万元，每培训一位校长将补助1000元，以培训任务带资金的形式补助到各教育学院。要按照"德才兼备"的原则，选拔一批事业心强、政治素质好且具学校领导能力的中青年干部到基层学校担任领导干部，调整和充实班子，还可以采取基础较好的学校校长挂钩薄弱学校进行帮扶的制度，以增强薄弱学校的活力。对一些经过培训教育，确不胜任校长工作的，要坚决予以调离。

　　各级教育行政部门要加强薄弱学校师资的配备和充实，按教学计划配齐各学科的教师，着力培养各学科的骨干教师。要制定特殊的政策，采取鼓励的措施，将应届师范院校的优秀毕业生分配到薄弱学校任教。对在职教师进行在岗培训，努力提高业务素质。加强师德教育，对师德高尚，在教育教学工作中取得成绩做出贡献的教师，要给予奖励和大力表彰。

第四，加强学校管理，努力提高管理水平，创建良好的育人环境。薄弱学校要抓好国家颁布的《小学管理规程》和即将颁布的《初级中学管理规程》的学习贯彻工作，尽快制定和建立健全教育教学工作的各项管理规章制度，明确干部、教师和员工的岗位职责和工作目标，落实岗位责任制，使学校的各项工作有规可依、有章可循。各级教育行政部门要采取各种有效的措施，如组织校长和骨干学习培训、典型引路、深入学校具体指导等，帮助薄弱学校改善管理，提高管理水平。

第五，加大投入，依法保证"改薄"经费的落实。解决校舍和设施设备问题，关键是要筹措到足够的资金。省委、省政府对"改薄"工作非常重视，已决定从今年开始至 2002 年每年从省财政中拨款 1 亿元，用于补助经济欠发达地区和贫困地区改造薄弱学校。具体的补助范围和补助标准是：第一类 16 个山区特困县，按所缺校舍面积数（不含砖瓦房）每平方米补助 80 元，第二类 12 个山区贫困县每平方米补助 70 元，第三类 22 个山区县每平方米补助 60 元，第四类东西两翼地区每平方米补助 50 元。各级教育行政部门要认真管好和用好这笔经费，使之发挥最大效益。各级政府也必须认真落实"三个增长"，尽可能调集资金投入"改薄"工作。特别是要依法征收好教育费附加。这个问题几乎逢会必讲，道理大家都非常明白，但一些地方由于存在畏难情绪，教育费附加的征收情况不理想，导致经费缺口增大，影响事业的发展，这个问题必须认真解决好。关于发动群众集资，要处理好两个问题：一是要通过合法渠道，即要经过县以上人民政府批准，以不加重群众负担、自觉自愿为原则。二是要细致做好群众的宣传工作，使群众充分理解和支持教育。

第六，"改薄"工作坚持总体规划，分类要求，分步实施，稳步推进的指导思想。按照省的总体规划的要求，全省要在 2002 年基本完成中小学薄弱学校的改造任务，根据分类要求，分步实施的原则，大中城市和珠江三角洲地区要结合"改薄"工作，实施基础教育现代化工程。要按照邓小平同志"三个面向"的方向，以培养高素质的现代人为目标，完善普通教育和职业教育两大体系，以现代教育思想为指导，大面积提高基础教育的教育教学质量，在增加教育投入的同时注重提高办学效益，使珠江三角洲地区基础教育有较高的发展水平、良好的办学条件、科学的现代管理、较强的科研能力、先进的管理和教育手段，形成与现代化建设需求相适应的课程教材体系，成为教育发达、特色鲜明、综合实力强的教育实验区和建设教育强省的先导地区，对全省实现教育现代化发挥示范、辐射作用。

第七，加强督导检查和评估工作。各级教育行政部门要加强调查研究，深入基层，深入每一所薄弱学校，进行具体的指导、服务和督促检查工作，要及时总结经验，发现问题，提出对策。评估验收工作是实施"改薄"工程的一项重要手段，是根据广东省有关中小学办学规范化的意见和要求，对义务教育阶段学校一定期限内的办学条件、办学水平和质量进行考核、评价和验收的一项重要的教育管理制度。根据《广东省关于改造薄弱学校、建设规范化学校工作的意见》，改造薄弱学校、建设规范化学校的评估验收工作由市一级负责。按规划期限完成"改薄"，达到规范化要求的学校，由县（市、区）教育部门根据省的标准要求和评估办法（另行制定）认真进行检查，各市对所属县（市、区）按规划期限完成了"改薄"任务的学校组织评估验收。省将结合每年"普九"年度复查工作组织对部分完成"改薄"的学校进行抽查、检查。

抓好试点镇工作,推进珠江三角洲教育现代化[*]

按照江泽民总书记提出的"广东要在全国率先实现现代化"的要求,广东省委、省政府实施"科教兴粤"战略,建设教育强省的目标,1999年1月省在中山召开全省教育信息化暨珠江三角洲教育现代化会议上,对广东教育现代化和教育信息化做了规划和部署,制定和出台了相应的措施和标准。并把中山市、顺德市、南山区、天河区及宝安区西乡镇、东莞市长安镇、顺德市北滘镇、南海市大沥区、中山市火炬开发区、番禺市沙湾镇、新会市会城镇、香洲区湾仔镇、高要市金渡镇、惠城区河南岸镇等镇(区)定为省推进教育现代化和教育信息化试点和先行点。省"两化"会议后,各级党政领导及教育部门给予高度重视,认识到没有教育现代化就不可能抢占教育的制高点,就不可能培养出适应广东现代化建设需要的高素质的创新人才,就不可能实现广东现代化。一年来,各地都纷纷加快了教育现代化的进程,做到了认识到位、行动快、变化大、成效好,出现了良好的发展势头。

一 一年来全省推进教育现代化工作回顾

(一)把教育现代化作为先导性、全局性战略工程

启动珠江三角洲教育现代化和全省教育信息化工程一年来,各级党政

---

[*] 本文内容为2000年1月23日笔者(时任广东省教育厅厅长)在全省推进教育现代化试点镇工作会议上讲话摘要。选自笔者主编的《广东普通教育现代化1990—2000》,广东人民出版社2001年版,第945—950页。

领导及教育部门把教育现代化作为先导性、全局性的战略工程来抓,成立了教育现代化领导小组,第一把手或政府主要领导任组长,把这项工作纳入重要议事日程,制定了可行的实施规划,出台了相应的政策措施。宝安区委、区政府做出了"建设教育强区"的决定和规划,把西乡镇作为全区推进教育现代化的先行点和试验点,并决定对教育现代化强镇奖励100万元。通过以点带面,有效调动了其他镇的积极性,在全区出现了你追我赶、不甘落后的良好局面。各试点市、县(区)和乡镇领导重视抓好规划的统筹和实施工作,做到以点带面,重点突破,全面推进。目前各地基本如期按规划要求实施,有的地方相对有所加快。各地在实施过程中,注意落实领导及有关部门的责任,做到"分步实施、分工负责、层级落实",并提出了把推进教育现代化工作作为考核领导的重要依据之一。

(二)加大经费投入,实现办学条件现代化

教育现代化内容包括教育手段、设施设备等办学条件的现代化,因此,必须加大对教育的投入,改善办学条件,才能为实现教育现代化提供良好的物质基础。省"两化"会议后,不论是经济发达地区还是贫困地区,都普遍加大了"两化"建设的资金投入,有的地方近一年来投入资金数额之大,增幅之快,是过去所没有的。宝安区乡镇府1999年财政投入"两化"建设的资金达2848万多元,其中1000多万元用于现代教育手段和计算机校园网建设,如果加上村一级和学校自筹,估计超过4000万元。中山市火炬开发区党委、管委会做到"加大投入、重点投入、快速投入、快速到位",他们在1999年投入"两化"专项资金达4000多万元,包括新建一所中学和三所中小学的计算机校园网。其他地区,如廉江市、揭阳市榕城区等县市投入教育现代化方面的资金都超过500万元。目前全省中小学计算机拥有量为18.8万台,80多所学校建起了校园网,1612所小学、1013所初中、600所高中开设了计算机课程,221.15万中小学生接受计算机教育。省确立的2市2区10个乡镇和100所学校作为试点单位,以其示范性、先进性、实验性的经验带动了全省的工作。

（三）加快提高教师教育教学现代化水平

各地在推进"两化"工作中加快了步伐，坚持两手抓，既抓硬件建设，又抓软件建设。一是抓师资培训，提高教师的现代化教育水平和设施设备的使用效率。一方面制定师资培训规划和具体实施方案，尤其是把计算机和多媒体教学手段应用作为培训重要内容；另一方面采取多种措施提高中小学教师的学历层次和业务水平。目前有的已达到或超过了省"小学大专化，中学本科化"要求，有的已接近这个要求。二是抓教育现代化设施设备的配备，按省提出的教育现代化乡镇标准要求，进一步改善办学条件，充实现代化教学设备，提高了水准、档次，教学手段现代化水平有了明显的提高。南海市大沥区电脑拥有量1600多台，全区30所中小学全部都建了电脑室，上了网，小学三年级以上学生都开设了电脑课程，在全省先走一步。西乡镇西乡中学、中心小学和南海市大沥区许海中学等一批学校已建立了在全省档次较高的千兆校园网。西乡中学还给每位教师配置一台电脑，每个课室和教学辅助室、实验室配备多媒体电脑教学平台。同时，各乡镇根据实际，加快了教育结构的调整，调整学校布局，撤并不合理设置的学校，优化教育资源。

（四）加强教育现代化试点城镇单位的监督

省及市、县部门加强了督导评估工作，把督导评估作为推进教育现代化的重要机制。一是抓试点。省确定把2市2区10镇100所学校作为试点和先行点后，各县、镇都确定了一批学校作为推进教育现代化的试点和和先行点单位。如南海市把大沥、南庄等4镇（区）作为试点，番禺把沙湾、市桥等4镇作为试点，长安镇把中心小学、长安中学等作为先行点，各地通过抓试点和先行点，积极探索，总结经验。二是抓"改薄"。在推进"两化"工作中运用督导评估机制加快"改薄"工作，进行"改薄"验收，坚持高标准改造薄弱学校，调整布局，成效明显。三是加强分类指导。各级教育行政部门在加大监督的同时，更加突出在"导"字上下功夫，注意根据各地经济、教育发展不同的状况和特点，以及县

（区）、乡镇、各类学校不同的层次进行分类指导，推动各项工作开展。四是制定科学可行的督导评估方案。根据省"两化"规划和基本实现教育现代化标准，省教育厅最近制订印发了县（市、区）推进教育现代化督导评估方案和乡镇督导评估方案（试行稿）。深圳、番禺、南海制订了乡镇督导评估方案。通过建立、完善科学的评价体系，有力促进了教育现代化的实施。

二　深入学习贯彻中央《决定》，进一步转变观念，抓住机遇，加快推进教育现代化进程

（一）提高认识，转变观念，确立现代化教育思想

全面推进素质教育，推进教育现代化，必须以更新教育观念，确立现代教育思想为前提和保证。要明确教育现代化的内涵，教育现代化是大工业运动促使适应小农经济的传统教育向适应工业社会的民主科学现代教育转变的历史进程。教育现代化包括：教育观念现代化、物体现代化（校舍、设备、技术手段）、教育体制现代化、教师队伍现代化、教育管理现代化。

珠江三角洲教育现代化作为区域教育现代化，既要借鉴发达国家和地区的经验，更要从本地实际出发，走出自己的路子。

确立现代化教育思想，要体现"四个确立"：(1) 确立适应经济社会优先发展教育的教育观。强化政府行为，把教育摆上优先发展的战略地位，形成全社会共同关心教育的大格局。(2) 确立适应经济社会发展需要与人的发展需要相统一的现代教育发展观。(3) 确立适应现代社会民主法治建设的民主法治教育观。(4) 确立适应学生素质全面提高的教育质量效益观。

（二）全面推进素质教育，培养适应广东现代化建设需要的创新人才

当今世界科学技术突飞猛进，知识经济已露端倪，综合国力竞争日趋

激烈。教育在综合国力的形成中处于基础地位，国力的强弱取决于劳动者的素质、各类人才特别是创新人才的数量和质量。实现现代化，科技是关键，教育是基础。中共中央召开第三次全国教育工作会议，做出了《关于深化教育改革　全面推进素质教育的决定》（以下简称《决定》），这是党中央和国务院为加快实施科教兴国战略做出的重大决策，各级教育部门、学校、教师要进一步学习贯彻全教会精神和中央《决定》，结合本地实际，创造性地把全面推进素质教育落到实处。要根据省委、省政府提出率先实现现代化，实施"科教兴粤"战略的目标要求，加快推进教育现代化进程。在推进教育现代化工作中，要注意处理好素质教育与教育现代化的关系。不要片面理解只要教育设施和技术手段的现代化，就是实现教育现代化，而忽视人的现代化，人才素质的现代化。教育现代化的核心是促进人的素质的现代化，没有人的素质的现代化，没有大批高素质的创新人才，就不可能搞好现代化建设。因此，素质教育与教育现代化是不可分割，相辅相成，互为促进的。我们要把推进素质教育作为推进教育现代化的核心工作来抓。按照中央《决定》的要求，全面推进素质教育，市、县（区）和乡镇教育部门、学校要做到：（1）更加重视全面贯彻教育方针，促进学生德、智、体、美、劳诸方面全面发展，提高中小学生整体素质水平；（2）更加重视改革教学，培养学生的创新精神和实践能力，既面向全体学生，又要培养更多创新型人才；（3）更加重视从"应试"教育的影响中解脱出来，不把考试成绩和升学率作为评价的唯一标准，而以素质教育的成效和标准去评价学校和教师；（4）更加重视减轻中小学生过重的课业负担，遵循教育规律和学生身心发展要求进行教育教学工作，改革传统的课堂教学模式、方法，让学生生动活泼地学习、成长。各试点市、县（区）和乡镇在这方面要起示范和辐射作用。教育部将出台全国素质教育先进县（市）督导评估实施意见，希望推进教育现代化试点县（市）成为全国首批素质教育先进县（市）。

（三）抓住重点，以点带面，全面推进

全面推进教育现代化的工作重点在乡镇，这是由广东的实际所决定的。一是我们基础教育主要由地方政府负责,实行分级办学、分级管理的体制。把工作重点放在乡镇,有利于充分发挥乡镇一级的积极性、主动性,只有乡镇实现了教育现代化,市、县(区)实现教育现代化才有坚实的基础,正如我们抓"普九"工作一样,各个乡镇达到了"普九"要求,全县才完成"普九"任务。二是推进教育现代化的难点在农村,过去农村乡镇的教育水平、办学条件、现代化技术手段和师资学历、素质相对滞后。我们把工作重点放在乡镇,就能够抓住重点,突破难点,有利于教育现代化的顺利进行。三是随着社会主义市场经济体制的逐步建立,以及社会主义现代化建设的需要,珠江三角洲逐步实现城乡一体化格局,把工作重点放在乡镇,着力抓好乡镇推进教育现代化,就能够较好实现城市和农村基本同步发展,实现城乡教育基本现代化。

抓试点乡镇是推进教育现代化的"龙头"和突破口。推进教育现代化要下力气抓好试点和示范点,市、县(区)试点尤其是乡镇试点要在推进教育现代化进程中起带动作用,以点带面,全面推进珠江三角洲教育现代化。教育现代化没有照搬套用的模式,要在实践中大胆探索试验,各试点乡镇要从本地实际出发,积极开拓、创新,总结出符合实际、符合规律的做法和经验。

(四)明确目标,增强紧迫感和责任感

广东省"两化"会议已提出了教育现代化的目标和任务。广东率先实现现代化首先必须率先实现教育现代化。教育现代化,必须推进素质教育,培养和造就创新人才。因此,各地在组织实施过程中,要把教育现代化目标纳入本地区现代化总目标,并付诸实施。要增强紧迫感、责任感。加快教育现代化建设步伐。要把握乡镇教育现代化的标准和重要标志。进一步明确乡镇教育现代化努力的目标。省制定了乡镇基本实现教育现代化标准,根据这个标准要求,乡镇教育现代化的重要标志,主要体现在以下几点。(1)确立教育现代化思想、观念,主要是前面讲的"四个确立"要求党政领导、教育部门和校长、教师都要做到。(2)较高的教育现代化发展水平。包括:"两基"提高到新水平,适龄儿童按时入学率达100%，初中入学率98%以上，小学辍学率0.2%以下，初中辍学率2%以下（城市1%以下）。普及高中阶段教育，初中毕业生升学率85%以上，经济特区和部分发达地区90%以上。城镇人口青壮年劳动力平均受教育程度12年，农村的9年以上。（3）运用现代管理模式和手段管理学校，做到管理制度化、规范化，优质高效。（4）中、小学教师全部达标。小学教师大专化要占80%以上，初中教师本科学历，城市占80%、农村占35%。县一级以上学校70%的学科和70%的教师能运用多媒体教学。（5）有适应素质教育要求的先进的教育设施和技术手段，有符合乡镇教育现代化要求的办学条件（校舍、多功能室、多媒体设备、校园网等）。（6）较高的教育质量和效益。按"标准"要求，着重从培养学生的整体素质和创新精神、实践能力，以及教育科研成果等方面来衡量。

（五）加强法规建设，坚持依法治教

随着社会主义市场经济体制的建立，法律法规的逐步完善，我国将逐步走向依法治国的轨道。教育现代化要靠法制保障，要坚持依法治教。中央《中共中央国务院关于深化教育改革全面推进素质教育的决定》指出："全面推进素质教育，根本上要靠法治，靠制度保障。"各级党政领导及教育部门、校长和教师在推进教育现代化和素质教育中要强化法制意识，提高执法自觉性，政府和教育等有关部门要切实做到依法行政，保证教育方针的全面贯彻执行。要结合本地实际，继续完善地方教育法规和规章。实行一校一章程，制定有关素质教育的制度和法规，逐步实现素质教育制度化、法制化。要坚持依法治教，由传统的教育管理转变为依据教育法律、法规和制度的管理，加强执法监督，加强教育督导机构、队伍建设，充分发挥监督、评估、指导、反馈和宏观调控的职能、作用。同时，抓好法制教育，提高法纪观念，维护学校和广大师生的合法权益，营造有利于青少年学生成长和全面推进素质教育的良好风气和社会育人环境。

三 抓好教育现代化试点镇工作的几点要求

（一）加强领导，突出政府行为

推进教育现代化工作要取得明显成效，关键在领导。去年全省"两化"工作会议提出，实施教育现代化，乡镇为主阵地，政府负主责，学校为主体。因此，各试点镇要切实加强领导。一是要落实摆位，强化政府行为，把实施教育现代化纳入重要议事日程，作为一件重要的大事来抓。要建立健全机构，落实责任，第一把手亲自抓。二是加大投入，通过政府财政经费投入和法律、政策规定的有关渠道、办法筹措资金，加大对教育投入。三是制定配套的政策、措施，一级抓一级，分级负责，层层落实，并作为考核领导工作实绩的重要依据，保证教育现代化各项工作能够落到实处。

（二）制定和完善规划，抓好试点

1. 抓好教育现代化规划的实施与完善

要制定和完善试点镇教育现代化规划，并把教育现代化的规划真正纳入本地区经济、本乡镇社会现代化发展的总体规划之中。根据全教会和中央《决定》的精神和省的要求，对规划的先进性、可行性进行论证，及时进行调整、完善。同时，要对乡镇政府有关部门、学校实施规划情况、进度、成效等进行一次认真的检查，促进实施工作扎扎实实开展并取得明显实效。

2. 抓好调整布局、改造薄弱学校，优化教育资源配置

抓好调整布局、改造薄弱学校，既是全面推进素质教育，面向每一所学校，办好每一所学校的要求，也是优化教育资源，提高教育质量和效益的需要。各地的试点乡镇要按照省的要求，切实完成布局调整和"改薄"任务，作为特区、珠江三角洲经济较发达的试点乡镇，"改薄"的标准应该高要求设置，调整布局应更合理、更完善。

3. 抓好试点，大力办好"四个中心"

要重视试点的示范、辐射作用，切实抓好一批试点，推动面上工作，

镇抓试点校，县抓试点镇，注意及时总结试点经验，运用试点带动面上乡镇和学校。试点乡镇要办好"四个中心"，即乡镇中学（包括职中）、中心小学、镇成人学校、中心幼儿园。要努力把"四个中心"办成全镇教育现代化的窗口学校、示范学校。

（三）加强师资培训，建设适应教育现代化的教师队伍

中央《决定》指出："建设高质量的教师队伍，是全面推进素质教育的基本保证。"我们推进教育现代化，对教师队伍建设提出了更高要求。一是要通过加强教师的培训学习，转变教育观念，树立正确的教育观、人才观和质量观，增强实施素质教育的自觉性，树立良好的现代师德、师风。二是尽快提高中小学教师的学历层次，做到教师达标率100%，基本实现小学大专化、中学本科化的标准要求。全省提出到2005年达到这个要求，试点乡镇、学校务必提前3年到5年实现。目前还存在一定差距的试点乡镇，要采取切实有效措施迎头赶上。三是抓好教师掌握现代化教育技术手段的业务能力培训工作。试点镇所有中小学、镇成人文化技术学校和中心幼儿园的教师都要参加培训，要拨出专款用于校长和教师培训，使广大教师尽快掌握计算机操作和多媒体教学技术运用，提高运用现代教育技术的能力和现代教育设备使用的效率、效益。四是建立完善教师管理体制和竞争机制。试点市、县和乡镇要全面实行教师资格制，可率先试行校长职级制和教师合同聘任制，引入竞争机制，根据教师的学历层次、专业、能力、师德表现、科研水平等方面综合素质进行聘任。并可试行教师在不同学校定期轮岗合理流动制度。

（四）以教育信息化为突破口，加快教育现代化进程

加快实现教育信息化，有利于加快教育现代化。目前有些还未基本实现教育设施设备现代化的中小学，要舍得花力气，加大投入，抓紧配备。各试点乡镇要按国家和省的要求加强实验室、图书馆、教学常规仪器设备和以多媒体信息技术为主要标志的电化教育的配备。按省的标准要求，中心小学以上学校、上等级学校要配备与规模相适应的计算机室、多媒体

室，建立校园网，有条件的设置电子阅览室，以及较高档次的计算机网络。加快教育手段现代化，要注意乡镇中学、中心小学与其他管理区小学的相对平衡发展，不要造成学校之间差距过大，有的学校条件、设备很先进，但有的很陈旧，不符合整体推进教育现代化的要求。中小学计算机教育是教育信息化工程的中心任务，也是基础性的工作，要着眼于人才培养的目标要求，重点在于培养学生掌握计算机基础知识和基本操作技能，培养学生学习和运用计算机的兴趣，中学生逐步培养具有加工处理和创造信息的能力。各地要按照去年全省"两化"会议的要求，农村中心小学、城镇小学以上学校从三年级起开设计算机课程。试点乡镇要先走一步，积极组织实施。

（五）加强督导评估，建立科学的督导评估体系，推动教育现代化试点镇工作实施

教育督导评估是推进教育现代化、推进素质教育的重要手段和有效机制。这次宝安区进行教育现代化先进镇的试点评估，反映很好。教育现代化实施工作总结肯定了成绩，提出了要进一步解决的问题，这对于宝安区创建教育强镇、推进教育现代化无疑是有力的激励和促进，对于研究探索如何开展乡镇的督导评估也是有益的尝试。会议之后，省将尽快修订、完善评估方案和实施办法，以备正式出台。各试点乡镇要按照去年"两化"会议精神和这次会议精神，积极推进教育现代化。试点乡镇在条件具备时可以提出申报，省组织评估，经过评估符合推进教育现代化先进镇标准要求的乡镇，由省教育厅报省人民政府审批，予以命名表彰。

近几年来，广东省督导评估工作取得了很大成绩，尤其是中小学督导评估在全国率先开展，建立和完善"两基"年度复查、"改薄"评估验收制度，印发了关于广东省推进教育现代化先进县（市、区）督导评估实施意见和关于开展小学生个体综合素质评价的指导性意见，以及乡镇评估实施方案，初步建立起具有广东特色的教育督导评估体系。教育部和国家督导办有关领导对广东的做法，给予肯定，要求广东先走一步，大胆试行。

各地要充分运用督导评估机制，发挥其监督、检查、指导和推动工作的重要作用，特别是在开展乡镇和中小学、职中、幼儿园的评估中要进一步明确评估的指导思想，结论性、终极性评估是必要的，但更要重视过程性、形成性的评估，重视搞好自评工作，认真进行自评整改，自我调节，自我发展，自我提高；既要注意数量，更要注重质量；既要抓硬件，更要注重软件。通过各项教育督导评估，形成正确的导向，推动全面实施素质教育，推动广东省教育的改革和发展，努力使广东在全国率先成为教育强省。

深化教育改革　推进素质教育[*]

一　大力推进素质教育，是当前和今后一段时期广东省基础教育的中心任务

即将到来的21世纪，是知识经济、信息化的时代，是国际竞争集中在科技竞争和民族素质竞争的时代。为迎接21世纪的挑战，党中央提出要实现经济体制和经济增长方式的"两个根本性的转变"，实施"科教兴国"和"可持续发展"战略；要在加快物质文明建设的同时，加快社会主义精神文明建设，促进社会全面进步；要增强综合国力，使社会主义事业兴旺发达，代代相传。我国现代化建设的目标能否如期实现，归根结底取决于我们的教育能否培养出适应21世纪要求的高素质的劳动者和专业人才。

改革开放以来，在省委、省政府的正确领导下，在全省人民的大力支持下，广东省基础教育得到了很大的发展。1995年，广东省基本扫除青壮年文盲；1996年，广东省基本普及九年义务教育，大中城市和珠江三角洲地区正在积极稳步地推进普及高中教育。"两基"的实现和普及高中阶段教育的稳步推进，标志着广东省基础教育进入了一个新的发展阶段，也向全省教育工作者提出了一个新的重大课题，这就是在教育事业的速度

---

[*] 本文内容为1997年11月24日笔者（时任广东省教育厅厅长）在全省中小学素质教育工作会议上的讲话。选自笔者主编的《广东普通教育现代化1990—2000》，广东人民出版社2001年版，第165—172页。

和规模有了较大发展的基础上，如何进一步提高教育的质量和水平，实现数量和质量的同步增长和提高。当前，妨碍广东省基础教育质量和水平提高的一大障碍，是"应试教育"倾向的存在。"应试教育"是指一段时期以来中小学教育实践中客观存在的、偏离全体学生和社会发展的实际需要、单纯为应付考试、争取高分数和片面追求升学率的一种倾向。其具体表现为重教书，轻育人；重视少数"尖子"学生，忽视大多数学生；重智育，轻德育、体育、美育和劳动教育；重知识传授，轻能力和心理素质培养；重考试科目，轻非考试科目；学生课业负担过重，挫伤了学生学习的主动性、积极性和创造性，影响了学生素质的全面提高。这些做法违反了教育规律，背离了基础教育的宗旨，背离了党的教育方针，不利于青少年的健康成长，不利于教育事业的健康发展，也不利于教育为社会主义现代化建设服务。因此，广东省在基本实现"两基"以后，要进一步提高基础教育的质量和水平，就必须克服"应试教育"的倾向，大力推进素质教育。这是当前和今后一段时期广东省基础教育的中心任务。

近十几年来，为克服"应试教育"所带来的种种弊端，广东省教育工作者在理论和实践方面都进行了许多有益的研究和探索，并且取得了许多宝贵的经验。如丁有宽老师"教书育人，练文炼人，转化差生"的研究和实验；深圳市南山区以科研为先导，推进实施素质教育；广州市第109中学通过构建"审美教育模式"，发挥艺术教育的内化功能，促进学生整体素质的提高；番禺市通过建立督导评估机制保障素质教育措施的落实；中山市、高州市通过实施素质教育，促进全面提高教学质量、培养高素质的人才，等等。但是，我们必须看到，这些研究和探索还只是初步的，广东省中小学推进素质教育的工作和水平与先进地区相比仍有一定的差距。我们必须转变观念，统一认识，采取切实措施，在广东省中小学大力推进素质教育。

关于实施素质教育的重要性和必要性，卢钟鹤副省长的讲话已经做了全面的、深刻的阐述，并对实施素质教育提出要求。这里，我仅就同志们最近一段时期以来反映较集中的几个问题作进一步的说明。

一是否定"应试教育"不是否定现行的教育。新中国成立以来，特别是改革开放以来,广东省广大教育工作者努力贯彻党和国家的教育方针,为国家培养了大批优秀人才,广东省基础教育取得了令人瞩目的成就。这是广东省基础教育的主流,必须充分肯定。但在目前的中小学教育中也确实存在着一些偏离教育方针而产生的弊端。"应试教育"就是对其中存在的单纯以应试升学为目的而产生的种种弊端的概括。所以,否定"应试教育"只是否定现行教育中存在的一些弊端,而不是否定现行的教育。

二是实施素质教育不是不要考试。考试作为检验教学效果、提高教学质量的一种手段,过去需要,今后也仍然需要,当然考试的内容和方法要随着时代的发展不断改革和完善。素质教育反对的是把考试分数作为衡量学生质量的唯一标准,更反对把学生考试分数或升学率作为衡量教师、校长、学校工作业绩的唯一标准。

三是不能把素质教育简单地理解为开展课外活动和发展学生的特长。在开始推进素质教育的时候,不少学校将落实选修课、开展丰富多彩的活动课等形式作为突破口,但这并不是素质教育的全部。素质教育作为一种教育指导思想,要求在教育方针的指导下,从学生身心发展的不同特点出发,因材施教,着眼于教育教学全过程与各个环节,运用多种形式,着力培养学生学习的主动性和创造精神,促使学生在德、智、体等诸方面生动、活泼地发展。

二 广东省中小学推进素质教育的目标和任务

全面推进素质教育的根本目的在于提高全民族素质。当前广东省中小学推进素质教育的目标和任务是:以邓小平教育理论为指导,坚持"教育要面向现代化,面向世界,面向未来",全面贯彻教育方针,根据社会长远发展的要求,遵循人的身心发展规律,面向全体学生,促进学生全面协调发展,使学生在扎实打好基础知识的同时,学会做人,学会求知,学会生活,学会创造,把他们培养成为适应社会主义现代化建设需要的一代有理想、有道德、有文化、有纪律的公民。优化教育结构,办好每所学校，学校办学有特色，努力建立高水平高素质的基础教育，使广东省中小学教育能够为培养跨世纪的高素质劳动者和各级各类专业人才奠定基础。为此，我们要努力实现以下各项工作目标：

——加快改造薄弱学校，办好每一所学校。至2000年，全省小学初中基本实现规范化。根据教育资源与人口分布、经济条件相协调的原则，调整布局，初步建立适应地区差异和学生个体差异、充分发展学生个性特长的教育机制，办出一批特色学校，提高教育效益。

——继续调整中等教育结构，深化高中阶段教育改革，合理配置教育资源，构建人才成长的"立交桥"。根据经济社会发展和人才成长规律，构建职业教育与各类教育相互沟通、相互协调的现代化教育体系。

——深化课程教材改革，加快中小学课程、教材现代化建设。根据国家的要求和广东经济建设、社会发展需求，借鉴国内外课程改革和教材建设的经验，着手研究并构建适应素质教育要求、面向21世纪的有广东特色的中小学课程教材体系。优化教育教学过程，废止注入式，采用启发式，提高课堂教学质量。

——改革考试评价制度，取消中小学留级制度，减轻学生过重课业负担，以科学的考试手段为导向，建立有利于素质教育的实施、有利于小学毕业生升入初中、有利于初中后合理分流的中小学考试招生制度。

——改进中小学教育评价方式，加强督导评估。以学校、乡镇自评为主的学校评估制度和县（区）普教综合水平督导评估制度为载体，以建立各级各类学校质量和水平监测系统为手段，构建符合素质教育要求的科学评估体系和督导评估机制。

——加强现代教育技术在学校教育中运用的研究，重视课堂教学软件的开发，推进教育手段现代化，以适应广东现代化建设和对外开放需要，迎接新技术革命的挑战。

——大力营造全社会关心、支持素质教育的良好环境。以先进的教育思想和观念为导向，建立学校、社会、家庭结合的教育网络，形成全社会推进素质教育的整体合力。

三 采取措施,把推进素质教育工作落到实处

各级教育部门和中小学校的教育工作者,要从战略性和全局性的高度认识实施素质教育的必要性和紧迫性,认清素质教育与"应试教育"的区别,克服当前存在的"应试教育"的种种弊端。省教育厅将举办各市、县教委、教育局领导参加的素质教育培训班,各地教育部门也要有计划地分期分批对本地教育行政部门干部、校长、教师进行素质教育的全员培训。通过学习和讨论,转变观念,提高认识,积极行动起来,把各项工作措施落到实处。这些工作包括七个方面。

(一)加强改造薄弱学校,实施规范化学校工程

学校是实施素质教育的基地,是否具备必需的办学条件,在很大程度上决定着能否顺利实施素质教育。广东省已在1996年基本实现普及九年义务教育,办学条件得到了根本的改善,但由于地区之间经济、教育、文化发展不平衡,以及历史的原因,学校之间在办学条件以及教育质量等方面还存在着差距,还有一部分薄弱学校。根据调查统计,按省中小学规范化标准要求,全省还有相对薄弱学校6000多所。约占全省中小学总数的20%。要全面推进素质教育,必须坚持平等教育的原则,以保证适龄儿童少年全部接受义务教育为目标,以加强薄弱学校建设为重点,办好每一所中小学。省规划用三年左右的时间,有步骤分期分批改造薄弱学校,争取在20世纪末使广东省中小学逐步达到规范化要求,进一步巩固提高广东省普及义务教育。

各地教育部门在改造薄弱学校工作中,必须注意解决好几个问题:一是按照"面向全体、全面提高、因地制宜、积极推进、分类指导、分步实施"的原则,制订好规划。要根据省的目标要求及有关规定,结合当地实际进行普查,确定本地的薄弱学校,提出具体实施规划。二是结合小学、初中的学校布局调整,对不具备办学条件、规模过小的学校实行撤销

或兼并，提高规模办学效益。中山市坦洲镇提出规模办学、资源共享、优势互补，全镇25所完全小学合并为15所，5所初级中学合并为3所，效果很好，各地可借鉴这一经验。三是制定优惠政策和措施，鼓励经验丰富、水平较高的校长、教师轮流到薄弱学校工作。建立名校和省、市、县一级学校与薄弱学校挂钩制度，互派校长、教师进行交流。四是增加经费投入，建立扶持薄弱学校专项资金。根据省政府意见，省设立专项配套补助资金，每年拨出8000万元资金用以推动全省改造薄弱学校建设，各市、县（区）也要相应设立专项经费，采取倾斜政策扶持困难地区。五是做好改造薄弱学校，建设规范化学校评估验收工作。要把改造薄弱学校工作作为评价一个地区教育水平和质量的一项重要指标，并纳入每年"普九"工作的复查内容。

（二）深化教育结构改革，优化教育资源配置，做好初中后学生分流工作

广东省普及九年义务教育以后，初中在校生数量大幅度增加，在今后一段时期普通高等院校招生不会有较大增幅的情况下，调整和优化高中阶段教育各类学校的布局和结构，做好初中后学生的分流工作就显得尤为重要。目前每年升上普通高校的学生约占同龄人的5%，加上各类高校的招生数也不到10%，而90%以上的同龄人要在初中后或高中后直接走向社会，参加生产劳动。因此，广东省在抓好巩固提高"普九"，积极稳步发展高中阶段教育的时候，必须抓好高中阶段教育的改革，实现高中阶段教育多样化，搞好初中后分流工作。首先，要大力发展中等职业技术教育，适应广东省经济转型，调整和设置专业结构，加强政府统筹，调动各部门、各行业和社会各界的办学积极性，探索多渠道、多形式、多层次办学。要突出职业教育特色，努力提高教育质量，使学生在学期间，不仅打好文化基础，而且学习和掌握一二门职业技术，使青少年"不求人人升上大学，但求个个都成才"。其次，要积极稳步推进普通高中办学模式的改革，为高中分流创造条件。近几年来，深圳、南海等市在这方面做了一些探索，逐步走出了一条普通高中办学多元化的新路子。深圳市实行

"二一分段，高三分流"，打通普通教育与职业教育相互沟通和衔接的渠道；南海市举办综合高中、实行普通教育与职业教育相结合，这些做法使高中阶段教育更适应社会经济和青少年成长发展要求。最后，有的地方创办特色学校，如外语学校、艺术学校等，也深受学生、家长和社会的欢迎。各地因地制宜，因材施教，认真搞好初中后、高中后分流，必然可为实施素质教育创造良好的条件。

（三）抓住关键环节，推进教学领域的各项改革，切实减轻学生过重的课业负担

实施素质教育的核心在课程。中小学课程计划是素质教育目标、内容、要求的综合，是实施素质教育的蓝图。执行国家制订的课程计划是学校实施素质教育的基本保证。因此，各中小学首先要按国家教委的规定和省的实施意见，严格执行九年义务教育课程方案和普通高中课程计划，加强基础学科教学，配齐学科教师，保证开齐课程，开足课时，特别是没有开设音乐、美术、劳技课的学校，要采取措施，尽快开设课程，开足课时。省教育厅在1998年将对全省中小学执行课程计划的情况进行一次全面检查，并向全省通报检查结果。课程改革涉及面广，政策性强，必须积极稳步进行。根据广东省实际，当前要按照九年义务教育课程要求，完善课程体系，要加强劳动技术课、活动课和选修课的建设，要解决好这些课程的教材、师资、设备等问题。要加强课程教材的现代化建设。根据科教兴省和可持续发展战略，加强学生现代化科技知识教育，加强环境科学、人口知识、卫生知识等教育。要继续在全省推进普及计算机教学，加强外语教学，20世纪末大中城市和珠江三角洲地区要基本做到所有中学开设计算机课，中心小学从四年级起开设计算机和英语课，其他地区的中小学要逐步扩大计算机、英语课开设面。根据国家教委要求，省教育厅将组织力量对广东省课程方案的调整及改革进行专题研究，以适应实施素质教育要求，并以此为契机，逐步建立面向21世纪体现广东特色的中小学课程教材体系。

改革教学方法，优化教学过程，促进学生主动、活泼、充分地发展。

实施素质教育的中心环节在课堂。要发动和组织广大中小学教师，深入开展教学改革实验，努力提高课堂教学效率，废除注入式，实行启发式教学。教育部门和学校要按规定完善学校教学设施设备，建设好实验室和教学园地。要组织教师学习和掌握现代教育技术，推广运用电化教育手段，充分发挥现代教育技术在教学中的作用，有条件的学校要积极开展多媒体计算机辅助教学的研究和实验。要发挥广东中小学校基础设施、教学设备相对较好的优势，形成广东的教学特色。

各级教育部门和学校要采取切实的措施，减轻学生过重的课业负担。使广大学生有时间、有条件接触自然和社会，参加劳动实践。关于减轻中小学生过重课业负担，国家教委和省都做出了许多具体的规定，要做到有令则行，有禁则止。要严格控制中小学生在校活动总量和课外作业总量；禁止学校利用节假日、寒暑假组织学生集体补课或上新课；切实加强对学生用书的管理，凡未经国家教委或省中小学教材审查委员会审定的中小学教学用书，一律不准向学生统一征订，严禁向中小学滥编、滥印、滥发各种学习辅导材料和练习册。中小学生书包过于沉重，教辅资料过多，已直接妨碍到素质教育的实施，影响到青少年身心健康成长，必须引起各级教育行政部门和中小学的重视并认真解决。省教育厅党组最近研究决定，要按照国家教委有关规定对全省教学用书和教辅资料做一次清理，并重新制定和颁发有关规定，采取切实措施，减轻学生负担，使之有利于素质教育的实施。省、市、县各级教育部门要带头贯彻执行有关文件规定。省将在明年适当时候组织检查，如发现违反的，将按国家教委和省的有关规定严肃处理。

（四）改革考试制度充分发挥考试对实施素质教育的导向作用

考试是教学管理的一种重要方式，克服"应试教育"的倾向，要反对的是过多过滥的考试，和以应付升学考试为目的、围绕应试来组织教育教学活动的种种违反教育规律的做法。首先是减少考试次数，坚决取消各种形式的小学升初中考试，学生全部就近升入初中就读，努力使义务教育阶段九年成为一个完整的学段，中间再没有选拔考试，1998年要对全省实施情况进行全面检查。进一步完善中考"两试合一"制度，改革初中毕业水平考试和高中阶段教育招生考试的内容和方法。有条件的地方或实施素质教育实验市、县（市、区）可试行升学指标分配与初中学校办学水平综合评估结果挂钩的办法，根据当地高中教育普及程度和乡镇、学校办学水平的高低，将高中招生名额直接分配到乡镇、学校，由学校根据学生考试成绩和德、智、体全面发展情况予以确定。完善普通高中毕业会考制度，解决好现行普通高中教学计划的内容安排与毕业会考的时间安排不统一的问题，保证普通高中各学科教学内容的落实。另外，高考报名社会化，与所在中学脱钩，也会逐步成为发展趋势。

改革考试的内容和方法，要认真研究命题和考试方法，不仅要考查学生掌握知识的情况，还要考查学生学习能力的情况。目前一些先进的国家和地区对学生的测试，除进行知识水平测试外，还进行能力水平测试，而且更看重后者。这些做法值得我们学习和借鉴，对实施素质教育有好处。

要改进对中小学生的评价方法，建立科学合理的考试评价制度。"评价标准应符合教育方针、义务教育的性质和学生身心发展的规律"，积极提倡小学阶段取消百分制，实行等级制并实行学生素质发展报告书制度，省的实验县从明年开始试行，取得经验后在全省推行。要坚决摒弃仅以学科成绩作为评价学生的标准，制止按考试分数对学校班级和学生进行排名的做法。对学生要以激励为主，特别对学习有困难的学生，更应全面关心、更多爱护，激励他们取得进步和走向成功。

（五）构建符合素质教育要求的科学的评估指标体系和督导评估机制

要按照国家教委制定的《普通中小学督导评估工作指导纲要》要求，形成推进素质教育的激励和制约机制，促进素质教育目标的落实。对学校工作，要从办学方向、管理体制、领导班子、教师管理、教育教学工作、行政工作和办学条件等方面进行综合评价；对教师工作，要从教书育人、思想业务素质、教育技术掌握、教学方法应用等方面进行全面评价；对学生，要从德、智、体、美、劳、科技、能力等方面进行全面素质评价。各级各类的评价指标体系都要注意准确、简要、可操作。要从实际出发，坚持科学的态度，评价评估方法该量化的则量化，该用定性分析和描述方法的内容，就不要盲目追求量化统计。

要建立以乡镇、学校自评为主的学校评估制度，形成学校自我约束、自我调节、自我发展的有效机制，促进各级政府办好每一所学校。省将制订各级各类学校素质教育基础设施和教育质量评估指标体系，义务教育阶段学生素质评价指标体系和校长、教师工作评价考试指标体系。教育管理人员、校长、教师是教育评价的主体，各级各类评估都要以自评为主。要建立起各级普教综合水平督导评估制度，推动素质教育全面实施，促进广东省普教综合水平和整体效益的提高。县、市普教综合水平督导评估指标体系和评估办法由省制定，并由省组织实施；乡镇教育综合水平督导评估由地级以上市或县组织实施。

要强化督导评估结果的应用，通过督导评估保证素质教育工作的落实和目标的实现；同时通过自评使各级教育部门、学校能科学地分析和评价自己的教育行为；要把教育综合水平评估结果列入年度考核指标，作为考核领导业绩的重要内容，与干部的考核、晋升和奖励挂钩。要把学校办学水平综合评估结果列入中小学校长任期目标和教师岗位工作考核指标，作为评优选先、职务考核、评聘、晋升以及奖罚的主要依据。

（六）努力建立一支高素质的校长和教师队伍，保证素质教育的实施

实施素质教育的关键在教师，能否在中小学推进素质教育，根本在于能否建设一支素质优良的校长、教师队伍。自去年广东省开展"立高尚师德，树教育新风"活动以来，广东省中小学教师的师德风范有了进一步提高，精神面貌有了很大的变化，促进了教育教学工作。但这只是一个良好的开端，我们要结合贯彻执行国家教委和全国教育工会最近修订颁布的《中小学教师职业道德规范》，继续深入开展师德教育活动，使教师人人做到自觉执行党和国家的教育方针，关心爱护全体学生，尊重学生人格，促进学生全面发展，具有教书育人、为人师表、严谨治学的高尚师德。

建立健全教师岗位培训制度和教师继续教育制度，坚持中小学校长持

证上岗制度。"九五"期间有计划、分层次地对全省中小学教师、校长进行全员培训，提高教师、校长的综合素质。教师继续教育的内容要与推进中小学素质教育的实际结合起来，将实施素质教育作为校长岗位培训和教师资格培训的重要内容。在提高教师的学历层次和教育教学能力的同时，要组织教师学习先进的教育思想、教育理论、先进的教育方法和手段。要着力抓好教师英语和计算机的培训，45岁以下的中青年教师都要进行考核。要重视搞好对教师学习和应用现代教育科学技术的培训，以适应现代教育的发展需要。

各级教育部门和学校都要重视中青年教师的培养。把培养中青年教师作为重要的战略任务来抓，促使中青年教师尽快成长。通过开展教学基本功训练、优质课评比、优秀论文评选等群众性的教研活动和各种教改实验，促使中青年教师不断提高教育教学水平。中青年教师必须学习现代教育理论、掌握各种电化教育设备、电子计算机等现代教育技术，熟悉并自觉运用各种现代化教学方法。要启动好普教系统人才建设"百千万工程"，努力提高广东省中小学教师骨干队伍的素质水平，培养和造就跨世纪的人才队伍。

（七）积极探索德育工作新途径，加强和改进学校德育工作

德育是素质教育的重要组成部分。广东地处改革开放前沿和"一国两制"交汇点上，搞好德育工作具有重要意义。我们必须认真贯彻中共中央《关于进一步加强和改进学校德育工作若干意见》和全国中小学德育工作会议精神，加强和改进德育工作，积极探索新时期德育工作的有效途径。各级教育行政部门和各中小学校要把德育工作摆在重要位置，要定期研究学生的思想道德教育工作。从当前中小学实际出发，必须对学生加强爱国主义、集体主义、社会主义教育，加强学生道德、文明习惯的养成教育，帮助学生提高辨别是非和自我教育的能力；开展心理健康教育，帮助学生提高心理素质，健全人格，增强承受挫折、适应环境的能力；重视校风、学风、校园文化建设，开展建设文明学校、文明班级、文明校园活动；加强德育资源开发，提高德育实效性，要积极推广深圳、梅州创办集学军、学农，发展国防教育于一体的大德育基地经验，并注意充分发挥好德育基地在育人中的作用；重视办好家长学校，构建社区教育网络，努力使学校教育和社会教育、家庭教育形成网络合力，创造良好的育人环境；要花大气力做好后进生的教育工作，使每一个学生都能健康成长；学校要和有关部门密切配合，采取有效措施，抵制和预防"黄、赌、毒"的危害，预防学生犯罪，降低学生违法率和犯罪率。

要加强教育与生产劳动和社会实践相结合，认真研究并着手解决教育与实践在一定程度上脱节的问题。要加强学校劳动技术教育，重视劳动技术课程的开设，建立劳动教育基地，积极探索新时期教育与生产劳动相结合的新路子。农村中小学校必须建立劳动生产基地，城市学校要设立劳技课专用室，并积极创造条件、采用多种形式建立劳动生产基地，使学生在参加劳动的实践中，培养热爱劳动、热爱劳动人民的思想感情，并掌握一些基本的劳动技能。

四　加强领导，创造实施素质教育的条件和环境

在中小学全面推进素质教育是一项综合性很强的工作，只有各级领导给予高度的重视，才可能顺利地开展并取得预期的效果。

（一）各级领导要深刻认识中小学教育由"应试教育"向素质教育转轨的重要意义，切实加强对这项工作的领导

在中小学推进素质教育，将牵涉到社会的方方面面，会触及传统的观念和做法，将出现许多我们已经估计到的和我们没有估计到的困难、问题和阻力。像考试制度改革、课程制度改革，都给原有的观念、制度、做法带来极大的冲击。各级领导干部都要责无旁贷地承担起由"应试教育"向素质教育转轨的责任，大力营造素质教育的宽松环境，积极、主动、认真、细致地做好各项工作，对既定的工作方针和工作措施，要认真组织落实，切实做好检查督导工作。

(二) 素质教育要取得家长和社区的支持

这种支持首先来自家长和社区对素质教育的理解。教育行政部门和学校要通过家长学校、学校与社区的组织，向他们宣传素质教育的思想，使他们树立正确的教育观、质量观、人才观，形成家长理解、社区支持素质教育的社会环境。要让家长参与对学校的管理，经常征求家长、社区对学校工作的意见和建议，接受家长、社会对学校工作和教师工作的监督。

(三) 开展区域性推进素质教育实验，建立一批实施素质教育的实验市、县、区

为了做好实施素质教育的各项工作，探索区域性推进素质教育的途径，总结积累经验，示范素质教育模式方法，及时交流和推广各地实施素质教育的经验和成果，省教育厅规划建立一批不同层次、不同类型的素质教育实验区。经研究，选择了12个不同类型的市、县、区作为首批推进素质教育实验区。它们是深圳市、中山市、南海市、番禺市、新会市、汕头龙湖区、新兴县、化州市、仁化县、蕉岭县等。为了做好实验工作，各实验区要成立素质教育实验工作领导小组，并根据省教育厅实施素质教育的意见和本地实际制订实验总体方案。省教育行政部门要加强与素质教育实验区的联系，经常组织专家和有关管理人员进行工作指导和检查。各地级以上市从今年起选择1—2个县（市、区）作为市一级实验县；各县（市、区）选择1—2个乡镇作为实验镇，并抓好一批素质教育实验学校。实验区取得有效经验后，将及时向全省推广。重点中学，省、市、县一级学校要成为实施素质教育的模范，并不断总结经验，起示范作用。

(四) 实行分类要求，分类指导，区域推进

广东省有50个山区县、20多个贫困县，经济发展和教育质量水平很不平衡：有的县、市十年前已普及九年义务教育，现在已逐步普及高中教育，而有的山区县巩固"普九"和改造薄弱学校的任务十分繁重；有的学校已配齐了教学设备，实行多媒体教学，而有的学校才刚刚实现"一

无两有"。不同地区、不同学校在实施素质教育中，发展方向是一致的，但具体要求应有所不同。作为珠江三角洲和大中城市，要加快改革的步伐，如高中结构、课程、考试招生等方面的改革，通过加大改革力度，实施素质教育，推进教育现代化的进程。作为一般地区和山区，要转变教育观念，提高认识，制订整体规划，抓好试点，积极、稳步地推进素质教育，不断巩固提高普及九年义务教育。

（五）发挥教育科研的先导作用，做好推进素质教育的理论研究、实践探索和实验成果总结推广工作

要把实施素质教育的难点作为教育科研的重点，将实施素质教育的政策和措施研究列为广东省"九五"教育科研重大课题，组织各方面力量从理论上和实践上进行研究和实验，为实施素质教育提供理论依据和实践指导。省、市、县、镇、校各级都要确立素质教育科研课题，通过调查研究和科学实验，提高对自身教育行为的理论认识，提高工作的质量和效益。

实施八项工程　全面提高基础教育质量和水平[*]

广东基本实现"两基"之后,我们所面临的新的历史任务就是着力于全面提高教育的质量和水平,力争将一个良好的基础教育带入21世纪。我们将围绕这一新历史任务所做的工作,以及还将继续进行的工作,概括为八项工程。我们认为,努力实施广东普教系统的八大工程,是实施科教兴粤战略,建设教育强省的重要举措,是增创基础教育新优势,迈向21世纪的必然抉择。

一　实施薄弱学校改造工程,巩固提高普及九年义务教育成果

改造薄弱学校,建设规范化学校是广东省近几年内巩固提高"普九"的一项重要工作。薄弱学校改造工程的总的目标是经过5年左右的努力,全省基本完成全小学、初级中学薄弱学校的改造工作,使义务教育阶段所有学校改造工程达到省的规范化要求。薄弱学校改造工程的枢纽意义在于它的"四个相结合",即与全面推进素质教育,巩固提高"普九"成果的结合;与调整学校班子和充实教师队伍的结合;与建立良好的校风、教风、学风,建设文明学校的结合;与办学有特色、教学有特点、学生有特长的特色学校创建的结合。因此,抓住薄弱学校改造工程,就可以说是抓

---

[*] 本文内容曾独立发表于《广东教育》1998年第9期。

住了巩固提高"普九"成果的枢纽，抓住了广东省基础教育全面发展的难点。

二 实施素质教育工程，全面贯彻党和国家的教育方针

素质教育工程是建设教育强省、实现教育现代化的重要工程。大力推进素质教育，是当前和今后一段时期广东省基础教育的中心任务。素质教育工程的根本宗旨是要全面贯彻党的教育方针，全面提高教育质量。因此，我们首先要求中小学严格执行九年义务教育课程方案和普通高中课程计划，保证开齐课程、开足课时，这是保证学生全面发展的基本要求。实施素质教育工程，还要求办好每一所学校，面向每一个学生，为全体学生提供平等的接受教育的机会；要求深化中小学课程、教材、教学方法、教学手段等方面的综合配套改革，通过高水平的教学推动素质教育的全面实施；要求遵循教育教学和人的发展的客观规律，让学生学会求知、学会做人、学会生活、学会创造，把青少年一代培养成为适应社会主义现代化建设需要的高素质的劳动者。要加强中小学德育工作，积极探索德育的新途径和新方法，提高中小学德育工作的实效性，要加强劳动技术教育，促进教育与劳动相结合，与社会实践相结合。进一步推进区域性素质教育实验试点工作，总结经验，在全省发挥良好的导向作用。

三 实施中小学教师的继续教育和拔尖教育、人才培养的"百千万工程"，全面提高中小学教师的整体素质

教师队伍的整体素质是建设教育强省的关键和保证。改革开放以来的实践表明，广东省中小学教师队伍的素质和结构成为广东省基础教育改革和发展的一大瓶颈。因此，强调教师的继续教育与实施"百千万工程"（100名教育专家、1000名知名校长、10000名知名教师），对提高广东省

基础教育的综合实力具有至关重要的作用。1998年至2003年是广东省中小学教师全员培训的第一个周期，每位教师在5年内要达到240个课时的培训量。通过全员培训，使中小学教师确立起现代教育观念，整体提高教育教学能力，适应21世纪教育教学的需要。同时通过"百千万工程"的实施，造就一批蜚声省内外的教育专家、名校长、名教师。为做好这两方面工作，要注意四个发挥：一是发挥师范院校、教育院校在培养和培训师资中的"桥头堡"作用；二是发挥中青年教师在教学改革中的先锋作用，让他们脱颖而出；三是发挥现有的名校长、名教师的作用，让他们的知识、经验和智慧生根、开花、结果；四是发挥"百千万工程"的示范作用，激励一代教育工作者在教育改革大潮中建功立业。

四　实施课程教材建设工程，全面推动教学领域的各项改革

课程设置和教材编制规划了人才培养的蓝图。课程教材建设是提高教育质量、提高人才素质的一项具有全局性意义的核心工程，从今年秋季开始，广东省九年义务教育阶段和普通高中部分学科的教学内容和教学要求将作适当调整，原则上有利于减轻中小学生过重的课业负担，为实施素质教育创造较为宽松的环境。同时，我们要通过高考3+X的改革，进行高中课程体系改革，促进高中阶段教育质量的提高。根据广东省的实际情况，在教材建设方面我们近期将进行三个方面的工作：一是进一步完善和修订沿海版九年义务教育教材；二是组织编写一套适应广东经济发展和现代生产要求的具有地方特色的职业高中系列教材；三是初步设想编写一套具有现代教育教学意识、适应教学心理要求的教学软件，首先在义务教育阶段语文、数学、外语三门学科中进行试点实验。这几套教材我们要求体现三个特点：人文教育和科学教育的相互融合，普通教育和职业教育的相互渗透，科学性、思想性、艺术性的完美统一，建设面向21世纪具有广东地方特色和现代品位的中小学课程和教材体系。

五　实施科研促教工程，为教育改革和发展提供理论指导和智力支持

从建设教育强省的角度说，教育科研是广东省普教系统中最为薄弱的一个环节。1996年广东省启动科研促教工程已初见成效，但在如何为教育决策服务、为教学实践服务、为学校基层服务等方面还有许多工作要做。在当前，各级教育科研网络的建立至关重要，要把这种科研网络延伸到学校中，首先是省一级学校要建立教科室，走科研兴校之路。各级教育行政部门的主要领导都要主持1—2个科研课题，联系1—2个实验学校或试验点，通过典型引路，实现滚动发展，要注重培养一批科研骨干，在实践中造就一批学有专长、教有特色的知名教育专家。要积极支持在职教师进修硕士研究生课程，提高在职教师的科研能力，要设立教育教学著作出版基金，鼓励中小学教师总结经验，著书立说。

六　实施教育信息化工程，不断提高教育手段现代化的水平

随着信息网络时代的到来，多媒体技术和信息高速公路正以惊人的速度改变我们的生活方式、学习方式和工作方式。把电脑网络、电视网络和电话通信网络联结起来，实现"三网合一"，并广泛运用于教育、教学、管理过程，有着广阔的前景，这也是我们今后努力发展的方向。在全省启动教育信息化工程，目前还仅仅处于起步阶段。我们应该有计划有选择地在全省建立100所民办教育实验学校和30多所全国现代化教育技术实验学校，以此为示范推动教育教学手段的现代化，到2005年，我们要进一步完成省、市、县教育行政部门以及省一级学校的教育信息网络工作。教育信息工程化的实施，将极大提高教育教学管理的效益，从而引发教育教学领域的一场根本性变革，使教育真正迈入信息化时代。

七 实施教师安居工程，形成尊师重教的良好社会风尚

省委、省政府在1995年提出用3—5年时间实现"教者有其居"的目标任务以来，广东省中小学教师的住房建设取得了重大进展。全省超过一半以上的县（区）基本解决教师住房困难问题，但仍有30%的中小学教师家庭人均居住面积还没达到10平方米的水平。部分山区、贫困山区教师住房仍然相当困难，教师安居工程的任务十分艰巨。我们要利用当前房改的有利时机，加大教师住房建设的力度，推进教师住房建设进度，同时要搞好教师住宅小区配套建设，提高生活质量，为教师安居乐业创造良好的环境。要学习借鉴深圳、顺德实行教师住房社会化、货币化的办法，从根本上解决教师住房问题。

八 实施珠三角教育现代化工程，带动东西两翼和山区教育的起飞

根据珠三角率先实现现代化的发展要求，我们启动珠三角教育现代化工程，其目的和意义在于积极推进珠三角到2010年基本实现教育现代化，使其成为广东建设教育强省的先导，并发挥其示范和辐射作用，带动全省教育的发展。作为区域教育现代化，珠三角的教育正从模仿适应逐步走向创新整合阶段，呈现出新的发展态势，在教育事业发展的规模、结构、体系、质量、效益等方面，已具备教育现代化雏形。从目前说，我们所要做的工作：一是制定珠三角教育现代化工程的实施方案，加强对珠三角教育现代化问题的研究，对珠三角教育发展的目标路向作出明确的定位，提供理论指导；二是促进珠三角教育与经济的互动，在教育、科技、经济领域的结合部上开拓创新，为科教兴粤战略的实施做出应有的贡献；三是利用有利条件，积极推进珠三角的基础教育在更高层次上有更高水平的发展，变"两基"为"两高"（高标准普及九年义务教育，高标准扫除青壮年文

盲），这是现代教育发展的必然趋势；四是从实际出发，寻求教育现代化的突破口，在办学体制、管理体制、教学改革、教师队伍建设、教育技术等方面都要先走一步，求实创新。

依靠教育科研求质量、上水平、促发展[*]

一 必须确立依靠教育科研求质量、上水平、促发展的工作思路

《中国教育改革和发展纲要》指出：要"加强教育改革和发展的理论研究和试验。各级政府和教育行政部门要把教育科学研究和教育管理信息工作摆到十分重要的地位","要积极开展教育决策咨询研究，密切教育科研同教育决策、教育实践的联系，发挥教育科研对教育改革的发展和促进作用"。广东省政府颁布了《广东省教学成果奖励办法》，并决定每年至少投入250万元作为教育科研经费。广东省在"普九"之后，巩固提高"普九"，发展高中阶段教育，推进素质教育的任务还十分艰巨。其中，增强科研意识，依靠教育科研促进教育质量和水平的提高，是一项重要工作。各级教育行政部门的领导一定要充分认识科研促教的重要性和紧迫性，把教育科研工作摆上日程，把教育科研纳入教育发展的整体规划中，采取切实措施确保教育科研在认识上、工作上、投入上真正到位。为了加强普教科研工作，提高普教科研水平，发挥科研促教作用，去年全省普教工作会议后，已启动"科研促教"工程。一年来，省教育厅已经落实了几项工作：一是成立了省普教科研领导小组和省普教学术委员会，负

---

[*] 本文为1997年11月4日笔者（时任广东省教育厅厅长）在广东省首届普通教育教学成果奖项目和"九五"普通教育科研立项课题公布会议上的讲话。选自笔者主编的《广东普通教育现代化1990—2000》，广东人民出版社2001年版，第484—486页。

责规划和管理全省普教科研工作；二是落实了每年不少于250万元的省级普教科研专项经费；三是设立了广东省普教系统教学成果奖并于今年首届颁奖，今后每两年评奖一次；四是首次公布了省的五年计划普教科研课题规划，并审议确定了一批省"九五"攻关课题、重点课题和规划课题。全省各市、县，各学校也不同程度地做了大量的工作。工作进程快的地区，已经建立健全了领导管理机构，对本地区的教育科研工作做出了全面的规划，建立了有效运行的工作机制，投放了必要的科研经费，已初步建立起一支专兼群结合的普教科研队伍，并启动了一批从本地实际出发、有针对性的科研项目。

二 采取切实措施，加快推进"科研促教"工程，多出成果，多出人才

现代教育的一个重要标志，就是教育行为对教育科研有着很大的依赖性。随着教育改革的不断深入发展，教育科研在教育发展中的作用越来越显得重要。教育事业的发展决策、教育行政的管理体制、课程教材、考试制度、教学方法、教育教学等方方面面的改革，都要在调查研究、科学实验的基础上进行。有了科学的决策，我们的改革才能取得应有的效果。《中国教育改革和发展纲要》指出："社会主义市场经济体制的建立，对教育的改革和发展提出了许多新的课题。教育理论工作者和实际工作者，要以马克思主义为指导，研究和回答建设有中国特色的社会主义教育体系的理论问题和实际问题。"要"鼓励和支持学校和教育工作者积极进行教育改革试验"。广东省与教育科研先进省市相比较，与广东经济建设和社会发展对各类建设人才的需求相比较，教育科研工作的基础还较薄弱。从总体上看，广东省教育科研仍滞后于教育实践，还未能与迅速发展的教育形势相适应。在科研管理体制、教育科研机构、人员队伍力量、经费投入等方面，都还存在着许多问题。最近，国家教委推广的苏州市以教育科研为先导，全面推进素质教育的经验，就很值得我们学习和借鉴。

"九五"期间，我们必须加大教育科研工作的力度，落实省委、省政

府部署、落实教育厅在《关于加强广东省普教系统教育科研工作的通知》中的各项工作要求，努力实现广东省"科研促教"工程提出的目标，即"坚持理论与实践相结合、普及与提高相结合的方针，从教育改革与发展的若干重大理论和实际问题中抓好一批重点项目，取得一批较高水平的有学术价值和推广应用价值的科研成果，培养一支素质优良、数量充足、结构合理的教育科研队伍，造就一定数量国内知名的教育专家，形成覆盖全省的教育科研网络，并以中心城市为依托建设一批不同层次的高水平的示范性教育科研基地，为建设教育强省服务"。为了实现这个目标，我们必须采取切实措施，加快推进"科研促教"工程步伐，当前务必抓紧做好以下几项工作。

1. 健全机构，加强领导

市、县（市、区）教育行政部门都要成立教育科研领导小组，有组织地开展教育教学科研工作。各地要积极创造条件设立建制的教育科研机构，在没有专设机构之前，也要明确负责教育科研管理的职能部门，并有行政领导分管。做到职责明确，责任落实。

2. 组织、建立起一支专（专业）、兼（兼职）、群（群众）结合的教育科研队伍

有没有开展教育科研的骨干队伍，有没有进行教育科研的基本力量，决定着广东省教育科研工作能不能上水平、出成果。特别是在当前大多数地区和单位都没有专门的教育科研机构的情况下，就更加要重视队伍建设的工作。各级教育部门都有责任组织和引导教育行政干部、校长、教师以及离退休老同志参与教育科研工作，充分调动广大群众投身教育科研的积极性；各类负责教育科研工作的机构，除了努力提高自身队伍素质、积极充实本机构的力量外，还要注意从有丰富教育教学经验和较强研究能力的实际工作者中聘请研究人员；要注意充分发挥各级教育学会和教学研究会的作用，组织、建设一支有较高思想水平和较高科研能力的、专兼群结合的普教科研队伍，各尽所能，各施所长，形成群众性的教育科研工作局面，并通过教育科研工作的广泛开展，培养、造就一批在省内外、国内外有影响的教育专家。

3. 做好教育科研规划和科研项目的落实工作

各地教育部门都要确立一批教育科研课题，教育行政领导尤其要带头抓重点攻关科研项目，并且要具体抓，一抓到底，抓出成果。我们要紧紧围绕教育教学改革与发展中的理论问题和实际问题，立足当前，着眼未来，宏观研究、中观研究、微观研究并举。当前，要结合广东省巩固提高"两基"成果，推进落实"两全"工作，结合在全省中小学推进素质教育、把广东建设成为教育强省、在2010年珠江三角洲实现现代化的工作实际，做好科研规划，组织多方力量，重点攻关。争取在"九五"期间抓出一批有广东特色的教育科研"精品"。今天，我们公布了一批省级"九五"教育科研攻关课题、重点课题和规划课题，根据工作实际需要，还可能会陆续增加一些研究课题。省普教科研领导小组办公室和省普教学术委员会将对这些立项课题的研究开展给予指导，对课题研究工作的进程加强监督。确定的课题科研资助款将分期足额拨给，同时采取相应的激励和制约措施，对研究工作开展较好、成果突出的项目，将追加适当的科研资助款；对不能按期完成项目研究任务，或研究成效甚微的研究课题，则中止拨款。各地可参照省的做法，加强教育科研工作管理，建立起教育科研的课题规划、项目申报、评审立项、经费资助、科研指导、验收鉴定等管理制度，不断提高教育科研的质量和效益。

4. 想方设法多渠道增加教育科研的投入，保证必要的科研经费

省已明确每年的普教科研专项经费不少于250万元，并已争取社会资助，开始筹备设立教育科研基金。各级教育行政部门都要建立由政府拨款和多种形式投入相结合的科研经费筹措机制，落实科研专项经费。根据教育科研机构所承担的任务，除拨给经常性费用外，还应根据工作实际需要，拨给科研专项经费。同时，要积极宣传教育科研的重要意义，鼓励和争取社会各界和个人对教育科研的捐助，并可通过教育科研的有偿服务、技术转让和成果推广应用等渠道，拓宽教育科研经费来源。

5. 要重视和加强教育科研成果的总结、优秀成果的宣传和推广应用工作

省教育厅将每年公布一批成效显著、具有应用价值的教育科研优秀成

果。今天，我们公布了首届广东省普教系统教学成果奖项目，年底还要召开隆重的颁奖大会，今后将每两年评奖一次。获特等奖项的报由省政府审批、颁奖。各级教育行政部门和学校都要建立教育科研成果的评选、奖励制度。通过评选和表彰教育科研先进单位、先进个人、优秀成果活动，在全省普教系统营造一个学教育理论、讲教育科学、搞教育科研的浓厚氛围，激励全省教育工作者自觉地、积极地投身教育科研实践。对成绩突出的单位和个人，要给予重奖。要让这些优秀的教育科研成果在全省开花结果。像著名特级教师丁有宽，一直坚持教育教学的改革实验和探索，他研究的"教书育人，练文炼人"和"小学语文读写结合教材教法"两大课题，都在实践上取得了显著的成效，在理论上有重大的创新，并且在大面积的试验中得到充分的验证和普遍的肯定，对促进教育教学质量的提高有着重大的作用。像这种推广价值高、在国内外影响大的成果，都应该大力表彰，广泛宣传，积极推广。全省的教育工作者都应该向丁有宽老师学习，学习他"爱心是根，科研是本"的教育思想，学习他勇于改革、勇于创新、脚踏实地、努力攀登科学高峰的敬业精神。我们希望，广东省普教系统通过人才建设"百千万工程"的实施，将涌现出一批像丁有宽老师那样的教育专家。

  同志们，教育科研是教育事业中一项重要的工作，也是广东省基础教育工作的一个薄弱环节。摆在我们面前的教育研究，任务艰巨而又光荣，全省普教系统教育工作者要动员起来，以这次教学成果奖和科研项目公布会为契机，积极推进"科研促教"工程，开创广东省普教科研工作新局面。只要我们遵循邓小平同志"教育要面向现代化，面向世界，面向未来"的指示，坚持以教育科研为先导，继承和发扬我国优秀的教育传统，认真学习世界各国和兄弟省市先进的教育教学和教育科研经验，努力探索有中国特色的社会主义教育规律，就一定能够建立起适应广东经济建设和社会发展、具有广东特色的教育模式和教学体系。省委、省政府提出的把广东建成教育强省的目标就一定能够实现。

积极实施"百千万工程"
加速培养跨世纪高素质人才[*]

成天下之治者在人才，成天下之才者在教化。能否在广东省中小学教师和校长队伍中，培养一代跨世纪人才，关系到广东省教育改革的发展和前途，关系到能否如期实现建设教育强省的宏伟目标。

一　充分认识实施"百千万工程"培养
　　跨世纪人才的重要性和紧迫性

21世纪将是一个依靠高科技快速发展经济社会的新时代，这对广东省来说又是一次机遇和挑战。高新技术的竞争，归根结底是人才的竞争。正如《中国家中长期教育改革和发展规划纲要（2010—2020年）》中指出的："世界范围内经济竞争、综合国力竞争，实质上是科学技术的竞争和民族素质的竞争。"我们要想在竞争中取胜，进一步增强我国的综合国力，就必须重视人才的培养。人才的培养靠教育。为了在世界各国日趋激烈的竞争中，在国家、民族前途和命运的较量中永远立于不败之地，党中央、国务院提出了"科教兴国"的战略方针。科教兴国的核心内容，就是要以教育为本，把科技和教育摆在经济、社会发展的重要位置，把经济

---

[*] 本文为1997年11月11日笔者（时任广东省教育厅厅长）在全省普教启动"百千万工程"培养跨世纪人才工作会议上的讲话。选自笔者主编的《广东普通教育现代化1990—2000》，广东人民出版社2001年版，第1030—1033页。

建设转移到依靠科技进步和提高全民族的科技文化素质的轨道上来。为此，我们要用邓小平的人才思想、人才理论指导我们的工作。尊重知识，尊重人才。赢得人才，就可以赢得未来，赢得 21 世纪。

实施普教系统"百千万工程"（知名教育家、知名校长、知名教师）是改善广东省目前教师队伍和校长队伍现状，实现教育强省的需要。"八五"期间，广东省中小学校舍等硬件建设水平走在全国前列，学校内部管理体制改革增强了学校内部活力。1996 年又完成了"普九"，普及高中教育已在珠三角逐步推进，职业教育快速发展，普通教育出现了良好的势头。在抓好硬件建设的同时，这几年也开始重视抓软件建设，特别是教师队伍建设。通过增加教师工资，提高教师待遇，开展师德教育，教师队伍日趋稳定。我们还大力开展了教师业务培训工作，教师队伍素质有较大提高。中小学教师学历达标率超过全国平均水平，教师高、中级职称比例也有所提高。但从建设教育强省、实现教育现代化要求看，广东省教师队伍建设在规模、结构、质量等方面，还有不相适应的地方。特别是广东省中小学校的管理水平、教学水平、校长和教师的素质与硬件建设不匹配，与教育发展要求还有较大的距离。

当前，广东省中小学校长和教师队伍面临的主要问题是：

校长的年龄结构、专业结构不够合理。班子中的专业人才的搭配不大理想。一些地方校长的教育科研意识淡薄，忙于抓硬件建设，很少研究教改工作，有的甚至很少参加听课评课。许多地方拥有第一流的校舍和设备，但缺乏第一流的管理水平，不少校长习惯于"经验式"、"家长式"的管理。

教师队伍面临的问题也较多。主要是骨干教师缺乏，分布不均衡。中国老龄委最近一项调查显示：人才新老交替已到关键时刻，全国 100 多万高级职称人才，45 岁以下的仅占 6.3%，35 岁以下的仅占 1.1%。虽然广东省富裕地区凭着经济优势可以从外省招聘一些优秀教师，但也不是治本的办法。据 1996 年统计，广东省初中和高中教师中级职称的比例分别为 20.3% 和 33.5%，高级职称的比例分别为 1.77% 和 16.5%；小学教师中、高级职称比例分别为 36.17%、14.12%。广东省自 1980 年以来评选四批特级教师共610人，1987年以来评出中学高级教师15730人，但他们的年龄都偏大，1996年已达55岁以上在职的中学高级教师占35.5%，到2000年，将有70%的特级教师和100%的"文革"前毕业的中学高级教师退休。1987—1988年全省评出的6593名中学高级教师几乎都是1962—1964年本科毕业或20世纪50年代初期大专毕业的。当时的平均年龄将近50岁。不仅跨世纪的人才奇缺，断层问题也十分突出。特别是贫困山区，那里不仅特级教师、中学高级教师奇缺，连本科毕业的中学教师也不多。从近两年评选杰出的教师、评审中学高级教师的情况来看，拔尖人才也较少。

以上情况给我们一种警示：培养跨世纪人才，造就教育专家、名校长、名教师，提高广东省中小学校长和教师整体素质是一项十分紧迫的政治任务，是教育工作的当务之急，当务之重。我们要两手抓，一手抓教师基本队伍建设，一手抓拔尖人才培养。建设教育强省，必须具有教育人才的优势。如果没有一支数量足够、学历达标、素质较高的教育队伍，就会影响2010年全省普及高中阶段教育的目标和实现；如果没有高素质教师和校长队伍，就没有高水平的学校管理，就培养不出高素质的学生，就不可能办出有特色的学校，全面提高教育质量的任务就无法完成，建设教育强省就难以实现。因此，对实施"百千万工程"我们必须有强烈的使命感和历史责任感。

二　加强领导、落实措施，保证广东省"百千万工程"的顺利进行

第一，各级教育部门的领导，特别是主要领导，一定要高度重视这项工作，自觉把实施"百千万工程"的工作提到重要议事日程，成立培养指导小组，要有一位主管领导负责此项工作，认真研究实施过程中遇到的问题，加强具体指导。邓小平同志说过："善于发现人才，使用人才，是领导者成熟的主要标志。"我们把一个单位的领导是否重视培养跨世纪人才工作，是否在本单位形成了尊重知识、尊重人才的风气，是否做到了唯

才是举,唯才是用,作为考核领导干部的主要内容,作为衡量职能部门工作成绩大小的重要标准。

第二,建立科学的管理制度,对人才的培养实行目标管理。要按照省的实施方案的要求,结合当地实际,制定本地区、本部门、本单位培养跨世纪人才的规划、目标和近期计划。建立奖励人才的制度。当前,更重要的是要建立科学的人才评价机制。对人才的科学评价是现代人事管理工作科学化的基础,新的市场经济竞争,新的人才价值观的形成,要求必须科学地评价人才、选用人才、管理人才,充分利用和发挥人才资源效益。因此,要对人才评价方法、人才测评手段进行研究、探讨。在选拔培养对象工作中,考核要做到全面、客观、公正,评价要公平、合理。

第三,物色好指导教师或专家,充分发挥培养指导小组的作用。培养指导小组,由行政领导和专家教师组成,负责制订培养提高计划、培养目标、方向、研究课题、措施等,具体指导培养对象的教育工作和教育科研。培养指导小组肩负着历史的重任和人民的重托,工作成效好坏关系到人才培养的成败。因此,要高度负责,以事业为重,以育人为己任,甘为人梯,乐于奉献,不辜负党和人民的期望。

第四,保证经费提供。要把"百千万工程"所需的经费列入年度教育预算,拓宽资金来源渠道,解决启动经费、培养经费、开展课题研究经费等。要建立奖励基金,对成绩突出者给予奖励。同时要帮助解决培养对象工作上、生活上的实际困难,解除他们的后顾之忧。

三 加快培养步伐,造就跨世纪拔尖人才

"百千万工程"的落实,关键是培养。培养是造就人才的基础,我们要从以下几个方面去努力:

第一,要坚持选拔标准,选准选好苗子。培养对象的选拔是一件非常严肃的事情,要坚持标准,坚持民主评议、逐级推荐的程序。坚持择优选拔的原则,讲党性、顾大局,把真正优秀的人才选拔出来。坚持标准最重要的一点是坚持德才兼备。无论是培养跨世纪学术带头人,还是培养名

师、名校长，都要坚持德才兼备。当前，特别要强调政治思想素质和师德风范。教师要师德高尚，为人师表。校长要以身作则，成为师生的楷模。我们要教育广大教师和校长，坚持党的基本路线，大力弘扬爱国主义精神、求实创新精神、拼搏奉献精神、团结协作精神，自觉抵制拜金主义、享乐主义腐败思想的侵蚀，努力以自己的知识造福于人民，真正担负起科教兴国、振兴中华的伟大历史使命。另外也要重视发挥现有人才的作用。现有的专家、教学骨干是必须依靠的主要力量，要发挥他们的示范作用和指导作用。据科学史记载，著名科学家卢瑟福一人就培养了11名诺贝尔奖获得者；著名的英国卡文迪什实验室曾经成为威震世界的人才库，其中获得诺贝尔奖的就有17人。学高为师，德高为范。各地区、各学校要发挥特级教师、高级教师的专长和作用，要求他们搞好传、帮、带，关心、指导、培养青年教师，促其成才，形成优秀人才群体。

第二，要把"百千万工程"与教师的继续教育及校长的提高培训工作结合起来。如果说，教师继续教育与校长培训提高工作，对全省教师与校长都有普遍而重要的意义的话，那么，对进入"百千万工程"培养范围的教师与校长则至关重要。因为对他们的思想学识、科研能力、决策水平都应是高标准、高要求。因此，对列为培养对象的教师与校长，年龄在45岁以下，应该进修硕士研究生课程，校长还要通过高级研修班等形式，经常研究办学中的热点、难点问题，寻求理论上的突破与建树。

第三，要以科研促教推进"百千万工程"。以往的经验告诉我们，杰出的教师往往是在教育科研过程中成长的。投身教育科研，需要追求真理的执着精神，这样，优良的师德与敬业精神便得以培养；要取得科研成果，必须遵循教育规律，勇于创新，这样教育观念才得以更新，教学水平才得以提高。因此，名师、名校长、教育专家都应该积极投身教育科研实践中去。在推进"百千万工程"的过程中，广东省应该有一批国家级、省级的科研课题，交给"百千万工程"去做。通过科研促教来加速跨世纪人才的培养。可以说，我们如果高质量地完成了一批国家级、省级教育科研课题，推动省的教育科研成果"跨长江、过黄河"，广东省的教育科研水平就会上一个台阶，广东省的名师、名校长、教育专家就能在省内外产生一定的影响。

第四，要根据人才的成长规律，做好跨世纪工作。现代研究成果表明：科学发明的最佳年龄是 25—45 岁，其峰值年龄在 37 岁左右。根据教师职业和学校工作的特点，教师和校长的成长也有自身的规律。年轻教师成长的转折时期应在毕业后任教的五六年内，毕业后走上讲台的教师，满腔热情，雄心勃勃，都想干一番事业，经过几年的磨炼，拔尖人才就会脱颖而出。正如古话所说的，"试玉要烧三日满，辨才须待七年期"。一个师范院校本科毕业生 22 岁参加工作，经过 5—6 年实践，正好 30 岁左右。因此，对青年教师的培养，要注意他们成才的最佳年龄。

校长的成才也可以大致分为适应期、成长期、成熟期。新上任的校长，对校长岗位工作要有一段熟悉的过程，要对学校的过去和现状作全面、深入的了解。经过两年左右的探索，进入成长期，比较稳健，能提出办学的目标和设想，成长期的时间稍长一些。步入成熟期的校长，在总结经验的基础上，在理论和实践方面有所突破，有自己的办学思想和思路以及管理模式，能取得较大的成绩。因此，校长的培养，要经过时间和实践的考验，要经过一段实践的考察，要重业绩，重能力、水平，重办学特色、办学效率。

加快推进全省教育信息化工程
提高教育现代化水平[*]

推进全省教育信息化工作，对于贯彻落实省八次党代会提出"科教兴粤"战略的重要措施，适应知识经济时代要求，推进广东省教育现代化，实现建设教育强省的目标，具有重要意义。

一 充分认识推进教育信息化工程的必要性和可能条件

进入20世纪90年代以来，广东经济社会的发展发生了重大的变化：一是由过去单纯强调经济的增长转变为强调社会经济的全面进步；二是由强调单纯的经济数量扩张转向质量效益的内涵型的增长；三是在经济发展中从注意强调技术的应用转向强调经济的知识含量、科技含量；四是实现经济体制由划拨的计划经济向竞争的市场经济转变。在这种日趋激烈的市场竞争中，广东省在经济上要站稳脚跟，增创发展新优势，就必须从依靠大量资金投入、大规模的基建的高耗低效型转到依靠科技进步提高劳动者素质的低耗高效型轨道上来，否则，就会失去竞争力而衰退。而要发展高新科技，培养高素质的劳动者和专门人才，就要使传统教育迈向现代化，

---

[*] 1999年1月5日笔者（时任广东省教育厅厅长）在珠江三角洲教育现代化暨教育信息化工作会议上讲话摘要。选自笔者主编的《广东普通教育现代化1990—2000》，广东人民出版社2001年版，第615—618页。

既注意硬件建设，也重视软件建设；既重视观念现代化，也注意制度、物质的现代化，让"一流教育支撑一流经济"。因此，在全省实施教育信息化工程，就不是主观要求，而是经济建设发展对教育提出的客观需要。

1994年省委、省政府做出建设教育强省的决定，1998年省八次党代会提出实施"科教兴粤"战略，力争再经过五年努力，使广东进入教育强省行列。经济强省必须要有教育强省支撑，它必然要求教育要与经济社会发展相适应，要培养经济和现代化建设所需要的各级各类人才和高素质劳动者，这正是教育现代化和教育信息化要解决的问题。因此，只有实现教育现代化和教育信息化才能达到建设教育强省的目标。从这个意义上说，推进教育信息化工程的实施，是"科教兴粤"，建设教育强省的题中应有之义。广东处于改革开放的前沿，具有独特的地缘人缘和区位优势。信息化将引领21世纪经济社会发展，它将使现代教育方式、学习方式发生深刻变革，因此推进教育信息化将作为广东省推进教育现代化的重要突破口。

实施教育信息化工程，在广东省是否具备条件呢？从经济发展看，广东国内生产总值年均增长速度在10%以上，主要经济指标和综合经济实力保持在全国先进行列。从思想条件看，不仅"科教兴粤"战略成为各级党政领导的共识，广大人民群众对办好教育有着高昂的热情，而且改革开放20年来广东积累的教育经验，对教育现代化有关问题进行了研究和探讨，具有一定的思想理论基础。从教育现状看，目前珠江三角洲已有深圳、东莞、中山、顺德、南海、新会等基本普及了高中阶段教育，逐级衔接、门类齐全、结构合理的教育框架正在形成，办起了相当一批投入大、条件好、质量高的学校，形成了区域教育整体实力的优势。同时广东省中小学计算机教育和信息技术的应用起步较早，发展较快，有一定基础。全省中小学校计算机的拥有量为156179台，计算机室3816个，约占全国中小学计算机总量的1/7。全省普通中小学有2445所开设了计算机课，28所学校基本建成校园网。这就是在全省启动教育信息化工程的基本条件和基础。因此，我们完全有条件分层次地实施教育信息化这项工程。

二 推进全省教育信息化工程的指导思想、基本目标和工作重点

教育信息化是以教育现代化的思想为指导，积极开发、广泛运用现代信息技术和信息资源，全面提高教育的质量和水平，培养适应现代社会要求的新型人才的信息化进程。全省教育信息化工程也就是加快全省信息化进程的一个系统工程。

（一）指导思想

广东省教育信息化工程要以邓小平同志"教育要面向现代化，面向世界，面向未来"为根本指导思想，统筹规划，需求推动，注重效益，提高质量。统筹规划，就是各地要根据省教育行政部门提出的发展方针、政策、目标任务、技术标准和规划，充分合理地利用现有的信息网络资源，优化教育资源配置，发挥综合优势，避免各种形式的重复和浪费。需求推动，就是从经济社会发展及结构转型对人才的需求出发，根据不同地区经济社会发展条件，分地区、分层次推动，不能一哄而起，不搞"一刀切"。注重效益，就是根据广东省教育经费偏紧的状况，讲求最大的经济和教育效益原则，合理配置资源，逐步实现教育对象、教育时间空间、教育内容形式和教育手段的突破，不能盲目发展，造成浪费。提高质量，就是要开发利用优秀教育软件资源，建立让学生创造性地学习的环境，全面提高学生的素质。

（二）基本目标

广东省实施教育信息化工程，从长远目标来看，就是要在全省的中学和中心小学的教育教学和教育行政管理上，实现全方位的教育信息化，逐步形成有广东特色的、比较成熟和完善的中小学信息化教育体系，使大部分学科教师和中小学生能够掌握和应用信息技术基础知识。具体到2000年、2003年，广东省教育信息化发展的主要目标包括：

1. 计算机教育普及目标

到 2000 年全省基本普及高中阶段计算机教育。全省有 2800 所中小学能够开展信息化教育活动，占全省中小学校数量（2.89 万所）的比例达到 10%，建立 100 所省级教育信息化工程实验学校。到 2003 年全省发达和次发达地区基本普及初中阶段的计算机教育，全省争取有 5000 所中小学能够开展信息化教育活动，占全省中小学校数量的比例达到 20%。

2. 教育软件建设目标

到 2000 年，重点开发中小学语文、数学、英语和计算机 4 个基础学科的教学软件，引进国内外优秀教育教学软件。到 2003 年，建设一批网上教育教学信息资源库；重点研制开发一批工具型的教学平台；力争完成中小学必修课程和部分选修课程多媒体教学软件及各级各类教育、教学管理系列软件的开发；建立省一级的软件开发与培训基地。

3. 现代教育技术装备目标

2000 年全省中小学计算机拥有量从现在的 15 万台增加到约 20 万台，2003 年全省中小学计算机增加到约 35 万台。

（三）工作重点

中小学计算机教育是广东省教育信息化工程的中心任务，也是教育信息化工程一项基础性的工作。中小学计算机教育首先要着眼于教育目标的调整，重点在于培养学生掌握计算机的基础知识和基本操作技能，培养学生学习和运用计算机的兴趣，初步形成获取、加工处理以及创造新信息的能力。这就是终身学习的基础能力。课程设置上，计算机学科应由当前的课外活动和选修课逐渐发展成为中小学的一门必修课程和基础性课程。在课堂教学中坚持传统教学媒体与现代教育技术的结合。原国家教委印发的《中小学计算机课程指导纲要（修订稿）》（教基司〔1997〕17 号）是我们组织和实施中小学计算机教育的指导性文件，各地应认真贯彻实施。省将组织力量编写一套符合现代学习规律，具有广东地方特色的计算机教育教材。同时，开展计算机学科的教学评价工作，颁发等级合格证书，今年将开展试点工作。要充分利用现代信息技术，探索新的教学模式，推动当前教育教学改革和发展。

师资培训是实施教育信息化工程的重中之重。是否拥有大批掌握并能运用现代信息技术的教育工作者是推动教育信息化的关键。在当前要特别注意加强计算机教研队伍的建设，努力创造条件，做到市、县（区）逐步配备计算机学科教研员。要充分利用多种渠道如中小学校长培训中心、师范（教育）院校、电教馆等分别对各级教育行政干部、中小学校长、学科教师等进行教育信息化的培训工作。要下大力气做好在职教师培训工作。以原国家教委颁布的《中小学教育工作者计算机培训指导纲要》为依据，分四类人员进行培训；凡是配置了机房的学校，必须在较短的时期内完成对本校教师的计算机简单应用全员培训；对非计算机学科教师的培训，要使教师了解计算机辅助教学的特点和作用，能够在教学中恰当地选择和应用教学软件来解决课堂教学的重点和难点。要力争到21世纪初各级教育行政管理干部、中小学校领导和学科骨干教师初步掌握并能应用信息技术。为此各地要相应地制订师资队伍培训计划。省将尽快设立计算机学科职称评审小组，解决好计算机学科教师的职称评审问题。

教育教学软件的开发是教育信息化工程建设中一项十分重要的工作，是运用现代信息技术、提高教育教学质量效益的核心所在。根据原国家教委《中小学计算机教育软件规划》（教基司〔1996〕25号）的要求，近几年要集中力量把软件建设搞上去。在省的统一组织和指导下，集中最优秀的学科教师和计算机专家，重点开发学科的教学软件，首先在语文、数学、外语和计算机4个学科方面取得突破，开发适用于各级教育管理部门和各级各类学校的教育管理软件。根据国家有关教育软件开发的规定，可以以课题招标的形式分地区、分学校进行教育软件的开发。尽快完善软件研制、试验、评审、推广应用体系。在开发教学软件方面，天河区为我们提供了成功的范例。他们不是"坐、等、靠、要"，而是由教育局组织发动广大教师利用暑假自制教学软件，取得良好效果。

合理配置硬件设备，首先，提高计算机的使用效益，也是广东省教育信息化工程中的一项重要工作。要用好现有的计算机，使之发挥最大的使用效益，要提倡把计算机用坏而不是放坏。其次，各地各校要有计划分层次地配备硬件设备，要讲求实效，不要盲目追求高档次。地方和学校购置大宗硬件设备时，应请专家进行论证，并通过招标投标方式进行，以保证硬件配置的质量效益。天河区教育技术现代化的基本经验的可贵之处在于在计算机的应用上下功夫、花气力、求效益。衡量一个学校或地区的现代教育信息技术水平不能只看电脑装备数量多少、档次高低，更重要的是要看现代教育信息技术的应用水平、软件开发程度和培养人才的效果。

三　推进全省教育信息化工程的几点意见

（一）学习邓小平教育理论，发挥教育观念现代化的先导作用

教育现代化和教育信息化，首先是教育观念的现代化。各级教育行政部门要组织广大教职工认真学习邓小平教育理论和现代教育理论，帮助教职工树立正确的教育观、教学观、学习观、人才观，等等。各市、县（区）都要抓好骨干培训，要把教育现代化、教育信息化等课题纳入校长提高培训的重要内容。可通过各种形式如开展学术讲座、现场观摩会推动教育思想观念的转变。要争取宣传舆论的配合，造就推进教育现代化的社会环境和条件。

（二）加强领导，强化政府行为的主导作用

地方各级政府要将教育信息化发展规划和目标纳入区域经济建设和发展的总体规划之中，争取各级党政领导的重视和支持，区域教育现代化的基本单元是按照标准分期分批建立起来的各级各类示范学校，在建设示范学校的基础上，逐步把重点转移到乡镇上来，以乡镇一级为主统筹推进教育信息化工程的实施，使乡镇和学校成为政府行为的主要落脚点。同时广泛动员社会各界力量参与教育信息化工程，并以办教育的社会参与度作为衡量一个地区教育意识乃至文明程度的重要标尺。

（三）建立教育信息化的示范点，以点带面推动两项工程实施

在实施教育信息化过程中，省、市都要建立试验点，以点带面，逐步

推进。经研究决定，省建立3市（区）（中山市、南山区、天河区）10个乡镇100所现代教育技术实验学校作为教育现代化的试验点。由省教育厅组织力量，协同当地政府、教育部门共同推进试点工作。作为示范点，先行一步，勇于探索实践。

教育信息化并没有可以照搬套用、刻板不变的模式，各地要从本地本校实际出发，选择好教育信息化的启动点和突破口。牵牛要牵牛鼻子。从已有的经验来看，一是优先选择能够最大限度地调动各级政府和广大人民群众办学积极性的因素；二是优先选择优势强项的因素，扬长补短，如天河区利用高素质的教师队伍突破教育技术现代化中的软件开发这一关键问题；三是优先选择自身相对薄弱的因素进行突破，如薄弱学校的改造、中小学布局结构的调整；四是优先选择与本地本校特色有关的因素进行突破，如珠海一中的电化教育，等等。当教育信息化发展到一定水平之后就可全面推进，整体突破。

（四）建立督导评估机制，推进教育信息化工程实施

在推进教育信息化工程方面，根据当前政出多门、职能交叉、分工不明确的问题，省要逐步建立和完善有关全省中小学计算机教育、教育教学软件开发、实验学校标准、教育信息网络管理等一系列规范性文件，强化监督机制，规范教育信息化工作。在教育信息化工程的督导评估中，要注意与"普九"的巩固提高、素质教育的实施、薄弱学校的改造等方面紧密结合起来，并与评估验收挂钩，以确保规划目标的实现。

依法促进职业教育的改革和发展[*]

《职业教育法》是国家全面规范各级各类教育活动的重要法律。它的颁布实施,标志着我国职业教育进入了依法治教的新阶段,必将对职业教育的改革和发展,对促进实施科教兴国战略和经济可持续发展战略,推进社会主义现代化建设产生深远影响。我们要认真学习贯彻《职业教育法》,增强法治意识,依法办学治教,进一步促进广东省职业教育的改革和发展。

一 贯彻《职业教育法》,首先要充分认识职业教育的地位、作用

《职业教育法》在总则中阐明了职业教育的地位和作用:"职业教育是国家教育事业的重要组成部分,是促进经济、社会发展和劳动就业的重要途径。"我国要实现党的十四届五中全会提出的经济增长方式的两个根本转变,建设社会主义现代化,不但需要高级科学技术专家,而且需要千百万受过良好职业教育的中、初级技术人员、管理人员、技工和其他受过良好职业培训的城乡劳动者。没有这样一支劳动技术大军,先进的科学技术和先进的设备就不能成为现实的社会生产力。从我国国情看,由于人口众多,青年人毕业升

---

[*] 本文内容曾独立发表于《人民教育》1996年第11期。

上大学是少数，大多数要走上职业岗位，因此为适应国情需要，必须十分重视和大力发展职业教育。广东改革开放十多年来，职业教育有很大发展，以职业高中为例，1980年全省职业高中才76所，在校生仅7000人，到1995年，全省职业高中已达503所，在校生达18.13万人。1985年以来，广东省职业高中向社会输送了56.5万多名各类中、初级技术人员和工人。这些毕业生以其扎实的专业知识，娴熟的操作技能，活跃在生产经济第一线，在广东省的经济和社会发展中发挥了重要作用。然而，由于受几千年来"学而优则仕"传统观念的影响，鄙薄职业教育的观念仍然存在，职业教育在一些地方还没摆到应有位置。学习贯彻《职业教育法》，首先就要进一步提高各级政府、教育部门和其他有关部门、行业和企（事）业组织和社会各界对职业教育重要地位和作用的认识，克服认识上的随意性和片面性，把职业教育的发展放到重要战略地位上，采取有力措施，大力发展职业教育。

二 贯彻《职业教育法》，关键要明确和落实各方面兴办职业教育的职责，发展在政府统筹下的多元办学体制

根据《职业教育法》，各级政府兴办职业教育的职责之一是将发展职业教育纳入国民经济和社会发展规划，合理布局职业教育发展的层次结构、专业结构和服务方向，对本地职业教育发展给予必要的保障条件。广东省许多市、县经验证明，只有加强政府统筹规划才能保证职业教育在国民经济中的战略地位，才能合理使用职业教育资源，充分发挥职业教育效益；才能保持职业教育持续、稳定、协调发展。政府职责之二是要办好重点和骨干职业学校、职业培训机构，对全社会职业教育起到骨干和示范作用。改革开放十多年来，广东省已建设起11所国家级重点职中、35所省重点职中及一批市、县级重点职中。根据广东省教育事业发展规划，到2000年要建设80所中等职业学校或培训中心，进入全国2000所重点中

等职业学校行列。政府职责之三是对社会各方面依法举办的职业学校和职业培训机构给予指导和扶持。这包括在建设场所、师资设备、就业出路、需求信息等方面对社会力量办学予以扶持，提供便利；另外，要在办学方向、质量保证等方面加强监督、指导。

世界职业技术教育发展历史证明，职业技术教育的大力发展，必须依靠和充分调动行业、企（事）业组织的积极性。企业办职业教育，这既是企业对社会应尽义务，也是企业自身发展的需要：企业是职业教育最大的、最直接的受益者，同时企业具有办职业教育现成的条件，如专业人才、设施设备和实习场地等。企业办职业教育，应成为建立现代企业制度的一项重要内容，成为实现由粗放型向集约化经营转化的一项根本措施和重要标志。《职业教育法》对行业、企（事）业办职教的职责、义务及其经费保障等都作了明确要求，这是推动行业、企（事）业组织办职业教育的重要保证。改革开放十多年来，广东省企业办职业教育有很大发展，但距离经济和社会发展要求仍有较大差距。针对这种情况，我们必须大力发展行业、企（事）业的职业教育和培训。要根据职业教育法，制定有关配套法规、措施，建立和健全全行业、企（事）业办职业教育的运行机制，落实行业、企业办职教的经费。要认真总结推广广州、深圳、江门、顺德等地在政府统筹下，调动行业、企（事）业组织积极性，推广兴办职业教育的经验做法，采取有效措施，使行业、企（事）业办职教有一个较大的发展。

《职业教育法》除了对行业、企（事）业办职教做明确规定外，还明确指出："国家还鼓励社会团体、其它社会组织和公民个人依法举办职业学校培训机构。"在社会主义市场经济条件下，民办的职业教育以其适应性和灵活性，具有强大的生命力，应大力扶持，引导发展。近年来，广东省民办职业教育蓬勃发展，对推动经济和社会进步起了不可低估的作用。因此，贯彻《职业教育法》，要进一步鼓励和发展民办职业教育，调动各方面积极性，形成全社会兴办职业教育的局面。

三 贯彻《职业教育法》，要合理布局职教资源，调整职业教育结构，建立适应广东经济和社会发展的职业教育体系

《职业教育法》总结了我国职业教育的规律，科学地阐明了职业教育的结构、布局和体系。这就是："国家根据不同地区的经济发展水平和教育普及强度，实施以初中后为重点的不同阶段的教育分流，建立、健全职业学校教育与职业培训并举，并与其它教育相互沟通、协调发展的职业教育体系。"

广东省经过十多年来的努力，初等和中等职业教育已经有了很大发展，据1994年统计，全省职业学校招生数和在校生人数分别占高中阶段招生数、在校生人数的58%和56%，为广东的经济和社会发展输送了一大批初等、中等具有文化科学技术知识的熟练劳动者和实用人才。根据国家教委的部署，目前，广东省正在深圳、广州、顺德、南海等地进行高等职业教育的试点，培养与中等职业教育相衔接的高等职业技术人才。目标就是要通过加快发展，调整结构，建立起适应广东省经济和社会发展的初等、中等及高等职业教育体系。

在目前这一时期各级职教发展中，中等职业教育是发展的重点。广东省中等职业教育虽然发展快，但毕竟由于发展时间不长，因此在一些地方还存在职业教育专业结构不够合理，职业教育资源得不到充分利用，不少学校存在规模小、质量低、效益差的问题。贯彻《职业教育法》，要进一步根据广东经济和社会发展需要，优化职业教育资源配置，调整职业教育结构。一是要在市、县政府统筹下，根据本地产业结构和经济发展需要，搞好专业布置，形成规模效益。二是优化办学体制，充分发挥职教资源的作用，构建培养人才的"立交桥"模式，多层次、多形式、多渠道培养人才。三是促进职教与成教、普教的相互沟通和结合，实施"2+1""2+2""3+1"的高三分流改革。四是推广新会荷塘职中"产教结合、校企合一"，实现教育效益、经济效益和社会效益的有机结合。

四 贯彻《职业教育法》，要加强职教师资队伍建设，坚持正确的职教方针，努力提高教育的质量和效益

提高职业教育的质量，关键在于师资队伍。由于历史原因，职业学校许多教师是从普通中学转过来的，文化课教师较多，专业课和实习指导教师缺乏，教学以文化课、理论课为主，缺乏技能训练、生产实习，这必然影响职业教育质量提高。贯彻《职业教育法》，我们必须抓住机遇，解决这个已经成为职业教育事业发展的瓶颈问题。根据广东省实际，要从职教育发展需要出发，制定广东省近期和远期职教师资的培养培训规划，并认真组织实施；要大力发展职业师范教育，加快把省民族学院改办为广东职业教育师范学院的建设工作，指定省内若干高校作为职业师资培养培训基地，建立起既有专门职业师范学院，又有理、工、农院校参与的，学科较齐全，结构合理的高等职业师范教育网络，多渠道解决中等职业教育师资的培养问题；要制定有关劳动人事政策，鼓励和吸引企业的工程技术人员和能工巧匠到职业学校任教；要建立和完善职教师资职称评审办法，引导和鼓励教师重视专业知识学习和技能水平的提高。

要坚持正确的职教方针，促进职业教育与生产劳动相结合，为社会主义经济建设服务。要重视学生的思想政治教育和职业道德培养。教育学生热爱中国共产党，热爱祖国，热爱社会主义，树立良好的职业道德和严格的职业纪律观念。要加强职业技术教材建设工作，使教材内容贴近现代经济建设和社会发展的需要，注意及时把先进、实用的科学技术引入教学内容。要改革职业教育方法，坚持理论和实际相结合，在上好文化课和专业知识课的基础上，突出加强技能训练和生产劳动实习，培养学生既有良好职业道德，又有良好文化基础和精湛的职业技术，从而为加快广东经济和现代化建设做出贡献。

发展职业技术教育，建设
富裕文明侨乡*

党的十一届三中全会以来，我市中等职业技术教育得到了逐步的恢复和发展，先后复办新办了一批中专、中技和职业高中，其中职业中学发展相对比较快，目前全市共有中专8所，中技9所，中师4所，职业高中46所，另有21所普通高中附设了职业班。1990年全市职业技术学校招生和在校生数分别达11806人和31101人，分别占高中阶段招生和在校生数的57.9%和55%，各种职前职后短期培训班也有较大的发展。一个以职业高中为主体，中专中技为骨干，职前与职后教育并举的多层次、多形式的职业技术教育网络已初步形成。

在办学过程中我们认为，认真研究解决如下三个问题是职业技术教育发展的关键。

一 面向地方经济，改革教育结构

职业技术教育是教育与经济的结合点。十年来我市职业技术教育发展较快，在一定程度上反映了我市经济和社会发展的需要。我市是全国著名侨乡。造纸、纺织、仪器等轻工业历史悠久，机械、电子等工业也有一定基础，商业、外贸向来比较发达，特别是改革开放十年来，"三资"企业

---

* 本文是1992年笔者（时任广东省江门市人民政府副市长）在市教育会议上讲话摘要。

发展比较迅速，经济结构、产业结构和就业结构也发生了较大变化，以公有制为主体、多种经济成分并存的新格局已初步形成。此外，还出现了租赁经营、承包经营、股份制等经营形式社会经济的发展以及由此产生的有关结构的变化，促进教育及其结构产生连锁反应是必然的。市委、市政府根据中央和省的指示和要求，顺应本地经济和社会发展的需要，逐步把普通教育办学指导思想从应试教育转到素质教育轨道上来，积极认真地改革中等教育结构，发展中等职业技术教育，并把主要为当地经济建设服务作为职教的办学方向，在具体做法上则着重考虑如下几个问题：

第一，专业设置上紧密结合当地经济发展的需要，特别是注意设置支柱行业以及开发性生产所急需的专业。在如何解决专业设置与各校师资、设备、设施之间的矛盾问题上，我们除加强学校自身建设外，主要通过联办的方法加以解决。在农村，教育部门与乡镇联办，以乡镇为主；城市则以教育部门为主，尽可能联合有关部门和单位。联办不仅使办学具有较强的针对性，而且使专业设置在相对稳定的基础上有可能具备一定的灵活性。如台山县广海中学，地处沿海渔农区，除利用本地发展水产的有利条件，与台山县水产局联办水产品养殖与加工专业班，为当地培养水产专业人才外，还与当地驻军联合举办汽车维修班，由学校提供学习场地，组织教学，部队提供技术教练和汽车，已开办两期，共培训131人，除少数自谋职业外，大多数学员结业后，由劳动部门推荐就业。

第二，教学上坚持理论联系实际，在传授文化基础知识和专业理论知识的基础上，加强实践环节。多数学校首先是做好初中文化基础知识的补课、补漏工作，在此基础上讲授高中的主要课程，其他课程采取讲座的形式进行，这样就可以有较多时间加强职业技术技能技巧的培养。

第三，办学形式多样化，充分发掘校舍、师资、设备的潜力，不拘一格，一校两制，长短结合，职前职后结合，以适应社会经济发展多样化的需求。新会荷塘职中在办好各个专业班的同时，从1985年开始举办短训班，去年开始办初中后"三加一"裁缝班，今年正式成立职教中心。其余15所职业中学均办有以回乡中学毕业生为主要对象的短训班。此外，还有36所高中和完中开办了以当年不参加高考的高中毕业生为对象的职业短训班，开平县50多所初中开设职业技术培训科目，我们还积极发展城乡的成人教育，促进成人教育由文化学历教育向岗位技术培训转轨。1983年以来，通过城镇的成人中专、职业学校进行岗位培训的干部职工占全市干部职工总数的1/5。农村的成人技术教育也有一定发展。我们还以实施"燎原计划"为主线，大力推进农村教育综合改革，在努力办好和总结新会县礼乐镇示范点的基础上正在逐步铺开，按规划，今年开始试办1个示范县，11个示范镇，"八五"期间扩展到3个示范县，15个示范镇。可以预见，这项计划的实施，将进一步促进农村科教统筹，促进基础教育、职业技术教育和成人教育的结合，使教育更好地为当地经济和社会发展，迈出更坚实的步伐。

二 做好宣传和思想工作，动员社会办学

要发展职业技术教育，必须努力做好宣传和思想工作，使人们对职业技术教育有一个正确的认识，并且要制定出具体的办法，让中央和省对职业教育的政策和规定得以落实，让全社会都来关心职业教育，办好职业教育。

第一，动员各部门和社会办学，努力促进职业技术教育的社会化。早在1987年，我们就多次召开有关部门会议，通过认真讨论和协商，制定了《关于经济部门和教育部门加强合作、发展职业技术教育的意见》，提出各部门都要积极参与职业技术教育，并规定办职业教育的单位可以优先选毕业生，招工指标优先照顾安排职中毕业生的联办单位，联办单位在经费、师资、设备及学生实习、毕业生安置等方面提供必要的条件。我们多次召开会议总结联办职业学校的经验，表彰了一批办学有成绩的联办单位。根据我市华侨港澳台同胞多、热心办学的优势，我们还积极鼓励"三胞"捐资办学，积极支持社会力量对职业技术教育的参与。

第二，制定《江门市实行"先培训，后就业"用工制度实施办法》，明确规定招工要从受过职业技术教育合格人员中择优录用，职业中学毕业生不再参加招工考试，凭教育部门签发的毕业证书到劳动部门直接办理就

业手续。今年4月，市委、市政府又召集计划、财税、人事、劳动等13个单位负责人会议，在总结十年职教办学经验的基础上，研究制定了《关于动员社会力量进一步发展我市职业技术教育的决定》，要求各级政府切实把发展职业技术教育纳入当地经济发展规划，重申"先培训，后就业"的用工政策，各单位需要新增职工，首先要在技校和职业中学毕业生中择优录用。普通高中、初中毕业生要经过职业培训，并取得合格证书才能被招工。还决定进一步对技校和职业中学部分专业毕业生实行"双证制"，即除取得学校发的毕业证书外，还对毕业生进行技术等级考核，考核合格后，由劳动部门发给专业技术等级证书，对回农村就业的职中毕业生，一些县、区还规定在资金、信贷、供销等方面给予优惠和照顾。

第三，推广新会县对改制学校实行的"四不变"政策：一是由政府办的性质不变，经费不扣，并在可能条件下，增拨教育设备费；二是公办教育编制不变，教职工力量只加强不削弱；三是普通高中教学计划规定的主要文化课程不改变，增设专业课程；四是学制不变，农村职中逐步由两年过渡到三年，对新办学校除拨给一定的建校费外，地方财政给予一定数量的开办费或专项经费补助。市政府还规定，今年设置职业学校设备补助费项目：一是在教育费附加和城镇基建教育补偿费中切块；二是在教育预算中单列，并要求各县（区）相应增加职业技术教育的经费投入。

三　改善办学条件，提高教学质量

十年来，随着经济的发展，我市各级政府对教育投资是放在优先位置，用于中等职业技术教育校舍、基地建设的投资也基本得到保证。据初步估算，十年间，通过多种集资方式，用于这方面投资超过5000万元。因此多数学校的校舍、实习场地均达到一定规模。经过十年努力，目前我市独立设校的40多所职业中学校舍绝大部分得到不同程度的改善，基本做到农科类专业有实习农场或饲养场，工科类专业有生产实习工厂（车间）。

十年来，我们对职业学校师资队伍建设也做了一定努力。目前全市中专、中技、职中教职工平均每班1.1人。专业师资困难较大的职业中学也得到了缓解。解决的主要途径：一是在原有文化课教师中选择有某特长或课程相近的教师，让其短期进修之后转教专业课，这类教师约占专业课程教师的80%；二是发挥市、县、学校三方面的积极性，通过各种渠道和形式，包括发挥骨干职中的作用，选送中青年教师或优秀毕业生进修。目前，已有五成左右的专业教师接受脱产专业培训。我们还决定从明年开始，在五邑大学增设职业师资班，短期培训现任的职业中学专业教师。

在加强上述三项建设中，我们注意处理好以下几个关系：

第一，正确处理骨干学校与一般学校的关系，特别在经费投放上保证重点学校、重点项目，改变过去"撒胡椒面"的办法。从1986年起，我们明确提出市县都要分批集中力量办好一至二所有特色、质量较高的骨干学校。在使用每年职业技术教育专项经费时，坚持"锦上添花"，重点扶持骨干学校，对一般学校则采取项目补助办法，并按照分类指导的原则，认真帮助它们改进工作，解决困难，提高质量。由于我们注意处理了上述关系，做到以点带面，点面结合，因此，先进点逐步增多，后进面逐步缩小。不仅原有的一些骨干学校有了新的进展，而且近几年还陆续涌现了一批办学很有成绩的职业中学。

第二，正确处理专业设置与因地制宜的关系。这方面除要求各地认真做到艰苦创业，精打细算，并在教学上努力提高质量外，从宏观上来考虑，则侧重注意学校布局、办学规模以及做到办学因地制宜。特别是职中，由于改制以及其他因素，办学随意性大，专业设置也缺乏必要的统筹，这就带来人、财、物的很大浪费，教育质量也必然不高。为此，一些地方正逐步采取"增、调、并"等措施加以整合、提高。为解决因地制宜办学问题，我们注意区别各地的不同情况，不搞"一刀切"，不盲目追求学校数量，以县（区）一级来说，各地的做法也有所不同。新会县是我市职业技术教育的先进单位，他们的经验在全市推广以后，在具体做法上各地没有照搬照套，而是因地制宜，讲求实效。如台山县利用侨乡、社会办学积极性比较高的优势，制定了办法，采取了优惠、扶助的措施，既改变了教育部门独家经营的办学局面，又促进了办学上的公平竞争。有的尽管办学条件并不好，如居正职校是利用姓氏祠堂开办的，校舍陈旧，教师也多是自聘的，但教学质量较高，毕业生有一技之长，因此普遍受到用人单位的欢迎。开平县除单独设立四所职业中学外，还较多地采取普通高中附设职业班的办法，这样做也使基础教育与职业技术教育有了一定的沟通。

第三，正确处理人与物的关系，把抓好队伍的建设，特别是队伍思想建设放在第一位。既讲条件，又不唯条件论；既讲改善办学环境和经济待遇，又提倡艰苦创业和无私奉献精神。目前我市多数职业技术学校这方面的情况是好的，部分学校还用这种精神感染和教育学生，不仅增强了学习的动力，而且还为这些学生走向社会自强自立、创立新业打下一个良好的思想基础。

广东省农村教育综合改革的基本经验*

1989年初，我们确定了从化县①、南雄县为全省第一批农村教育综合改革实验县，确定了116个乡（镇）为实施"燎原计划"的示范乡（镇）。经过多年的艰苦探索，目前，全省农村教育综合改革实验市、县（区）已发展到56个，其中东莞、中山、茂名是地级实验市，东莞市还是"全国地区（市）农村教育综合改革联系点"；全省实施"燎原计划"的示范乡（镇）已发展到623个。

广东省农村教育综合改革走过了7年的历程，基本经验有4条。

一 党政重视，加强领导，是进行农村教育综合改革的关键

广东省的农村教育综合改革工作一开始，就是在省委、省政府的有力领导下进行的。从1989年确定实验县以来，每次全省性会议，省委、省政府的领导都亲临讲话，提出工作要求。省委、省政府提出把广东建设成教育强省的宏伟目标，极大地鼓舞了全省人民大办教育的信心。省政府从1993年起每年拨300万元，1995年又增至400万元，用于贫困山区实验县发展农村成人教育，有效地调动了各地开展农村教育综合改革实验的积极性。实验点的各级党政领导也充分认识到深化农村教育综合改革在发展

---

* 本文是笔者（时任广东省教育厅副厅长）在广东省农村教育综合改革会议上的讲话。
① 1994年3月，撤销从化县，设立从化市，仍属广州市。

农村经济与促进农村社会文明进步中的意义,进行了许多创造性的工作。如茂名市及其所属县(市、区)、乡(镇)都成立了农村教育综合改革领导小组和办事机构,把推进农村教育综合改革作为发展"三高"农业,促进当地农村经济发展的重要措施来抓。东莞、中山、南海、高州、南雄、梅县、遂溪、从化等省抓的实验市、县,都成立了以市、县党政领导牵头的农村教育综合改革领导小组和办事机构,使农村教育综合改革成为强有力的政府行为。

二 转变观念,提高认识,是搞好农村教育综合改革的根本

实验市、县的党政领导为什么能倾注极大的热情抓农村教育的综合改革?因为他们对农村教育改革的认识是正确的。实践和事实使实验市、县的党政领导意识到:振兴农村经济,改变农村面貌关键要依靠科技,依靠人才;农村教育的主要任务不是为少数人的升学服务,而是为了提高新一代农民素质,培养具有社会主义理想和现代农业科学文化知识、科技实践能力的现代农民与乡(镇)企业的职工。他们对教育、科技与农业的辩证关系的认识,也是深刻的,用形象的语言来说,就是"开教育的渠,引科技的水,浇农业的田,结丰收的果"。

三 调整教育结构,实行"三教"统筹,是农村教育综合改革的主要任务

农村教育综合改革,从根本上来讲,就是要改革农村教育脱离农村经济和社会需要的状况,使农业走上依靠科技进步和提高劳动者素质的发展轨道。实验市、县的经验证明,农村教育要有效地服务于农村经济发展与社会进步,就要调整好教育结构,变单一、传统的普通教育为普通教育、职业教育、成人教育协调发展的现代教育体系,形成一个能对农民进行文化教育、思想政治教育和科学技术教育的现代教育网络。这方面的工作,

广东省的实验市、县都创造了丰富的经验。如茂名市探索的"二一分段，高三分流，与就业前挂钩"的高中教育改革模式；东莞市构建的从扫盲教育、短期技术培训到成人大、中专教育的成人（职业）教育体系；中山市所创造的镇成人学校与镇职业中学合建的成教和职教相互联合、相互沟通的成人教育模式；梅县、南雄县的乡（镇）办成人中心校，管理区办农民文化技术学校的两级办学形式；南海市探索的以成人大、中专学校为龙头，镇（区）成人文化技术学校为骨干，乡（镇）企业和管理区办学为基础，社会力量办学为补充的成人教育新路子等，都为广东省农村教育综合改革中的"三教"统筹，提供了可资借鉴的宝贵经验。

四 坚持农科教结合，实施"燎原计划"，是推进农村教育综合改革的重要措施

农科教结合充分反映了现代农业发展的内在规律，是农业走向现代化的必由之路，农科教结合也从根本上改变了农村教育中传统单一的文化教育功能，使教育直接与科学、农村经济济联系起来。"燎原计划"则通过逐县、逐乡（镇）推广农村教改经验和科技知识，以项目开发为依托，既获得巨大的经济效益，也大面积提高了农村劳动者的素质。高州将"靠山吃山，靠水吃水"赋予时代的新内容，用科学与教育这支笔，书写了"荒山变果山，果山变金山"的大文章，使高州市成为"全国水果生产第一县"，当地农民还成为闻名遐迩的香蕉、龙眼、荔枝种植技术员。"八山一水一分田"的农村山区梅县，建立强有力的农科教统筹领导机构，成人技术教育坚持实用、实际、实效的原则，将科学技术引入农产品种植，成为全国最大的优质沙田柚商品生产基地，被国家有关部门授予"中国金柚之乡"的称号。南雄县以推广项目作为农科教结合点，措施实，效果好。他们提出发展优质烤烟，推广"三化栽培"规程的方案后，由县科委、烟草研究所等农科部门引进示范，教育部门则以农校、职校、乡（镇）成人中心校，村文化技术学校为阵地，开展技术培训，仅两年时间，就使全县90%的烟农掌握了技术方法。南雄县还以同样方式推广

了"三高"农业的优质稻、白果等项目。从化县在推进"燎原计划"过程中的"三个五计划",也富有启发意义。这就是各个示范镇首先抓好5所示范学校,5个示范村,50家示范户。"三个五计划"促进了示范镇"燎原计划"工作与经济工作的紧密结合,促进了科学技术在农村的普及。从化市"燎原计划"示范项目之一的"荔枝工程",种植面积已达3666公顷,覆盖13个镇,使5万多农户受益。

以上经验证明:农科教统筹与"燎原计划"的实施使广东省农村教育综合改革取得了巨大的经济效益和社会效益,对促进农村经济发展与社会文明进步,具有强大的推动作用。

幼儿教育 人生智慧之光[*]

幼儿教育是启蒙教育,是终身教育学习的基础。本书讨论的幼儿教育是指2—5岁的孩子的抚养和教育。此时的幼儿如破土而出的幼苗,若有良好的阳光雨露就能茁壮成长,也就是说它是人才成长的基础和必然阶段。幼儿教育的回报率很高,美国的研究表明,对学前教育每投入1美元,在其成长到27岁时可得到7.16倍的回报,在其活到40岁时可获得17.09倍的回报。

幼儿教育的发展源于近代科学、哲学的进步和工业运动的兴起。十五六世纪社会生产的发展,促使科学技术进步。世界地理的大发现推动了天文学的革命。波兰人尼古拉·哥白尼发表了《天体运行论》,提出了"太阳中心说",并得到了开普勒三大定律和伽利略的精密仪器观察的印证。恩格斯高度评价"从此自然研究便开始从神学中解放出来"。[①] 由于放大镜和显微镜的作用,生物学家哈维发现了人体血液的循环。近代科学的发展带来了哲学思想的繁荣,主要表现在经验主义和理性主义的兴起。经验主义的代表人物有培根和洛克。他们虽持不同观点,但根本点是一致的,都认为知识来源于经验,起源于感觉。洛克也不否定人的观念中还有一部分来自反省,即所谓内部得出来的经验。培根提出了"知识就是力量"的学说。经验主义为幼儿教育的发展提供了哲学基础。幼儿教育思想的起源或者说奠基可追溯到法国思想家、教育家卢梭,他受洛克经验

---

[*] 本文内容曾以《幼儿教育:人生智慧之光》为题发表于《学术与教育》2015年第10期。
[①] 《马克思恩格斯选集》第4卷,人民出版社1995年版,第263页。

主义影响，提出了自然主义的教育观。与中世纪强调"人性本恶"的观点不同，他认为儿童的天性是善良的，人的成长和发展，无论是身体，还是心智，都是逐渐成长的。人的发展历程经过胎儿、婴儿、幼儿、儿童、少年、青年、成年、老年等几个阶段。从婴儿到青少年的过程中，感觉、情欲的发展包括诸如忌妒、自私、好奇，以及意志、良知或良心、想象等，都先于理性而发生。人们必须遵循幼儿身心发展规律，幼儿教育才会有成效。自然主义教育的核心是"回归自然"。幼儿期教育的实施，主要在提供自然的环境。卢梭的《爱弥尔》一书，翔实地描述了出身于绅士家庭的爱弥尔的养育过程，充分阐述了其自然主义的教育观念。这一观念对国际幼儿教育影响深远，为儿童中心理论的建立奠定了坚实的基础。

19世纪以来，受哲学、科技、心理学发展的影响，一大批学者如裴斯泰洛齐、赫尔巴特、福禄培尔、杜威、派克尔、蒙台梭利、陶行知、陈鹤琴等，促进了幼儿及儿童教育思想的发展。由于经验主义强调感觉作用与认知之间的密切关系，因而教育实践就具备了心理学的理论色彩。福禄培尔（1782—1852）是德国人，年轻时就读于耶拿大学，受当时欧洲浪漫主义哲学思潮影响。他继承裴斯泰洛齐的教育思想，热爱并执着于教育，尤其是幼儿教育，在多年教育实践的基础上写出了著名教育论著《人的教育》。其最大贡献是创立了当时新型的学前教育机构，并以"幼儿园"这个独特的名称命名，进而扩散到世界各国。他详细研究了学前教育理论和幼儿园的教育方法，在理论和实践相结合的基础上创立了完整的学前教育理论体系。福禄培尔突破了只重视知识获得的传统教育方式，特别重视劳动、手工制作和其他室外自然活动的教育意义，把游戏作为最重要和全面的教育手段，并确立了一个周详的游戏和作业体系。他创造了一套游戏活动玩具"恩物"，基本图形是圆球、立方体、圆柱体，在现代儿童玩具中仍保留有福氏"恩物"的某些基本形式。福禄培尔非常重视家庭在幼儿教育中的地位，"在家庭生活中，父母抚育子女的内容和目的就是唤醒、发展和激发孩子的全部力量和全部素质，培养人的四肢和一切器官的能力，满足他的素质和力量的要求"①。他还提出"每一个村镇应当具备一个自己的、供儿童世界使用的公共游戏场所，这对整个社区生活和儿童的培育将产生卓越的成效"。② 蒙台梭利（1870—1952）是一位影响当代幼儿教育的意大利女性教育家。她是意大利第一位医学女博士，结合其教育工作实践学习了实验心理学、人类学等课程。她终身致力于智障儿童和正常儿童，尤其是3—7岁的幼儿教育，于1908年出版了《教育人类学》，1912年出版了《蒙台梭利教学法》（原名《应用于儿童之家的科学方法》）。《蒙台梭利教学法》对世界幼儿教育影响很大，当时就被译成20多种文字，被100多个国家引进，遍布世界各大洲，至今我国许多省份还有蒙氏幼儿园。蒙台梭利对幼儿教育的影响主要表现在四个方面。第一，1907年在罗马市设立"儿童之家"即家庭式学园，为儿童提供教育与生活相结合的条件，"儿童之家"设有班级作为组织形态，它的特色就是专为孩童而设。第二，感觉教育。重视儿童在学习的过程中，自主地应用多种感官向外探索以获取知识。学习的主导力量是学生，而不是教师或大人。第三，蒙台梭利教育原理的基础是培养幼儿集中注意力，她认为这是儿童的生命灵魂所在，强调教师尊重儿童。第四，蒙台梭利针对幼儿的特点，设计了许多教具、玩具，使幼儿教育具有很强的科学性、可操作性。中国近代学前教育制度源于20世纪的癸卯学制，它第一次以国家学制的形式，将学前教育机构的名称确定为"蒙养院"。最早的学前教育思想源于一批最早到西方留学而归的学者，如陶行知、叶圣陶、陈鹤琴等。在教育实践中，他们都强调要重视小学和幼儿园的教育，结合中国实际，推动建立较为完整的中国人自己的学前教育体系。中国著名教育家陶行知（1891—1946），早年在美国从学于杜威，主要著作有《中国教育改造》《教学做合一讨论集》。他研究杜威和西方教育思想，并结合中国国情，提出"生活即教育""社会即学校""教学做合一"等理念。首创乡村幼儿园——南京燕子矶幼稚园，创办晓庄师范，倡导建设中国的、省钱的、

---

① ［德］福禄培尔：《人的教育》，孙祖复译，人民教育出版社2001年版，第43页。
② 同上书，第81页。

平民的幼儿园。毛泽东主席称他为"伟大的人民教育家"。中国著名教育家陈鹤琴（1892—1982），被称为"中国的福禄培尔"，其主要著作有《儿童心理之研究》《家庭教育》。他在中国首创社区幼儿园——南京鼓楼幼儿园；主张认识儿童、尊重儿童，开展"活教育"；重视家庭教育，提出了儿童教育101条原则和方法；强调游戏、玩具和音乐等在儿童教育中的重要作用。他被誉为现代中国幼儿教育的开拓者、奠基者。

幼儿教育与东方文化相结合，在作用于我国具体国情和幼儿教育的特殊性的过程中，逐渐产生了幼儿教育的几条基本原则或理念。第一，自然主义原则，即必须遵循儿童身心发展规律，儿童就是儿童，不同于成年人，特别是幼儿。必须创设符合幼儿特点的家庭和幼儿园环境，科学哺育幼儿，促进其身心体魄健康成长。生活即教育，成长即教育。注意从幼儿成长的点滴，如睡觉、吃饭、穿衣、洗漱、便便等，去培养幼儿良好的生活、卫生习惯；从家庭、幼儿园等外部因素，培养幼儿与周围环境、周围人际的良好关系。第二，以儿童为本的教育理念。从幼儿的身心特点出发，强调从兴趣、需要和能力出发，开展游戏、讲故事、手工、绘图、观察动植物、短暂旅游等活动。重视游戏全面的功能和作用。重视幼儿自主学习、自我发现的特点，教师虽是组织者，但重在观察、引导。第三，家庭幼儿教育理念。父母是幼儿的第一教师，是幼儿的启蒙者。父母应亲近幼儿，配合幼儿园，按照幼儿成长规律养育幼儿，还应具有良好的品德和行为习惯，成为幼儿榜样。第四，社区幼儿教育理念。社区、乡镇应关心幼儿教育，设立专供幼儿教育的露天活动场所，供幼儿共同游戏、玩乐，形成幼儿教育的良性氛围。

随着改革开放和经济社会的发展，我国对幼儿教育日益重视，颁布了《国家中长期教育改革和发展规划纲要（2011—2020年）》，提出到2020年基本普及幼儿教育，并在全国推动了两次"三年行动计划"。广东省贯彻落实国家的行动部署，幼儿教育有了很大发展。根据广东省教育厅所颁布的数据，截至2014年幼儿教育毛入园率全国为70.5%，广东为95.67%；公办幼儿园（含公办性质园）全国为47.5%，广东为28.5%；公益普惠性幼儿园，广东省初步统计是74.5%（含公办、民办普惠园）；

农村学前教育加速发展。但是，由于广东幼儿教师的培养还跟不上广东幼儿教育发展的速度，在一些地方幼儿教育质量还有待提升，尤其是粤东西北农村地区。同时在我国以成人为本位的传统文化影响下，儿童只是从属于成人，这种观念影响到幼儿教育，不会在短时期内发生根本改变。此外，我国区域辽阔，各个地区经济社会发展程度不同，也决定了改变这种观念需要一定时间。从当前幼儿教育所面临的问题、我国广东省幼儿教育的发展战略以及今后幼儿教育发展趋势来看，幼儿教育在实践上还需要从如下几方面改进。

提高幼儿教育认识，有序推进幼儿教育发展。西方幼儿教育的发展，一方面是十五六世纪科学技术、哲学和心理学发展的结果，另一方面源于18世纪西方工业革命的推进。由于产业革命的兴起，工人、技术人员、妇女脱离家庭投入就业市场，幼儿教育逐步引起社会和政府的重视。英国1944年波特教育改革法案，将幼儿教育分为两个阶段：2岁至5岁为保育学校，不属义务教育阶段；5岁至7岁为义务教育阶段。美国州政府提供儿童保育中心经费，幼儿入学费则按照家庭经济收入和在学子女数量决定补助额。日本虽然没有把幼儿教育纳入义务教育范围，但对它的重视程度，不亚于小学以上学校。幼儿教育也成为推动产业革命进步的动力。随着经济社会和教育的发展，广东把幼儿教育纳入公益事业范畴，以推进公办为主导，鼓励社会兴办，公办民办共同发展。在大力推进普惠性民办幼儿园的同时，推进农村公办幼儿园发展。从目前情况看，广东珠江三角洲各城市基本能满足幼儿园的要求，东西两翼和粤北山区县，也通过大力推进公办幼儿园和集体、民办多种形式解决幼儿入园问题，幼儿教育质量也在提高，但是城市和农村、老少边穷地区，东部和西部地区还是不平衡，而东西两翼、粤北山区县幼儿入园率偏低。目前广东已经进入创新驱动发展战略时期，需要提高社会文明进步程度，这包括保障妇女儿童利益。幼儿教育事业是公益事业，是民生工程的重要组成部分。需要加大对农村和城镇家庭经济困难幼儿的补助；加强对民办幼儿园的扶持，通过减少和免除地租、房租和对符合规范标准的幼儿园给予奖励支持的方式，推动提高幼儿的入园率和幼儿园的质量水平。

树立科学育儿理念，破解"小学化"办园倾向。由于幼儿教育的快速发展和某些地方应试教育的影响，我国和广东部分地方学前教育，尤其是欠发达地区农村幼儿教育还存在办园不规范和"小学化"办园倾向，有些只是起到看管幼儿的作用，没有实施科学育儿的理念。解决此问题的途径，一是加强行政规范，提高幼儿园保教质量。严格实行办园资格审核和公开制度。优化幼儿园内部管理，遵循幼儿身心发展规律，推进保教工作科学化。二是普及幼儿教育的正确理念，推进教育观念的转变。要遵循幼儿身心发展特点，重视推动幼儿主动式学习、发现式学习和创造性学习，要改变某些地方学前教育只重视技艺，而忽视身体、认知等的全面发展，着力推动在生活和游戏活动中学习，激发幼儿内在潜能，培养其良好的学习兴趣和活力。要在幼儿园园长和全体教师中普及正确的教育观念，实施科学育儿。

提高幼儿教师专业水平，提升学前教育质量。提升学前教育质量，关键是要吸引并保留具有高度工作热忱的专业教师，并为他们提供合理薪酬。高素质的教师专业队伍可以促进幼儿参与学习活动，并且可以使更多的专业意见被幼教机构所采纳。中国幼儿教育发展迅速，但教师队伍的专业水准及其工资福利待遇都有待提高。从广东情况看，珠江三角洲及其他地级市幼儿师资大多由学前教育大专以上或幼儿师范毕业生补充，办园水平较高，而东西两翼、粤北山区县幼儿师资主要依靠中等职业学校学前教育毕业生补充，园舍基础设施条件较差，办园水平较低。目前国家和广东正朝着加强幼儿教师的培养和培训，提高幼儿教师的专业水平及其工资福利待遇方向发展，主要采取以下措施。第一，落实幼儿园教师资格证制度，提高幼儿教师的学历合格率。凡入职幼儿园教师都必须通过合法的考试机构，获得国家级幼儿教师资格证书。教师资格制度不仅能为幼儿教师的专业发展提供基本制度保障，也有利于提高幼儿教师的社会地位和声望。第二，幼儿教师的学历应该提高到大学专科或以上。我国已在7个省试点，并拟在2015年向全国推广。达到大学专科水平以上的幼儿教师不仅具备较系统的幼儿教育基本理论，而且具有较强的技艺能力以及短期实习经验。第三，发展大学本科、硕士和博士学位的幼儿教育专业，培养幼儿教师骨干和园长，加强对中国特色幼儿教育的研究。第四，按照《中华人民共和国教师法》，完善公办幼儿教师的工资福利和养老、医疗等社会保障政策，采取减、免幼儿园场地租息，补贴具有资质水准的教师工资，资助民办幼儿园发展等政策措施。

发扬中华民族优秀传统文化，发展有中国特色的学前教育。所谓有中国特色的学前教育，是指充分发扬中华民族优秀传统文化，并且吸纳世界先进幼儿教育理论和实践经验，使之相互交流融合的学前教育。改革开放30多年来，幼儿教育学习和汲取了西方"以儿童为本""儿童中心课程""通过游戏学习"等理念，逐步从传统的、以讲授和练习为主的教学行为转向以游戏、活动为基础的教学形式，儿童主动地、积极地参与学习，教师循循善诱。同时中华文化根深蒂固的集体主义、纪律、行为控制、学业表现等，也体现在幼儿的游戏和活动中，这反映了中国传统文化的相关观念在实际的学前教育中占据主导地位。但是，如何创造出有中国特色的幼儿教育仍然需要深入探讨。最近习近平总书记提出要在少年儿童中加强中国优秀传统文化的教育。中华民族大量优秀的文化遗产如书法、国画、戏剧、民风民俗以及许多优秀的传统经典故事都适合作为启迪幼儿智慧和陶冶品德的好教材。同时我国传统民间游戏、娱乐方式和民族节日等都应该成为幼儿园活动的常态内容。在中华民族精神的潜移默化过程中，爱中华、爱中国的情怀就内含其中。因此，在学习借鉴世界各国先进幼教理念的同时，如果能坚持发扬中华民族优秀的传统文化，就会在孩子心中植入中华民族的文化基因，这样中国幼儿教育的改革发展，就不致迷失方向，同时也为世界幼儿教育提供中国经验和可能模式。

加快教育发展，建设教育强市[*]

在 21 世纪的第一个春天，市委、市政府召开全市教育工作会议。会议开始时，市委陈均伦书记做了重要讲话，市政府常委副市长李德秋同志做了工作报告，对我市今后深化教育改革，实施素质教育和建设教育强市的目标和任务做了具体布置。大家认真讨论了《中共肇庆市委、肇庆市人民政府关于加快教育事业发展，全面推进素质教育，建设教育强市的决定》，明确提出了今后我市教育发展的目标和任务。会议印发了一批经验交流材料。我们要按照会议指导认真贯彻落实。我谈三点意见。

一 进一步明确优先发展教育的必要性，增强加快发展教育的紧迫感

改革开放之后特别是"九五"期间，我市认真贯彻党中央、国务院和省委、省政府关于教育改革和发展的各项方针政策，大力实施"科教兴市"战略，确立"打基础，上水平"的教育发展思路，采取有效措施，使我市的教育事业取得了长足进步。主要表现在：一是各阶段的教育都得到显著发展。义务教育得到进一步加强，"普九"全面通过达标验收。高中阶段教育有新的发展，初中毕业生升学率提高到 62.5%。高等教育取得突破性发展，西江大学与肇庆教育学院重组为肇庆学院，并升格为本科

---

[*] 本文内容为 2001 年 2 月 23 日笔者（时任中共广东肇庆市委副书记、肇庆市人民政府市长）在全市教育工作会议上的讲话摘要。

院校。二是教育投入增长加快，办学条件明显改善。"九五"期间普通教育总投入40.39亿元，比"八五"期间增加18亿元，年均递增16%，"改薄"工作完成了75%的任务，"教者有其居"基本实现。三是教师队伍建设不断加强，学历达标明显提高。全市现有高中、职中、小学和幼儿教师的学历达标率已分别提高到63.95%、88.26%、99.25%和91.66%；大学教师中高级、中级职称教师占41.05%，中专教师中高级、中级职称教师占57.11%。"九五"时期，我市教育事业上了一个新的台阶，有力地促进了我市经济的快速发展和社会的全面进步。进入21世纪，面对新的形势，我市教育事业既面临着新的挑战，也面临着新的发展机遇，我们必须进一步明确优先发展教育的必要性，增强加快发展教育的紧迫感。

（一）我市面临的国内国际形势要求我们加快发展教育事业

当前，经济全球化的趋势日渐明显，以信息技术为标志的知识经济时代已经到来，世界科技发展日新月异，引致全球将会进行一次新的国际分工，资源将会进行重新配置，知识、科技水平和创新能力成为核心的竞争力。我国初步建立社会主义市场经济体制和即将加入WTO，改革开放进入一个新的阶段，今后我们要在新体制和更加开放的环境下参与国际经济竞争。这些都对我市经济发展提出新的挑战，要求我市要从过去主要以外延扩张发展为主转变为以内涵发展为主，从主要依靠大规模资金投入转为依靠科学技术尤其是技术创新来加快发展。技术创新的关键在于人才。尽管近年我市的人才总量已经大幅增加，但结构还不够优化，高层次的人才十分紧缺，分布也不够合理。人才的培养要靠教育，这就要求我们必须加快发展教育事业，培养一批高素质的人才，迎接国际经济、科技发展和我国改革开放新形势所带来的新挑战。

（二）我市现代化建设的目标和任务对教育事业的发展提出新的更高的要求

按照党中央的要求，广东要在全国率先基本实现现代化，省委、省政府提出，珠三角地区要在2010年左右率先实现现代化，进而带动全省实现现代化。目前我市经济发展水平与珠三角地区差距还比较大，去年全市和中心区人均GDP分别为11247元和18491元，分别比珠三角平均水平低19088元和11844元，在省内属于次发达地区，既存在与发达地区经济差距不断拉大的压力，又存在着内部经济结构不够优化和经济发展后劲不足等问题。我市只有以科技进步为根本动力，实现跨越式发展，才能跟上全省特别是珠三角地区现代化建设步伐，这就对我市劳动者的素质以及专门人才的数量和质量提出了更高的要求。在率先基本实现现代化的各项指标中，一个重要指标就是适龄青年高等教育在校学生比重要达到20%，我市目前只有10%左右。我市劳动力素质和现有人才状况也与现代化建设的要求不相适应。据统计，我市从业人员中大专以上的比例只有5.9%左右，都远低于发达地区的平均水平。特别突出的是，我市农村教育水平不高，严重制约了农业产业化和农村人口向二、三产业的转移。劳动者的素质以及专门人才的数量和质量，与教育发展有着直接的联系，归根结底取决于教育发展的质量和水平。我市要完成率先实现现代化的奋斗目标，就必须全面提高劳动者素质，加快培养一批高素质人才，这些都要依靠加快教育才能实现。

（三）我市教育发展水平相对落后和人民群众对教育的需求不断增长，也迫切要求加快发展教育事业

我市教育事业发展取得巨大成绩，但和广东省平均发展水平特别是珠三角发达地区相比还相对落后，教育综合水平在全省的排位偏后，主要表现在：一是"普九"工作虽然已通过达标验收，但一些地区尤其是农村初中的辍学率还比较高；二是高中阶段教育的现有规模和发展速度明显落后，2000年我市万人口普通高中在校生仅72.5人（1999年为59.63人，在全省排列倒数第二位）；三是高等教育发展还不够快，适龄青年高等教育在校学生比重为10%左右，低于全国的平均水平。由此可见，我市发展教育的任务还很重。与此同时，去年我市人均GDP达1400美元，城镇居民人均可支配收入达7320元人民币，随着人们生活水平的提高和对教育的日益重视，社会上对就业人员受教育程度的要求越来越高，加上独生

子女的增加和高中阶段适龄人口高峰的到来，人们对高中阶段教育和高等教育的需求越来越大，教育消费将会不断增长，对我市教育发展提出了新的要求。这些都要求我们必须大力发展教育事业，加快建设教育强市。

二 深化教育改革，全面实施素质教育，建立适应我市经济发展的教育体系

实施素质教育是当前我市发展教育的中心任务，要全面贯彻党的教育方针，以提高国民素质为根本宗旨，以培养学生的创新精神和实践能力为重点，造就"有理想、有道德、有文化、有纪律"的、德智体美劳等全面发展的社会主义事业建设者和接班人。我市要紧紧围绕这个目标，全面实施素质教育，扎实推进教育改革，创新教育思想和教育手段，建立起适应我市经济社会发展要求的教育体系，为实施科教兴市战略创造条件，为我市实现现代化奋斗目标提供智力支持和人才保证。

（一）大力巩固和提高基础教育水平，积极发展高等教育和职业技术教育

实施素质教育，必须加快发展各个层次的教育，这是实施素质教育的基础，否则，素质教育就成为空中楼阁。首先，要进一步巩固提高义务教育水平。这是教育工作的重中之重。我市虽然已经通过了"普九"达标验收，但我们必须看到，由于我市经济发展水平不高，农村人口多，巩固"普九"任务还很艰巨，"改薄"任务还很重，今年广东省还要迎接国家教育部的"两基"复查验收。各级党委、政府一定要重视义务教育落实工作，特别注意解决好农村贫困生辍学的问题，及时帮助贫困生解决家庭实际困难。今年农村税费改革后，县一级财政的支付压力会增大，但无论如何，都要确保义务教育阶段的教育经费，确保"普九"的巩固提高。其次，要加快发展高中阶段教育。高中虽然不属于义务教育，但是人才成长必不可少的教育阶段，特别是在知识经济社会到来的今天，更是人才成长的基础教育。各级党委、政府要着眼于长远，从全面提高劳动者素质的

目标出发，创造条件发展好高中阶段教育。中心区在"十五"期间要基本普及高中阶段教育，山区也要积极发展高中阶段教育。再次，要积极发展高等教育和职业技术教育。要下决心办好肇庆学院，进一步扩大办学规模，提高办学水平，力争经过五年努力，通过国家教委的达标验收。要积极创办高等职业技术学院，扩大高等职业技术教育规模。到"十五"期末，全市适龄青年高等教育入学率达到16.5%以上。最后，要不断推进继续教育工作。随着经济社会快速发展，继续教育越来越重要。我们在大力发展普通教育的同时，要大力提倡和鼓励继续教育，特别是要鼓励专业技术人才及时更新知识，提高创新能力。要以肇庆学院和肇庆广播电视大学为依托，大力发展成人高等教育，完善自学考试制度，进一步打通各级各类教育之间的障碍，构建中等和高等教育衔接贯通的教育体系。

（二）加快调整教育结构，优化教育资源配置，进一步提高办学水平

建设教育强市，必须立足于现有教育资源，通过调整结构、优化资源配置，使教育规模、结构、质量、效益适应我市经济社会发展要求。中小学校的结构调整，要根据"政府统筹、整体规划、科学安排、分步实施"的原则，解决教育资源结构性隐形浪费现象，特别是农村教育要进一步突破原来的观念和模式，结合城镇化发展的要求，把中小学以及职业教育、社区教育的布局纳入城镇建设的统筹规划中；结合"改薄"工作，优化中小学校布局，把地处相邻、规模过小、效益不高的学校予以合并，通过教育资源重组，提高农村教育的质量和效益。普通高中的结构调整，要按高起点规划、高标准设计、高水平建设、高效能管理的要求，加快肇庆中学等一批省、市级重点学校的建设，扩大这些学校的规模，甚至是一校变两校，提高优质学校的办学规模和效益；要抓住中等师范学校和中等专业技术学校资源重组这一契机，加快整合教育资源，大力发展高中阶段教育。今后，高中学校原则上应设在区域性经济、文化中心的县城和经济文化发达、交通便利的一些中心镇。要重点研究和解决我市中等职业教育结构不够合理的问题，改变目前"条块分割、资源分散、重复办学"的状态。各级政府要加强对中等职业教育的宏观规划，优化整合普通中专、成人中专、职业中学的资源，将各类中等职业技术学校中一些规模过小、专业结构雷同、培养方向相近、地理位置相邻的学校进行适当的撤并，重点建设若干所上规模、效益好、质量好的骨干职业学校，使中等职业教育适应我市经济社会发展的要求；要进一步调整中等职业教育的专业结构和课程结构，根据我市经济社会发展的要求，重点开设电子信息、机械制造、林产化工、旅游贸易、现代农业经济等专业及其相关课程；要积极构建中等职业教育与高等职业教育相互衔接沟通的职教体系，要发挥我市毗邻广州和珠江三角洲及国家级历史文化名城优势，争取举办高等职业技术学院，要争取我市卫生学校升格为高等卫生专科学校。我市中等职业教育结构调整工作，请教育局牵头有关部门参与，在调查研究的基础上提出具体方案，各县（市）区也要调整优化管辖范围内的中等职业教育的结构。高等教育的结构调整，要重点加快肇庆学院的建设，注重内涵发展，优化学科结构，力争办学条件、办学质量和办学效益排在全省同类大学前列。

（三）创新教育思想和教育手段，加快教育信息化步伐，促进教育、科技与经济的结合

随着 21 世纪的到来，经济社会发展对人才的综合素质提出了更高的要求。要更新教育思想、内容、方法和手段，加快教育信息化步伐，全面推进素质教育，把培养学生良好的思想道德品质和创新能力贯穿于人才培养的全过程。

第一，要更新教育思想。实施素质教育，要求我们确立"以人为本"的教育思想，把培养社会所要求的、具有良好综合素质的人才作为一切教育活动的落脚点。我国传统教育存在的主要弊端就在于驱使学生在单纯追求分数当中读死书、死读书，扼杀了学生的创新精神和实践能力。这样培养出来的学生是难以适应经济和社会日新月异发展要求的。我们要下决心纠正应试教育的偏差，全面实施素质教育。各级教育行政部门和学校要把党的教育方针全面贯彻落实到各项工作中，把德育工作放在学校教育工作的首位，要重视学生良好思想品德的培养、良好行为习惯的养成和心理健康的教育；各类学校要根据国家和省的统一要求，切实减轻学生过重的课业负担，不断改进教学内容和方法，大力推行启发式教学和讨论式教学；要尊重学生在学习中的主体地位，在教育过程中注意发展学生的个性和创造力，鼓励学生参与社会实践，努力培养学生的科学精神、审美意识、创新思维，以及收集处理信息、获取新知识和分析解决问题的能力；要改革对学生的评价体系，建立和完善适应素质教育的评价制度，把评价学生综合素质放在重要位置，促进学生全面发展。

第二，要创新教育手段。信息化已成为国民经济和社会发展的重要推动力，普及信息技术和培养信息技术人才，是21世纪对教育提出的新要求，而信息技术在教育领域的广泛应用，也给教育发展带来了前所未有的机遇。根据我市实际，逐步推进教育信息化，对于适应现代化建设的要求，提高教育的质量和效益，对于深化教育改革，推进素质教育，培养创新人才具有十分重要的作用。因此，各级政府和教育部门要充分认识推进教育信息化的重要性，抓住机遇，创造条件，采取有力措施，推进教育信息化步伐。各级要认真抓好教育信息网络化建设，加大资金投入，加快校园网络建设，在继续搞好电化教育和计算机辅助教学的同时，加快普及包括计算机操作在内的信息技术教育。到2003年，全市初中以上的学校要普及信息技术课程，2010年，全市中心小学以上学校普及信息技术课程。

第三，要努力促进教育与经济、科技的结合。近年来，肇庆学院和各类职业技术学校积极服务地方经济，培养了不少实用人才，为地方经济社会发展做出了重要贡献，但我市仍存在教育、科技与经济的结合还不够紧密的问题。"十五"期间，我市将以结构调整作为主线，以信息化推动工业化，促进产业结构的优化升级。肇庆学院必须适应这个要求，加大调整力度，使学校的培养目标、专业设置、课程计划和教学内容能够适应我市经济社会发展的要求。职业技术学校要抓好实践环节，促进职业教学与现代生产的紧密结合，提高学生的专业技能。要推进"产学研"结合，肇庆学院要积极探索与我市风华、星湖等科技型企业合作办学的途径，风华、星湖等科技型企业也要根据产业发展的要求，积极支持肇庆学院和职业技术学院、校开展科研开发工作，逐步建立起体现"教学、生产、科研、服务"相结合的"产学研"基地，促进科技成果向现实生产力转化，达到学校与企业"双向参与、优势互补、共同发展"的目的。

三 进一步加强对教育工作的领导，努力营造建设教育强市的良好社会氛围

（一）进一步提高认识，切实加强领导

深化教育改革，加快教育发展，全面推进素质教育，是各级党委和政府的重要职责。各级党委和政府要进一步认清教育在我市现代化建设中的重要地位，明确优先发展教育的必要性，把教育作为先导性、全局性、基础性的产业和关键的基础工作，纳入现代化建设的整体规划，摆在优先发展的战略地位。要进一步完善领导干部挂点联系学校和党委、政府定期研究教育工作的制度，各级党政领导要主动深入教育第一线，及时研究、解决教育改革和发展中出现的新情况和新问题，帮助学校和教师解决实际困难。要完善教育行政执法监督机制，依法保障教师和学生的合法权益。各级政府要制定支持教育优先发展的政策，在资金投入、用地、地方收费减免上给予必要的扶持。

（二）加强教师队伍建设，提高师资的整体素质

百年大计、教育为本，教育大计，教师为本。江泽民总书记指出："高素质的教师队伍是高质量教育的一个基本条件。"当前，我市教师队伍建设与全面推进素质教育的要求还有一定的差距，部分教师的知识结构更新缓慢，缺乏推进素质教育必要的知识和能力。因此，进一步加强教师队伍建设，是我市教育工作的当务之急。要强化师德教育，使每一位教师都能担负起教书育人、为人师表的重任。要把提高教师实施素质教育的能力作为师资培养的重点，尤其要按照教育信息化的要求，大力抓好教师掌握和运用信息技术的培训，使之更好地适应实施素质教育的要求。要总结

推广端州区教师聘用制度改革的经验做法，建立优化教师队伍的激励机制，全面实施教师资格制度和校长持证上岗制度，积极开展校长职级制和教师合同聘任制的改革，建立能上能下、合理流动的机制。要关心和解决教师在工作和生活上的困难，足额发放教师工资，大力表彰优秀教师，在全社会形成尊师重教的社会风尚。

（三）多渠道增加投入，确保教育事业持续发展

实施"科教兴市"战略，建设教育强市，是我市"十五"规划的工作重点，各级领导要有长远眼光和大局意识，进一步增加教育投入，确保教育事业持续发展。各级政府要加大财政对义务教育的支持力度，切实按照《中华人民共和国教育法》的规定，教育财政拨款的增长要高于财政经常性收入的增长，逐步增加在校学生人均教育经费。市委、市政府决定，财政支出中教育经费所占比例，从现在起连续五年，中心区（包括市直）每年提高1.5个百分点，山区县每年提高1个百分点。要落实各项资助困难学生的政策，特别是对处于最低生活保障线以下家庭的学生要减免学杂费。完善高等学校国家助学贷款制度，确保学生不会因家庭经济困难而辍学。要强化教育经费的征收和使用监管，除了已进行农村税费改革的四会市外，各地要根据省规定的标准，依法征收教育费附加，确保完全用于教育；对各级各类学校的收费要实行收支两条线管理，纳入财政专户管理，全部用于发展教育，任何单位不得挪用，违者要追究责任。要进一步建立完善教育多元投入机制，走多元化发展教育的道路，制定鼓励政策，支持社会力量以多种形式办学，多渠道吸纳资金投入教育事业，形成以政府办学为主体、公办学校和民办学校共同发展的格局。

（四）形成全社会关心、支持教育的良好氛围

全面推进素质教育，建设教育强市，是我市率先基本实现社会主义现代化的基础工程，需要全社会的大力支持。各级党委、政府要充分调动社会各方面的积极性，各部门和工、青、妇以及各种社区组织要发挥各自优势，各司其职，密切配合，共同关心、支持教育工作，形成整体合力，营造一个有利于教育改革和发展的良好氛围。要加大宣传力度,积极开展尊师重教活动,形成党以重教为先、政以兴教为本、民以支教为重、师以爱教为荣的促进教育优先发展的良好社会局面。

加强基础教育，夯实教育强市基础[*]

去年初，市委、市政府召开了全市教育工作会议，一年后，我们又召开全市基础教育工作会议，充分表明市委、市政府对教育工作的高度重视和建设"教育强市"的决心。德秋同志传达了全国和全省基础教育工作会议精神，部署了下一阶段的工作，会议印发了《关于加强我市教育费附加征收管理工作的意见》和《关于加强我市教师队伍建设的若干意见》两个文件的讨论稿，三个县（市）区做了经验介绍。希望大家结合各自实际，贯彻落实好这次会议的精神，把我市基础教育的改革和发展推向一个新的台阶。

一 进一步提高对基础教育战略地位的认识，增强优先发展基础教育的责任感和紧迫感

去年，国务院和省人民政府相继召开了基础教育工作会议，对基础教育的改革和发展工作做了全面部署。朱镕基总理强调指出："教育是科技的基础，基础教育是教育事业的基石，对于提高国民素质，培养各级各类人才，实施科教兴国，加速我国现代化进程，具有基础性、先导性和全局性作用。普及九年义务教育，满足基本学习需要和提高劳动者的总体素质，要作为教育工作的首要目标。"我们必须进一步提高对基础教育战略

---

[*] 本文内容为2002年3月5日笔者（时任中共肇庆市委副书记、肇庆市长）在肇庆市基础教育会议上的讲话摘要。

地位的认识，增强优先发展基础教育的责任感和紧迫感。

（一）从"三个代表"重要思想的要求看，必须加快基础教育的改革和发展

基础教育是整个教育事业的基础，加强基础教育工作是实践"三个代表"重要思想的具体体现。在当代，发展先进生产力主要依靠高效率的生产组织形式和管理模式、高水平的科学技术和高素质的人力资源。代表先进生产力的发展要求，就必须加快教育事业尤其是基础教育发展。代表先进文化的前进方向，就是要发展有中国特色的社会主义文化，建设社会主义精神文明，要求我们必须从儿童和青少年抓起，努力培育他们高尚的道德情操。基础教育直接面对广大人民群众，只有满足人民群众对基础教育的需求，让广大人民群众的子女能够基本受到基础教育，才符合最广大人民群众的根本利益。因此，我们必须从实践"三个代表"重要思想的高度，把基础教育作为基础性、先导性和全局性的大事去抓，努力构建起一个面向现代化、面向世界、面向未来的发达的基础教育体系。

（二）从当前形势发展的要求看，加快基础教育的改革和发展是我市社会主义现代化建设的迫切需要

当前，知识经济迅速崛起，经济增长方式已经发生了根本性的转变，科技和教育成为经济增长的决定性因素。我国加入 WTO，面临更加激烈的国际竞争环境，而国际竞争归根结底是科技的竞争，人才的竞争。基础教育承担为现代化建设培养大批高素质劳动者的历史重任。今天的学生，就是未来的工人、农民、知识分子和其他劳动群众，他们的素质水平影响着未来经济社会的发展。改革开放以来，我市的经济社会发展发生了巨大的变化。但是，我市经济发展在全省处于中游水平，属于次发达地区，与珠三角核心地区的差距有拉大的趋势。我市能否跟上全省现代化建设的步伐，能否适应国内外新的经济竞争环境，在很大程度上取决于我市的教育事业特别是基础教育的发展水平。从现在起的 5 到 10 年，是我市加快社会主义现代化建设，进行经济结构战略性调整，完善社会主义市场经济体制和扩大对外开放的重要时期，对基础教育的改革和发展提出更新更高的要求。因此，各级党政领导要有战略眼光，进一步提高对基础教育战略地位的认识，增强建设我市高质量、高水平的基础教育，为我市现代化建设提供雄厚的人才智力基础的紧迫感和责任感，始终把基础教育作为教育事业发展的重点，放在更加突出重要的战略地位，真正做到优先发展。

（三）从我市基础教育的发展现状看，也迫切要求我们加快基础教育的改革和发展

改革开放之后，我市基础教育的发展成效显著，1994年实现高标准扫除青壮年文盲，1995年普及了九年义务教育，近几年高中阶段教育有了新的发展，薄弱学校改造工作成绩显著，素质教育取得了阶段性成果。但是，我们也必须看到，我市基础教育总体水平不高，发展不平衡，具体表现在："普九"的巩固提高任务很重，一些地方特别是山区初中辍学率还占有一定比例；高中阶段教育规模还比较小，每万人口普通高中在校生人数为88.25人，低于全省的平均水平；基础教育的投入不足，还有相当一批薄弱学校的基础设施未达标；基础教育信息化水平还不高，素质教育实施力度还不够大，办学质量有待进一步提高。按照我市"十五"时期基础教育改革和发展目标的要求，到2005年，全市小学适龄儿童入学率达到100%，初中阶段少年入学率达到96%以上，中心区基本普及高中阶段教育和学前三年教育，初中毕业生升学率达到85%以上，4个山区县初中毕业生升学率达到65%以上。要完成这个目标，需要我们切实解决好当前基础教育存在的一系列问题，加快基础教育的改革和发展。

二 进一步落实办学责任，抓好基础教育的发展重点

《义务教育法》规定，普及九年义务教育是政府的职责。为了适应新形势发展的要求，解决基础教育原有管理体制存在的弊端，国务院决定对基础教育特别是农村义务教育管理体制进行改革，实行在国务院领导下，

由地方政府负责，分级管理，以县为主的体制，明确划分了各级政府在基础教育上的职责。各县（市）区政府一定要认清基础教育管理体制改革的重要意义，明确自己肩负的重任，不折不扣地落实对本地农村义务教育担负的主要责任，抓好中小学的规划、布局调整、建设和管理，统一发放教职工工资，负责中小学校长、教师的管理，指导学校教育教学工作。乡镇政府要承担相应的农村义务教育的办学责任，根据国家规定筹措教育经费，改善办学条件，提高教师待遇，维护学校治安和安全，动员适龄儿童入学。

实施新的基础教育管理体制，并不是说市级政府对基础教育无须承担责任。省政府的贯彻意见明确指出，市级政府要做好本地区基础教育发展规划，加强协调、指导和监督，并适当通过转移支付办法，扶持困难县（市）区发展基础教育。市级政府和有关部门不但要继续抓好基础教育工作，市级财政对基础教育的支持力度还必须加大。此外，要办好基础教育，除了加强政府办学外，还要积极鼓励社会力量办学，积极探索社会力量办学的路子，大力推进公办学校特别是高中学校办学体制的改革。

各级政府和教育管理部门要针对我市当前基础教育的发展现状，围绕发展目标，突出抓好基础教育的发展重点。一是抓好"普九"的巩固提高。坚持把"普九"作为教育工作的"重中之重"，健全"普九"各项工作制度，突出抓好学生的入学和"控流"工作，进一步落实农村困难家庭子女免收义务教育阶段书杂费工作，确保适龄儿童少年进入小学和初中接受九年义务教育，同时要采取各种行之有效的办法防止学生流失，今年小学和初中辍学率要分别控制在 0.8% 和 2.5% 以内，其他各率也要达到国家规定的标准和要求。继续加强和健全"普九"年度复查制度，今年将选择两个县进行复查。二是大力发展高中阶段教育。高中阶段教育是基础教育的重要组成部分，我市基础还比较薄弱，必须大力发展。要进一步扩大高中阶段办学规模，今年高中计划招生 1.63 万人，实现每万人口在校高中学生人数在去年的基础上再增加 15 人的工作目标。要努力办好优质高中学校，继续抓好重点中学"一校变两校"工作，肇中新校要按照国家示范性高中的标准，加快完善配套建设。要加快高中学校的调整重组，普通高中应逐步向县城和中心镇集中。要大力动员广大初中毕业生报读高中，增加高中学校生源。三是继续扎实推进素质教育。各级政府、各教育主管部门和各类学校要按照去年全市教育工作会议的部署，继续深入贯彻落实市委、市政府《关于加快教育事业发展，全面推进素质教育，建设教育强市的决定》。进一步转变教育观念，加快基础教育教学改革，把素质教育贯穿在整个基础教育过程中。要进一步改革考试评价和招生选拔制度，更新考试内容和方法，小学成绩的评定采用等级制，中学部分学科实行开卷考试，重视实验操作能力的考察，不能以升学率作为评价学校和教师工作的唯一标准，建立起推动素质教育的运行机制。要大力加强信息技术教育、英语教育以及推广普通话工作，加快构建符合素质教育要求的基础教育课程体系。按照省的要求，到2003年，全市学校都要从小学三年级开始开设英语课程，到2005年，全市中小学校基本普及信息技术教育。各地要按照分类指导、分步推进的原则，积极推进信息技术教育和英语教育。今年要初步建成我市中小学城域网和教学资源中心，并与省教育资源网连接，重点中学、城镇初中和中心小学要与市教育城域网连接，在去年全市高中全部开设信息技术课程的基础上，今年80%的初级中学要开设信息技术课程。积极抓好信息技术教育和英语教育示范学校建设，争取各有20所进入省示范学校行列。在各级各类学校大力推广普通话，使之成为校园语言。

三 落实"一保二控三监管"措施，确保基础教育持续发展

基础教育的管理体制改革后，能否保证基础教育特别是农村义务教育经费，是摆在我们面前一项重要而艰巨的任务，必须进一步落实朱镕基总理在全国基础教育工作会议上提出的"一保二控三监管"措施。"一保"，就是确保中小学教师工资发放、农村中小学公用经费和基础教育基本建设经费。要进一步完善农村中小学教师工资由县级财政统发制度，确保按时足额发放，各地不得以任何借口拖欠教师工资，否则要追究党政主要领导

责任。中小学按规定收取学生的杂费,要用于补充学校公用经费不足,不得用于教师工资、津贴、福利、基建等开支,各级政府和任何单位不得截留、平调和挪用,必须保证足额按时返拨学校,以保证学校正常运作经费。要加大政府对教育的财政投入,认真执行市委、市政府决定的,从2001年起,连续5年市县两级分别提高本级财政支出中教育经费所占比例的规定,确保教育财政拨款的增长高于财政经常性收入的增长,保证按在校学生人数平均的教育费用以及教师工资和学生人均公用经费逐步增长。同时要依法征足用好城乡教育费附加,认真落实市政府即将出台的《关于加强我市教育费附加征收管理工作的意见》,建立农村教育费附加征收责任制,确保足额征收和专款专用。市每年下达农村教育费附加征收任务指标,逐级签订责任书,每年通报完成情况,对未完成征收任务的要追究领导责任。要加强对教育费附加的管理,确保其资金主要用于中小学基本建设,部分可适当用于补充学校公用经费不足,决不能用于抵顶财政拨款或挪作他用。实行农村税费改革的试点,对因税费改革后减少的教育经费,政府应在财政预算和上级转移支付资金中优先安排,确保当地农村义务教育投入不低于农村税费改革前的水平。继续发挥村民自治组织在实施义务教育中的作用,通过村务"一事一议"办法,解决学校的危房改造资金筹措问题。继续鼓励境内外社会团体、企业和个人、投资办学和捐资助学。"二控",就是坚决制止一些地方和学校乱收费,控制学校收费标准,切实减轻学生家长特别是农村学生家长的负担。各地要结合自己实际,按照区域和学校等级不同,在省规定的范围内确定各类学校的相应收费标准。各地、各学校必须严格执行规定的收费项目和标准,不得擅自增加收费项目和提高收费标准。要落实谁主管谁负责的责任制,加大治理教育乱收费力度,对违反规定的要追究主管领导和责任人的责任。"三监管",就是加强对教师工资发放和教育收费及教育经费使用情况的监管和检查,完善举报制度,接受群众监督。各级政府和有关部门要组织开展专项检查,对违反规定不能保证教师工资发放和挪用挤占教师工资资金的地方,对乱收费和挪用挤占中小学收费资金的行为,及时严肃查处。此外,各地还要妥善解决基础教育欠债问题。解决基础教育欠债主要通过两个途径：一是各级政府增加对教育的投入；二是依照法规收取教育费附加。按照新的教育管理体制，这项工作主要应由县级政府负责。各地要按照分级审核、核准数额、分清责任、逐步解决的原则，采取切实有效的措施逐步解决。各级政府要认真落实"一保二控三监管"要求。今年底，市政府要对各县（市）区贯彻落实情况进行一次检查，并向全市通报。

四 切实抓好中小学校布局调整工作，努力提高基础教育办学水平

近几年，我市的基础教育经过"普九"达标验收和改造薄弱学校的两项重点工作后，办学规模不断扩大，办学条件进一步改善。但是中小学校特别是农村小学校均规模过小，微型学校和微型班级不断增多，布局分散，导致教育资源得不到优化配置，无法集中财力建设高标准学校，办学条件和办学质量难以提高。同时初中和小学教育资源分割，也难以缓解未来几年我市出现的初中入学高峰压力。因此，必须对中小学校尤其是农村中小学校的布局和结构进行调整，实现规模、结构、质量、效益协调发展。省要求力争在2005年以前完成中小学布局调整工作，并把我市作为全省布局调整试点市。最近，市教育局制定了《肇庆市中小学校布局调整试点实施意见》，计划调整中小学校918所，预计总投入8.09亿元。中小学布局调整涉及的内容较多，范围较广，是一项综合工程，各地必须统筹规划，有序推进，使撤并校产处置、优化教师队伍、学生就学安排、经费筹措管理、理顺管理体制、办学效益评估等工作同步协调实施，确保布局调整工作顺利进行。今年首先抓好省确定的59所中小学校布局调整示范学校试点工作，力争年内建成投入使用。计划部门要做好调整项目的立项审批，督促项目落实上马；国土部门要及时解决学校建设用地；建设规划部门要组织好项目招标，严把校舍建设的设计、施工和质量关。适时由教育局牵头，财政局、建设局和质监部门等参与组织检查验收，确保工程质量。在具体推进过程中，要注意解决好布局调整中可能出现的问题。一是中小学布局调整要做到既保证规模，又方便低龄学生入学，对因撤并造

成部分学生在交通、安全、生活上的某些不便，要认真给予解决，防止由于撤并学校造成入学难和导致学生流失的现象发生。二是理顺调整后的中小学校的管理体制。各地要加强统筹协调工作，处理好各方面的关系，特别对联办的学校，要加强管理。三是防止学校财产流失。要加强对学校特别是撤并学校原有财产的管理，撤并学校的财产一律移交新的学校继续使用，其校舍可改建为校办工厂或生产实践基地，还可改为农民文化技术学校或举办幼儿园。确实无法利用的可作价处理，所得要全部用于新校建设。

调整优化中小学校布局和结构能否顺利推进，关键在于要做好布局调整的资金筹措和使用管理工作。省政府对我市中小学布局调整工作十分支持，今年专门安排了5000多万元的补助资金，用于59所示范学校建设。按照省的要求，专项资金由地级市统一管理，实行"财政专户管理、市级集中支付"的封闭式监督拨付管理办法，市财政局将设立专户，统一核拨和决算。市已制定《肇庆市中小学布局调整试点建设资金管理暂行办法》，各县（市）要认真贯彻，切实落实好8000多万元的配套资金，同时要监督好调整项目的工程进度、质量和用款审核清算。各级财政部门要切实担负起调整建设资金的管理责任，加强对建设项目和资金的监督检查，确保专项资金规范管理，专款专用。

五　创造良好条件，保障基础教育健康发展

（一）建设一支高素质的基础教育教师队伍

加快基础教育发展，提高基础教育质量，必须加强基础教育教师队伍建设。一要加强师德师风建设。要加强思想政治教育，大力倡导无私奉献、为人师表、敬业爱生、严谨治学的精神，"立高尚师德，树教育新风"，塑造高尚的师德风范。加强中小学校党组织和领导班子建设，以良好的党风、政风促进校风、教风、学风建设。要建立健全教师职业道德考核办法和奖惩制度，把师德作为考核教师工作的重要内容和聘任、晋升的重要依据。二要加强师资培训工作。通过培训和吸纳引进等办法，积极实

施教师继续教育制度和普教"百千万"工程，改善基础教育师资结构，力争到2005年，全市小学专任教师有50%以上达到大专学历，初中专任教师有35%达到本科学历，普通高中专任教师有80%达到本科以上学历，高中阶段专任教师中具有硕士以上学历的比重有明显的提高，职业高中专任教师有50%以上达到本科学历。三要建立优化教师队伍的有效机制。全面实施教师资格准入制度和校长持证上岗制度，推行中小学校长聘任制和任期目标责任制，实行教师合同聘任制和待聘、转岗制度，建立起教师队伍激励和约束机制，优化教师队伍。端州区实施教师合同聘任制和校长聘任制已有几年的实践，这次他们在会上作了经验介绍，其成功的经验做法值得各县（市）区借鉴推广。我市将出台《关于加强我市教师队伍建设的若干意见》，请各地认真贯彻执行。

（二）加大依法治教力度

要大力开展以各级领导干部和教师为重点的教育法制的宣传教育，提高法律意识，严格履行保护少年儿童和学生身心健康发展的法律职责，坚决制止侵犯学生合法权益和行为，抵制妨碍学生健康成长的各种社会不良影响。要依法保障教师的合法权益，不得拖欠教师工资。要整治校园内部和周边环境，维护学校的正常秩序。要加强教育法制机构和教育执法队伍建设，形成市、县两级教育执法网络，加强教育行政执法人员培训，完善教育行政处罚、教育行政复议、教师和学生申诉以及教育纠纷调解仲裁等各项制度。各级教育行政部门要依法管理和规范学校、社会的办学行为，抓好社会力量办学的年审工作，从今年开始要严格执行社会力量办学风险金制度。要进一步健全教育督导机构，加强督导队伍建设，规范教育督导、评估活动，建立教育督导评估通报制度，把"督政、督教、督学"三者紧密结合起来，加强"两基"督导检查，继续推进中小学校等级评估工作，开展教育现代化先进镇的评估以及对基础教育热点难点问题的专项督导检查。

(三) 全社会都要关心支持基础教育工作

基础教育是一个系统工程，全社会都要来关心和支持。各级党委、政府以及各部门要各司其职，紧密配合，共同关心支持基础教育工作。各级人民政府和有关部门要将基础教育事业列入国民经济和社会发展计划，切实将基础教育作为基础设施建设和教育事业发展的重点领域。全社会都要关心支持青少年的健康成长，广播、电影、电视和文化出版部门，要为青少年提供健康的精神文化产品；各种展览馆、科学馆等要在节假日向青少年免费开放；公安部门和社区要努力创造安全、文明的环境，为青少年的健康成长和全面发展创造良好条件。

迎接知识经济和经济全球化时代，培养高素质人才[*]

在担任肇庆市市长之前，我在教育战线工作了很长一段时间，既担任过中学校长，也担任过江门市副市长（分管科、教、文、卫等方面工作）、省教育厅厅长。今天学校给我提供了这样一个机会，和同学们一起学习分析国内外经济发展形势。讲得不对的地方，请大家批评指正。

一　我们正处在历史上最好的发展时期之一

改革开放特别是党的十三届四中全会以来，在邓小平理论指导下，在江泽民同志"三个代表"重要思想指引下，我国改革开放和社会主义现代化建设取得了举世瞩目的伟大成就。我国正处在历史上最好的发展时期之一，主要标志有五点：

一是跨入了世界经济大国的行列。根据国际权威经济组织公布的资料，我国经济总量的排名从1990年世界的第十位、发展中国家的第二位，跃升到2001年世界的第六位和发展中国家的第一位，名副其实地跨入世界经济大国的行列。国内市场短缺时代基本结束，实现从"卖方市场"到"买方市场"的标志性转变。钢铁、煤炭、化肥、水泥、电视机、程

---

[*] 本文内容为2002年10月30日笔者（时任中共肇庆市委副书记、肇庆市长）在肇庆学院形势报告会上的讲话摘要。

控交换机、粮食、肉类、棉花、水产品、水果等产品产量,均雄居世界之首。开放型经济规模跃居世界前列,进出口贸易总额达5098亿美元,居世界第六位,外汇储备达2465亿美元,居世界第二位,吸收外资已连续9年居发展中国家首位。现在,我们再也不用担心吃、穿、住、行等长期困扰我们的问题,要担心的可能是怎么在世界上消除中国威胁论。

二是经济增长速度名列世界前茅。我国1952年国内生产总值仅为679亿人民币,1978年增加到3624亿元,2001年猛增到95933亿元,比1952年和1978年分别增长了141倍和26.5倍。改革开放以来,我国的经济增长速度年均达到7%至8%,比同期世界经济平均增长速度高5个百分点。邓小平提出的国民生产总值翻两番的目标提早5年,在1995年胜利实现。

三是综合竞争能力进一步增强。经济结构在战略调整中得到优化升级,从国有经济的一枝独秀,逐步转变到多种经济成分共同发展,非公有制经济已经成为社会主义市场经济的重要组成部分。产业结构日趋协调,三大产业增加值在GDP中的比重,由1990年的27∶42∶31调整为2001年的15∶51∶34。从优先发展东部地区,到实施西部大开发战略,逐步实现区域经济的协调发展。

四是科教事业上了新台阶。成功实施了重点基础研究规划、科技攻关计划、863计划等一系列重大科技行动,硕果累累,科学技术领域中有不少项目已处于世界领先水平,基因测试、载人航天等科研项目取得重大突破。若干年后中国科学家获得诺贝尔奖绝不是一种奢望。教育方面,全国已基本普及九年义务教育,基本扫除青壮年文盲;沿海地区加快普及高中教育,入学率由1990年的3.4%提高到2001年的12%,已从"精英教育"过渡到"大众化教育"。

五是人民生活水平大大提高。城乡居民储蓄存款余额由1989年的5000亿元增加到目前的8万亿元,胜利实现了邓小平同志提出的社会主义现代化建设"三步走"战略的前两步目标。目前,我国进入全面建设富裕小康社会、实现社会主义现代化目标的新的发展阶段,正在加速实现"第三步"战略目标。

广东省得益于先走一步政策制度，经济发展进入新阶段。广东作为我国改革开放的前沿和全国"综合改革试验区"，按照江泽民总书记提出的"增创新优势，更上一层楼，率先基本实现社会主义现代化"的要求，实施外向带动、科教兴粤、区域协调和可持续发展四大战略，努力增创体制、产业、开放、环境、科技五大优势，经济发展取得了重大成就，已由一个以农业经济为主、人民生活水平较低、经济发展缓慢的省份，逐步转变成经济实力比较雄厚、生产力水平较高、外向型经济比较发达的省份，现在正逐步由经济大省向经济强省转变。各项主要经济指标均居全国首位。去年，广东省国内生产总值首次突破万亿，达1.06万亿元，占全国的11%（比1949年、1978年和1990年分别增长100多倍、20多倍和4.2倍），经济总量已超过了新加坡、泰国、马来西亚等国家；一般预算财政收入1160.5亿元，占全国的14.9%；城乡居民储蓄存款余额9930.12亿元，占全国的13.5%；税收总额2720亿元，占全国的1/7；进出口总额达1764.9亿美元，占全国的1/3（为1952年和1978年的650倍和50倍）；实际利用外资为157.6亿美元，占全国的31.7%（为1979年的162倍）。按目前的发展速度，广东将会提前实现1992年邓小平南方谈话时提出的赶上亚洲"四小龙"的目标。

和全国、全省一样，改革开放以来我市经济一直保持持续快速增长态势。特别是进入20世纪90年代以后，我市坚持实施"工业立市"和外向带动发展战略，成功地从一个农业大市发展成为新兴工业城市，以旅游业为龙头的第三产业日益兴旺。不仅经济增长速度加快，而且质量和效益有了很大的提高。"九五"期间，全市国内生产总值与"八五"期末相比，年均增长13.5%，分别比全国的8.3%和全省的10.3%高出5.2个和3.2个百分点。我市人民的生活水平逐步提高，1978年城镇居民、农民年均收入分别为4003元、1193元，到2001年各分别提高到10451元、3770元，努力向小康社会迈进。去年尽管我市遇到国际经济增长放缓的影响，但经济仍然保持了稳步增长，国内生产总值达到415亿元，同比增长8.5%。今年1—9月，由于工业园区效应开始显现，非公有制经济发展提速，旅游业规模效益进一步提高，推动了整体经济继续保持良好势头，国内生产总值达 317.72 亿元，同比增长 10.1%。

二 认清形势，发挥优势，加快发展

（一）宏观经济形势的特点及其带来的机遇和挑战

当前，国内外的宏观经济形势具有以下重要特点：

第一，知识经济正在兴起。按照国际经济技术合作与发展组织的解释，知识经济是和农业经济、工业经济相对应的建立在知识的生产分配和使用之上的经济。20 世纪中叶，特别是 80 年代以来，以数字化和网络化为特征的信息技术飞速发展，使全球经济增长方式发生了根本性的变化。一方面，科学技术对传统产业的渗透和改造力度加大。现代农业生产从良种的选育到化肥、农药、农机等使用，处处渗透着生物、化学、化工等科学技术知识。计算机技术对机械加工、采矿、钢铁等传统产业的渗透，使无人工厂、机器人采矿、机器人冶炼等成为可能。另一方面，以知识为基础的新兴产业迅速崛起，尤其是高新科技产业、信息产业以及知识密集型的技术咨询服务业在整个国民生产总值中所占的比重迅速提高，而且地位越来越重要。以美国为例，在克林顿执政期间，经济连续保持 107 个月的高速增长，而支撑这一高速度的主要是一批高科技企业。其中最主要的是 44 万家软件公司和 300 多家芯片公司。1994—1998 年，高新科技对美国经济的贡献率为 25%—30%，远远高于房地产业的 14% 和汽车业的 4%。知识经济的典型产品是计算机软件，软件业的迅速发展标志着知识经济时代正迅速地向我们走来。现在全球的软件产业增长速度高达 13%，成为全球增长最快的产业之一。20 多年前，微软还是一个刚刚创业的位于西雅图的小公司，20 多年之后，微软却成了一个市值达 2000 多亿美元，相当于通用汽车公司市值 4 倍的超级软件帝国，比尔·盖茨个人拥有的财富足以与一个中等规模发展中国家的国内生产总值相比。有资料显示，近年在美国的全部新增产值中，约 2/3 是由像微软这样的软件公司创造的。微软、英特尔、IBM 等一批以技术、知识、智力为基础构建的经济巨型公司正发挥着"火车头"的作用，牵引着世界经济驶向知识经济。正如美国

《时代周刊》所评论的那样："微芯片——如同以往的蒸汽机、电力和装配线一样，已经成为推动新型经济的先导。"

第二，经济全球化呈现出不可逆转之势。与知识经济相伴而来的是经济全球化。首先表现为信息的全球化，以微电子技术迅速发展为中心的科技革命，一方面使发达国家的物质生产增长速度、规模和数量达到了一个新的高度，使生产力无限扩大和市场相对狭小的矛盾更加尖锐，从而扩展国外市场的要求更加迫切，国际竞争更加激烈；另一方面使运输和通信手段发生了革命性的变化。喷气式飞机、大型远洋货轮、集装箱运输的发展和物流中心的兴起，卫星、光缆、传真技术的更新以及"信息高速公路"的兴建，形成了全球性的交通运输和信息网络。正如美国未来学家约翰·奈斯比特在其《全球杂谈》中所言：跨国界的计算机网络和信息高速公路的建立，使电视、电话、计算机连为一体，将整个世界变成了一个"地球村"。其次表现为市场的全球化。"二战"以来，国际分工出现了一种新趋势。过去一种制造品的生产和再生产主要在同一个企业或国家内完成，现在则由跨国公司将各个环节安排给在各国的子公司或分公司去完成。诸如美国波音747空中客机的生产，就分布于全球十几个国家，2500多家大企业和15000多家中小企业。世界范围内的国际分工，使世界性市场形成了一个网络，各国经济连成了一个整体，一荣俱荣，一损俱损。再次表现在贸易的自由化。据统计，截至2000年全世界有63000家跨国公司，在国外的子公司达70多万家。跨国公司已经渗透到了全世界绝大部分国家和地区的主要行业，控制着40%的全球产业、60%的对外贸易、70%的技术转让和90%的国际投资，导致世界性贸易自由化趋势进一步加强。世界贸易金额年均增长率几乎是GDP增长率的2倍。复次表现为金融的全球化，国际金融市场年交易额达500万亿美元，每年通过国际金融市场实现的融资安排达到1万亿美元以上。国际外汇市场、国际黄金市场实现了24小时连续不停的营业。最后表现在人才的全球化。为了在经济竞争中取胜，培养"国际人"，寻找"国际人"已经成为世界性的人才战略潮流，尤其是跨国公司人才本土化战略的推行，人才的全球化趋势更加明显。

第三,"入世"后的中国改革开放的步伐更进一步加快。经过15年马拉松式的谈判,中国终于在2001年11月10日跨进了WTO的大门。根据中国政府与WTO达成的协议,到2005年之前,我国大部分产业将向外资开放。在教育服务方面,中国政府在跨境交付、境外消费和自然人流动等方面都已做了相当程度的开放,如允许购进发达国家教材、允许外国专家来华讲学、允许国人出国学习等。在基础电信方面,我国的开放几乎是全方位的,既承担电信附件规定的义务和其他一般义务,也遵守电信市场开放的进度安排,承诺在2年内逐步取消所有传呼和增值服务的地域限制,5年内取消对移动电话的服务限制,6年内取消对国内电话线路的服务限制,在基础电信业务中的外资持股比例可以达到49%,电信增值业务中可达到50%。加入世贸,关键是政府"入世",实施政务公开,审批制度改革等。加入世贸,应该是利大于弊。总之,"入世"后的中国,在三大产业的各个层面上都将履行WTO框架文件的承诺,陆续地向外资开放。未来几年的中国,将会出现一个群雄逐鹿,竞争激烈的市场格局。

宏观经济形势带来了新的机遇和挑战。机遇主要表现在四个方面:

第一,我国将在与各国经济相互渗透和融合中缩短与发达国家的差距。知识经济、经济全球化以及中国"入世",都意味着各国经济的依存度进一步加强,任何一个成员国都可以利用WTO提供的最惠国待遇原则和国民待遇原则,开展彼此之间公平、公正的交往。我国将充分利用强大的整体经济实力和巨大的市场潜力优势,在国际政治、经济舞台上开展有利于自己的经济、政治活动。同时我国还可以依法享受到发展中国家的优惠待遇,比如幼稚工业的保护、出口补贴、关税制度弹性等,为较好地发挥比较优势,并将这种比较优势转化成竞争优势创造了条件。

第二,有利于调整和提升产业结构。产业结构是否合理,是衡量一个国家经济发展水平的重要指标。长期以来,我国由于各种原因,产业结构一直存在严重的不合理现象。改革开放20多年来,虽然已在这方面大有改观,但总体情况仍不够理想。2001年三次产业增加值在GDP中的比重,才由1990年的27:42:31调整为15:51:34。发达国家第三产业占GDP的比重,在20世纪80年代已超过了60%。产业结构的不合理使国民经济运行难以实现稳定和有效的增长,导致经济发展水平低下。在知识经济和经济全球化条件下,随着高新技术产业的发展和信息技术的带动,将会使第三产业获得良好的发展机遇,从而促进产业结构进一步优化提升。

第三,可以充分发挥我国的后发优势,吸收国外资本、技术,实现经济的跨越式发展。所谓后发优势,是指因为落后而具有的优势。因为落后,从而可以学习别人已经积累起来的知识、技术、管理方式和市场经济模式等,不用从头试起,可以少走弯路,走捷径以缩短差距。同时也因为落后,就有追赶的动机,有较为充分的激励因素。近年来,我国利用后发优势,成功地引进了20多万家外商投资企业,合同外资金额达7453亿美元,实际利用外资金额达3953亿美元,世界500强中的近400家已在我国投资。投入了2000多亿美元引进国外先进设备和技术,使我国相当一批技术设备达到了国际先进水平,并由此逐渐形成了自主创新、自成体系的高新技术产业化体系,推动了经济跨越式发展。

第四,有利于我们改善环境,加强管理体制改革,推动改革开放的进一步深化和发展。"入世"之后,我国经济活动的运作规程将不得不按WTO的规则进行。随着法律法规体系的不断建立和完善,政府管理体制也必须随之进行改革,政府监管经济的职能将进一步得到强化,行政效率和市场环境等方面将会得到进一步的改善,政府将变得更加公开、透明,必须以法行政。

挑战也主要表现在四个方面:

第一,观念改变势在必行。知识经济和经济全球化,必然对人们的思想观念产生广泛的影响。知识经济和经济全球化时代的竞争,主要是高科技产业之间的竞争,而高科技产业的发展则主要由高素质的人才支撑。因而,一个国家、一个地区或一个企业有无竞争优势,关键看有没有一定数量和一定质量的人才资源。"得人才者得天下。"这是中国古代统治者治国的名言。西方一些成功企业的成功之道,就在于他们重视人才、广招人才、开发人才和大胆起用人才。西门子是德国第二大私营企业,在世界跨国公司中名列前茅,其成功的经验就是有一套选拔人、培养人和使用人的机制。西门子公司人事部经理的日常工作之一就是遍访名牌高校，广泛网罗人才。

第二，对我国经济运行带来一定的风险。经济全球化，一方面给我国经济社会的发展创造了许多有利的条件，另一方面随着金融、外贸、企业生产的全范围开放和竞争，也带来了一定的风险。外资强势企业的进入和迅速发展，可能会削弱国内企业的竞争力和减少市场份额，国内许多中小型企业将产生生存危机。金融开放以后，中国金融市场可能会受到国际游资的冲击，使政府对金融市场的宏观调控力度减弱，控制金融风险的难度增大。有数据显示，全球1000多家大型银行中，美、日、欧盟就有650多家，资产占全部金融资产的78%。这种处于绝对优势地位的金融资本的进入，肯定会对我国金融业构成威胁。由于"入世"后越来越多的低成本国家加入市场竞争，对我国主要以出口劳动密集型产品为主，产品附加值较低，产品单一的外贸出口结构带来相当程度的冲击。

第三，就业形势喜中有忧。知识经济和经济全球化时代到来后，随着产业结构的调整，科学技术的发展，将产生许多就业岗位，增加就业。但是，我国劳动力素质偏低，不能适应经济发展、产业结构升级对劳动力素质的要求。于是，结构性失业问题将出现并趋于严重。这种情况在20世纪70—90年代的欧美诸国也出现过，目前依然存在。美国劳工部长也不得不承认：工资丰厚的工作在工厂里越来越少，计算机和机器人正在抢人的饭碗。20年前，连高中生都很容易找到一份工资不菲的稳定工作。现在高科技的应用使大量先进设备代替了手工作业，效率大大提高而对劳动力的需求量大幅减少。

第四，人才争夺日趋严重。经济全球化，特别是中国"入世"后一大批外资企业的进入，使原本就短缺的中国人才市场更加相形见绌。据资料反映，现在世界各国、各大企业都在积极抢夺人才。美国政府仅1997年一年，就引进了5600多名留学生。现在，在美国的留学生有40多万，仅在美国的大学工作的外国专家就有6万人之多。跨国企业对人才的渴望更胜一筹，摩托罗拉公司在中国进行投资时立刻推出人才本土化计划，已从中国聘任150多名经理和主管；联合利华、IBM、西门子等跨国企业则分别在中国高校设立高额奖学金，以吸引优秀人才加盟。诺基亚、爱立信两大公司的总裁在参加完《财富》中国论坛后没有去游山玩水，而是风尘仆仆赶到了清华、北大、北方交大和上海交大等几所名牌大学发表演讲，与学生签署"奖学金备忘录"，以吸引优秀毕业生加盟。国内大企业和高等院校也在大规模争夺人才。联想集团宣布了一个"寻才工程"，计划在3年内走访50所高校，着力挖掘和吸收一批高精尖人才；上海一些高校则分别以6万—10万元、8万—15万元的高价吸引硕士和博士。西北地区也不甘落后，抓住"西部大开发"契机，想方设法留住人才、吸引人才。国内外掀起的人才争夺热潮是知识经济到来、经济全球化和社会发展的必然趋势。因此，我们要积极参与，为我市经济社会发展争取人才、培养人才、用好人才。

（二）抓住机遇、发挥优势、突出重点，加快我市经济社会发展

肇庆市是一个国家级的历史文化名城，历史悠久，资源丰富、民风淳朴。我市要应对国内外宏观经济形势带来的机遇和挑战，必须立足市情，发挥优势。优势体现在：第一，历史文化资源和自然生态资源丰富。肇庆拥有两千多年的建成史，是国家级历史文化名城，现有国家重点文物保护单位梅庵、肇庆古城、七星岩摩崖石刻、德庆学宫（孔庙）和悦城龙母祖庙5处，省级文物保护单位阅江楼、崇禧塔等13处，县市级文物保护单位44个。自然资源种类繁多，蕴藏量大，矿产、农林特产以及水力、土地等自然资护占据重要地位。其中黄金储量占广东省的80%。传统工艺品端砚为我国四大名砚之首，饮誉中外。松脂产量占全国的1/5，桂皮产量占全国的1/3。境内西江、绥江、贺江等江河水能充足。肇庆市的生态环境优势突出，是西江中游区域和绥江区域的自然生态保护区、珠江三角洲的天然自然屏障和广东境内最大的自然生态环境旅游区，全市森林覆盖率66.6%，自然保护区面积1569平方公里，自然保护区覆盖率达到10.4%。拥有省级以上自然保护区2个，面积53平方公里；县级森林公园54个，面积1292平方公里。城区拥有国家级风景名胜区星湖旅游景区，以"阳朔之山、桂林之水"饮誉全国，岭南四大名山之首、联合国

教科文组织建立的"人和生物园"定位研究站所在的鼎湖山，也具有相当名气。历史名人有宋代名臣包拯、近代岭南画派著名人物黎雄才先生等。第二，区位优势明显，基础设施完善。肇庆作为珠江三角洲经济区的一部分，东邻华南经济中心广州和改革开放前沿阵地深圳，南接佛山南海、三水，可以迅速接受经济发达地区的产业、技术、信息、服务辐射；国道321线、324线、三茂铁路和"黄金水道"西江贯穿全市，在20世纪90年代先后建成马房新公路大桥、肇庆大桥、金马大桥、德庆大桥、大旺大桥等一批重点项目，500公里环市路连接全市8个县（市）区和半数以上乡镇。广肇高速公路第一期工程在今年8月底正式通车，进一步缩短了与穗、港之间的距离。第三，产业发展基础扎实。改革开放以来，肇庆发展成为一个新兴工业城市，形成了生物制药、电子信息、食品饮料、林产化工、机械仪表等一批支柱产业，发展了风华集团、星湖集团、蓝带集团等一批骨干企业，风华集团是全国重点扶持的512强企业，蓝带集团和德庆林化集团是全省重点扶持发展的大型企业集团。肇庆还是全国科技进步先进城市，拥有国家级技术开发中心3家，省级7家，国家级高新技术企业4户，省级36户，电子信息、生物制药、林产化工等高新技术产业在国内具有相当位置，其中风华集团的电子元器件产量居全国前列，星湖公司生产的肌苷原料药产量居全国第一。肇庆农业在结构调整中不断提高发展水平，属下的高要、四会、广宁、封开先后被评为全国肉桂之乡、柑橘之乡、竹子之乡、松脂之乡。肇庆的旅游业在省内具有十分重要的地位，是广东省旅游热点之一，近年我市深入开展了花园式风景旅游城市的创建活动，先后成为首批中国优秀旅游城市、全国创建文明城市先进单位、国家园林城市、国家卫生城市，星湖风景名胜区先后取得全国4A级景区和荣获ISO14000国家示范区称号，全市连续几年每年城市接待游客人数保持在400万人次以上，旅游综合收入超过30亿元。这些都为我市今后发展提供了良好的条件。"十五"期间，我市将充分发挥这些优势，重点抓好以下工作：

一是突出抓好工业主战场，加快工业化进程，促进产业结构优化升级。抓住我国加入世贸和国际资本加速进入我国以及珠三角核心地区产业转移的机遇，大力发展高新产业园区和工业园区经济，突出抓好肇庆高新区（大旺高新区）、肇庆（高要）金渡工业园、四会南江工业园、端州工业园、鼎湖工业园、德庆工业园等重点园区的发展，营造招商引资载体，努力扩大利用外资规模，重点引导发展电子信息、生物工程、机械制造、纺织服装和新材料等支柱产业，力争经过3—5年的努力，在全市打造出一批年产值分别达到100亿元、50亿元、30亿元以上的工业园区。肇庆市市直重点发展大旺高新技术产业开发区，按照"一区多园"的发展思路，正在规划建设高新科技工业、"三高"农业、现代旅游业三大产业区以及台商工业园、生物科技园和信息产业园。继续加大对风华、星湖、蓝带等重点骨干企业的扶持力度，通过深化改革和建立现代企业制度，实施"名牌带动"战略，加大技改力度，使企业加快制度创新和科技创新，努力使这批重点骨干企业的年销售收入分别达到5亿元、10亿元和50亿元以上，带动相关产业发展，增大优势产业群体。为了营造工业经济发展的后发优势，实现跨越性发展，我市将工业化与信息化建设紧密结合起来，同步协调推进工业化。一方面，以风华等信息技术企业为载体，大力发展电子信息装备制造业、软件和系统集成业。另一方面，努力提高信息技术在国民经济和社会发展各个领域的应用程度，引导发展电子商务、网上购物、信息网络服务业、信息咨询业、教育信息业等各类信息服务业，提高社会信息化水平。

二是大力实施大旅游发展战略，加快建设旅游强市。"十五"期间，我市将深入挖掘得天独厚的自然生态旅游资源的开发潜力和历史文化旅游资源的丰富内涵，进一步加大招商引资力度，加快景区景点和旅游配套设施建设，通过精心打造生态旅游品牌，加快建设以星湖风景名胜区为中心，以鼎湖山"天然大氧吧""龙母故乡德庆游"知名品牌为重点，形成连接四会贞山、广宁竹海大观、怀集燕岩、封开龙山、德庆龙母祖庙及盘龙峡、高要广新农业生态园的千里旅游走廊，增强我市旅游产业的发展后劲，进一步发挥其在我市第三产业的龙头带动作用。山区各地要充分发挥旅游资源丰富和生态环境优越的优势，把旅游业作为具有比较优势的产业、新的经济增长点和支柱产业来扶持发展，通过发展旅游促进一、二、三产业的全面发展。与此同时，推动发展房地产、商贸流通、交通运输、饮食旅业、信息中介等行业，使之与旅游业相互促进，共同发展，通过深入开展花园式风景旅游城市的创建活动，使第三产业在三大产业中的比重和对全市经济增长的贡献率提高到一个新水平。

三是加大结构调整的力度，加快推进农业产业化经营。我市将充分利用农业资源丰富的优势，大力调整农业产业结构，把粮经种植比例调整到五五开，抓好农业科技推广应用，健全社会化服务体系，积极发展"三高"农业、生态农业和出口创汇农业，加强传统农产品、名优绿色食品和优质禽畜水产养殖三大类型基地建设，力争在"十五"期间建成十大农业主导产业。与此同时，要重点扶持一批农业龙头企业，大力推广公司加基地加农户的经营方式，着力打造一批农业品牌，推动我市农业产业化经营迈上一个新台阶，加快农业产业化和农业现代化的进程。

四是大力推进城镇化和城镇化，实现建设花园式风景旅游城市"十年大变样"目标。要按照"一个中心、两条走廊"的城市发展布局要求，形成以肇庆城区为中心，连接德庆、封开县城和沿岸各个镇的西江走廊城市带，以及以四会市为龙头，连接广宁、怀集县城和沿岸各个镇的绥江走廊城市带。进一步加快中心城区建设，按照"城市东扩、跨江发展"的发展思路，实现城区建设重心向东转移，"一河两岸"统一规划建设，加快东扩和跨江发展的交通基础设施建设。同时要充分利用省着重扶持以交通为重点的山区基础设施建设的政策，加快山区交通基础设施建设，全面完成省、县道消灭沙土路的任务，在2年至3年内将现有达不到三级公路标准的县通镇公路700多公里，全部建成三级或三级以上标准的水泥或沥青路面，积极抓好三水—四会—怀集高速公路规划建设，形成通往山区和山区之间的高速便捷的交通网络。通过改善基础设施建设，促进二、三产业向小城镇集聚发展，引导农村劳动力向非农产业转移，推动小城镇特别是中心镇建设迈上新台阶，形成布局合理、层次分明、协调发展的城镇体系，为全市城镇化水平在2010年达到50%打好基础。

五是加快科技教育发展，全面提高劳动者素质，推动我市经济和社会快速发展。针对科学教育的发展水平与我市经济社会发展的要求还不相适应,对经济发展的推动作用还没有完全发挥出来的状况,我市坚持实施"科教兴市"战略,继续加快大旺高新区和风华信息产业园、星湖生物科技园建设,促进高新技术产业的发展,同时办好一批高水平的技术开发中心,完善以企业为主体的技术创新体系,建立面向中小企业的技术创新服务体系以及农业科技推广应用服务体系,从整体上提高我市科技水平。同时,我市将进一步深化教育体制改革,加大财政对教育的支持力度,加强教师队伍建设,提高教师队伍整体素质,切实巩固九年义务教育,加快发展高中阶段教育,加快优质学校建设,全面推进素质教育和教育现代化,加强职业教育特别是高等职业技术教育,加强大力培养本科和本科以上高端人才的肇庆学院建设,为我市经济社会发展培养更多高素质的人才和劳动者。

六是进一步完善社会保障体系,积极做好就业和再就业工作。在社会转型、市场转轨和发展经济的过程中,我市将更加关注弱势群体的生产和生活,全面落实"两个确保",努力把所有符合条件的困难居民、农民都纳入"低保"范围,逐年增加投入做到应保尽保。同时,继续扩大城镇各项社会保险的覆盖范围,切实把个体、私营和外资企业纳入社保覆盖范围,加强社保基金的征缴和管理。继续扩大就业门路,以扩大就业为重点,大力发展第三产业,加快发展社区服务等行业,鼓励发展非公有制经济和中小企业,规范和完善劳动力市场。重视和做好国有企业改革中富余职工的安置工作,加大对再就业的扶持力度。同时,积极引导人们转变就业观念。转变就业观念在市场经济条件下十分重要。由于在过去计划经济时代,人们的就业观念是只有进入了国有企业和机关、事业单位,才算就业。在市场经济条件下,这类单位能够提供的就业岗位将逐步减少,而外资企业、民营企业提供的就业岗位将不断增多,并逐步成为吸纳劳动力的主要场所。与全国一样,我市的就业形势十分严峻,这固然有劳动力供给总量过大的原因,但我市劳动力结构与经济社会发展的要求不相适应也是重要原因之一,存在着低层次劳动力供给过剩和高层次人才供给不足共存的问题。因此,除了对现有素质不高的劳动力队伍加大培训力度外,我市将继续引进更多的人才。市政府热切希望和真诚欢迎肇庆学院的同学们能够留在肇庆，参与肇庆的现代化建设，为肇庆的发展贡献力量。我相信，发展中的肇庆一定能够为大家提供用武之地，同学们也一定能够在这里大显身手。

三 对肇庆学院同学们的几点希望

肇庆学院是目前我市唯一一所开设有本科学历教育的高等学府，是我市人才比较密集的地方。历年来，培养和输送了大批人才。你们的校训是"团结、奋进、求实、创新"，我希望，每一位走出肇庆学院的学生都能够秉承校训，成为社会主义现代化建设的有用之才，高用之才。

（一）希望肇庆学院坚持改革创新，努力培养输送更多的高素质人才，为地方经济社会发展服务

现代化建设，特别是解放和发展社会生产力，除了制度、体制、机制的改革与创新之外，还需要有大批高素质具有较强创新能力的建设人才。高校是人才培育最重要的阵地，在国家的科技创新体系中，高校也是创新的生力军。而且对高校自身来说，知识和科技创新能力的高低，决定了办学水平的高低。要办出高水平的大学，既要培养出大批具有创新意识和创新能力的人才，又要把握世界科学研究走向，提高自身的科技创新能力，取得更多的科技创新成果。因此，创新对于高校来说，是做好全部工作的指导思想之一。希望肇庆学院加快对具有较高素质和较强创新能力人才的培养，为我市以及广东省率先实现基本现代化做出更大的贡献。

（二）希望同学们珍惜青春年华，掌握为人民服务的本领，夯实人生事业基础

青年一代是我们现代化建设事业的接班人，当前正处在人生的黄金时代，这个时代在人的一生中极其重要，是扎实打牢未来事业基础的重要人生阶段，也是思想活跃、求知欲旺盛、接受能力很强的人生阶段。现在适逢盛世，高等学校的软硬件设施有了很大的改善，大学教师的地位进一步提高，敬业精神倍增，这些都为我们完成学业提供了良好的条件和氛围。希望同学们要珍惜在大学短暂的学习时光，充分利用高等学府良好的学习条件，专心致志，刻苦钻研，勤奋学习。既要认真学习邓小平理论和"三个代表"重要思想，认清形势，明辨是非，坚定信念，又要深入扎实学好专业知识和专业技能。成才之道广如天，每个人趋向成功的道路往往是不相同的。但是，无论是英雄伟人、企业人才，还是学者专家，在他们成才的因素中有一点是相同的，那就是勤奋。任何收获与成功都是来自勤奋，马克思写《资本论》花了40年，歌德写诗剧《浮士德》花了60年，在成才的道路上，必须规避贪图享乐，培养毅力雄心。美国科学家富兰克林说过："懒惰使万事困难，勤勉则使一切容易；懒惰像生锈一样，比操劳更能消耗身体；经常用的钥匙总是亮闪闪的。"只要掌握正确的学习方法，立足一个"勤"字，就一定能高质量、高水平地完成学业，成为适应经济社会发展需要的有用人才。还有一点要提醒的是，我们提倡大学生在学习期间把主要精力放在学习上，同时注重身体的锻炼，参加健康娱乐。

（三）希望同学们提高实践能力和创新能力，努力提高自身的综合素质

一方面，要注重思想政治素质的培养。思想政治素质是综合素质的重要组成部分，思想政治素质的高低决定了人生的走向，希望同学们自觉培养良好的思想品德、行为习惯和心理状态，树立起正确的世界观、人生观和价值观。另一方面，要注重实践能力和创新能力的培养。江泽民总书记指出"创新是一个民族进步的灵魂，是国家兴旺发达的不竭动力"，"面对世界科技迅速发展的挑战，我们必须把增强民族创新能力提高到关系中华民族兴衰存亡的高度来认识"。国际著名物理学家杨振宁教授曾在答记者问时说，中国学生十分聪明，考试成绩也很好，比很多外国学生包括很多美国学生都要好，但是在讨论问题时，中国学生往往局限在教师传授的知识里思考，答案千篇一律，而美国学生的答案各有不同且很有创意。这是美国经济社会发展能够持续走在世界前列，能够引领世界科技潮流的重

要原因。美国硅谷之所以能够成为世界高科技发展的典范，靠的就是不断创新。由此可见，知识经济时代最需要的就是创新。要提高中华民族的创新能力，最重要的是要把年青一代的创新能力培养好、发挥好。年青一代是祖国的未来，创新的希望也在很大程度上寄托在你们这一代人身上。从同学们将来的个人发展看，提高创新意识和创新能力也是适应社会需求、取得理想的就业岗位的重要条件。因此，同学们要主动走向生产第一线，积极参与实践，把课堂知识运用到实际工作中，在实践过程中进一步强化创新意识和创新能力，以及分析实际问题和解决实际问题的能力，勇于打破传统思维方式，冲破条条框框的束缚，敢于以创新的思维方式分析问题和解决问题，以更高的创新能力迎接走向社会后的新挑战。

同学们，我们处在知识经济和经济全球化逐步走来的一个大发展的时代。在未来的发展中，在社会文明和进步事业中，希望寄托在你们身上！

农村公共产品供给与政府职能转变*

——关于构建和谐社会的思考

公共产品，也称作公共物品或公共品，是相对于私人产品来说的。P. 萨缪尔森是最早给出公共物品定义的人，他将公共产品定义为："每一个人对这种物品的消费并不会导致任何其它人消费的减少。"[①] 根据公共经济学理论，公共产品的本质特征是非排他性和非竞争性，公共产品按其"公共"程度的不同可以分为纯公共物品和准公共产品两类。农村公共产品主要包括有农村义务教育、农村公共卫生、农村社会保障、农村计划生育、农业基础设施、社会治安、农村环境保护、农业科技和农业信息、农村基层政府管理等。农村公共产品供给对于改善农民的生产、生活环境和条件，提高农业生产效率和增加农民收入，化解农村社会矛盾，促进农村社会和谐与稳定有着重大作用。因此，在构建社会主义和谐社会过程中，要充分认识到当前农村公共产品供给不足的严重性和危害性，将解决农村公共产品供给问题作为一项重要任务来对待。

---

* 本文内容曾以《农村公共产品供给与政府职能转变——关于构建和谐社会的思考》为题发表于《学术研究》2006 年第 9 期。
① 转引自徐毅《我国农村公共产品供给的制度缺陷改革与改革思路》，《安徽技术师范学院学报》2005 年第 2 期。

一 实施农村公共产品供给在构建和谐社会中具有基础性和战略性意义

近几年来,党中央国务院以科学发展观统领经济社会全局,提出了构建和谐社会以及建设社会主义新农村等一系列的经济社会发展战略目标和战略思路,这些战略目标和战略思路能否实现,"三农"(农业、农村和农民)问题的解决是关键,而"三农"问题最突出的方面就是农村公共产品供给的困境。因此,实施农村公共产品供给是构建和谐社会的基础,具有十分重要的战略意义。具体来讲,主要体现在如下几个方面:

(一) 实施农村公共产品供给是构建和谐社会和建设社会主义新农村的内在要求

我国是一个人口众多的农业大国,"三农"问题在我国社会主义现代化建设中具有全局性和根本性的地位,这是我们党的一贯战略思想。农村的和谐和稳定是构建和谐社会和建设社会主义新农村的难点和重点。胡锦涛同志在省部级主要领导干部提高构建社会主义和谐社会能力专题研讨班上强调指出:"在我们这样一个农民占多数人口的国家里,农民是否安居乐业,对于社会和谐具有举足轻重的作用。广大农民日子过好了、素质提高了,广大农村形成安定祥和的局面了,和谐社会建设的基础就会更加牢固。"要坚持把解决好"三农"问题作为全党工作的重中之重。但是,长期以来,我国农村地区由于公共产品供给严重不足,农业和农村经济发展所需要的基础设施及农业科技信息等公共产品十分欠缺,农业生产力落后,农业基础薄弱,削弱了农村的发展环境,制约了农业生产的专业化、规模化、产业化、市场化,影响了农业综合生产能力的提高和农村经济的可持续发展,进而影响农民收入提高;而农村医疗卫生、义务教育、社会保障等公共产品的供给严重不足,行路难、就医难、上学难等在相当部分传统农村地区仍然存在,影响着农民的生活条件和生存环境。总之,当今中国,最苦的是农民,最穷的是农村,最有可能影响社会稳定和发展的是农业,"三农"问题解决不好,将影响农村社会的和谐与稳定。因此,在构建和谐社会和建设社会主义新农村过程中,必须充分认识到农业是国民经济的基础,必须将实施农村公共产品供给作为根本任务和要求来对待,切实改善农民的生产、生活环境和条件,从而促进农村社会稳定、和谐与繁荣。

(二) 实施农村公共产品供给是统筹城乡发展、实现"工业反哺农业、城市支持农村"的突破口和关键措施

长期以来,城乡二元结构的一个重要方面就是城乡公共产品供给的二元体制,城市公共产品完全由国家提供,而农村的公共产品相当程度上实行的是以农民为主的"自给自足"型公共产品供给制度。城乡公共产品供给的二元制是城乡利益分配格局失衡的重要体制基础:它使农民的许多国民待遇权益没有保障,农民沦为国家的二等公民;它成为农业乃至农村经济可持续发展的主要制约因素;它还是造成城乡差距日益扩大的主要原因之一,当前我国城乡居民收入差距账面上虽然是3:1,但如果将城乡居民享受的公共物品差异计算在内,实际差距则应该是5:1或6:1[①]。当前,随着我国经济社会向纵深发展,这种城乡二元结构带来的弊端已经越来越明显,成为城乡协调发展和社会主义和谐社会建设的重要障碍。为此,党中央在十六届三中全会和四中全会上分别提出了统筹城乡发展和"工业反哺农业、城市支持农村"的重大战略决策和战略思路,明确提出要逐步解决城乡社会二元结构问题、重新调整城乡利益分配格局,使城乡经济社会协调发展。而实施这些战略决策和战略思路的重要突破口和关键措施就是将农村公共产品供给纳入国家公共财政的范围内。从某种程度上可以说,只有将农村公共产品供给纳入国家公共财政范围内,"工业反哺农业、城市支持农村"才能找到着力点,统筹城乡发展才能落到实处,城乡二元结构问题才能最终解决。也只有实施农村公共产品供给,使农民真正享受到国民待遇,保障农民的根本利益,弥补长期以来国家在农村地

[①] 乌东峰:《中国"三农"问题对策研究》,《求索》2003年第2期。

区的欠账,从而慢慢扭转城乡利益分配格局失衡状况,改善农村生存和发展环境,建设社会主义新农村才有良好的基础,城乡共同发展、协调发展才能最终实现,社会主义新农村才能建成。

(三) 实施农村公共产品供给是国民经济可持续发展的根本需要

根据国际经验,人均GDP达到1000美元左右的阶段是整个社会从生活必需品向耐用消费品发展阶段,要顺利度过这个阶段,必须全面完善整个社会的公共服务职能建设,否则,将导致经济发展的中断与停滞[1]。在这方面,我们要充分吸取英国、美国等国在1890—1935年由于忽视社会公共服务职能建设,从而导致经济长达40多年的停滞、徘徊并导致重大经济社会危机的深刻教训[2]。当前我国正处在人均GDP 1000美元阶段,而中国能否顺利度过这一阶段,其中很关键的一个方面就是实施农村公共产品供给。20世纪90年代中后期以来,中国经济开始步入了产能过剩、消费不足、市场疲软的困境,而从国际经验看,发达国家在人均GDP达到3000美元以后才出现买方市场,而我国人均接近1000美元就出现了工业产品低水平过剩,这与我国农村地区长期以来公共产品供给不足密切相关。根据公共产品理论,公共产品与私人产品之间存在高度的互补性,前者的有效供给是后者消费的前提条件,农村公共产品供给不足状况造成占人口60%—70%的广大农村地区消费水平上不去。著名经济学家林毅夫早在1999年就呼吁政府应该在全国范围内发起一场以实现农村自来水化、电气化、道路网化为核心的新农村运动,以此来缩小城乡差距,刺激国内需求,使中国顺利走出工业品产能过剩、消费不足、市场疲软的困境[3]。而根据国家统计局农调队在全国农村所做的调查研究发现,如果农村居民用电和城市居民用电做到同网同价、在农村安装卫星电视地面接收做到村

---

[1] 孙立平:《断裂——20世纪90年代以来的中国社会》,社会科学文献出版社2003年版,第35—58页。

[2] 唐铁汉、李军鹏:《国外政府公共服务的做法、经验教训与启示》,《国家行政学院学报》2004年第5期。

[3] 林毅夫:《新农村运动与启动内需》,《小城镇建设》2005年第8期。

村通电视、建水塔实现村村通自来水,未来几年农村地区将会出现一个家用电器的消费高潮,电视、冰箱、洗衣机将不再存在过剩的生产能力。① 因此,实施农村公共产品供给,促使农民收入提高、消费能力增强,改善农村的生存和发展环境,为整个国民经济发展提供一个强大的内在需求市场,进而为经济的持久繁荣提供坚实的基础,避免经济发展的停滞与中断,这对于建构和谐社会和建设社会主义新农村来讲至关重要。

二 政府职能转变滞后是当前农村公共产品供给不足的体制"瓶颈"

对于当前我国农村公共产品供给存在的问题,已有不少专家学者给予了充分论述和分析,概括来讲主要就是总量短缺,总体质量不高,供给不足,供求矛盾突出,包括农业基础设施、农业科技和农业信息、农村义务教育、农村公共卫生、农村社会保障等一系列公共产品都存在严重的供给不足,这已经是不争的事实。造成目前农村公共产品供给不足,根本原因是生产力的不发达,重要原因就是政府职能转变滞后,政府在农村公共产品供给中缺位、错位情况严重,公共服务型政府建设缓慢,具体来讲表现在如下几个方面:

(一) 政府公共服务职能尚未全面履行,农村公共产品供给受忽视

在现代市场经济体制下,市场可以有效地提供私人物品,却不愿提供公共产品,提供公共产品和服务是政府主要职能和责任之所在。现代市场经济发达国家的政府无一例外地承担起向社会提供公共产品的责任,政府职能广泛地介入市场不能发挥作用或不能充分发挥作用的义务教育、初级医疗保健、社会保障、环境保护等公共服务领域,公共服务成为政府的首

---

① 黄小舟:《加强农村公共产品供给,促进农村经济发展》,《湖北社会科学》2005 年第 4 期。

要职能和核心职能，政府支出占国民生产总值的比重也不断上升，发达国家的政府支出平均要占到 GDP 的 48.4%，其中，教育卫生和社会福利开支占政府开支的比重在发达国家平均高达 53%。[1] 但是，在我国，长期以来政府职能仍以经济发展为主要目标，各级政府成为经济建设主体和投资主体的角色，在政府的支出中，直接用于促进经济发展的各项支出和政府本身支出占据了很大份额，政府把大量的资源用于建设性支出，甚至包括在竞争性领域取代市场提供私人服务和物品。另外，政府对提供公共产品，尤其是农村公共产品缺乏足够的热心，公共服务职能尚未全面履行，如长期以来，公共卫生支出在国家预算中的比例很小，并且逐年减少，同发展中国家相比也是落后的。尤其在农村地区，本应由政府提供的公共物品，如教育、医疗、社会保障、农村基础设施建设等公共产品由于公共产品供给上的城乡差别政策，政府仅给予部分补助，造成农村公共产品供给的严重短缺。

（二）政府职责不明，农村公共产品供给主体错位

各级政府在农村公共产品供给上责任不清，财权与事权不统一，这是当前农村公共产品供给不足的症结所在。长期以来，中央政府与地方各级政府在农村公共产品供给的责任划分上存在"上下不清"，随意性大，造成中央与地方事权错位、地方与地方互相错位。根据公共产品理论，中央政府主要负责全国性公共产品的提供，地方政府则负责地方性公共产品的提供。但实际上，中央与省级政府过多地把农村公共产品供给的事权下放到县乡镇等基层政府身上，1994 年分税制改革以后，中央财权大幅度提高，地方财权大幅度下降，但中央与地方的事权划分变化幅度较小，如农村义务教育、民兵训练、农村计划生育，以及农业科技成果推广、环境保护、农业信息网建设等，都是事关全国人民的共同利益，属于全国性公共产品，但目前这些事权主要由县乡镇政府负责，甚至村委会也要负责任。

---

[1] 国家发改委宏观经济研究院课题组：《公共服务供给中各级政府事权财权划分问题研究（上）》，《经济研究参考》2005 年第 25 期。

由于事权划分脱离了财权划分，县、乡镇政府承担了与其财权极不相称的事权责任，县、乡镇政府在财力有限的情况下，要么不行使提供农村公共产品的服务职能，要么采取向农民、企业集资、摊派、乱收费形式完成上级政府的任务。

（三）政府财政职能有失公平性，公共财政的阳光照射不到"三农"

财政是政府职能的重要组成部分，政府职能变化了，必然要求财政职能与之相适应。公共财政是市场经济条件下，政府为满足社会公共需要而建立的财政收支活动的一种新机制和新体制。尽管我国目前已经提出了要建设公共财政，但是，长期以来，城乡二元结构在财政上也打上了深深的烙印。如果说，为了推动国家的工业化和现代化，人民群众主要是广大农民不得不作出必要的牺牲，但是把实现社会文明进步放在长期剥夺农民上，那是与社会主义的本质相违背的，在实践中也是行不通的。据统计，1950—1994 年，政府通过工农产品价格剪刀差从农民那里取得了大约20100 亿元收入，同期农业税2733 亿元，财政支农支出5346 亿元，政府实际从中提取农业剩余17487 亿元。1979—1997 年，政府从农村征收了2.7 亿亩土地，用于城市建设、开发区建设和道路建设，获取了6 万亿—10 万亿元的土地增值收益。2001—2003 年，政府至少从农村土地出让中获益6000 多亿元。[①] 而另一方面，政府在供给公共产品时，将属于全民所有的财政收入主要用在城市和市民身上，农民、农业和农村长期不在国家财政的视野之内，"公共财政的阳光"照射不到"三农"。农村基础设施、基础教育、卫生保健、计划生育、五保户、干部报酬和管理开支等公共产品开支主要是靠农民自己的五项"统筹"和三项"提留"费用解决。国家财政对农村公共产品的支出更多的是出于"支援"角度的考虑。例如，目前占全国总人口超过60% 的农村居民仅享用了20% 左右的医疗卫生资源；农村中学生是城市中学生的4 倍，而享受到的国家中学经费仅占30% ；城乡社会保障覆盖率之比高达22∶1，

---

① 中国农村研究网：http//www.ccrs.org.cn/article view.asp? ID=2037。

人均社会保障经费之比为 24∶19[①]。

三 完善政府公共服务体系，加大对农村公共产品的供给

随着农村经济社会的发展，广大农民日益迫切地要求政府能够为他们提供基本而有保障的公共产品和服务，而政府在农村公共产品供给中的职能缺位和错位，造成农村公共产品供给陷入严重不足的困境，这种状况不利于社会主义和谐社会的构建和新农村建设。因此，要尽快改革政府职能，努力建立公共服务型政府，加大对农村公共产品供给的力度，为农民提供更多更好的农村公共产品，促进农业发展和农村进步。

（一）树立公共服务型政府理念，强化政府在农村公共产品供给中的主体责任

公共服务型政府是 20 世纪 80 年代西方国家在新公共管理理论指引下提出的一种政府理念，目前已经成为世界性政府改革潮流。它的基本主张就是，政府的存在是为了满足社会的需求，强调政府的重要作用必须在公共产品和公共服务的提供上，政府应该尽可能地为社会提供满意的公共物品。建设公共服务型政府是构建和谐社会的根本要求，只有政府真正实现了从经济建设型政府向公共服务型政府的转变，构建社会主义和谐社会才有了可靠的组织保障。要高度重视并将公共服务作为政府的首要职能和核心职能，切实强化政府在农村公共产品供给中的主体责任。公共服务型政府追求的一个重要目标就是实现和保障社会公正，农民作为国家公民，作为市场经济的主体之一，理应享受与城市居民一样的竞争机会和一样的公民权利，但目前农民与市民在公共产品享受上的差异使农民沦为二等公民，这种状况不符合公共服务型政府建设的目标。因此，各级政府要树立

[①] 农业部课题组：《加大投入力度，扩大覆盖范围，增加和改善农村公共产品供给》，载《建设社会主义新农村若干问题》（上册）。

城乡人民平等观念，从根本上改变城乡二元思维模式，给农民国民待遇，向农民提供与市民大体均等的公共产品，从根本上打破公共产品供给上的城乡二元体制，真正承担起农村公共产品的供给主体责任，逐步建立与中国全面建设小康社会和工农业和谐发展相适应、以城乡公平和谐发展为目标的新型农村公共产品供给体制。

（二）建立公共财政体制，明晰各级政府在农村公共产品供给中各自的职责

要实施农村公共产品供给，就必须建立覆盖农村的公共财政体制。公共财政是保障政府公共产品供给的制度安排，要确保各级政府财政收入主要用于为社会提供公共产品和公共服务。要改革目前各级政府财政支出结构，大力压缩非公共性的财政支出，严格控制形象工程和政绩工程，将有限的资金投入社会所必需的公共产品生产和服务的提供上。要合理划分各级政府的财权和事权，事权与财权统一是建立公共服务型政府的重要前提条件，要彻底改变事权层层下放、财权层层上收的不合理状况，使财政支出范围以事权为基础，以满足社会公共需要为目的。要根据公共产品的范围层次，明确界定中央、省、市、县、乡镇政府五级政府供给主体在提供农村公共产品方面的责任和范围，积极探索建立与公共财政相适应的农村公共产品供给体制。凡是受益范围遍及全国的公共产品，应主要由中央政府提供或中央政府与省级政府共同提供，按照这一原则，中央财政和省级财政应主要承担起农村义务教育、公共卫生、社会保障以及全国性农业技术推广、农业公共信息和农村环境保护等农村公共产品的供给；而受益范围局限于地方的公共产品，则由相应层次的地方政府提供，如区域性的农田水利建设、辖区道路建设等；具有外溢性的地方性公共产品应由中央政府和地方政府共同提供。要借鉴国际经验，建立规范、高效、促进地区公平、保障农村公共产品供给的转移支付制度，逐步将现行多种转移支付形式归并为一般性转移支付和专项转移支付两类。推动省级以下政府的转移支付制度建设，逐步缩小辖区内地区间财力差距导致的公共产品供给的不公平。

（三）突出重点，为农民提供基本而有保障的公共产品

在实施农村公共产品供给过程中，各级政府要以人为本，按轻重缓急，将公共产品供给的重点放在能直接改善农民生产和生活环境方面上，为农民提供基本而有保障的公共产品。在当前及今后一段时期，各级政府应在职责范围内重点解决以下农村基础性公共产品的供给问题：

第一，尽快建立城乡一元化的公共教育体制。农村的发展靠人才，人才的培养靠教育，要把农村教育摆在重要战略位置上。首先要把农村义务教育的供给作为政府的一项重要义务和长期目标来抓。在大多数国家，义务教育是免费的，因此，要明确各级政府，尤其中央和省级政府是农村义务教育的投资主体，合理配置城乡公共教育资源，努力实现让农村孩子与城市孩子享受均等的公共教育资源待遇的起点公平和机会公平。要认真落实中央关于对农村孩子实施免费义务教育的决策和各项政策。经济发达地区的农村要推动普及高中阶段教育。要加强农村教师队伍建设，建立和完善农村中小学教职工的工资、医疗等福利保障机制。公共财政要为实现城乡公共教育起点公平和机会公平更多地补贴农村基础教育建设，加大农村贫困地区和贫困人口教育的转移支付力度，提高城乡间公共教育的公平程度。

第二，建立农村基本的公共卫生保障制度。公共卫生是人的生存和发展最基本的要求，是现代公民应当享有的最基本的公共产品之一。要加强农村卫生基础设施建设，健全和完善初级卫生保健体系。加快建立和健全农村新型合作医疗制度，尽快使新型农村合作医疗制度覆盖所有的农村，并随经济发展不断提高筹资水平和保障能力。在经济发达地区也可以推行农村社会医疗保险和商业保险。建立农村医疗救治基金，帮助贫困人群抵御大病风险。国家应建立和完善农村卫生专项转移支付制度，加大对农村卫生的投入，逐步建立健全农村公共卫生防疫体系、应急体系。随着我国农村生产力的发达，应推行农村医疗保险制度。

第三，完善农村居民最低生活保障制度和救济体系。农村最低生活保障制度是满足农民最基本需求的公共产品，是维护农民作为公民应当享有的生存权利，也是政府应当承担的义务。要尽快在全国范围内建立农村最低生活保障制度，努力做到应保尽保，中央财政要加大对贫困农村地区的转移支付力度。要建立与市场经济相适应的救济体系，在大力落实重大疾病救助制的基础上，积极探索建立突发性救助机制，以利农村弱势群体得到有效救助。经济发达农村地区要推动农民养老保险制度的建立。

第四，加大对农业基础设施和农业科技信息等公共产品的投入，提高农业综合生产能力。要在继续搞好大中型农田水利基础设施建设的同时，重视并不断加大对小型农田水利基础设施的投入力度。加快建立以政府为主导、社会力量广泛参与的多元化农业科研投入体系，形成稳定的投入增长机制，大力支持农村社会化服务体系，加快农产品市场信息体系建设。加大财政对乡村道路、电网、通信、文化场馆等基础设施的建设，逐步改善农民的生活环境。

（四）充分发挥市场与社会的力量，积极探索农村公共产品供给的多元途径

政府不能推卸供给农村公共产品的责任，但政府决不是农村公共产品唯一的供给主体。要合理界定政府提供农村公共产品的边界和范围，根据新公共管理理论，政府只需提供核心公共产品，至于非核心公共产品、准公共产品则应该充分调动市场和社会力量来辅助供给。事实上，没有哪个国家的政府能够独自提供全社会的所有公共物品。在市场经济条件下，公共物品供给主体的多元化应是我国农村公共产品的发展方向。尤其是我国农村地域广阔，对农村公共产品的需求规模较大，而且历史欠账太多，如果仅仅依靠各级政府这种单一主体很难在短期内改善农村公共产品的供给不足情况。因此，必须在以政府为主体的情况下，充分发挥市场、社会力量，形成农村公共产品供给主体多元化的格局。各级政府要通过一定的产权保护和制度激励，为市场、社会力量提供公共产品创造良好的环境。政府要按照谁投资谁受益的原则，允许和鼓励私营企业生产和经营公共产品，积极引进民间资金和外资为农村公共产品生产服务。要鼓励各种社会力量，特别是非政府组织成为农村公共产品生产和服务的提供主体，政府可以通

过提供资助补贴、减免税收优惠等方式，引导各种非营利组织提供公共产品。另外，即使是政府负责的农村公共产品，也要避免政府对公共产品供给的垄断经营，要通过引入市场竞争方式实现公共产品供给的市场化、社会化，降低公共产品供给成本，提高政府的公共服务效能。因为按照新公共管理理论，政府在公共物品供给上最主要的职责应是"掌舵"（决策、控制和监督），而不是"划桨"（具体生产），因此，各级政府在农村公共产品供给上负责不等于各级政府全包揽或直接生产。政府可以通过购买、外包、租赁、招标等市场竞争机制，尽可能地把公共产品的生产交给企业、民间团体去做，强化公共物品生产和供给的竞争性，政府只保证农村居民所获得的最终的公共产品质量，政府自身则不一定要亲自生产或经营。

（五）注意生产力和社会发展阶段的客观制约，逐步完善农村公共产品的供给

尽管现在中国已经到了"工业反哺农业、城市支持农村"，城乡统筹考虑公共产品供给的阶段，但公共产品的城乡统筹供给绝不意味着城乡应完全具有均等水平的供给，而必须考虑经济发展水平的客观制约。[①] 因为公共产品的生产和供给同私人产品的供给一样，要消耗有限的资源。当前我国国力总体上还不够强，工业化程度还不是非常发达，因此，"工业反哺农业"的力度和能力还有限；另外，目前城乡居民的比例，农村是70%，城市是30%，"城市扶持农村"现阶段实际上是少数人扶持和帮助多数人，难度还是比较大的。因此，一方面，政府必须采取积极措施以缩短城乡间公共产品供给的巨大差距；另一方面，在强调公共产品的城乡统筹供给时，必须清醒地面对社会经济发展水平的客观制约，要考虑量力而行，以免对工业发展造成过重的经济负担和对城市市民社会福利的剥夺。要引导广大农民充分发挥建设新农村的主体作用，以避免由于过高期望值与实际供给水平的落差而产生的不稳定因素。

---

① 林万龙：《经济发展水平制约下的城乡公共产品统筹供给：理论分析及其现实含义》，《中国农村观察》2005 年第 2 期。

弘扬民族文化　增强国家软实力*

文化是民族生存和发展的根本力量，文化力日益成为现代社会发展的精神动力、智力支持和思想保证，是国家软实力的根本体现。培育文化竞争力，利用文化手段来展示本国形象，宣传自己的价值观，扩大国家的影响力，是当今世界发达国家普遍采取的文化竞争战略。胡锦涛总书记在第八次文代会、第七次作代会上的讲话中明确指出：创造民族文化的新辉煌，增强我国文化的国际竞争力，提升国家软实力，是摆在我们面前的一个重大现实课题。在建构我国软实力过程中，华夏文明博大精深的文化传统是我们提升软实力取之不尽的源泉，是中国软实力的首要资源和重要基础。这主要表现在：

第一，中华文化具有强大的民族凝聚力和社会整合力，是中华民族屹立于世界民族之林的精神支柱。民族文化是一个民族的黏合剂，一国民族文化在凝集人心、鼓舞士气、振奋精神、激励斗志等方面作用力的大小对综合国力的发挥至关重要。因为国家力量的形成及其实施首先需要作为个体的国民服从国家价值观，使整个社会具有较高的凝聚力和整合力，从而达到民族融合、国家统一以及社会稳定，只有这样，国家才有能力应对国际竞争和挑战。从历史发展经验来看，中华民族文化自古以来就具有团结统一的特质，它使我们的国家虽历经磨难而不灭，饱经沧桑而不衰。在中国和平崛起过程中，中华文化仍将是全社会共同的精神支柱，是中华腾飞

＊ 本文内容曾以《弘扬民族文化　增强国家软实力》为题发表于《光明日报》2006 年 12 月 22 日。

的重要思想保障。

第二，以"和"为核心的中国传统文化价值观在全球化和文化多元化时代所焕发出来的魅力是中华文化的感召力和吸引力之根本所在，是中国提高软实力的重要源泉。软实力的核心就是价值认同，文化价值观念所体现出来的感召力、吸引力是软实力的真正体现。中国传统文化追求"和"，讲究"和而不同"，肯定世界是多样性的统一，不强求整齐划一，承认各方的差异，认同多元共处和相互依存。在以合作、说服、渗透为主要特征的软实力竞争时代，在国际矛盾日趋尖锐化的今天，这种注重"和谐""和而不同"的思想更能体现出合作、说服等竞争优势，更容易被别的国家认同和接受，更能发挥独特的协调、平衡和包容的作用。胡锦涛主席在第60届联大首脑会议上的讲话中提出的"和谐世界"，实际上就是中国传统文化价值观在新时代的创造性表述，是中华文化对国际秩序主流观念做出的新贡献，它对于化解世界各种危机，促进国际合作，缔造国际政治经济新秩序，促进世界和平与发展具有十分重要的意义。

第三，中华文明对人类未来发展具有启迪作用，将为解决工业文明困境这一世界性难题做出自己的独特贡献。提升软实力的关键就是一个民族的文化及其所支持的价值观能否为人类文明的发展提供有意义的价值指引，从而为世界文明的发展做出自己的贡献。西方文明之所以进入近代以后在全世界范围具有无可比拟的影响力和吸引力，就是因为西方文明为人类社会进入工业文明提供了价值指引和经验启发。但是，随着工业化进程的发展，西方工业文明所呈现出的弊端和困境越来越多。面对人类社会工业文明发展困境这道世界难题，西方许多有识之士认为中华文明将给出有意义的启迪。1988年，全世界诺贝尔奖获得者在巴黎集会后发表的宣言就认为："如果人类要在21世纪继续生存下去，必须回到2500年前去吸收孔子的智慧。"在解决日渐突出的人类精神信仰危机，缓解日趋恶化的生态环境，化解不断升级的国际冲突等世界性问题时，中国传统文化更显现出重大的整合价值，中华文明能够为世界文明的未来发展提供有益的启迪。

在实施国家软实力建设战略过程中，我们要继承和发扬优秀民族文化传统，吸收和借鉴世界优秀文明成果，同时结合时代精神和世界潮流对中华文明进行创造性转换，为中国崛起提供强有力的软实力资源。为此，应从如下几个方面着手：

第一，从战略高度制定民族文化发展战略，大力发展文化产业。要确立以国家利益为最高原则的文化发展战略，在对我国文化安全现状、文化对国家各方面发展的影响程度、未来发展趋势等重要问题进行深入研究的基础上，详细制定文化发展战略目标、战略措施和文化发展政策。要形成一种开放与多元的文化政策。一方面要在全球化进程中维系民族文化，积极提倡文化自强、文化自尊、文化自觉、文化自立、文化自新精神，促使中国传统文化现代化，从而确立中华文明应有的文化地位；另一方面要超越狭隘民族主义的樊篱，充分吸收和借鉴世界文化的先进成果，丰富、发展中国特色的社会主义先进文化，使之形成一种博大精深的体系。文化产业是文化软实力的物化和有效载体，要充分借鉴西方发达国家在鼓励和孵化文化产业方面的经验和成功案例，加快我国文化产业发展步伐，使我国文化产业能在全球文化产业体系中占有一席之地。

第二，加大对中华传统文化的整理、开发和创新力度，发掘文化优势。中华民族文化博大精深，其中有许多精华，是中华文化在 21 世纪新的生长点，在软实力竞争中具有较强的优势，是我们提升软实力开发不尽的宝藏。不过，这些传统文化的精华只有经过现代化的提炼和创造性的转化，使其与时代特征相适应，与人民的生活和国家的行为联系起来，才能真正焕发出无限的生机与活力，并最终对世界产生吸引力和号召力。要自觉实现民族文化现代化的转换，赋予传统文化以时代精神和活力，要通过处理好民族传统文化与现代化、本土文化与外来文化的关系进行民族文化创新，引进、培植新的体现时代精神的文化要素和文化精神。要树立民族文化创新意识，大力推进民族文化创新工作，加强中国在思想理论、科学技术发明和技术创新等方面的原创动力，加大制度创新力度，为世界发展贡献中国的发展经验和模式。

第三，积极推进文化交流和文化外交，增强中华文化的亲和力、吸引力和辐射力。要维护中华文化作为世界主流文化的地位，就应通过文化交流和文化外交积极主动向外输出，使中华民族的优秀文化在国际交流和竞争中保持战略的主动地位。尤其应注重输出民族性较强的优秀文化。在当代，文化产品已经成为文化传播的最主要载体，因此，有必要系统地、高标准地制定对外文化产品输出计划，逐步通过翻译、出版、演出、展览等国际文化运作，拓展国际文化市场，推进优秀民族文化产品在海外的传播和影响。要积极利用高科技宣传手段，通过各种视听、卫星传播、网络等手段，把中华文化传播到世界各个角落，扩大中华文明的传播影响力。要建立一定的保护机制，鼓励民族文化在大众媒介上的传播，大力扶持民族文化在大众传媒上的占有率。国家应制定互联网发展战略，大力鼓励和扶持中文进入国际互联网。要发展中国数字图书馆，使我国悠久的历史、灿烂的文化通过因特网传递到世界各地。

第四，加强青少年民族文化教育，积极资助国际汉语教学和研究工作。民族文化是一个民族赖以生存和发展的精神支撑，只有加强民族文化的教育，才能树立起国民的民族自尊心和自信心，形成对振兴中华文明历史责任的认同与使命意识。应加大学校民族文化的教育力度，要通过学校课堂教育、校园文化氛围，以及教师家长的言传身教，使广大青少年理解和继承我国优秀传统文化精髓，让中国民族文化的精神在一代代人身上发扬光大。结合时代主题、爱国情怀、创新精神、思维方式、高尚人格来进行教育，使传统文化教育更容易被理解和接受。要大力推进汉语在全球的普及推广工作，积极资助世界各地的汉语教学，要有计划地在世界各地建立孔子学院和中国文化研究中心，资助世界各地汉学研究机构的研究，通过奖学金机制积极吸引国外留学生到中国来学习和研究中国文化。

参考文献

一 中文文献

（一）专著和译著

陈昌贵、谢练高：《走进国际化——中外教育交流与合作研究》，广东教育出版社2010年版。

褚宏启：《教育现代化的路径》，北京师范大学出版社2000年版。

冯增俊、朱仲南主编：《珠江三角洲教育现代化研究丛书》，广东教育出版社1993年版。

冯增俊主编：《中国教育现代化之路——"亚洲四小龙"珠江三角洲教育发展经验的时代启示》，广东教育出版社1996年版。

顾明远：《民族文化传统与教育现代化》，北京师范大学出版社1998年版。

国家教育发展研究：《发达国家教育改革的动向和趋势》（第1集），人民教育出版社1986年版。

何辛编著：《广东教育50年——1949—1999》，广东高等教育出版社2000年版。

胡卫、唐晓杰等：《中国教育现代化进程研究》，教育科学出版社2010年版。

黄家驹、颜泽贤、冯增俊：《改革大潮中的珠江三角洲教育》，广东高等教育出版社1994年版。

江海燕主编：《广东普通教育现代化1990—2000》，广东人民出版社2001

年版。

金耀基：《从传统到现代》，中国人民大学出版社1999年版。

瞿葆奎主编：《教育基本理论之研究（1978—1995）》，福建教育出版社1998年版。

瞿葆奎主编：《教育学文集·国际教育展望》，人民教育出版社1993年版。

《科特南教育论著选》，陈友松译，人民出版社1988年版。

里斯本小组：《竞争的极限：经济全球化与人类未来》，中央编译出版社2000年版。

联合国教科文组织国际教育发展委员会：《学会生存：教育世界的今天和明天》，教育科学出版社1996年版。

联合国教科文组织：《教育——财富蕴藏其中》，教育科学出版社1996年版。

刘献君：《大学之思与大学之治》，华中科技大学出版社2000年版。

卢晓中、潘懋元：《现代高等教育发展研究》，中国海洋大学出版社2001年版。

罗荣渠：《现代化新论》，北京大学出版社1993年版。

罗伟其主编：《广东教育改革发展30年纪事》，广东高等教育出版社2008年版。

《马克思恩格斯选集》第1卷，人民出版社1995年版。

潘懋元：《多学科观点的高等教育研究》，上海教育出版社2009年版。

世界银行：《教育领域战略》，载王晓辉主编《全球教育治理——国际教育改革文献汇编》，教育科学出版社2008年版。

谈松华、王建：《教育现代化区域发展模式研究》，北京师范大学出版社2011年版。

王屏山、徐鸣滴主编：《珠江三角洲教育发展战略论》，广东教育出版社1992年版。

杨东平主编：《2020：中国教育改革方略》，人民出版社2010年版。

杨国枢：《现代化的心理适应》，中国台湾巨流图书公司1978年版。

俞可平：《全球化译丛·总序》，载《全球化理论——研究路径与理论争论》，社会科学文献出版社 2009 年版。

《中国大百科全书》总编委会：《中国百科全书·广东百科全书上卷》，中国大百科全书出版社 2008 年版。

钟明华、冯增俊：《中国教育现代化的伟大实践——广东教育发展 30 年》，广东人民出版社 2008 年版。

周稽裘：《教育现代化：一个特定历史时期》，教育科学出版社 2009 年版。

朱家存：《教育均衡发展的政策研究》，中国社会科学出版社 2003 年版。

［澳大利亚］霍尔顿：《全球化与民族国家》，世界知识出版社 2006 年版。

［德］贝克：《全球化时代的权力和反权力》，广西师范大学出版社 2004 年版。

［加］史密斯：《全球化与后现代教育学》，郭洋生译，教育科学出版社 2000 年版。

［加拿大］露丝·海霍主编：《东西方大学与文化》，赵曙明主译，湖北教育出版社 1996 年版。

［美］S. E. 佛罗斯特：《西方教育的历史和哲学基础》，吴元训等译，华夏出版社 1987 年版。

［美］彼德·D. 赫肖克、马克·梅森、约翰·N. 霍金斯主编：《变革中的教育：全球化进程中亚太地区的领导力、创新和发展》，华东师范大学出版社 2009 年版。

［美］伯顿·克拉克：《高等教育系统——学术组织的跨国研究》，王承绪译，杭州大学出版社 1994 年版。

［美］布莱克：《现代化的动力》，段小光译，四川人民出版社 1988 年版。

［美］戴维·波普诺：《社会学》（下），刘云等译，辽宁人民出版社 1987 年版。

［美］罗兰·罗伯森：《全球化社会理论和全球文化》，梁光严译，上海人民出版社 2000 年版。

［美］塞缪尔·亨廷顿：《变动社会中的政治秩序》，耶鲁大学出版社 1968 年版。

［美］托马斯·弗里德曼：《世界是平的——21 世纪简史》，何帆等译，

湖南科技出版社2006年版。

［美］沃勒斯坦等：《开放社会科学》，生活·读书·新知三联书店1997年版。

［美］西里尔·E.布莱克编：《比较现代化》，杨豫、陈祖洲译，上海译文出版社1996年版。

［英］安迪·格林：《教育与国家形成》，王春华译，教育科学出版社2004年版。

［英］戴维·赫尔德等：《全球大变革——全球化时代的政治、经济与文化》，杨雪冬等译，社会科学文献出版社2001年版。

［英］罗宾·科恩、保罗·肯尼迪：《全球社会学》，社会科学文献出版社2001年版。

（二）期刊、报纸

包心鉴：《简论社会现代化》，《江汉论坛》1989年第4期。

北京教育科学研究院课题组：《国际社会促进教育公平的实践及其对我国的启示》，《当代教育与文化》2009年第3期。

蔡火娣、韩兆洲：《广东高等教育发展和经济增长的关系研究》，《统计教育》2009年第5期。

曹卫真：《中美中小学网络教育资源整合的比较》，《电化教育研究》2007年第4期。

陈成文：《社会现代化：一个概念的社会学考评》，《武陵学刊》1997年第2期。

陈桂生：《终身教育的精义何在》，《上海教育科研》2000年第4期。

陈会芹、于作敏：《中国早期现代化研究述评》，《烟台师范学院学报》（哲学社会科学版）2004年第1期。

陈时见、王芳：《21世纪以来国外高中课程改革的经验与发展趋势》，《比较教育研究》2010年第12期。

陈伟、雷欣欣：《国外基础教育信息化进程对我国的启示》，《贵阳学院学报》（社会科学版）2009年第1期。

陈伟：《省域教育现代化战略的政策分析——以1978—2008年的广东为

例》,《复旦教育论坛》2008年第2期。

陈曦:《日本高等教育国际化策略——以"留学生30万人计划"为例》,《比较教育研究》2010年第10期。

陈向明:《对通识教育有关概念的辨析》,《高等教育研究》2006年第3期。

陈小娅:《为未来做准备:中国基础教育的变革与创新——在美国教育研究协会2010年年会上的主旨发言》,《人民教育》2010年第11期。

陈晓辉:《通识教育与促进当代中国人的全面发展——有感于北京大学元培学院的教育理念》,《黑龙江高等教育研究》2010年第5期。

陈晓娜、赵建玲:《德国"双元制"特色及其对我国成人高等职业教育的启示》,《河北大学成人教育学院学报》2010年第4期。

陈学飞:《高等教育国际化——从历史到理论到策略》,《上海高教研究》1997年第11期。

程结晶、黄晶晶、刘晓晓:《江西省数字化教育信息资源服务体系理论研究》,《情报理论与实践》2010年第8期。

楚江亭:《关于建立我国教育发展指标体系的思考——兼论OECD教育发展指标体系的主要内容》,《教育理论与实践》2002年第4期。

楚琳:《全球化背景下美国国际理解教育改革策略的新发展》,《外国外教育研究》2009年第10期。

褚宏启:《教育现代化的起点和过程》,《教育科学》1998年第4期。

褚宏启:《教育现代化的性质与分析框架》,《高等师范教育研究》1998年第3期。

崔钢:《大力发展现代远程开放教育——构建学习型社会的重要途径与最佳选择》,《江苏高教》2005年第4期。

崔兆玉、张晓忠:《学术界关于"全球化"阶段划分的若干观点》,《当代世界与社会主义》2002年第3期。

邓璐:《终身教育视野下制度化教育的变革研究》,《四川民族学院学报》2010年第2期。

邓正来:《全球化与中国社会科学的"知识转型"——在常熟理工学院

"东吴讲堂"上的讲演》,《东吴学术》2011年第1期。

第二战略专题调研组:《推进素质教育》,《教育研究》2010年第7期。

第九战略专题调研组:《一流教师一流教育》,《教育研究》2010年第7期。

第一战略专题调研组:《教育发展总体战略研究》,《教育研究》2010年第7期。

丁学良:《什么是世界一流大学》,《高等教育研究》2001年第3期。

丁学良:《"现代化理论"的渊源和概念构架》,《中国社会科学》1988年第1期。

丁志刚:《全球化问题研究综述》,《社会科学战线》1999年第2期。

董海霞:《简论后现代主义教育观》,《长春大学学报》2006年第6期。

董世华、范先佐:《我国县域义务教育均衡发展监测指标体系的构建——基于教育学理论的视角》,《教育发展研究》2011年第9期。

董泽芳、黄裕钊:《广东省高等教育区域化发展现状研究》,《中国地质大学学报》(社会科学版)2005年第1期。

董正华:《全球化:歧义纷沓的解说与真实的历史进程》(上),《北京行政学院学报》2004年第5期。

杜玉霞、贺卫国:《英国中小学信息化教学资源建设与应用的经验与启示》,《中国远程研究》2009年第4期。

段作章:《关于教育现代化的理论思考》,《煤炭高等教育》1997年第2期。

恩里克·西诺斯特罗萨、派德罗·海普、厄尔奈斯托·拉瓦尔:《"结网"——智利的教育信息化行动》,《中国远程教育》2001年第6期。

范履冰、曾龙:《论教育中介组织的角色和作用》,《国家教育行政学院学报》2011年第8期。

方彤:《从美国经验看建立教师质量保证体系》,《教育研究与实验》2000年第3期。

冯建军:《全球思考,在地行动——全球化时代的多元文化教育》,《当代教育与文化》2010年第3期。

冯向东：《高等教育研究中的"范式"与"视角"辨析》，《北京大学教育评论》2006年第3期。

冯增俊：《比较教育学与教育现代化》，《华南师范大学学报》（社会科学版）1996年第5期。

冯增俊：《广东教育现代化策略探析》，《教育导刊》2007年7月上半月刊。

冯增俊：《广东实施高等教育大众化的基本形式》，《学术研究》2002年第9期。

冯增俊：《教育现代化与面向21世纪的高等职业技术教育》，《嘉庆大学学报》（社会科学版）1996年第3期。

冯增俊：《论教育创新与民族创新精神》，《教育研究》2001年第11期。

冯增俊：《论教育现代化的基本概念》，《教育研究》1999年第3期。

冯增俊：《论教育现代化的演进》，《教育研究》2002年第12期。

冯增俊：《试论我国教育现代化的基本任务及主要特征》，《中国教育学刊》1995年第4期。

冯增俊：《中国新世纪区域现代教育体系》（上），《教育导刊》2000年第1期。

冯增俊、周红莉、邹一戈：《新时期粤澳高等教育交流与合作战略思路及对策》，《现代大学教育》2011年第2期。

冯增俊：《珠江三角洲教育实践与当代教育现代化运动》，《现代教育论丛》1997年第3期。

冯增俊：《珠江三角洲教育现代化的基本经验及展望》，《现代教育论丛》1998年第3期。

冯志军：《关于深度推进职业教育"工学结合"的政策建议》，《职教论坛》2011年第11期。

甘阳：《大学人文教育的理念、目标与模式》，《北京大学教育评论》2006年第3期。

甘阳：《大学通识教育的纲与目》，《同济大学学报》（社会科学版）2007年第2期。

甘阳：《大学通识教育的两个中心环节》，《读书》2006 年第 4 期。

高树、吴华：《我国教育领域的公私合作伙伴关系审视》，《教育发展研究》2010 年第 8 期。

耿玉莲、刘贵全：《广东高等教育加快发展要解决的几个问题》，《理工高等教育研究》2004 年第 4 期。

公磊：《浅议新公共管理理论及其在西方国家教育改革的实践》，《外国中小学教育》2009 年第 4 期。

龚金平：《我国大学通识教育的实施现状与反思》，《黑河学刊》2011 年第 3 期。

谷贤林：《90 年代的美国基础教育改革》，《教学与管理》2001 年第 1 期。

顾佳峰：《教育全球化：对抗还是对策》，《外国教育研究》2006 年第 9 期。

顾明远：《关于教育现代化的几个问题》，《中国教育学刊》1997 年第 3 期。

顾明远：《教育现代化的基本特征及实施策略》，《人民教育》2007 年第 Z2 期。

顾明远：《实现教育现代化的宏伟蓝图——学习贯彻〈国家中长期教育改革和发展规划纲要〉》，《北京师范大学学报》（社会科学版）2010 年第 5 期。

顾明远：《推进素质教育是教育改革发展的战略主题》，《决策探索》2010 年第 2 期下。

顾明远：《现代教育的时代特征》，《北京师范大学学报》（社会科学版）1996 年第 5 期。

顾云深：《沃勒斯坦与"世界体系理论"》，《复旦学报》（社会科学版）1989 年第 6 期。

郭桂英：《我国区域教育现代化发展模式建构》，《扬州大学学报》（高教研究版）1998 年第 3 期。

郭庆春、寇立群、孔令军、张小永、史永博、崔文娟：《学分银行制度建设研究》，《中国远程教育》2011 年 8 月。

郭永华：《论具有中国特色的内生追赶型教育现代化模式》，《当代教育科学》2005年第10期。

韩立福：《浅论后现代主义教育观》，《大家参考·教育管理》2007年第2期。

韩萌：《西方大学通识教育的历史演进与我国的实施路径》，《山东社会科学》2009年第7期。

韩小雨、庞丽娟、李琳：《从国家发展的战略视角论幼儿教育的价值》，《学前教育研究》2010年第7期。

何传启：《世界现代化研究的三次浪潮》，《中国科学院院刊》2003年第3期。

何传启：《现代化概念的三维定义》，《管理评论》2003年第3期。

何克抗：《教育信息化是实现义务教育优质、均衡发展的必由之路》，《现代远程教育研究》2011年第4期。

何中华：《"现代化"概念辨析》，《山东大学学报》（哲学社会科学版）1995年第1期。

和学新：《班级规模与学校规模对学校教育成效的影响——关于我国中小学布局调整问题的思考》，《教育发展研究》2001年第1期。

和学新：《教育全球化进程中的教育开放战略》，《教育理论与实践》2007年第12期。

洪明：《欧美国家教育信息化的现状与趋势》，《比较教育研究》2002年第7期。

胡鞍钢、王磊：《全社会教育总投入：教育发展的核心指标》，《清华大学教育研究》2010年第3期。

胡鞍钢、熊义志：《大国兴衰与人力资本变迁》，《教育研究》2003年第4期。

胡德秋：《选择性和多元化：高考制度改革的思考——基于普通高中新课程的视角》，《基础教育课程》2009年第11期。

胡劲松：《20世纪上半叶的德国教育现代化进程》，《华南师范大学学报》（社会科学版）2005年第3期。

胡庆芳:《决不让一个高中生掉队——美国高中课程改革研究》,《全球教育展望》2002年第3期。

胡瑞文:《我国基本实现教育现代化的行动纲领——〈国家中长期教育改革与发展规划纲要(2010—2020年)〉解读》,《西安欧亚学院学报》2010年第4期。

华京生、华国栋:《区域教育研究的意义、特征和路径》,《教育研究》2009年第2期。

黄福涛:《"全球化"时代的高等教育国际化——历史与比较的视角》,《北京大学教育评论》2003年第2期。

黄慧心:《全球化教育对中国教育发展的影响与启示》,《复旦教育论坛》2005年第2期。

黄坤锦:《大学通识教育的基本理念和课程规划》,《北京大学教育评论》2006年第3期。

黄荣怀、江新、张进宝:《创新与变革:当前教育信息化发展的焦点》,《中国远程教育》2000年第4期。

黄崴、苏娜:《发达国家义务教育经费投入体制比较及其对我国的启示——以美、英、法、日为例》,《比较教育研究》2009年第10期。

黄崴:《引领社会发展:全球网络化时代大学》,《高教探索》2007年第1期。

黄晓勇、张菀洺:《"十二五"时期我国教育体制改革与科教兴国战略研究》,《中国社会科学院研究生院学报》2010年第2期。

黄紫华:《关于广东率先实现教育现代化实践中高等教育改革发展的策略探讨》,《现代教育论丛》2005年第2期。

霍益萍、黄向阳、李家成:《多样、开放、灵活:普通高中教育体系的构建》,《教育发展研究》2009年第18期。

纪多多:《教育全球化的思考》,《成都中医药大学学报》(教育科学版)2003年第1期。

季苹:《西方教育现代化历程及思考》,《教育科学研究》1997年第1期。

江红义、陶欢英:《全球化:本质分析与对策选择》,《重庆工学院学报》

2006 年第 1 期。

江华：《超越社会科学的传统范式——解读沃勒斯坦的世界体系理论》，《文史哲》2008 年第 2 期。

姜鹏：《对全球化的起源、含义及其研究现状的考察》，《太平洋学报》2000 年第 1 期。

姜英敏、王雪颖：《20 世纪 80—90 年代美国国际理解教育论争刍议》，《比较教育研究》2010 年第 1 期。

姜元涛：《全球化背景下的世界公民教育探析》，《思想理论教育》2010 年第 14 期。

蒋衡、朱旭东：《当代西方教育与全球化理论研究评析》，《比较教育研究》2010 年第 6 期。

蒋华林：《全球化背景下高水平大学师资队伍建设的路径》，《大学》（学术版）2011 年第 1 期。

金京泽、张蕾：《教育全球化：国际文凭项目的回顾与展望》，《全球教育展望》2010 年第 11 期。

紧生铉：《中国教育制度变革滞后带来的三个问题》，《中国教育学刊》2008 年第 12 期。

靖国平：《当代教育的危机、走向与解放——重读〈学会生存〉》，《湖北大学学报》（哲学社会科学版）2002 年第 3 期。

巨永明：《论全球化的本质》，《上海市经济管理干部学院学报》2008 年第 5 期。

《聚焦外国教师公务员制度》，《教育》2005 年第 5 期。

阚阅：《促进教育均衡发展的新举措——英国"追求卓越城市计划"评析》，《全球教育展望》2004 年第 9 期。

康全礼：《我国大学通识教育的反思》，《江苏高教》2009 年第 2 期。

课题组：《上海高等教育现代化框架及其指标的展望》，《中国高教评估》2007 年第 3 期。

劳凯声：《面临挑战的教育公益性》，《教育研究》2003 年第 2 期。

劳凯声：《中国教育的问题是公立学校的问题》，《教育研究》2010 年第

2 期。

劳凯声：《重构公共教育体制：别国的经验和我国的实践》，《北京师范大学学报》（社会科学版）2003 年第 4 期。

乐先莲：《致力于更加公平的教育——来自发达国家的经验》，《比较教育研究》2007 年第 2 期。

乐毅：《构建"三位一体"的学校评估体系——中美比较的视角》，《现代教育论丛》2007 年第 3 期。

李长华：《推进欧洲高等教育一体化的博洛尼亚进程》，《外国教育研究》2005 年第 4 期。

李刚：《论戴维·赫尔德的全球化理论分析框架》，《南阳师范学院学报》（社会科学版）2009 年第 2 期。

李海燕、刘晖：《教育指标体系：国际比较与启示》，《广州大学学报》（社会科学版）2007 年第 8 期。

李会春：《哈佛大学通识教育改革新动向及其教育理念探讨》，《复旦教育论坛》2007 年第 5 期。

李惠斌：《全球化与社会主义》，《马克思主义与现实》1997 年第 2 期。

李家永：《芬兰普通高中教育的改革》，《比较教育研究》2003 年第 8 期。

李健宁、潘苏东：《关于教育现代化指标体系设置的构想》，《现代大学教育》2001 年第 1 期。

李立国：《探寻教育现代化的历史源头——兼论工业化不是教育现代化的起点》，《清华大学教育研究》2003 年第 2 期。

李丽华：《21 世纪教育发展的一个基本态势——教育全球化》，《河北理工学院学报》（社会科学版）2002 年第 2 期。

李丽桦：《统领未来 20 年：法国基础教育改革新法出台》，《上海教育》（半月刊）2005 年第 12A 期。

李曼丽、汪永铨：《关于"通识教育"概念内涵的讨论》，《清华大学教育研究》1999 年第 1 期。

李曼丽：《中国大学通识教育理念及制度的构建反思：1995—2005》，《北京大学教育评论》2006 年第 3 期。

李勤学：《浅析教育现代化的四个要素》，《教育发展研究》2006 年第 7 期。

李文英、史景轩：《日本义务教育均衡发展的实现途径》，《比较教育研究》2010 年第 9 期。

李文英、吴松山：《世界教育信息化发展及其经验》，《河北大学学报》（哲学社会科学版）2007 年第 5 期。

李雯：《如何理解教育国际化》，《中小学管理》2011 年第 9 期。

李欣复、李长伟：《教育全球化：转型中的选择》，《内蒙古师范大学学报》（教育科学版）2001 年第 1 期。

李雪岩、龙耀：《中国高考制度改革新思维》，《上海大学学报》（社会科学版）2008 年第 5 期。

李彦琳：《全纳教育：基于公民权利的教育平等》，《继续教育研究》2010 年第 4 期。

李轶：《教育增长与教育发展：历史、概念与政策》，《复旦教育论坛》2005 年第 2 期。

李勇帆：《论新世纪数字化教学的内涵与特性及对教师的基本要求》，《电化教育研究》2002 年第 5 期。

李祖超：《日本的教育现代化之路及其对中国的启示》，《清华大学教育研究》2004 年第 3 期。

励骅、白华：《国外薄弱学校改进的有效举措探析》，《比较教育研究》2009 年第 6 期。

联合国教科文组织第二届国际职业技术教育与培训大会：《职业技术教育与培训：展望 21 世纪的建议》，戴荣光译，《中国职业技术教育》2000 年第 5 期。

梁忠义、饶从满、周成霞：《世界主要发达国家公共教育改革的理论与实践》，《外国教育研究》2000 年第 2 期。

梁忠义、饶从满、周成霞：《世界主要发达国家公共教育改革的理论与实践》，《外国教育研究》2000 年第 4 期。

廖春文：《资讯时代全球化教育发展的吊诡与超越》，《比较教育研究》

2002 年第 S1 期。

廖哲勋：《关于深化普通高中教育改革的整体构想》，《课程·教材·教法》2009 年第 6 期。

林被甸、董正华：《现代化研究在中国的兴起与发展》，《历史研究》1998 年第 5 期。

刘昌明：《全球化压力下的社会科学分析单位转换与思维范式创新》，《文史哲》2005 年第 3 期。

刘畅、彭勤露：《当代中国大学的通识教育实践——以北师大"励耕模式"为例》，《重庆工商大学学报》（西部论坛）2006 年增刊。

刘朝晖、扈中平：《对西方教育现代化历程的回顾与思考》，《比较教育研究》1998 年第 5 期。

刘楚佳、王卫东：《大学通识教育课程设置与优化探讨——以地方本科院校为例》，《广州大学学报》（社会科学版）2009 年第 3 期。

刘贵华、王小飞、祝新宇：《论区域教育综合改革模式》，《教育研究》2009 年第 12 期。

刘华蓉：《火把·钢琴·大观园——听中科院院士、英国诺丁汉大学校长杨福家教授谈教育》，《新华文摘》2001 年第 6 期。

刘康宁：《教育全球化——世界教育发展的新思考》，《昆明理工大学学报》（社会科学版）2001 年第 3 期。

刘莉珍、杨俊俊：《浅谈教育全球化的概念及其带来的挑战》，《高教论坛》2008 年第 2 期。

刘文婕、杨明：《论教育全球化冲击的性质与特点》，《教育科学》2002 年第 6 期。

刘献君：《21 世纪中国高等教育的走向》，《高等教育研究》2000 年第 2 期。

刘尧：《对教育现代化若干问题的思考》，《上海教育科研》1999 年第 5 期。

刘宇、张连军：《欧盟基础教育信息化的现状与行动计划》，《中小学信息技术教育》2006 年第 12 期。

刘元:《英国职业教育的评估体系及其对我国的启示》,《河北职业技术学院学报》2007年第2期。

刘志国:《全球教育服务贸易的发展及特点》,《世界贸易组织动态与研究》2004年第1期。

刘祖良、赵强:《高等教育强国战略的历史发展与现代功用——中国站在了奔向高等教育强国的起点上》,《北京航空航天大学学报》(社会科学版)2010年第2期。

柳倩:《普及学前教育政策的国际发展趋势述评》,《外国教育研究》2011年第1期。

卢常源:《德国的"双元制"职业教育模式探微》,《继续教育研究》2007年第6期。

卢国良、桂建生:《发达国家与我国终身教育体系的比较研究》,《继续教育》2010年第3期。

卢建红:《制度创新:广东省高等教育现代化的关键》,《韶关学院学报》(自然科学版)2006年第3期。

卢立涛:《全球视野下高中教育的性质、定位和功能》,《外国教育研究》2007年第4期。

陆登庭:《一流大学的特征及成功的领导与管理要素:哈佛的经验》,《国家高级教育行政学院学报》2002年第5期。

吕红、石伟平:《澳大利亚职业教育质量保障体系探究》,《外国教育研究》2009年第1期。

罗荣渠:《从"西化"到现代化》,《人民日报》1989年2月21日。

罗荣渠:《论现代化的世界进程》,《中国社会科学》1990年第5期。

罗荣渠:《西方现代化史学思潮的来龙去脉》,《历史研究》1987年第1期。

罗荣渠:《现代化理论与历史研究》,《历史研究》1986年第8期。

罗阳佳:《托管一年间:城市改变农村》,《上海教育》2008年第04A期。

罗媛松、唐仕军:《教育全球化的影响及对策》,《经济与社会发展》2003年第10期。

罗云、刘献君：《国际化：建设世界一流大学的必由之路》，《江苏大学学报》（高教研究版）2002年第2期。

[美]M. I. 康帕涅拉：《全球化：过程和解释》，《国外社会科学》1992年第7期。

苗文利：《中国大学通识教育二十年的理性反思》，《南通大学学报》（教育科学版）2007年第2期。

缪宁陵、宋建军：《中美高等教育信息化建设的比较研究》，《职教探索与研究》2006年第4期。

欧阳楠、叶青、吴述尧：《1900—2010年现代化研究的文献计量学分析》，《理论与现代化》2003年第3期。

潘发勤：《21世纪初的英国教育政策及其进展》，《世界教育信息》2004年第9期。

潘军昌、陈东平：《协作互动促进城乡义务教育均衡发展模式分析》，《教育发展研究》2010年第20期。

潘苏东、李健宁：《对构建我国教育现代化指标体系若干理论问题的探讨》，《徐州师范大学学报》（哲学社会科学版）2004年第2期。

潘涌：《论全球化与中国教育现代化》，《北京大学教育评论》2003年第10期。

庞丽娟、夏婧、韩小雨：《香港学前教育财政投入政策：特点及启示》，《教育发展研究》2010年第11期。

彭江、廖礼彬：《论全球教育的本质要素》，《外国语文》（双月刊）2011年第2期。

"贫困山区县域基础教育改革与发展模式的比较研究"课题组：《国外基础教育改革与发展的模式及其启示》，《教育导刊》2010年4月号上半月。

钱玲、库文颖、李中华：《发达国家中小学网络教育比较研究》，《世界教育信息》2006年第1期。

《区域教育可持续发展研究》课题组：《可持续发展区域教育研究》，《中国人口·资源与环境》2000年第1期。

曲恒昌：《当今世界教育私营化特点探析》，《比较教育研究》2001 年第 1 期。

曲正伟：《校际均衡：环境、话语与制度分析》，《教育理论与实践》2007 年第 2 期。

阮成武、肖毅：《基于和谐：国际初等教育政策的价值取向及对中国的启示》，《比较教育研究》2008 年第 4 期。

桑新民、郑文勉、钟浩梁：《区域教育信息化的战略思考》，《电化教育研究》2005 年第 3 期。

《上海高等教育现代化指标研究》：《上海高等教育现代化框架及其指标的展望》，《中国高等教育评估》2007 年第 3 期。

邵青山：《试析"教育全球化"》，《天水师范学院学报》2007 年第 6 期。

申军霞：《整合资源、开拓创新、突出特色、畅快服务——全面推进北京教育资源的建设与应用》，《中国电化教育》2007 年第 7 期。

施晓光、郑砚秋：《欧盟"伊拉斯谟计划"及意义》，《大学·研究与评价》2007 年第 7、8 期。

施雨丹：《世界基础教育发展的主题词——从教育数量、质量、绩效谈起》，《外国教育研究》2009 年第 1 期。

宋秋英：《20 世纪 90 年代以来美国学前读写教育改革动向之管窥——基于对"开端计划"改进措施的分析》，《外国教育研究》2010 年第 6 期。

苏强：《国际背景下的中国教育现代化》，《河南广播电视大学学报》2008 年第 4 期。

孙立平：《"后发型现代化"研究述评》，《国外社会科学》1990 年第 11 期。

孙立平：《全球性现代化进程的阶段性及其特征》，《社会学研究》1991 年第 1 期。

孙立平：《社会现代化内容刍议》，《马克思主义研究》1989 年第 1 期。

孙茂华、董晓波：《西方教育思想"后现代主义转向"的解读》，《黑龙江高教研究》2009 年第 7 期。

孙美红、张芬：《美国奥巴马政府高质量普及学前教育的政策特点》，《学前教育研究》2010 年第 9 期。

孙绵涛：《教育体制理论的新诠释》，《教育研究》2004 年第 12 期。

孙启林、周世厚：《大均衡观下的"略"与"策"——法国义务教育均衡发展政策评析》，《现代教育管理》2009 年第 1 期。

孙小军：《略论后现代主义教育》，《焦作师范高等专科学校学报》2006 年第 4 期。

孙袁华、张熙：《建构我国的高质量义务教育评价指标体系》，《教育理论与实践》2003 年第 8 期。

谈松华：《变革与创新：中国未来教育的走向》，《教育发展研究》1999 年第 11 期。

谈松华：《加快教育体制改革和制度创新的主要路径》，《行政管理改革》2011 年第 2 期。

谈松华：《教育现代化的区域发展模式及其机制》，《教育发展研究》2006 年第 7A 期。

谈松华、袁本涛：《教育现代化衡量指标问题的探讨》，《清华大学教育研究》2001 年第 1 期。

谈小媊、漆丽萍、卢晓东：《专业自主选择与跨学科专业建构的实践——以北京大学元培学院为例》，《中国高等教育研究》2011 年第 1 期。

唐晓勇：《全球化起源论》，《西南民族大学学报》（人文社会版）2004 年第 8 期。

唐滢、丁红卫：《现代高等教育管理权力再思考——〈国家中长期教育改革和发展规划纲要（2010—2020 年）〉解读》，《大学》（学术版）2010 年第 5 期。

田汉族：《促进区域基础教育均衡发展的国际经验及其启示》，《当代教育论坛》（综合研究）2011 年第 4 期。

田秋华：《关于教育现代化的几点理论思考》，《教育导刊》1999 年第 6 期。

童志锋：《20 世纪 90 年代以来国内现代化研究综述》，《高校社科信息》

2002 年第 5 期。

万明钢:《论多元文化教育的发展与面临的困境》,《西北师范大学学报》(社会科学版) 2007 年第 1 期。

汪丞、方彤:《日本教师"定期流动制"对我国区域内师资均衡发展的启示》,《中国教育学刊》2005 年第 4 期。

汪凌:《法国普通高中的课程研究》,《全球教育展望》2002 年第 3 期。

汪怿:《对我国参与全球留学生争夺的思考》,《教育发展研究》2011 年第 7 期。

王春光、孙启林:《全球化与本土化视野下的比较教育研究范式的再思考》,《比较教育研究》2005 年第 3 期。

王革、薛岩松、莫逆:《哈佛通识教育观的演进与展望》,《高等教育研究》2011 年第 2 期。

王海燕:《高等教育国际化的理念与实践——论美日欧盟诸国及中国的高等教育国际化》,《北京大学学报》(国内访问学者·进修教师论文专刊),2001 年。

王浩斌、王飞南:《现代化理论与理论的现代化——对现代化理论历史演进的理性思考》,《吉首大学学报》(社会科学版) 2004 年第 3 期。

王利珉、朱佳生:《对教育现代化及其标准的探讨》,《上海高教研究》1998 年第 8 期。

王璐:《每个孩子都重要:英国全面关注处境不利儿童的健康发展》,《比较教育研究》2005 年第 10 期。

王生洪:《追求大学教育的本然价值——复旦大学通识教育的探索与实践》,《复旦教育论坛》2006 年第 5 期。

王铁群:《制度化教育下的教育公平诉求——对基础教育公平的事理分析》,《教育科学研究》2009 年第 4 期。

王维:《"家长参与教育"的国际经验及启示》,《基础教育》2009 年第 3 期。

王维荣、章厚德、安·贝腾多夫:《美国通识教育改革的理念与行动——以伊利诺伊州立大学生物课改革为例》,《比较教育研究》2011 年第

6期。

王晓辉:《教育优先区:"给匮者更多"——法国探求教育平等的不平之路》,《全球教育展望》2005年第1期。

王晓阳:《美国教育现代化的历史经验及其启示》,《教育发展研究》2008年第23期。

王学风:《珠江三角洲教育实线与中国教育现代化学术研讨会综述》,《高教探索》1997年第1期。

王艳玲:《英国家校合作的新形式——家长担任"教学助手"现象述评》,《比较教育研究》2004年第7期。

王永斌、王兆璟:《教育科学研究30年:一个知识社会学的考察》,《东北师范大学学报》(哲学社会科学版)2011年第1期。

王玉瓶、刘文敏:《发达国家高校办学自主权运行模式及启示》,《技术与创新管理》2007年第2期。

王兆详:《从"教育救国"到"科教兴国"——中国教育现代化的历史探索》,《天津大学学报》(社会科学版)2005年第5期。

韦禾:《珠江三角洲教育现代化研究综述》,《教育研究》1996年第6期。

魏小鹏:《高等教育强国目标下的高等教育区域中心建设》,《中国高教研究》2010年第8期。

文辅相:《文化素质教育应确立全人教育理念》,《高等教育研究》2002年第1期。

文军:《90年代西方社会学视域中的全球化理论评析》,《开放时代》1999年第5期。

文军:《全球化概念的社会学考评》,《马克思主义与现实》2000年第6期。

文军:《社会学理论的核心主题及其古典传统的创新——兼论社会学理论中"全球化研究范式"的建立》,《浙江学刊》2005年第4期。

文军:《西方多学科视野中的全球化概念考评》,《国外社会科学》2001年第3期。

文峻、梅金平:《"全球化"研究综述》,《财经政法资讯》2003年第

5 期。

闻竞：《日本农村义务教育的经验与启示》，《教学与管理》2008 年第 5 期。

邬志辉：《教育全球化：悖论与挑战》，《东北师范大学学报》（哲学社会科学版）2002 年第 2 期。

邬志辉：《教育全球化现象的多维审视》，《华东师范大学学报》（教育科学版）2003 年第 3 期。

邬志辉：《推行教育现代化的三个理论前提》，《教育理论与实践》1998 年第 6 期。

吴锋、魏伟：《美国社区教育的发展模式及对我国的启示》，《湖北大学学报》（哲学社会科学版）2004 年第 1 期。

吴华：《"教育全球化"与中国教育发展的全球战略》，《教育发展研究》2005 年第 9B 期。

吴怀友、王伟：《分歧、共识、展望——10 余年来国内全球化理论研究综述》，《江汉大学学报》（社会科学版）2005 年第 4 期。

吴岩：《高等教育强国——中国教育的新使命》，《北京教育》2009 年第 1 期。

吴岩、刘永武、李政、刘祖良、王怀宇：《建构中国高等教育区域发展新理论》，《中国高教研究》2010 年第 2 期。

伍柳亭、钟以俊：《广东教育现代化学术研讨会综述》，《中国教育学刊》1999 年第 4 期。

项贤明：《比较视野中的教育现代化进程》，《比较教育研究》2007 年第 12 期。

项贤明：《教育全球化的后殖民特征》，《教育理论与实践》2000 年第 12 期。

项贤明：《教育全球化全景透视：维度、影响与张力》，《北京师范大学学报》（社会科学版）2008 年第 1 期。

肖川：《美国全球教育若干问题简述》，《比较教育研究》2000 年（增刊）。

谢立中：《实证、诠释与话语：以现代化研究为例》，《社会》2008年第3期。

谢立中：《现代化理论的过去与现在》，《社会科学研究》1998年第1期。

谢小萌：《美国〈不让一个儿童落后法〉的教育公平理念解析》，《长春师范学院学报》（人文社会科学版）2009年第6期。

熊才平、朱爱芝、黄萍萍：《教育信息资源"区域共建共享"开发应用模式研究》，《开放教育研究》2010年第1期。

徐继宁：《国家创新体系：英国产学研制度创新》，《高等工程教育研究》2007年第2期。

徐玲：《国际教育指标体系的分析与思考》，《教育科学》2004年第2期。

徐艳玲：《全球化本质的动态透视》，《山东社会科学》2004年第3期。

徐卓婷、高伟、王爽：《国际社会重视普及学前教育给我们的启示》，《吉林教育学院学报》2011年第5期。

许杰：《后普九时代教育走向内涵发展的学校责任》，《中国教育学刊》2011年第5期。

薛岱：《我国关于现代化研究综述》，《高校社科信息》1999年第4期。

严建国：《人力资本理论下的教育与经济发展的关系浅析》，《科教导刊》2011年第6期中。

严书翰：《关于现代化研究的历史、现状和几点思考》，《理论前沿》1995年第6期。

阎光才：《关于创造力、创新与体制化的教育——兼析中美阶段性教育制度设计理念的差异》，《教育学报》2011年第1期。

颜泽贤、冯增俊：《珠江三角洲的教育现代化》，《学术研究》1998年第3期。

杨彬：《世界终身教育发展：理论脉络、发展模式和战略举措》，《天津市教科院学报》2009年第1期。

杨东平：《试论以人为本的教育价值观》，《清华大学教育研究》2010年第2期。

杨进：《美国加拿大社区教育与社区学院印象》，《职教论坛》2003年第

14 期。

杨军:《促进基础教育的均衡发展——来自美国的经验》,《外国教育研究》2004 年第 11 期。

杨军:《英国促进基础教育均衡发展政策综述》,《外国教育研究》2005 年第 12 期。

杨明:《教育全球化对中国意味着什么》,《教育发展研究》2003 年第 2 期。

杨雪冬:《罗伯逊绘制的全球化演进轨迹》,《马克思主义与现实》1997 年第 1 期。

杨雪冬:《全球化:已知的与未知的》,《史学理论研究》2005 年第 1 期。

杨雪冬:《西方全球化理论:概念、热点和使命》,《国外社会科学》1999 年第 3 期。

杨雪冬:《重新校正人类的位置:西方全球化理论的简要评介》,《马克思主义与现实》1997 年第 2 期。

杨阳、马为:《美国基础教育考试的特点及对我国的启示》,《基础教育参考》2009 年第 4 期。

杨宜树、陈琰:《关于世界体系的政治经济学——伊曼纽·华勒斯坦的世界体系理论综述》,《世界经济文汇》1992 年第 3 期。

杨渊:《西方多元文化教育理论发展之历时研究》,《国外理论动态》2010 年第 9 期。

姚冬琳、李国:《民族多元至全球多元:美国多元文化教育的转向》,《教育学术月刊》2011 年第 11 期。

姚颖、杨桢贞:《美国中小学"差异教学"发展状况研究概述》,《外国中小学教育》2010 年第 9 期。

叶赋桂:《中国的美国教育研究三十年》,《比较教育研究》2010 年第 7 期。

叶平、王蕊:《中国教育现代化区域聚类与特征分析》,《教育研究》2003 年第 7 期。

叶文梓:《教育现代化的前提条件、基本特征和行动原则》,《教育导刊》

2001 年第 13 期。

殷小琴：《国外教育服务贸易多元化的发展趋势》，《教育评论》2009 年第 4 期。

尹宗利：《试论中国教育现代化的基本特征》，《南京师大学报》（社会科学版）2009 年第 6 期。

余强：《欧洲 39 国学前教育的发展现状和趋势》，《学前教育研究》2009 年第 10 期。

余清臣：《培育健全的自我——论指向培育学生自我的我国普通高中教育改革》，《中国教师》2011 年 2 月上半月版。

袁松鹤：《欧洲学分体系中 ECTS 和 ECVET 的分析与启示》，《中国远程教育》2011 年 5 月。

袁兴昌：《对依附理论的再认识——依附理论的主要组成部分及基本思想（上中下）》，《拉丁美洲研究》1990 年第 5、6 期，1991 年第 2 期。

苑大勇：《英国基础教育质量保障政策研究：以"国家"挑战项目为例》，《比较教育研究》2010 年第 5 期。

曾海军、范新民：《关于教育信息化发展新框架的思考——以公共服务、典型应用及公益资源为导向》，《中国远程教育》2007 年 3 月上期。

张宝贵：《世界一流大学的形成模式研究》，《清华大学教育研究》2000 年第 4 期。

张德启：《塑造世界公民：美国高等教育国际化进程中的林肯计划》，《全球教育展望》2009 年第 10 期。

张德伟：《国际比较教育学领域倡导"区域研究"的新动向》，《外国教育研究》2009 年第 6 期。

张德伟：《全球化背景下区域教育研究的提倡及其基本问题》，《外国教育研究》2010 年第 2 期。

张华：《世界普通高中课程发展报告》，《教育发展研究》2003 年第 9 期。

张会兰、张春生：《西方国家教育市场化理论及形式述评》，《交通高教研究》2004 年第 4 期。

张建雷：《现代教育制度视角下"教育家办学"实现条件分析》，《河南师范大学学报》（哲学社会科学版）2011年第3期。

张静：《关于现代化的概念》，《社会学研究》1990年第5期。

张民选：《促进教育财政公平：各国关注的新课题》，《外国教育资料》1997年第1期。

张蓉：《跨越数字鸿沟、培养学生的新读写能力——信息时代发展中国家的基础教育改革》，《外国教育研究》2009年第8期。

张世鹏：《什么是全球化？》，《欧洲》2000年第1期。

张万峰、何燕君、苏燕、李庆：《广东教育现代化的历史使命和未来走向——广东教育学会教育现代化专业委员会成立大会暨首届中国教育现代化论坛综述》，《教育导刊》2009年8月上半月刊。

张向葵：《美国基础教育在培养诺贝尔奖得主中的奠基作用及其启示》，《外国教育研究》2008年第8期。

张耀荣：《广东人口结构、高等教育规模与教育现代化相关分析》，《中国高教研究》2006年第4期。

张耀武、罗辉钧：《全球化视野下中国教育观念现代化的价值取向》，《教育情报参考》2007年第7期。

张益民、黄学军：《现代大学社会服务职能的缘起、动因及启示》，《云梦学刊》2007年第5期。

张勇军：《论全人教育思想的哲学基础及其借鉴意义》，《职教论坛》2011年第3期。

张振华、刘志民：《高校办学自主权：内涵、演变与启示》，《中国农业教育》2011年第1期。

张忠萍：《课程标准下的多样化教学——美国基础教育课堂教学一瞥》，《中小学管理》2009年第5期。

赵长林：《基础教育现实功能问题的深度审视——〈教育功能的偏失与匡正——学校教育角色化问题反思〉评介》，《基础教育》2011年第3期。

赵怀普：《关于现代化理论和依附理论的比较分析》，《燕山大学学报》（哲学社会科学版）2002年第1期。

赵剑飞：《全球化3.0和变平的世界：一种新的理解今日世界的范式》，

《现代企业教育》2006 年第 2 期。

赵正国、马为民：《美国高校招生政策对我国高考制度改革的启示》，《辽宁师范大学学报》（社会科学版）2008 年第 4 期。

赵中建：《近年来美国学校管理改革述评》，《教育研究》2001 年第 5 期。

郑金洲：《教育现代化的正与悖》，《教育参考》1998 年第 2 期。

郑金洲：《全球化时代教育面临的挑战与变革路向》，《教师之友》2005 年第 2 期。

郑路、杨素娟：《发达国家社区教育模式研究及对中国数字化社区建设的启示》，《广州广播电视大学学报》2008 年第 1 期。

郑朴芳、胡小勇：《区域数字化教育资源整合与共享机制研究》，《中国教育信息化》2011 年第 2 期。

郑确辉：《教育全球化发展的新动向概述》，《教育理论与实践》2004 年第 2 期。

中国驻美国芝加哥总领事馆教育组：《重新认识美国基础教育》，《基础教育参考》2009 年第 6 期。

钟杵：《经济起飞理论与经济起飞阶段的界定》，《江西农业学报》2008 年第 12 期。

周朝成：《阿特巴赫高等教育依附理论解释框架的分析——兼析其高等教育全球化的观点》，《黑龙江高教研究》2007 年第 12 期。

周积明：《现代化概念构架三论》，《湖北大学学报》1995 年第 3 期。

周积明：《中国现代化的分期与早期现代化的涵义》，《江汉论坛》1994 年第 11 期。

周西安：《我国终身教育体系的内容结构与建构原则》，《职业技术教育》2011 年第 22 期。

周亚棣、贺武华：《我国教育现代化之路：四个典型国家模式的启示》，《河北大学成人教育学院学报》2010 年第 4 期。

周毅：《现代化理论的六大学派及其特点》，《当代世界与社会主义》2003 年第 2 期。

朱镜人：《全球化背景下的高等教育发展新动向及其对策》，《高等教育研究》2010 年第 3 期。

朱文学：《教育现代化的区域特征与区域先行》，《江苏教育研究》2011 年第 5 期。

朱旭东、蒋贞蕾：《国家发展与教育发展模式探讨——教育现代化的视角》，《比较教育研究》2001 年第 1 期。

朱旭东：《"教育全球化"的意识形态批判》，《教育发展研究》2005 年第 9B 期。

朱旭东：《教育现代化的几个理论问题初探》，《比较教育研究》1998 年第 2 期。

朱旭东：《西方早期教育现代化的比较研究》，《清华大学教育研究》1999 年第 2 期。

朱燕飞、石云里、陈长荣：《从 MIT 看中国高校通识教育的发展策略》，《清华大学教育研究》2005 年第 2 期。

朱怡青：《教育现代化的基本特征与发展趋势》，《教育学》（人大复印报刊资料）1998 年第 3 期。

[美] 丹尼尔·耶金：《一个时髦词的诞生》，《参考消息》1999 年 2 月 15 日第 4 版。

[美] 迪恩·纽鲍尔：《全球化和教育：特征、动力与意义》，《教育研究》2009 年第 7 期。

[美] 克莱因·索迪安：《全球化背景下教育的特征及其发展前景》，《比较教育研究》2009 年第 5 期。

[美] 马丁·特罗：《从精英到大众再到普及高等教育的反思：二战后现代社会高等教育的形态与阶段》，《大学教育科学》2009 年第 3 期。

[美] 乔尔·斯普林：《论教育全球化》，《清华大学教育研究》2010 年第 6 期。

[英] J. 米特尔曼：《全球化的挑战：在边际上的生存》，《第三世界季刊（英）》1994 年第 3 期。

（三）其他

联合国教科文组织：《全球化社会中的高等教育》，联合国教科文组织

2004年版。

王锐鸿:《高等教育在区域经济发展中的地位与作用研究——以山东省为例》,硕士学位论文,武汉理工大学,2008年。

邬志辉:《从教育现代化到教育全球化——全球化背景下中国教育发展面临的挑战研究》,华东师范大学博士后流动站研究报告,2001年。

翟艳芳:《全球教育的理念与实践》,博士学位论文,华中科技大学,2010年。

[德] Juergen Schriewer:《教育全球化:进程与话语》,《比较教育研究》2002年第S1期。

[英] 戴维·赫尔德:《全球大变革——三种全球化理论的分析与比较》,杨雪冬编译,《马克思主义与现实》2000年第1期。

[英] 莱斯利·斯克莱尔:《全球化社会学的基础》,《社会学研究》1994年第2期。

二 外文文献

Christine I. Bennett, *Comprehensive Multicultural Education: Theory and Practice*, Allyn and Bacon, 1999.

Daniel Lerner, *International Social Science Encyclopedia*, New York: Thomson Learning, 1965.

Department for Business. Innovation & Skills, UK. Higher Ambitions: The Future of Universities a Knowledge Economy, http://www.bis.gov.uk/policies/higher-ambitions, 2009 – 11 – 01.

Giddens, Anthony, *The Consequences of Modernity*, Cambridge, Polity Press, 1990.

James A. Banks, *Cultural Diversity and Education: Foundations, Curriculum, and Teaching*, Allyn and Bacon, 2001.

Ken Jones, Kate Bird. "Partnership's Strategy: Public-private Relations in Education Action Zones", *British Educational Research Journal*, Vol. 26, No. 4, 2000.

Linda Darling-Hammond, "Unequal Opportunity: Race and Education", *Washington: The Brookings Review*, Spring, Vol. 16, 1998.

Michael Fullan, *The New Meaning of Educational Change* (3rd ed.), Teacher College: Columbia University, 2001.

OECD Directorate for Education, "UNESCO Ministerial Round Table on Education and Economic Development: Keynote Speech by Angel Gurria, OECD Secretary-General Paris, 19 October2007", http://www.oecd.org/document/19/0, 3343, en_2649_33723_1_1_1_1, 00.html, 2007 - 11 - 13.

Philip Taylor, "The Aims of Primary Education in World Perspective", in Nigel Proctor (Ed.), *The Aims of Primary Education and the National Curriculum*, The Falmer Press, 1990.

Robinson, W. I., "Beyond Nation-state Paradigms: Globalization, Sociology and the Challenges of Transnational Studies", in *Sociological Forum*, Vol. 13, 1998.

Roger Dale & Susan Robertson, "Editorial: Introduction", in *Globalisation, Societies and Education*, Vol. 11, 2003.

Sklair, L. *Sociology of Global System*, Harvester/ Whentsheaf, 1991.

Sklair, L., *Sociology of the Global System*, 2nd ed., Baltimore, M. D.: John Hopkins University Press, 1995.

Stacie G. Goffin, The Role of Curriculum Models in Early Childhood Education. [J/OL]. http://ceep.crc.uiue.edu/eecearchive/digests/2000/goffin00.pdf, 2000 - 08 - 08/2009 - 03 - 25.

Stromquist N. P., *Education in a Globalized World: The Connectivity of Economic Power, Technology, and Knowledge*, Oxford: Rowman&Littlefield Publishers, Inc., 2002.

UNESCO. Strong Foundations, EFA Global Monitoring Report, 2007. 20 - 30.

Waters, Maloolm, *Globalization*, London: Routledge, 1995.

Webster's Third New International Dictionary, 1981.

后 记

回忆过往，我做过许多工作，主要有经济工作、教育工作、文化工作等。从事教育工作时间较长，基础是作中学教师、副校长，以后任过江门市人民政府副市长（分管教育、卫生、文化等方面工作）、广东省教育厅厅长，广东省人民政府副秘书长（其中协助主管省长分管教育工作）。在改革开放形势和所任工作的推动下，我热爱和学习党的路线方针政策，学习经济学、哲学、教育学和管理学等，并注意理论联系实际指导思维和实际工作。这里要特别提到的是华中科技大学学术委员会副主任、教育科学研究院原院长、博士生导师刘献君教授，在他悉心指导下，我阅读了较大量的哲学、教育学和管理学原著及文章，结合实际工作较系统地研究全球化与教育现代化问题，较好地完成了在职博士论文的研究工作。同时我也要衷心感谢中山大学教育学博士生导师冯增俊教授，在我任江门市副市长时，他引导我们配合城市经济综合改革，开展城市教育综合改革，推动教育现代化，在任广东省教育厅厅长时，他亲自参与了"珠江三角洲教育现代化规划"的研制。在他和徐勇教授的指导帮助下，我完成了在职中山大学硕士论文《广东经济进程中的教育现代化问题研究》。

自2016年退休后，我着手写作此书。如前言介绍第一篇、第二篇着重结合20世纪80—90年代和21世纪初叶实际进行教育现代化理论思考，第三篇着重反映教育现代化的实践探索。在完成此书写作和出版之际，借此机会我要衷心感谢对此书的写作和出版给予帮助和支持的同志。第三篇中的部分讲话是由所在单位广东省教育厅、肇庆市政府、江门市政府有关部门根据工作部署起草的；第二、第三篇理论部分，尊敬的导师刘献君教授、冯增俊教授给予了悉心的指导，中山大学岭南学院徐勇教授、中共广东省委宣传部讲师团副团长张应祥副研究员也给予了指导。广东省社科联的领导对此书出版给予了大力支持。在论文的写作过程中，佛山科技学院李丽芳老师和广东省教育厅基础教育处赖佳媛同志协助我收集、整理有关教育的资料和数据。在此一并表示深深的谢意！

2018年8月16日于广州梅花村